靖献遺言

浅見絅斎
近藤啓吾 訳注

講談社学術文庫

目次

凡例

一、本書は、昭和六十二年に刊行された近藤啓吾著『靖献遺言講義』（国書刊行会、平成四年増訂版。以下「原版」という）を再編集したものである。
二、原版は、浅見絅斎著『靖献遺言』について解釈を施し、その成立、依拠の原典、特色、眼目等を考究したものである。
三、原版は、底本に美濃版青表紙三冊無刊記の原刻本を用い、各巻の始めに序説を冠し、ついで本文の書き下し文、現代語訳、主要字句・重要事項の語釈、そして本文に附されている夾註の註解が加えられている。
四、原版の書き下し文は、絅斎の和読によることを原則としているが、一部いまの読みに従った部分もあり、副詞・接続詞等も読みやすいように、かな書きにしたものが多い。本書もこれに従った。
五、本書では、原版の各巻冒頭に掲げられていた序説を、各巻本文の後に移して解説とし、夾註については省略した。ただし、夾註の内容は、出来る限り語釈に盛り込むこととした。
六、また、本文の一部も省略し、その内容は「補説」として掲げておいた。さらに語釈・解説においても、一部の文章を改変・省略してある。
七、原版は、正漢字・歴史的仮名遣いによって表記されているが、本書においては原則として常用漢字に改め、本文のみ歴史的仮名遣いとし、他は現代仮名遣いに改めた。なお、本文の振りがなは、訓読すべき字は歴史的仮名遣い、音読すべき字は表音式によった。

八、引用参看されている先学の講義は、

浅見絅斎『講説』(元禄元年十月朔日より、『靖献遺言』全篇を講じたものの筆記)

浅見絅斎『講義』(同年同月某日より、『靖献遺言』中の重要問題のみを取り上げて詳述したものの筆記)

若林強斎『講義』(絅斎の意の発揮に努力している)

谷　秦山『講義』(最も懇切である)

西依墨山『講義』(強斎講義をさらに詳述)

落合東堤『書入れ』

であり、全て訳注者の家蔵写本によって校定したものである。また、

『靖献遺言訓蒙疏義』(加藤勤著、明治四年発行)

『靖献遺言講義』(沼田宇源太編、明治四十四年発行)

『靖献遺言摘註』(中沼葵園摘註・今田主税手録、昭和十年発行)

も参考とされている。

九、本書の再編集は、皇學館大学教授・松本丘の責任においてこれを行った。

靖献遺言

巻の一　屈　平

離騒懐沙《りそうかいさ》の賦《ふ》
楚《そ》の屈平《くっぺい》

〔語釈〕

○離騒　屈原《くつげん》が讒《ざん》にあって疎《うと》んぜられ、その憂愁幽思を述べた長編の賦。離騒の字義については、古来、(一) 離は遭、騒は憂の意、即ち憂愁にあうという意（班固『離騒賛序』、『史記』本伝註所引の応邵《おうしょう》の説、朱子）、(二) 離は別、騒は愁の意、即ち離別の憂い（王逸《おういつ》『楚辞章句』）の二説があるが、絅斎《けいさい》は別に「離騒とは躁に遭ふの義なり」（『靖献遺言講義』、以下『講義』と略称）「離騒ハ騒ガシキニ離《ア》フトイフコトゾ。別離ノウレヘト訓《よ》ム点ガアルガ、ソレハアヤマリナリ。騒動ニ遭ウテ作ツタトアルコト」（『楚辞師説』）と解している。○離騒懐沙の賦　『懐沙』は『九章』のうちの一篇の題名にて、屈原が石を抱いて江に身を投げようとする最期の心境を詠んだもの。もと『懐沙』とのみあって賦の字がなかったが、賦（朗読体の詩）の体なので絅斎が加えた。夾註には「沙石を懐抱して以て自ら沈むを言ふなり」という朱子が『懐沙』の題下に記した註を引く。○楚　『靖献遺言』に於いては、遺言を掲げた人物の立場を明確にするために、「漢丞相武郷侯諸葛亮《ぶきょうこうしょかつりょう》」「唐太子《たいし》太師《たいし》顔真卿《がんしんけい》」のごとく、仕えた王朝の名と最後の官職の名とを氏名の上に冠しているのであるが、屈原は遠ざけられてその職を奪われているので楚とのみ冠した。○屈平　屈は姓、平は名。しかしこの人、通常、原《げん》という字《あざな》をもって呼ばれているが、字にて呼ぶはその人に対して敬意を示すことになるから、絅斎は敢えて字を用いず名をもって記し、日本人として日本人の道を明らかにするための参考としてこれを学ぶものであるという意を明らかにした。以下、孔孟程朱の四人を除いては、すべて同じくその名をもって記している。

平《へい》、字《あざな》は原《げん》、楚《そ》と同姓。懐王に仕へ三閭大夫《さんりよたいふ》となる。三閭の職、王族の三姓を掌《つかさど》る、昭・屈・景といふ。平、その譜属《ふぞく》を序《つい》で、その賢良を率《ひき》ゐて以て国士を厲《はげ》まし、入れば則ち懐王と政事を図議し、嫌疑《けんぎ》を決定し、出づれば則ち群下を監察し、諸侯に応対し、謀《はかりごと》行はれ職脩《をさま》る。懐王甚だこれを珍《ちん》とす。同列上官大夫その能《のう》を妬害《とがい》し、よりてこれを譖毀《しんき》す。懐王、平を疏《うと》んず。平、讒を被《かうむ》り、憂心煩乱《はんらん》、愬《うった》ふるところを知らず。乃ち『離騒《りそう》』を作り、上は唐虞《とうぐ》三后の制を述べ、下は桀紂羿澆《けつちゆうげいぎよう》の敗を序で、君の覚悟し正道に反《かへ》りて己れを還《かへ》さんことを冀《こひねが》ふ。是の時、秦《しん》、張儀をして懐王を譎詐《きつさ》し、斉《せい》の交りを絶たしめしむ。楚大いに困《くる》しむ。後、儀復《ま》た楚に来り、又幣《へい》を事を用ふる臣靳尚《きんしよう》に厚くして、詭弁《きべん》を懐王の寵姫鄭袖《ちようきていしゆう》に設く。懐王竟《つひ》に復た張儀を釈《ゆる》し去らしむ。時に平、既に疏《うとま》れ復た位に在らず。斉に使《つかひ》し、顧反《かへつ》て懐王を諫《いさ》めていはく、「なんぞ儀を殺さざる」と。懐王、儀を追ふ。及ばず。秦又懐王を誘《あざむ》きてともに武関に会せんとす。平又懐王に行くことなかれと諫む。聴《き》かずして往き、遂《つひ》に脅《おびや》かす所となり、これと倶《とも》に帰り、拘留して遣《や》らず。卒《つひ》に秦に客死《かくし》す。而《しかう》して子《こ》襄《じよう》王立ち、復た讒言を用ひ、平を江南に遷《うつ》す。平復た『九歌』『天問』『九章』『遠遊』『卜居』『漁父』等の篇を作り、己れが志を伸《の》べて以て君心を悟《さと》さんことを冀ひて、終《つひ》に省《かへり》みられず。その宗国まさに遂に危亡《きぼう》せんとするを見るに忍びず、遂に汨羅《べきら》の淵《ふち》に赴き、石を懐《いだ》きみづから沈みて死す。

〔訳文〕

屈平、字は原、楚の王室の一族であって、懐王に仕えて三閭大夫に任ぜられた。その職は王族の昭・屈・景三氏の問題を取りさばく役である。平は三氏の系譜を正し、そのうちの賢良なる人物を統率し士大夫を励まし、内、懐王と国政を評議し問題を決定し、外、群臣の勤怠を監察し外国との交渉に当たり、その計画することは実現し職務は遂行せられざるなく、懐王はすぐれた人材であると信頼した。しかるに同列の上官大夫という人物が彼の能力に対してねたみを抱いて王に讒言したので、王はそれを信じ平をうとんずるようになった。平は讒にあって心中うれえもだえたが、これを人に訴えるすべもなく、やむなく『離騒』を作って、上は尭帝《ぎょう》・舜帝《しゅん》や禹王《う》・湯王《とう》・武王のごとき古代の名君が天下を治めた方法を、下は桀《けつ》・紂《ちゅう》や羿《げい》・澆《ぎょう》のごとき暴君が国を亡ぼしたあとを述べ、懐王が迷いから醒めて正しい道に立ちもどり、自分をもとの位置にもどしてくださることを願ったのである。

この時、秦は斉を伐とうと計画していたが、楚・斉が同盟していたので、それを破らんがために張儀を楚に入れ懐王をだまして斉との交わりを絶たしめた。しかしその結果、楚は大いに困しむこととなった。その後、張儀がまた楚に来たが、張儀は権力者靳尚に厚い贈り物をし、王の寵姫鄭袖をうまくいいくるめたので、懐王も結局だまされて張儀を釈放してしまった。時に平は王にうとまれて地位を失い斉に使者として赴かしめられていたが、王の処置に対し、かえって儀を殺すべきであったと諫めたので、王も気づいて儀を追わせたが、間に合わなかった。

秦はまた懐王に、武関でともに会合すべく誘い来ったので、平は行かざるよう諫めたが王は聴き入れずして出かけ、ついに秦の脅迫にあって連れてゆかれ、拘留されて帰ることができず、結局、秦に客死してしまった。

ここに於いて懐王の子の襄王が即位したが、また讒言を聴き入れて平を江南の地に流した。平はまた『九歌』『天問』『九章』『遠遊』『卜居』『漁父』等の諸篇を作り、自分の志をのべて君の心を悟らしめようと願ったのであるが、結局省みられることなかったので、わが祖国がいまや危亡に瀕《ひん》しているを見るに忍びず、ついに汨羅の淵に赴き、石を抱いて身を投じて死んだのである。

〔語釈〕

○楚と同姓　王逸の『離騒』註によれば、春秋時代、楚の武王の時、その子瑕《か》は領地を屈に賜り、そこで子孫、屈を氏としたのであるという。○懐王に仕へ三閭大夫となる　三閭大夫の語は王逸の『離騒序』に始めて見える。閭は里門、始め楚の王族が都門の辺に宅を与えられてその守護に任じたところから起こった職名であろう。○その譜属を序で　家のつづきがらを正す。これが一家、ひいては一国の秩序の根本である。○入・出　宮廷内・宮廷外。○諸侯に応対　『史記』には「賓客に接遇し、諸侯に応接す」とある。「賓客に接遇」は外国の使臣の接待、「諸侯に応接」は屈原が国使として外国に赴いた時のことである。○これを珍とす　珍は大切の意、めずらしいの意ではない。○上官大夫　上官は姓、名は不明、古《いにしえ》は司馬氏・司空氏のごとく官をもって氏としたものがある。上官大夫を官名とし、その姓名を靳尚とする説があるが誤り。上官大夫と靳尚とは、『史記』『漢書』によれば明らかに別人である。○これを譖毀す　『史記』によれば、懐王が屈原に法令の起草を命じたので屈原はそれを起草すると、上官大夫がそれを見て奪わんとし、屈原が与えなかったので、王に「王が屈平をして令をつくらしむること、衆知らざるものなし。一令出づるごとに平その功に伐《ほこ》りていはく、おもふに我れにあらざれば能く為すものなきなり、と」と讒し、王これを怒って屈原を疎んじたという。譖毀はそしること。○離騒　三百七十三句より成る長篇詩。初めに自己の家系・生出・仕官のありさまを述べ、ついで君を正道に導かんとしてかえって遠ざけられたこと、節を守って退かんとするも君を憂えて決しかねることを叙し、ついで姉が原の剛直に過ぐるを諫めたことを記し、さらに夢幻の世界に入って天上を遍歴し、ついに占に聞いて遠遊を決意するが、どうしても楚国を忘れられぬことを説いて結びとしている。○上は唐虞三后の制を述べ云云　上・下は、よい方は・悪い方は、の意。唐は尭帝のこと、かつて唐の地に封ぜられた。虞は舜帝、その祖先が虞に国したという。三后は夏《か》・殷《いん》・周《しゅう》三代の君の意で、夏の禹王・殷の湯王・周の武王を指す。いずれも建国の名君。桀は夏の最後の王、紂は殷の最後の王、いずれも暴君にてその国を亡ぼした。羿は有窮の君、夏の王なる相を滅して位を奪ったが、その臣寒浞に殺された。澆は羿の子、相の子少康が即位するに及んで誅せられた。○君の覚悟し　覚悟はめざめること。○己れを還さんことを冀ふ　〔強斎講義〕還己ハ屈原ノ自身ノ為デハナイ。屈原ノ用ヒラレネバ、小人ドモガイヨ〱熾《さか》ンニナッテ、ツヒニ楚ガツブレル故、ソコヲ憂ヘテノコト。ソレデ還己トイフガ君ヲ大切ニスルデ、コヽガ真実ノ忠ヲココラデ一ツ見事ダテイウテ、モウ爵禄ニ望ミハナイ、跡ノコトハ知ラヌトイウテ、君ヲ顧ミヌハ忠デハナイ。コヽガ忠臣ノ情ノヤムニヤマレヌ、繾綣《けんけん》惻怛《そくだつ》ノ心ナリニ、カウイウタラ人ガ笑フカノ、サモシガラフカノトイフ様ナ計較《けいこう》ノ意ハナイ。只君ヲ愛シ国ヲ憂フル心ガヤマヌニヨッテ、自然ニカウアルゾ。○是の時、秦、張儀をして云云　張儀は魏《ぎ》の人、秦に仕え連衡《れんこう》の策を唱えて六国に説き、蘇秦によって結ばれた合従を崩して秦に服せしめんとした。この時は秦王の命を受け、反斉親秦の工作のために楚に入ったのである。譎詐はあざむく、だます。○楚大いに困

む　懐王は秦に欺かれたことを怒って（本書三四頁参看）秦を撃って大敗し、かつ楚の急を知った韓・魏に襲われ、窮地に陥った。○儀復た楚に来り云云　このことも後述（本書三四頁）。幣はおつかい物。○竟　終・卒（いずれも「ついに」）と同じく、その末に、結局の意。とうとうし遂げたの意の遂と異なる。○顧反　反の一字の意に等しい。かえって。○武関　秦楚の国境にある関所。秦の入り口。○平又懐王に行くことなかれと云云　『史記』によれば、「秦は虎狼の国、信ず可からず、行くことなきに如かず」と諫めたという。○拘留して遣らず云云　遣らずは、放たず、行かせずの意。客死は異地で死ぬこと。○子襄王　襄王、名は横、懐王の長子。『史記』は頃襄王に作る。○『九歌』『天問』云云　いずれも『楚辞』に収めている。○汨羅　汨は川の名、汨水は羅県にあるので連称される。洞庭湖に流入している。岳州湘陰県の北に汨水、および屈原廟があるという。

伝にいはく。それ天は人の始めなり、父母は人の本なり。人、窮すれば則ち本に反《かへ》る。故に労苦倦極《けんきよく》、未だ嘗《かつ》て天を呼ばずんばあらざるなり。疾痛惨怛《しつつうさんだつ》、未だ嘗て父母を呼ばずんばあらざるなり。屈平、道を正しくし行ひを直くし、忠を竭《つく》し智を尽《つく》して以てその君に事《つか》へ、讒人これを間す。窮すと謂ふべし。その志潔《いさぎよ》し。故にその物を称すること芳《かんば》し。その行ひ廉なり。故に死して容《い》れず。濁穢《だくあい》の中に蟬蛻《せんぜい》して以て塵埃《じんあい》の外に浮游《ふゆう》し、世の滋垢《じこう》を獲《え》ず、皭然《しやくぜん》として泥《けが》して滓《けが》れず。此の志を推すや、日月と光を争ふと雖《いへ》ども可《か》なり。

〔訳文〕

『史記』屈原列伝の後に掲げられた評論を節略して収めたもの。

『離騒伝』に次のごとくいっている。いったい天は人の始めであり、父母は人の本であるから、人、窮苦すればその本たる天や父母に反らんとするものである。疲れ苦しむと覚えず天を呼んで助けを求め、耐えきれぬつらい立場に陥ると覚えず父母を呼んでそのつらさを訴えるは、この故である。屈原はあのように正しい道を守り、真っ直ぐの行いをなし、真心と智慧とをささげつくして君に仕えたのに、讒者が王と彼との間を分けさいたが、これは窮苦の極といわねばならなかった。しかるに彼の志が潔白であったから、それがおのずから高雅な文学表現を生み、彼の行いが廉直《れんちょく》であったから、死んでも不義を受けつけることなく、濁世をぬけ出して塵埃《ちりほこり》の外にあそび、世の汚れを身につけることなく、その潔白なること、黒く染めんとして染めることができぬさまであった。さればこの清潔の志を推しひらいて見るならば、彼の志の明らかなるは、日月の光とその明を争うといってよかろう。

〔語釈〕

○伝にいはく　伝は註解の意、司馬遷が淮南《わいなん》王安の『離騒伝』の語を取って屈原列伝のうちに収めたものであろう。○天は人の始めなり云云　我々を生めるは父母、されば父母は人の本であるが、父母のまた父母、人間の総父母、生命の根本は天に帰する。いいかえれば我々の生命の大本は天、そして天を具体的に示しているものが父母であり、我々は父母を通して天地の生命に連なっている。○本に反る　自己の生命の根源に復帰しようとする。ここに東洋道徳の基盤がある。『礼記』に「報本反始」（郊特牲）、「反古」（祭義）、「反始に致るは以てその本を厚うするなり」（同）とあるはそのことである。〇物を称すること芳し　例えば『離騒』に「朝《あした》に木蘭《もくらん》の墜露《ついろ》を飲み、夕に秋菊の落英《らくえい》を餐《くら》ふ」のごとく香草の名を取って譬喩《ひゆ》に用いていることをいう。〇死して容れず　屈原が不義を受けいれぬの意。屈原が世に容れられぬと解して「死して容れられず」と訓《よ》むべきではない。〇濁穢の中に蟬蛻して云云　蟬蛻は蟬のぬけがらの意から、そのように脱け出ることをいう。浮游はうかびただよう意から気のむくままに生きること。滋垢は、滋は玆に同じ。『説文』に「玆は黒なり」とあり、哀公八年の『左伝』「何の故に吾が水をして滋ならしむ」の杜預《とよ》註に「滋は濁なり」とある。垢はあか、けがれ。滋垢にてけがれの意。〇皭然として泥して滓れず　皭然は潔白のさま、泥は音デツ、涅に同じ、黒く染めること。滓は澱《おり》、かす、またよごれて黒くなること。

朱子いはく。原の人たる、その志行或《ある》ひは中庸に過ぎて以て法となすべからずと雖《いへ》ども、然れども皆、君に忠し国を愛するの誠心に出づ。原の書たる、その辞旨《じし》或ひは跌《てつ》宕怪神《とうかいしん》・怨懟《えんたい》激発に流れて以て訓となすべからずと雖ども、然れども皆、繾綣惻怛《けんけんそくだつ》みづから已《や》む能《あた》はざるの至意に生《な》る。その北方に学びて以て周公・仲尼《ちゅうじ》の道を求むることを知らずして、ひとり変風・変雅の末流に馳騁《ちへい》す、故《ゆゑ》を以て醇儒《じゅんじゅ》荘士或ひはこれを称するを羞《は》づと雖ども、然れども世の放臣・屛子《へいし》・怨妻《えんさい》・去婦をして下に抆涙謳唫《ぶんるいおうぎん》し、而して天とする所の者をして幸ひにしてこれを聴かしむれば、則ち彼此《ひし》の間、天性民彝《みんい》の善に於いて、豈《あに》こも〴〵発する所ありて、かの三綱五典の重きを増すに足らざらんや。此れ予の毎《つね》にその言に味ふありて、敢へて直《ただ》に詞人の賦を以てこれを視ざる所以なり。

〔訳文〕

朱子『楚辞集註目録並序』より採る。

朱子は次のごとくいっている。屈原の人がらを考えるに、その志行に中庸に過ぎて手本としかねるところもあるが、しかしそれはみな忠君愛国の真心から出たものであり、彼の作品を考えるに、その文字の上に跌宕怪神《てっとうかいしん》・怨懟激発《えんたいげきはつ》——感情の激し過ぎる余りその表現が異常に思われて教訓としがたいところもあるが、しかしそれはみな忠臣の已むに已まれぬ至意から生まれたものである。彼は南方楚に生まれたため、北方に発達した周公・孔子の道を学ぶことを知らなかった。そのため詩の正統を得ておらず、されば学者のうちにはこれを口にするを羞《は》ずるものもあるが、もし世の君父に追われ夫姑に棄てられた不幸の人々にこれを読んでその哀しみを訴えしめ、また彼等が天として慕い続けている君父夫姑にそれを聴かしめることを得たならば、両者のいずれもが抱いている人間としての美なる本性を感発させ、道義の重さがさらに加わることであろう。この点こそ、わたくしが、彼のことばに深く感ずるものがあって、一般文人の作品と同列に見ようとしていない理由である。

〔語釈〕

○原の人たる云云　屈原の考えや行いのうちには、節度を越えて人の標準としがたいところがあるが。或いは、そのような点もあるの意。**○跌宕怪神・怨懟激発**　跌宕の宕は蕩と通じ跌蕩とも書く。難解の語であるが、他の用例から見て、常規を逸脱した不羈《ふき》のさまをいうのであろう。怪神は奇怪神秘。怨懟はうらむ、激発は高まった感情が外に発する。**○繾綣惻怛**　繾綣は『詩経』大雅・民労篇に、「以て繾綣を謹しみ」とあり、朱子はこれに「小人の固くその君を結ぶものなり」と註している。民がその君を忘れようとしても忘れられぬこと。惻怛はいたみかなしむこと。〔強斎講義〕コ、ガ靖献ノ旨、遺言一部ノ眼目トイフハコ、ゾ。**○その北方に学びて以て云云**　北方とは黄河中流を中心とする地方。中原の文化が早く発達し、漢土の文化はこれを正統としてきた。それに対し、楚は揚子江中流に国した後進国である。**○周公・仲尼**　周公は周公旦。文王の子、武王の弟にして周文化の樹立者。仲尼は孔子の字。その理想は、周初の文化の復興にあったので、併せて周公仲尼の道といった。**○変風・変雅**　『詩経』は内容上、国風（各国の民謡）、雅（朝廷の音楽）、頌（宗廟祭祀の楽歌）の三種に分けられる。かつ周の王道が衰えて以後の不平の気に満ちた作品は、同じ風・雅にても変風・変雅と呼び、治世の詩である正風・正雅と分けている。**○抆涙謳唫**　抆涙はハラハラと涙を流しては拭う。謳唫はうたい吟ずる。唫は吟。**○天とする所**　臣は君をもって天とし、子は父をもって天とし、妻は夫をもって天とする。**○彼此の間**　天とする所のものと、放臣（君に放たれた臣）、屛子（親に退けられた子）、去婦（姑に去られたよめ）、怨妻（夫に棄てられて怨んでいるつま）とのそれぞれが。**○民彝**　『詩経』大雅・烝民篇「民の彝を秉《と》る、是の懿徳《いとく》を好む」から出た語。彝は常の意。人が生まれつき有するところの徳をいう。**○三綱五典**　三綱は『白虎通』三綱六紀篇に「君臣・父子・夫婦を三綱となす」とあり、五典は『書経』舜典篇「慎しみて五典を徽《よ》くす」の蔡沈《さいちょう》『集伝』に「五典は五常なり。父子親あり、君臣義あり、夫婦別あり、長幼序あり、朋友信あり、是れなり」とある。人間を「ひと」として抽象的に考えず、三綱五常として具体的関係において考え、それぞれの場に於いて最善の道を尽くそうとするのが、東洋道徳の本質である。

浩浩《こうこう》たる沅湘《げんしょう》、分流汨《こつ》たり。脩路《しゅうろ》幽蔽《ゆうへい》し、道遠忽《えんこつ》たり。曾《すなは》ち傷《いた》み爰《ここ》に哀《かな》しみ、永く歎《たん》喟《き》す。世溷濁《こんだく》し吾れを知ることなし、人心謂《かた》るべからず。質を懐《いだ》き情を抱きて、ひとり匹《ただ》さんなし。伯楽既に没す、驥《き》いづくんぞ程《はか》られん。民生命《みんせい》を稟《う》け、おの〳〵錯《お》く所あり。心を定め志を広めば、余《わ》れなんぞ畏懼《いく》せん。死の譲《ゆづ》るべからざるを知りぬ、願はくは愛《おし》むことなからん。明らかに君子に告ぐ、吾れまさに以て類《のり》とならんとす。

〔訳文〕

『楚辞』九章のうちの『懐沙』の乱辞（全篇の要旨を述べて結びとするもの）。絅斎が屈原の遺言として掲げたところである。

広々とした沅・湘二水は、いく筋にも分かれてどんどん流れてゆく。長く続く道はこんもりと樹々に蔽《おお》われていて、行くては定かでない（以上四句、死を覚悟した屈原が、沅水ぞいに北上して汨羅方面に向かう途中の景を叙したもの。汨・忽が韻）。楚国の将来をいたみ哀しんで思わず永い溜《た》め息《いき》をついた。思えば世は乱れ濁っていて、わたくしの心のうちを知ってくれるものもなく、この心を語ることもできない（以上四句、喟・謂が韻）。飾りない真心を抱きながら、わたくしの態度が無理かと人に正すべもない。伯楽が死んでしまった今日、駿馬とて誰がそれを品定めしてくれようか（以上四句、匹＝正・程が韻）。人がこの世に生まれると、各人その分がきまっているものである。されば心を落ちつけ志を広くもつならば、何の懼《おそ》れることもない（以上四句、錯・懼が韻）。死が避けられぬものなることを知った以上、このいのちを惜しむことはすまい。世の君子よ、わたくしは死して忠臣の模範となろうと思っている（以上四句、愛・類が韻）。

〔語釈〕

○汨たり　水の流れる形容。どぶりどぶり。原文は汨兮。兮は音ケイ、句の下につける助辞、調子を整えるためのもので意味はない。○曾・爰　いずれも語調のための文字。一説に曾はかさねての意とも増《ます》に通ずるともいう。○謂るべからず　「謂《かた》る」の訓みは、慶安四年刊『楚辞集註』に従った。○匹さんなし　朱子の説によって正の字に改めて訓んだ。『集註』に「匹はまさに正に作るべし、字の誤りなり」。○伯楽　秦の孫陽のこと、馬を見分ける名人であった。伯楽と名馬は、人を知る名君と賢臣とに喩《たと》える。○吾れまさに以て云云〔強斎講義〕ヲレガ私ニハ死ナヌ。拙者ガ存念ハ、天下万世、君子ガ我ヲ忠義ノ類トセフト存ズルト有ルコト。此ノ類ト云フハ、君子ノ是ニ類シ、是ニノツトル様ニ類スルカラ云フ辞。

漁父《ぎょほ》の辞にいはく。屈原既に放《はな》たれ、江潭《こうじん》に游《あそ》び沢畔《たくはん》に行吟《こうぎん》す。顔色憔悴《しょうすい》し、形容枯《こ》槁《こう》す。漁父見てこれを問ひていはく、「子《し》、三閭大夫にあらずや。何の故に斯《ここ》に至る」と。屈原いはく、「世を挙げて皆濁《にご》る、我ひとり清《す》む。衆人皆酔ふ、我ひとり醒《さ》む。ここを以て放たる」と。漁父いはく「聖人、物に凝滞《ぎょうたい》せずして能《よ》く世と推し移る。世人皆濁る、なんぞその泥を淈《にご》してその波を揚げざる。衆人皆酔ふ、なんぞその糟《かす》を餔《くら》ひてその醨《しる》を歠《すす》らざる。何が故に深く思ひ高く挙り、みづから放たれしむることをする」と。屈原いはく、「吾れこれを聞く、新たに沐《かみあら》ふものは必ず冠を弾《はじ》き、新たに浴《ゆあ》むるものは必ず衣を振ふ、と。いづくんぞ能く身の察察を以て、物の汶汶《ぶんぶん》を受くるものならんや。むしろ湘流《しょうりゅう》に赴き、江魚の腹中に葬《ほうむ》られん。いづくんぞ能く皓皓《こうこう》の白きを以て、世俗の塵埃《じんあい》を蒙らんや」と。漁父莞爾《かんじ》として笑ひ、枻《ふなばた》を鼓《たた》いて去る。乃ち歌ひていはく、「滄浪《そうろう》の水清《す》める、以て吾が纓《えい》を濯《あら》ふべし。滄浪の水濁れる、以て吾が足を濯ふべし」と。遂に去り、復《ま》た与《とも》に言はず。

〔訳文〕

『楚辞集註』の本文による。『史記』屈原列伝所収の文とは異同が多い。この文は古来屈原の作とされてきたが、彼を客観的に記していることとか、『楚辞』の特色である兮の字が、引用の歌を除いて全く使用されていない等から見て、屈原の死後、その心を知るものが作ったと見るべきである。

屈原はすでに放逐の身となり、沅湘《げんしょう》のほとりにさすらい、沢のあたりを行きつつ歎息した。その顔色は君国への憂いにやつれ、姿は痩せていた。漁父がこれを見てたずねた。「あなた様は三閭大夫ではありませんか。このような身分の高いお方が、何故にこんなお姿になられたのですか」。屈原はそれに答えていった。「世のなかがすべて濁っているのにわたしだけが清《す》んでおり、世のなかがすべて酔っているのにわたしだけが醒めているので、放逐されたのだ」。漁父それを聞いていう、「聖人は物事にこだわることなく、世の変化とともに移ってゆくことができます。世の人がすべて濁っているなら、自分も一緒にその泥をかき立ててその濁った波を揚げたらよいではありませんか。衆人がすべて酔っているならば、自分も一緒に酒糟《さけかす》を食い、その酒糟汁をすすられたらよいではありませんか。何故に深く思いこみ、行いを高潔にして、みずから放逐の運命を招くようなことをされたのですか」。屈原はいう、「聞くところによれば、髪を洗ったばかりのひとは、必ず冠をはじいてその塵を落としてからかぶり、湯を浴びたばかりのものは、必ず着物を振ってその埃を去ってから着るということだ。それは、さっぱりした我が身に、塵埃を受けるに忍びぬからである。されば、湘水の流れにこの身を投げて魚の餌になろうとも、とても潔白なこの身に世の塵を蒙ることはできない」。それを聞いた漁父はにっこりと笑い、船端をたたいて去りながら歌っていった、「滄浪の水が澄んでいる時は、わが冠の紐《ひも》を洗えばよく、滄浪の水が濁っている時は、わが足を洗えばよい」。かくして漁父は去ってしまい、もうともに語らなかった。

〔語釈〕

○漁父　『史記』の註に「父、音甫」とある。即ちホ、外に農父・樵父のごとき例がある。漁夫のおやじ。なおこの漁父について朱子は、「蓋《けだ》し亦《ま》た当時の隠遁《いんとん》の士、或るひといはく、亦た原が設詞のみ」といっている。屈原の志を明示するために、反対の立場の漁父をかりに設けて問答させたのである。**○江潭**　潭は音ジン、川の淵をいう。タンと発音すれば川の名となり、意味が変わる。**○斯に至る**　斯は「顔色憔悴、形容枯槁」を受ける。一説に此処にの意とする。**○醨**　酒糟を水でといたもの。**○察察**　潔白のさま。**○汶汶**　くらいさま。汚れたさま。○滄浪の水云云　滄浪は川の名、漢水の下流。纓は冠のひも。歌の意は、世が治まっているならば出でて朝廷に仕えるがよく、世が乱れているならば退いて隠遁するがよい、すなわち「世と推移せよ」ということである。漁父は老荘流の思想の人物であって、屈原と相容れぬ立場にある人物として設定されている。なお滄浪の歌は『孟子』離婁篇にも見え、当時の江漢地方の民謡であったと思われる。

〔補説〕

絅斎は、この後、「類によりて後に附録す」として、右に関連する諸家の説を載せており、以下の各巻でも同様である。

本巻では、まず朱子の『離騒後語』に載せる『反離騒』の序、および司馬光の龔勝《きょうしょう》について評した記事が掲げてあるが、本文は割愛し、その概要のみ述べる。

先ず、朱子の『反離騒』の序は、前漢の学者・揚雄《ようゆう》が著した『反離騒』について、雄の出処への批判を込めて論じたもの。

揚雄は『反離騒』にて、時節を得ないならば身を隠しているべきで、屈原はなにも悲観して江に身を沈める必要がなかったと述べている。これに対し朱子は、揚雄が漢朝の臣でありながら、漢から帝位を奪って新を建てた王莽《おうもう》に仕えたことを痛烈に批判し、雄を「屈原の罪人たり」と断じている。絅斎は、屈原と揚雄とを対比することによって、真実と真実に似て非なるものとの区別を明白ならしめんとしたのである。

次に司馬光の論（『性理大全』巻六十一・龔勝の項）は、やはり漢の光禄大夫《こうろくたいふ》であった龔勝についてのもの。

龔勝は、王莽の専横を見て官を辞し郷里に帰っていたが、王莽はその名声を慕い彼を招いた。しかし勝はこれに応じなかったので、莽は誘惑・圧迫を以て出仕を強要した。勝はついに絶食して死し、節を全うしたのであった。司馬光は、後人に龔勝を批判する者があるのを批判し、その忠節を彰らかにしている。

朱子いはく。今世、人多く道《い》ふ、東漢の名節、事に補ふことなし、と。某《それがし》謂ふ、三代よりして下、たゞ東漢の人才、大義その心に根ざし、利害を顧みず、生死変ぜず、その節おのづから是れ保《たも》つべし。未だ公卿《こうけい》大臣を説かず、かつ当時の郡守、宦官《かんがん》の親党を懲治《ちょうじ》するが如き、前なるもの既に治する所となると雖ども、来るもの復《ま》たその迹《あと》を蹈《ふ》み、誅殛竄戮《ちゅうきょくざんりく》、項背《こうはい》相望み、ほゞ創《こ》るる所なし。いま、士大夫、顧惜畏懼《こせきいく》、なんぞそのかくの如きを望まん。平居暇日、琢磨淬厲《たくまさいれい》する、緩急《かんきゅう》の際、尚《な》ほ退縮《たいしゅく》に免かれず。況んや游談聚議、習ひて軟熟をなす、卒然警《そつぜんけい》ある、何を以てその節に仗《よ》り義に死することを得んや。大抵《たいてい》義理を顧みず、たゞ利害を計較《けいこう》するのみ。みな奴婢《どひ》の態、殊《たへ》て鄙厭《ひえん》すべし。

〔訳文〕

『朱子語類』巻三十五・『論語』曾子曰可以託六尺之孤章の朱子の語。

朱子は次のようにいっている。東漢名節の士の行動は、何一つ事の用に立つことがなかったと世人がいうが、わたくしの考えは違う。夏・殷・周三代は別として、それ以後に於いては、東漢の人物のみが、大義その心に生えぬいていて、己の利になるか害になるかを問題とせず、生死の関門に臨んでも態度を変えず、かくしてその節義がおのずから守り通されている。さてその人々のうち、公卿大臣という歴々の人物については説くに及ばぬこと、まずは当時の郡守について見るに、当時の地方にある宦官の親族党与の不法を懲らし、そのために前任の郡守処分せられると後任の郡守も前任者のあとを踏《ふ》んで変わることなく、かくして彼等のために殺されたり流されたりしたもの相ついだが、まずはそれに創《こ》りるものがなかった。しかるにいまの時代、同じ士大夫たるものは果たしていかが。こうしたらどうであろうと恐れておずおずと二の足をふみ、とても東漢の士のごとき態度を望むことはできないであろう。そもそも平常何事もない時に於いて道義を考え精神を磨いていても、一大事突発の際には、なお決断がつかず心がちぢみがちのものである。まして日頃、集まって世間話ばかりし、それが習慣化して軟弱の人間になってしまうと、俄《にわか》に問題が生じた時、節義を守り一命を捨てることはできるはずもなく、義理にあうかあわぬかを棄てて、ただどうしたら得か損かを考えるばかりである。これ、奴婢の態度というべきで、何よりもいやしく厭《いと》うべきものである。

〔語釈〕

○今世、人　『朱子語類』和刻は「今ノ世ノ人」と訓点を附しているから「今の世の人」と訓んでいるが、『靖献遺言』は「今-世人」としているので「今世、人……」と訓んだのであろう。しかしここは「今、世人」即ち「いま世の人は……」と解したい。○東漢の名節　新は十五年にて亡び王莽も敗死し、莽打倒に最も功労があった劉秀が推されて天子となり、漢を復興する。即ち後漢（東漢）の光武帝である。帝は教学の樹立に最も心を尽くした。これが後漢末に数多くの名節の士が現れた理由である。後漢は四代和帝以後、幼帝が相次いだ結果、外戚の専横と宦官の跋扈《ばっこ》とを招き国政が乱れた。そしてこの両者と抗争して已まなかったのが名節の士と呼ばれる人々である。○事に補ふことなし　宦者の権勢を抑えることもできず外戚をくじいたわけでもなく、何一つ世に補いがあったように見えぬ。○当時の郡守云云　中央に於ける宦官の専横が著しかったのみでなく、地方のその親族党与の不法も甚だしかったので、中央に於ける名節の士の活躍に応じ、地方の学人も彼等の懲治に努力した。○項背相望み　次から次へと続くこと。○いま、士大夫　『語類』和刻は「今ノ士大夫」即ち「今の士大夫」と訓んでいるが、『靖献遺言』は「今士-大-夫」。今は朱子の時代のこと。「現在、同じ士大夫階級の人を見るに」の意に解する『遺言』の訓みがよい。○琢磨《たくま》淬厲《さいれい》　琢磨は玉や石をとぎみがくこと、淬厲は刀に焼きを入れて刃を堅くし、砥石にかけて鋭くすること。○卒然警ある　卒然はにわかに、警は一大事。○節に仗り　『語類』和刻は「伏シ㆑節ニ」に作る。『遺言』は「仗㆑節ニ」とあって仗に送りがない。しかし丈は俗に丈と書くので、「仗節」は「仗節（節により）」と考えられ、慶応元年新刻本は明らかに「仗リ㆑節ニ」と訓点を附している。絅斎の講説は「仗、フマヱルト云フ字ヅカイ」、墨山「仗ハフマヘルト云様ナ心」、強斎「仗節死義ハ連続シテ古カラアル字ゾ。仗ハ杖ノ心ゾ、兵仗ト云ガアル」。○内田遠湖翁校・沼田雪窓刊『靖献遺言講義』、舞田脱斎翁編『靖献遺言釈義』、今田買剣著・岡彪村翁校『靖献遺言摘註』等、みな「仗㆑節」に作る。しかしながら『漢書』刑法志に「師旅亟動、百姓罷敝、無伏節死難之誼（師旅しばしば動き、百姓罷敝して、節に伏し難に死するの誼なし）」の例あり、これを朱子の語の典拠と考えるならば、「伏㆑

節」とするを否定することができない。

〔補説〕

この後さらに二つの評語を載せてある。これも掲出を略して内容のみを記しておく。一つは『朱子文集』巻三十五にある後漢の荀彧《じゅんいく》に対する批判。正道の人とされていた荀彧であったが、朱子は逆賊曹操《そうそう》のために働き節義を失った人物であると断じている。次の黄榦の論（『性理大全』巻六十二・陳寔《ちんしょく》の項）は、前の朱子とはやや立場を変えたもので、後漢の名節の士の一人である陳寔についてのもの。寔は彼の同志たちへの弾圧をやわらげるため、敵対する宦官・張譲の父の葬儀に参列した。このため死を免れる者が多かった。この陳寔の態度を度量が大きいと誉める者があるが、黄榦は、たとえ賢者がみな宦官に殺されることがあっても、真の男児ならば、宦官の禍いを恐れて、このような屈辱の行為をすべきではない、という。大義に根ざした平生の心掛けの重要性を説くこの議論を以て本巻は結ばれている。

解説

雨は斜風を帯びて敗紗《はいしゃ》を叩き
子規は血に啼《な》きて冤《えん》を訴ふること　譁《かまびす》し
今宵《こんしょう》吟誦《ぎんしょう》す離騒《りそう》の賦《ふ》
南竄《なんざん》の愁懐　百倍し加ふ

右は西郷南洲が沖永良部島《おきのえらぶじま》幽囚中に詠んだ詩である。僧月照《げっしょう》とともに薩摩潟《さつまがた》に身を投じて死せず、ひとり南島に流されて憂心抑えることを得なかった南洲が、その胸中を慰めようとして繙《ひもと》いたものは、楚《そ》の忠臣屈原の『離騒』であった。

君見ずや死して忠鬼となる菅相公《かんしょうこう》
霊魂なほ在り天拝《てんぱい》の峰
又《また》見ずや石を懐きて流に投ず楚の屈平
今に至るまで人は悲しむ汨羅《べきら》の江《こう》
古より讒間《ざんかん》　忠節を害す
忠臣　君を思ひて躬《み》を懐《おも》はず
われまた貶謫《へんたく》幽囚の士
二公を憶起して涙　胸を潤す

恨むをやめよ空しく讒間のために死するを
　おのづから後世　議論の公なるあり

右は高杉晋作の野山獄《のやまのごく》中に於ける作である。彼は恩師吉田松陰の志を継いで回天の業に奮起したのであるが、それが藩の忌諱《きき》に触れ、元治元年三月、野山獄に投ぜられたが、その時、友としてその心を養ったものは、屈原・顔真卿・張巡・文天祥等の古人の義烈の足跡であった。なかでも讒言に窮しながらも、ついに君を思う至誠を変えなかった屈原は、彼の胸をうつこと殊《こと》に深かったのである。

門巷蕭《もんこうしょうじょう》条として夜色悲し
鵂鶹《きゅうりゅう》声は在り月前の枝
誰か憐れむ孤帳寒檠《かんけい》の下
白髪の遺臣　楚辞《そじ》を読む

右は『淵明先生灯下読書の図に題す』という題の栗本鋤雲《じょうん》の詩である。鋤雲は幕末多難の日、外国奉行として外交の衝に当たって国威を失墜せしめなかった人物である。慶応三年五月、彼は日仏親善のためにフランスに派遣されたが、その滞在中に幕府は倒れた。親幕的なるフランス政府は、その時、幕府再興の援助を彼に申し出たが、彼は日本国内の処理に外国の力を借りるということは日本人としての自覚が許さぬとして断乎これを拒絶した。帰国後の彼は、外国帰りの新知識として、はた外交界の先輩として、立身を望むならばそれは易々たるものであったであろうが、敢えて出でず、幕府の遺臣として悠々世を終えた。いま右の詩を見るに、陶淵明は晋の遺臣として節を全うした人、この人が寒灯の下に繙いているものは、屈原の作品を集めた『楚辞』（『離騒』はそのうちの一篇）である。すなわち屈原の孤忠をしのぶ淵明の姿は、そのまま淵明の節義を慕う鋤雲の姿に外ならない。但し、淵明の集を見るに、彼が『楚辞』を愛読したことを証するものなく、蓋し淵明をしてこれを読ましめたのは、鋤雲の詩構であろう。

以上のように、わが国近世の有志の間に、屈原の人物は高く仰がれ、その作品は愛読されたのであるが、屈原その人は、その地位、大臣でもなく将軍でもなく一官人に過ぎず、その生涯も、『離騒』を始めとする諸作品の作者という他にはさして見るべき業績もない。されば彼が後人に仰がれ、後人を動かしたのは、その至純の人なるがためであった。すなわちその至純の精神が後人の魂を揺り動かしたことこの人のごときは、漢土の数多い哲人のうちにも、極めて類少なしといわねばならない。然らば彼の本国、即ち漢土に於ける屈原観は、どのようであったか。いまそれについて考えるに先だち、その生涯を概見しておこう。

屈原は楚の王族である。懐王に仕えて、宮廷内にあってはよく王を輔《たす》け、宮廷外にあってはよく外交の任に当たり、甚だ王の信任を得ていた。しかるに彼と同列の上官大夫という人物が彼の能力を妬み、彼を讒したので、王は怒って彼を疎《うと》んずるようになった。屈原は王がたやすく讒言を信ずるので、阿諛《あゆ》の徒が王の聡明を蔽《おお》うて、方正の士が容れられぬことを歎き、『離騒』を作ってその苦衷を訴えた。

さて彼が遠ざけられてからのこと、楚の西北隣なる秦《しん》は、東方の斉《せい》を伐《う》たんとしたが、斉・楚が同盟したため、張儀を楚に送って反斉親秦の工作に当たらしめることにした。儀は、「楚が斉と絶交するならば、秦から商・於《お》（いずれも陝西《せんせい》省内の土地）六百里四方の地をおくろう」といって懐王の心を動かした。しかるに王が斉との同盟を絶つと、儀のいうところは「六里四方とは申しあげましたが、六百里四方といった覚えはありませぬ」であった。このことを使者より聞いた王は、怒って大軍を発して秦を討ち、かえって大敗して漢中の地を奪われてしまう。その上、楚危うしと知った隣国の韓《かん》や魏《ぎ》が急襲して来たので、王は兵を引かざるを得なくなった。

翌年、秦は使者を送って来て、さきに占領した漢中の地を返して講和を結びたいと申し入れて来た。しかるに王は、土地を返されるよりも、張儀を手に入れて存分にこれを処分したいといったので、張儀はこれを聞いてみずから進んで楚に来り、権臣靳尚《きんしょう》に賄賂し、王の寵姫鄭袖《ていしゅう》に取り入って、かえって王の心をとらえた。

張儀が楚を去った後で斉への使いから帰国した屈原は、以上の事実を知って、「なぜ張儀を殺さなかったか」と王を諫めたので、王も悔いて儀を追わせたが、追いつくことができなかった。

その後、秦王より懐王に、両国の間にある武関の地で会見したいと申し入れがあり、屈原はこれを、「秦は虎狼のごとき無法の国であるから、この申し入れは信じがたい。行かれませぬがよろしい」と諫止《かんし》したが、王は子蘭《しらん》の勧めによって赴き、果たして秦に捕らえられて咸陽《かんよう》（秦の都、後の長安）に連れ去られた。ここに於いて懐王の長子なる頃襄王《けいじょう》が立ち、弟の子蘭を令尹《れいいん》（総理大臣）に任じた。

屈原は早くから子蘭の人物を好まず、追放の身でありながら楚の運命を憂えていたが、これを知った子蘭は大いに怒り、上官大夫をして屈原を頃襄王にそしらしめた。王は屈原を江南の地に追放した。

窮苦の運命に遭いながら君国を思う一念に燃える屈原は、『懐沙《かいさ》の賦』を作ってその心中を述べ、石を抱いてついに汨羅に身を投げて死んだ。

以上は、司馬遷『史記』の屈原の伝の大要である。そしてこの記述を同じ『史記』のうちの『楚世家』や『六国《りっこく》年表』に照らして見ると、讒にあって懐王に疎んぜられたのは同王の十六年、即ち紀元前三一三年、屈原三十一歳のことであり、張儀を追うべく諫めたのは同十八年、三十三歳、秦は虎狼の国であるといって諫止したのは同三十年、四十五歳のことと考えられ、また汨羅に身を投げたのは、その作品のうちに示されている年次から考えて頃襄王の九年、即ち紀元前二九〇年、五十四歳の時か、またはその翌年のことであろうと推定される。

しからば『史記』の『屈原列伝』の記事には、その三十三歳から四十五歳までの間の記述がなく、四十五歳以後に於いては十年をとばして突然、江に身を投じたことが出ているのである。さらに問題となることは、『楚世家』では、秦は虎狼の国であるといって諫止したるを昭睢《しょうしょ》のこととしており、もしそれを認めてこの一条を屈原の伝から除くと、屈原の記事はいよいよ痩せ細ることとなる。

『史記』に見える屈原の記事は、このように心細いものであるが、それは原死して二百年、紀元前一〇〇年、司馬遷の頃には、屈原についての伝えが、恐らく秦の楚への侵攻、そして秦政の暴逆、さらにそれに打ち続いて起こった劉邦・項羽の争い等により、その記録を散逸してしまって、このように貧弱かつ不正確になってしまっていたのであろう。

しかし伝は明確を欠いたが、その一身を江に投ずるに至る屈原の至誠は、司馬遷の心を強くうった。されば、遷は『史記』に特に彼のために伝を立て、かつその至純の精神を讃えては、

「此の志を推せば、日月と光を争ふと雖ども可なり」

とまでいっているのである。たとえ貧弱であるといっても、司馬遷が屈原の伝えを蒐集《しゅうしゅう》し、これを高く評価して後世に伝えた功績は、多としなければならない。

そもそも屈原の名は、戦国遊説の士の言論を集めた『戦国策』になく、屈原死して三十年ほどして斉より楚に行き蘭陵《らんりょう》の令（地方長官）となった荀況《じゅんけい》の『荀子』にもなく、その他、先秦諸書のいずれにも出ていない。現存する彼に関する最初の記録は、漢初の文帝時代の人、賈誼《かぎ》の『屈原を弔ふの賦』であり、誼は流されて長沙に赴く途中、湘水《しょうすい》を渡って屈原をしのび、その不遇を傷んでこの賦を作っている。それにつぐものは淮南《わいなん》王劉安が武帝の命によって作ったという『離騒』の「伝」（註釈の意）であるが、いまはその一部が『史記』の屈原の伝のうちに引かれているのみで、成書としては存していない。そしてやがて司馬遷の『屈原列伝』が現れることとなる。さらに前漢末になると、屈原の作品を集めてそれにその流れを汲む宋玉《そうぎょく》・景差《けいさ》等の作品を加えた『楚辞』が編纂された。編纂者は劉向《りゅうきょう》といわれる。別に向はその著『新序』の「節士」篇のうちに屈原の伝を収めている。同じく前漢末に揚雄の『反離騒』があり、後漢になると王逸《おういつ》の『楚辞章句』ができた。『章句』は現存する『楚辞』の最古の註釈書である。

右のごとき事実から、前漢の中頃、即ち紀元前一〇〇年頃以降、屈原に対する人々の関心が急激に高くなったことが知られるが、これは武帝が辞賦《じふ》(文体の一。詩と散文の中間のもの、朗読詩)を愛し、そのため当時の文人の間に辞賦が盛んに作られるようになったことと深い関係がある。いうまでもなく辞賦は屈原の作品『離騒』『九歌』等を祖とするものである。

しかし当時一般の屈原への崇拝を見ると、それは辞賦の祖としての彼に対するものであって、その憂国の精神を理解し同情するものではなかった。例えば賈誼『屈原を弔ふの賦』は、鳳は高く飛び去り神竜は深淵に潜んでみずから大切にしている、もし麒麟が網にかかったならばどこに犬や羊と区別があろうや、さればこの罪に陥ったのは屈原自身のなせる業という他なく、もし彼が九州を旅して君たるべき人物を助けるならば、この楚のみに恋々たる必要はなかったといっており、揚雄『反離騒』は、屈原がその作品のうちに玉を食いて生命を延べ神をたずねて語りたいと述べていながら、かえって鳳凰の飛びたつよりも早く身を投げたのは何故であるかと疑い、聖哲の人物が時に遭わぬのは時命というものがあるからであれば、それを歎いたとて君主がその態度を改めるとは思われぬと述べ、屈原が人々の戒めを聞かずに死を選んだことを非難している。賈誼のいうところのごとくであるならば、屈原は自国のことのみに拘泥した狭量の人物ということになり、揚雄のいうところのごとくであるならば、屈原は退いて保身することを知らぬ固陋《ころう》の人物ということになる。これが漢代一般の屈原評であって、されば後漢の班固もまた、「才を露はし己れを揚げ、危国群小の間に競ひて以て讒賊《ざんぞく》に離《かか》る。然れども懐王を責数し椒蘭《しょうらん》を怨悪《えんお》し、愁神苦思、強ひてその人を非とし、忿懟《ふんたい》して容れられず、江に沈んで死す」（『離騒序』）。洪興祖《こうきょうそ》『楚辞補註』に引くところ）

といい、隋の顔子推《がんしすい》はそれを継いで、

「古より文人多く軽薄に陥る。屈原は才を露はし己れを揚げ、君の過ちを顕暴《けんばく》す」（顔氏家訓』文章篇）

といっている。すなわち班・顔二氏に至っては、賈・揚よりも一段と進んで、屈原を以て已れの才能を誇る傲慢の人物にして、君の過失をあばきたてたとしているのである。

しかしながら唐代になり、全く別の立場から屈原を説くものが現れた。すなわち柳宗元の『屈原を弔《す》ふの文』がそれであって、それには、

「故郷を委《す》てて利に従ふは、吾れ先生の忍びざるを知る。立ってその覆墜《ふくつい》を視るは、また先生の志す所にあらず。窮と達と、もとより渝《かは》らず。それただ道に服《つ》いて以て義を守る」

とある。故郷を棄てて一身の立身を求めるは屈原の為すに忍びざるところ、さらばとて故郷の滅亡を見るも望みではない。すなわち窮困利達に態度を変えることなく、ただ道義によって進退したのである。柳宗元のいうはこのような意味であり、これは千年を隔てて司馬遷の説に応ずるものというべく、漸くにして屈原をその精神に於いて理解し、その態度に学ばんとするものが現れたといえる。そしてこの風は次の宋代になって極めて著しくなり、ついに画期的名著なる洪興祖の『楚辞補註』と朱子の『楚辞集註』とが生まれるのである。いずれも『楚辞』の註解であるが、ただ文字のみの註解に於いてすぐれているとい

うのでなく、作品を解説しながら、そこに著者の深い人生観によって捉えられた屈原の人物像が鮮やかに画き出されていることを特色としている。しかも洪氏は、宗室南渡の後に召されて秘書省正字・江東刑獄・知饒州《ちぎょうしゅう》等の官を歴任したが、奸臣秦檜《しんかい》の意に忤《さか》らって昭州に追放され不遇に終わった人物であり、朱子が『集註』を著したのは、その晩年、天子への諫言がすべて容れられず、かえって韓侂冑《かんたくちゅう》等の権臣に偽学の名目で弾圧されている時に於いてであったことは、感が深い。

洪興祖の論は、『離騒』の後に記した彼の文のうちに明確に示されている。すなわちその文に於いて彼は、班固・顔子推・賈誼・揚雄等の語を挙げてその屈原観を厳密に批判し、ついで自身の説を述べて、

「仲尼いはく、天を楽しみ命を知る、故に憂へず、と。またいはく、天を楽しみ命を知れば憂ひの大なるものあり、と。屈原の憂ひは国を憂ふるなり。その楽しみは天を楽しむなり。『離騒』二十五篇、世を憂ふるの語多し。（中略）屈子の事は、蓋し聖賢の変なるものなり。孔子に遇はしめば、当《まさ》に三仁と同じく称せらるべし。雄は未だ以てこれに与《あづ》かるに足らず、班孟堅《はんもうけん》（班固）・顔子推のいふ所は、妾婦児童の見と異なることなし」

といっている。朱子の論は、その『楚辞集註』の目録の後に記した序のうちに詳しいが、その文は『靖献遺言』に引かれているのでここには詳説を避けるも、その趣旨は、屈原の作品、情の激する余りに君の過失を顕しているところもあり、また時に神秘夢幻の世界に入ったところもあって、直ちにそれを教訓とすることはできぬが、その底に已むに已まれぬ彼の至情が溢れており、この至情こそ、人の持っているもののうちの最も高く尊きもの

とする、というものである。

以上のごとく、屈原がその精神を人に理解してもらうためには、実に千年という長い歳月を要したのであって、彼は生前のみならず、死後も長く不遇の人であったといってよい。しかし洪・朱の両著が現れて後、『楚辞』の解釈はいよいよ精細となり、屈原の生涯も次第に明白にされ、その研究の名著も次々に刊行されているが、そのことは省略し、屈原に対するわが国の論を見よう。

『楚辞』の刊本は、五山版になく、古活字本になく、江戸期に入って慶安四年、村上平楽寺刊『楚辞集註』(外題『註解楚辞全集』)を初出とする。しかし平安時代以来わが国の読書人に親しまれた『文選』には、屈原作の『離騒』『九歌』『九章』『卜居』『漁父』、宋玉作の『九弁』『招魂』が、賈誼の『屈原を弔ふの文』、顔延年『屈原を祭るの文』とともに収められており、室町時代に渡来して五山の僧侶に愛読された『古文真宝後集』にも『漁父の辞』『屈原を弔ふの賦』が収められているので、屈原乃至《ないし》その作品集『楚辞』は随分広く知られていたはずであるが、久しくその影響これというものあるを見ず、藤原惺窩《せいか》に至ってもその詩文にこれに関するものがない。

しかるに惺窩の門人林羅山《はやしらざん》になると、突如屈原に関することが多くなる。すなわちその『年譜』(『林羅山集』附録巻一)慶長九年二十二歳の条に収めている「既見する所の書目」のうちに「楚詞朱子注後語弁証」と見えておれば、同十年二十三歳の条には、徳川家康、羅山を二条城に召して三事を問い、羅山いずれをも即答して嘉賞せられたとあるが、そのうちの第三問「蘭に種品多し、そもそも屈原の愛する所は何と為す」に対する答語は

「朱文公の註に拠るときは則ち沢蘭なり」であったし、さらにその詩には『又楚辞を賦して前韻を用ふ』『五柳先生が伝を読む』（以上、『林羅山詩集』巻三十二）『屈原、蘭を齅《か》ぐ』『屈原漁父問対』『屈原』（以上、巻六十八）があり、文には『楚辞朱註跋』『楚辞王註跋』（『林羅山文集』巻五十六）が見出だされる。しかもその詩にいうところは、

「詞は秋蘭を紉《むす》んでみづから編む。時の人、屈原が賢を識ること無し。楚風は十五国風の外。恨むらくは生きて孔子の前に逢はざることを」（又楚辞を賦して前韻を用ふ）

「劉伶は沈湎《ちんめん》し屈原は醒む。害を遠ざけ君を憂へて性霊を陶《とう》す」（五柳先生が伝を読む）

「幽憤清忠人却つて嫌ふ。余芳剰馥《じょうふく》我れ猶ほ饜《あ》く」（屈原、蘭を齅ぐ）

「千年屈原を弔す。国を憂ひて忠貞を抱く」（屈原）

であり、これまさに朱子の『楚辞集註』の意を承けての立言である。すなわち屈原を憂国忠貞の人として尊重するは、わが国にては羅山を嚆矢とするといってよいであろう。慶安四年、『楚辞集註』が初めて刊行されていることも、羅山のかくのごとき屈原尊重と関係が深かったことと思う。

　しかしながら、羅山の屈原尊重は、なお常識的皮相的、いわば朱子の受け売りの感を免れぬ。屈原をその胸中の最も深刻なるところに於いて高く評価したるは、浅見《あさみ》絅斎《けいさい》であった。すなわち絅斎は、その著『靖献遺言』全八巻のうちの第一巻を屈原とし、その遺言として『懐沙の賦』を掲げ、原の略伝と原に対する諸家の評、およびそれを明確ならしめるための参考の文とを弁せ収めている。かつ絅斎は、別に『楚辞』全篇にわたる講説を行っておれば（元禄十四年十月二十八日に開講し翌年十月二十三日に終えたその講説の筆記

は、小浜市立図書館酒井家文庫に伝来しており、別に同系統の故国分《こくぶ》青厓《せいがい》翁所蔵写本によって刊したものが早稲田大学出版部刊『漢籍国字解全書』のうちに入っている)、その高弟若林強斎も享保二年九月十四日より同六年七月八日にわたって『楚辞』全篇を講じており(拙著『若林強斎の研究』一四二頁より一四五頁まで、参看)、絅斎師弟の『楚辞』尊重の風を明らかならしめている。

『靖献遺言』は、原則としてその各条の本づくところの原拠書を記していないが、いま屈原の巻について、その本づくところを推定するならば、初めに掲げている略伝は、朱子が『離騒』の序のうちに記しているところを本とし、それを『史記』によって修正増補したものであり、その後に添えている「伝にいはく、それ天は人の始めなり」云云の屈原評は『史記』屈原列伝より、「朱子いはく、原の人となり」云云の屈原評は『楚辞集註』の序より採っている。そして次に掲げている屈原の遺言『懐沙の賦』と附載の『漁父の辞』および朱子の『反離騒』の序は『楚辞集註』より引き、次の司馬光と黄榦《こうかん》との語は『性理大全』巻六十一・六十二より、「朱子いはく、今の世、人多くいふ」云云の語は『朱子語類』巻三十五より、「またいはく、荀淑《じゅんしゅく》、梁氏《りょうし》事を用ふるの日に」云云の語は『朱子文集』巻三十五の『劉子澄に答ふ』より採っている。

しかし絅斎が執筆に当たって実際に見た書物は、恐らく以上の諸書に止まるものではなく、殊にその本文の決定に当たっては、同種の書物をいく種も比較して検討したことであろう。例えば絅斎は、屈原の能を妬んで王に讒言した人物を「同列の上官大夫」と一人としているが、朱子の『離騒』序には「同列上官大夫及び事を用ふる臣靳尚」と二人としており、これは文を簡明にするための省筆によるものでなく、『史記』『漢書』等の記事を詳しく調査した結果の結論を記したものであって、絅斎は朱子の記述であっても、それを検討することなく従うということはなかったのである。そしてこのような、常に厳密な検討調査を加えるという態度は、ひとり屈原の巻のみのことでなく、『靖献遺言』全巻を通じての絅斎の態度であった。

巻の二　諸葛亮

師を出《いだ》すの表
漢の丞相《じょうしょう》武郷侯諸葛亮《しょかつりょう》

〔語釈〕

○師を出すの表　後主禅の建興五年（二二七）、先帝劉備の遺志を実現すべく北征せんとするに当たり、諸葛孔明が後主に献じた書翰。翌六年にも再度献じているので、本表を『前出師表』、六年のものを『後出師表』と呼ぶ。なお一般にスイシノヒョウと音読されている。出は、いづの意の時は音シュツ、いだすの時は音スイ、ここはいだすの意であるからスイと読む。表は天子に奉る意見書、天子に進む時は表といい、諸侯に進むる時は上疏《じょうそ》という。○漢の丞相武郷侯諸葛亮　丞相、丞は輔の意、天子を輔《たす》けて万機を理《おさ》める役。秦代に置かれた相国《しょうこく》の官であり、漢初もその名をついだが後に丞相と改めた。わが国では菅丞相《かんしょうじょう》のごとくショウジョウと読まれていたが、近世になってジョウショウと読むようになる。いまの総理大臣。武郷侯は武郷の大名の意、武郷はいまの陝西《せんせい》省褒城県の東にあったという。孔明はここに封ぜられた。亮は孔明の名、字《あざな》の孔明にて記せず名をもって記しているのは、屈平といって屈原といわざりしと同義。

亮《りょう》、字《あざな》は孔明、瑯琊《ろうや》の人。襄陽《じょうよう》の隆中《りゅうちゅう》に寓居し、隴畝《ろうほ》に躬耕《きゅうこう》す。時に漢室衰乱、四海分裂し、姦賊相《かんぞくあひ》争ふ。涿郡《たくぐん》の劉備は、景帝の子中山《ちゅうざん》靖王《せいおう》の後なり。みづから王室の冑《ちゅう》なるを以て、微賤より兵を起して以て興復を図る。是れを昭烈皇帝となす。荊州《けいしゅう》にありて未だ志を得ず、士を襄陽の司馬徽《しばき》に訪《と》ふ。徽、亮を以て答ふ。徐庶も亦た昭烈に謂ひていはく、「諸葛孔明は臥竜《がりゆう》なり。将軍豈《あに》これを見ることを願ふか」と。昭烈いはく、「君ともに来れ」と。庶いはく、「此の人、就きて見るべし、屈致すべからざるなり。将軍宜《よろ》しく駕《が》を枉《ま》げてこれを顧みるべし」と。昭烈是れによりて亮に詣《いた》る。凡《およ》そ三たび往きて乃ち見る。昭烈よりていはく、「漢室傾頽《けいたい》し姦臣命《めい》を窃《ぬす》む、孤《こ》、徳を度《はか》り力を量らず、大義を天下に信《の》べんと欲す。計《はかりごと》、まさにいづくに出でんとする」と。亮為《た》めに策を画《かく》していはく、「将軍既に帝室の冑、信義四海に著《あらは》る。百姓《ひやくせい》たれか敢へて簞食壺漿《たんしこしよう》して以て将軍を迎へざるものあらんや。誠に是《か》くの如くならば、則ち漢室興るべし」と。昭烈これを善《よみ》す。亮是れより昭烈に従ひ、険を履《ふ》み力を竭《つく》して以てこれを相《たす》け、呉に約し曹を破り、遂に荊・蜀を定めて以て興復の基となす。既《すで》にして曹丕《そうひ》、献帝を廃し、位を簒《うば》ひ号を僭《せん》す。蜀中伝へ言ふ、帝已《すで》に害に遇《あ》ふと。ここに於いて昭烈喪《も》を発し服を制し、遂に漢中王より皇帝の位に即き、元《げん》を改め、亮を以て丞相とし、国事を委《ゆだ》ぬ。継いで昭烈、呉を討《とう》じ、永安に還《かへ》りて病篤し。乃ち亮に命じて太子禅《ぜん》を輔《たす》けしめ、亮に謂ひていはく、「君必ず能《よ》く終《つひ》に大事を定めん。嗣子輔くべくばこれを輔けよ。その不可なるが如き、君みづから取るべし」と。亮涕泣《ていきゆう》していはく、「臣敢へて股肱《ここう》の力を竭し、忠貞の節を効《いた》し、これに継ぐに死を以てせざらん」と。昭烈又禅に詔勅していはく、「悪《あく》小なるを以てこれを為すことなかれ。善《ぜん》小なるを以てこれを為さざることなかれ。惟《ただ》賢、惟徳、以て人を服すべし。汝、丞相と事に従ひ、これに事《つか》ふること父の如くせよ」と。遂に崩《ほう》ず。亮既に遺詔を受け、喪を奉じて成都に還り、禅位に即《つ》く。是れを後帝と称す。時に年十七。亮を封《ふう》じて武郷侯となす。政事ことごとく決を取る。亮乃ち官職を約し、法制を修め、教《きょう》を群下に発して以て直言を求む。必ず姦凶を攘除し漢室を興復するを以て已れが任となす。既に雍闓《ようがい》等を討じ南中を定む。建興五年、諸軍を率《ひき》ゐて出でて漢中に屯《とん》して以て中原を図る。発するに臨みて表を上《たてまつ》ると云ふ。

〔訳文〕

亮は、字を孔明といった。瑯琊《ろうや》の人である。襄陽の隆中山に仮住居し、みずから田畑を耕していた。その時、漢室は衰え、天下は分裂し、奸賊ども互いに己の勢力拡大のために争っていたのであるが、ここに涿郡《たくぐん》の人劉備という人物があり、景帝の子なる中山靖王の子孫、即ち王室の一族であったので、微賤の境遇から奮起し、天下の秩序の興復を図っていた。この人が蜀漢の天子となり崩じて昭烈皇帝の名をおくられた人物である。彼が荊州の牧《ぼく》劉表のもとにいてまだ失意の境にあった時、襄陽の名士司馬徽《しばき》に、頼むべき賢者は誰かとたずねたところ、徽は亮の名を挙げた。賢士徐庶もまた彼に「諸葛孔明は臥竜《がりゅう》である。将軍はこの人に会いたいと希望されますか」といったので、二人の推薦があることとて彼はよろこんで「君ひとつ連れて来てくれ」と頼んだところ、「なかなか孔明はこちらへ来いといって来るものではありませぬ。将軍から出かけてゆかれてお会いなされませ」との答え。その言を聞き、劉備はみずから往き、三度もたずねて始めて面会したことであった。さて彼はいう、「漢室傾き、姦臣曹操、政治をほしいままにしておるので、余は自身徳も力もない身ながら、興漢討賊の大義を天下に敷かんと志しているが、どこからその手をつけたらよろしかろう」。亮、お答え申し上げる、「将軍は既に漢室の正統の御子孫であられる上に、興漢討賊の大義のために起《た》たれたのであるという信義は、天下誰知らぬものがございません。されば将軍がお進みになりますところ、すべての人が我も我もと歓迎申し上げることでありましょう。然らば漢室興復も不可能ではありませぬ」。劉備はこの奉答をよみせられ、孔明も劉備に従い、危険を冒し全力を注いでその志の実現を輔《たす》け、そのために先ず呉の孫権と同盟を結んでその力で曹操を破り、遂に荊州及び蜀の地を平定して漢室興復の基礎を築いた。然るにやがて曹操の子曹丕が献帝を廃して山陽公とし、ついで天子の位を奪って国号を魏と僭称《せんしょう》した。かつ蜀に天子が弑《しい》せられたという噂が伝わって来たので、劉備は献帝の喪主となり喪服を着け、漢中王の身分から帝位に即き、章武と改元し、亮を丞相として国政を一任した。しかるに孫権が同盟を破り、劉備に背いて襄陽を攻め関羽を殺したので、劉備は問罪の師《し》を起こして呉を討ち、戦って大敗、引き返して永安に帰着し、病が重くなった。ここに於いて劉備は、太子禅の輔佐を亮に命じ、かつ「君ならば必ず興漢討賊の大事を遂げ得るであろう。太子が天下を治めるに足る器量の人物ならば輔けられよ。もし役に立たぬものであるならば、君みずから天下を取ってこれを治められよ。必ず賊の手に渡さるるな」と語られた。孔明はこれに対し、「臣は一身の力を尽くし、至誠を尽くして御奉公仕ろうと存じます」と奉答した。劉備はまた禅に対して「たとえ小さくとも悪であったならば絶対にしてはならぬ。たとえ小さくとも善であったならば絶対にしなくてはならぬ。君主の賢なると徳あるとのみが民心を服せしめることができるのである。御身は丞相と政治に従うのだが、丞相を父と思ってその教えを仰がねばならぬぞ」と遺勅を残され、かくして崩ぜられた。

亮は先帝の遺詔を賜り、遺骸《いがい》を奉じて都成都に還《かえ》った。かくして禅が父の後を受けて即位した。後主と呼ばれるは彼のことである。時に十七歳であった。後主は亮を武郷侯に封じ、国政はすべて孔明によって決断が下されることとなった。ここに於いて亮は不用と重複の官を削って官制の整理を行い、かつ諭告《ゆこく》を部下に発して彼等の直言を求め、必ず姦凶を滅ぼし漢室を興復することを、自己の任と決意した。そこで先ず北のかた中原に出動する準備として後顧の憂えなからしむべく、南方の賊の長雍闓《ようがい》等を討って南中の地を平定し、建興五年、いよいよ諸軍を率いて北征の途にのぼり、漢中に駐屯《ちゅうとん》して中国平定を謀《はか》ったのである。その出発に臨み、後主に『出師表』をたてまつったことであった。

〔語釈〕

○瑯琊　郡の名、いまの山東省諸城県附近。○襄陽の隆中に寓居す　襄陽は郡の名、漢水中流の要地。隆中は山の名。襄陽の北にあるという。孔明は早く父を失い、叔父玄が荊州の牧劉表に依れるに従って襄陽に来た。郷里外の地に住んでいたので寓居すといったのである。○隴畝に躬畊す　畊は耕に同じ。隴《ろう》は壟とも書く、畑のなかの高い処。○**中山靖王**　前漢第六代の景帝の子、名は勝。中山郡に封ぜられた。○**冑**　音を示す由と肉（月）より成る。血筋、後つぎの子孫の意。冑《かぶと》とは別字。○**荊州にありて未だ志を得ず**　荊州はいまの湖北・湖南を中心とする地。『爾雅《じが》』には「漢南を荊州といふ」と見える。劉備は始め曹操に依っていたが、操に殺意のあるを知り、奔《はし》って荊州の牧劉表に帰した。厠《かわや》より出、慨然として涙を流したので、表が怪しんでそのわけをたずねたところ、「常時、身鞍《くら》を離れざれば髀《ひ》肉《にく》みな消せしに、いままた騎《の》らざれば髀裏肉生ぜり。日月流るるが如し。老いのまさに至らんとするに、功業建たず。ここを以て悲しむのみ」と答えたという。「髀肉の歎」の語はこれより出た。○**士を襄陽の司馬徽に訪ふ**　司馬徽、字は徳操、清雅の人物にてよく人を知るの明があった。訪とは、とい求めるの意。○**徽、亮を以て答ふ**　『三国志』諸葛亮伝の裴松之《はいしょうし》註に、「『襄陽記』にいはく、劉備、世事を司馬徳操に訪ふ。徳操いはく、儒生俗士は、豈《あに》時務を識らんや、時務を識るものは俊傑にあり、此の間におのづから伏竜・鳳雛《ほうすう》あり、と。誰たるかを問ふ。いはく、諸葛孔明・龐士元《ほうしげん》なり、と」という名高い話を録している。なお『三国志』の註は、他の史書の註が多く字句の註解であるのと異なり、本伝になき史実や異伝を録していることに、重要な特色がある。○**詣る**　往き候《うかが》うこと。至る。○**三たび往きて乃ち見る**　時に劉備四十七歳、孔明二十七歳。『通鑑綱目』にはこの会見を建安十三年（二〇八）の下に記しているが、『出師表』に爾来《じらい》二十有一年というより逆算するとそれは建安十二年のこととなる。○**姦臣命を窃む**　姦臣は曹操。命を窃むは、天子より出づるべき命令を臣が勝手に出すこと。○**孤**　王侯の自称。『礼記』玉藻《ぎょくそう》篇に見える。○**亮為めに策を画す**　策はいわゆる天下三分の計であるが、長文なるために省略している。○**百姓たれか敢へて簞食壺漿して云云**　百姓は民衆の意。簞食壺漿は『孟子』梁恵王篇の「簞食壺漿以て王師を迎ふ」より出た語。食（めし）を竹の器に盛り、漿（のみもの）を壺に入れて、よろこんで王師を迎えるをいう。○**呉に約し曹を破る**　まだ劉備の力弱く独立できぬので、先ず呉の孫権と同盟し、これと協力して建安十三年冬十月、曹操を赤壁《せきへき》に破ったことを指す。○**遂に荊・蜀を定めて**　荊州（湖北・湖南）と蜀（四川）の地とを平定して漢室興復の基礎を作った。建安十四年荊州を、同十九年蜀を定めた。○**曹丕、献帝を廃し云云**　建安二十五年正月、曹操卒し長子丕その後をつぐや、同年十月、丕はついに皇帝と称し、献帝を廃して山陽公とした。ここに帝位は名目上、漢より魏に譲られ、漢は前後を通じ四百二十六年にして亡んだ。しかしこれよりさきに建安十九年十一月、曹操は皇后伏氏および皇子二人を弑し、二十年正月、貴人曹氏（操の女《むすめ》）を立てて皇后とし、二十二年四月、操の出入は天子の車服を用うることとし、二十四年、みずからの夫人を号して王后とし、着々と簒奪《さんだつ》の基礎を固めていたのである。○ここに於いて昭烈喪を発し云云　献帝に嗣がなく喪につとめるものなき以上、同姓の劉備が喪主となるのは当然といってよい。〔強斎講義〕天子ノ御座ル内ハ、ヨウテモ悪ウテモソレガ時ノ帝ジヤニヨツテ何時迄モ正統、タトヘ太子デカラガ位ニ即ク筈ハナイ。既ニ天子ノ御座ラヌカラハ、モハヤ天下ニ主ガナイ。スレバ誰カ有ラフ、蜀ノ劉備ハ正統ジヤニヨツテ、献帝ノ喪ヲ執リ行ウテ天子ノ位ニ即カレタゾ。天子ノ敵ニトラハレテゴザリテ、ソレガ害ニアハレタトキ、ソレカラソレヘ直ノ正統ノ伝デナウテモ、遥ニ其方ヲ拝シテ、天下全体ノ正統デサヘアレバ、即位スル筈ノコト。是ガ其ノ時ノ法《のり》ナリ。○漢中王　劉備は建安二十四年五月、漢中を収め、ついで七月、自立して漢中王となった。○元を改め　建安二十五年曹丕簒立、翌年四月、劉備は帝位に即いて章武と改元した。○呉を討じ、永安に還りて病篤し　劉備は荊州を収めるや、建安十六年、孔明・関羽等を残して益州に入った。十九年、孔明は関羽を留めて荊州を守らしめ、張飛・趙雲等と兵を率いて長江を泝《さかのぼ》り巴州を抜き、ついで劉備は成都を降して益州の牧となった。かくして劉備は荊・益に跨有《こゆう》することとなり、孔明の天下三分の計の基礎はここに成ったのであるが、しかも荊州は孫権もかねてから欲したところであったので、二十四年、曹操と結び、劉備との盟《ちか》いに背いて不意に襄陽を攻め関羽を殺した。劉備はこれを聞いて怒り、章武元年（二二一）、呉討伐の兵を起こして秭帰《しき》（湖北省秭帰県）に軍したが、翌二年六月、猇亭《こうてい》に呉の陸遜と戦って大敗し、逃げて白帝城に帰った。○臣敢へて股肱の力を竭し　臣は元首（くび）たる君に対して股肱（手足）である。臣下として力一杯をつくすから「忠貞の節を効す」といった。敢へて……ざらん（敢不……）は反語の語法にて自己の意志であることを示す語。○遂に崩ず　章武三年四月、劉備六十三歳。○後帝　〔強斎講義〕後帝トハ正統ノ跡ヲ継ガレタニ依リテ帝トイフ。温公ノ『通鑑』ニ後主トアシラウテアルガ、アレハ改ムル筈ノコト。朱子『綱目』ノ旨ハ後帝ジヤ。ヤハリ正統トイフ心ゾ。○教　教令。親王や将軍より下される論告、命令。御教書《みぎょうしょ》。○既に雍闓等を討じ云云雍闓は南中（蜀の南の地方）の蛮族の長の名。建興三年七月、孔明は雍闓を討ってこれを斬り、益州・永昌・牂牁《そうか》・越嶲《えつけい》の四郡を平らげた。孟獲《もうかく》を七縦七禽《しちしょうしちきん》したという話はこの時のことである。

臣亮言《まを》す。先帝業を創《はじ》むる未だ半ばならずして、中道に崩殂《ほうそ》す。いま天下三分し、益州疲敝《ひへい》す。此れ誠に危急存亡《そんぼう》の秋《とき》なり。然るに侍衛の臣、内に懈《おこた》らず、忠志の士、身を外に忘るるものは、蓋《けだ》し先帝の殊遇《しゅぐう》を追ひ、これを陛下に報《むく》いんと欲するなり。誠に宜《よろ》しく聖聴を開張して以て先帝の遺徳を光《おほい》にし志士の気を恢弘《かいこう》すべし。宜しく妄《みだり》にみづから菲薄《ひはく》し、喩《たとへ》を引き義を失つて以て忠諫の路を塞《ふさ》ぐべからざるなり。宮中・府中、倶《とも》に一体たり。臧否《ぞうひ》を陟罰《ちょくばつ》する、宜しく異同すべからず。もし姦《かん》をなし科《か》を犯し、及び忠善をするものある、宜しく有司に付けその刑賞を論じて陛下平明の理を昭《あきら》かにすべし。宜しく偏私《へんし》し、内外をして法を異《こと》にせしむべからざるなり。侍中侍郎、郭攸之《かくゆうし》・費禕《ひい》・董允《とういん》等は、此れ皆良実、志慮忠純、ここを以て先帝簡抜《かんばつ》して以て陛下に遺《のこ》せり。愚《ぐ》以為《おも》へらく、宮中の事、事大小となく悉《ことごと》く以てこれに咨《と》ひて、然る後に施行せば、必ず能《よ》く闕漏《けつろう》を裨補《ひほ》し、広益するところあらん。将軍向寵《しょうちょう》、性行淑《しゅく》均《きん》、軍事に暁暢《ぎょうちょう》し昔日に試用す。先帝これを称して能《のう》といふ。ここを以て衆議、寵を挙げて督とす。愚以為へらく、営中の事、事大小となく悉く以てこれに咨《と》はば、必ず能く行陣をして和睦し優劣をして所を得しめん。賢臣を親しみ小人を遠ざくる、此れ先漢の興隆する所以なり。小人を親しみ賢臣を遠ざくる、此れ後漢の傾頽《けいたい》する所以なり。先帝在《いま》す時、臣と此の事を論ずるごとに、未だ嘗て桓・霊に歎息痛恨《つうこん》せずんばあらざるなり。侍中尚書・長史・参軍は、此れ悉く貞亮《ていりょう》、節《せつ》に死するの臣なり。願はくは陛下これを親しみこれを信ぜば、則ち漢室の隆《さかん》なる、日を計《かぞ》へて待つべきなり。臣もと布衣《ふい》、南陽に躬耕し、いやしくも性命を乱世に全うし、聞達を諸侯に求めず。先帝、臣の卑鄙《ひひ》なるを以てせず、猥《みだ》りにみづから枉屈《おうくつ》し、三たび臣を草廬《そうりょ》の中に顧《かへり》み、臣に諮《はか》るに当世の事を以てす。是れによりて感激し、遂《つひ》に先帝に許すに駆馳《くち》を以てす。後、傾覆《けいふく》に値《あ》ひ、任を敗軍の際に受け、命《めい》を危難の間に奉ず。爾来《じらい》二十有一年なり。先帝、臣の謹慎なるを知る。故に崩に臨みて臣に寄するに大事を以てせり。命を受くる以来、夙夜《しゅくや》憂慮し、託付《たくふ》効あらずして以て先帝の明《めい》を傷つくることを恐る。故に五月瀘《ろ》を渡り、深く不毛に入る。いま南方已《すで》に定まり兵甲已に足る。まさに三軍を奨率《しょうそつ》し、北、中原を定むべし。庶《こひねが》はくは駑鈍《どどん》を竭《つく》し、姦凶を攘除し、漢室を興復し、旧都に還《かへ》さん。此れ臣、先帝に報いて陛下に忠する所以の職分なり。損益を斟酌《しんしゃく》し忠言を進尽《しんじん》するに至りては、則ち攸之・禕・允の任なり。願はくは陛下、臣に託するに賊を討じ興復するの効を以てし、効あらずんば、則ち臣の罪を治めて以て先帝の霊に告げよ。もし徳を興すの言なくば、則ち允等を戮《りく》して以てその慢を彰《あらは》せ。陛下も亦た宜しくみづから謀りて以て善道を咨諏《ししゅ》し雅言を察納《さつのう》し、深く先帝の遺詔を追ふべし。臣、恩を受け感激するに勝《た》へず。いま遠離に当り、表《ひょう》に臨みて涕泣《ていきゅう》し、言ふところを知らず。

〔訳文〕

右が諸葛孔明の遺言として掲げられた『出師表《すいしのひょう》』である。絅斎は前後二篇の同表を収むるに当たり、『三国志』『文選《もんぜん》』『通鑑綱目』『文章軌範』『続文章軌範』等、広く同表を収めている諸書を集めて、その文字を校合し、厳密なる考察を下した上で、本文を決定している（その詳細は、拙著『浅見絅斎の研究』所収「靖献遺言編纂の苦心」参照）。

孔明が本表に於いて述べていることは、先帝の遺志を紹《つ》ぎ先帝の遺徳を追いたまえという一事に尽きる。当時天下は三分し、互いに相図っていた。しかも蜀漢は西南の山間に偏在し、土地は狭く国力も疲れている。そしてこの時、興漢討賊の大義の下に身心を尽くし果たして先帝は崩じたが、その後を嗣ぐ新帝は年少である。客観的に見れば、不利の条件、すべて我に備わっている。敵は我に侵攻を開始するであろうし、我が内部にも動揺が生ずるであろう。しかも孔明は劉備の遺嘱《いしょく》の実現のために、いま北征に発つのである。自分が都を後にしてからの新帝の態度は、果たしていかん。ここに於いて孔明は、至誠を尽くして先帝の遺徳を詳述し、その遺徳を新帝にそのままに継承せられんことを請うのである。一篇のうち、先帝の二字が十三出ている理由は、ここに存する。謝枋得がその著『文章軌範』に、この文を評して「凡そ人の子を戒めんと欲すれば、その父を引証して以て喩《さと》すより切なるはなし。此の篇、無数の先帝の二字を提するは是れなり」といっているは、この意である。

臣亮申し上げます。先帝には興漢討賊の大業を創められましたが、その仕事がまだ半ばにも及びませぬのに、途中にて崩御せられました。しかもいま、我が益州は、天下三分しているうちにて、最も疲弊しておりまして、興亡の岐路に立っているといわねばなりません。しかるに側近守護の臣は宮中にあってその任を懈《おこた》らず、忠義の志に燃える士は、辺境の防備に一身を忘れておりますが、それは蓋《けだ》し先帝の殊《こと》に厚かった恩遇を思い、その恩返しを陛下に致したいと願っているからに外なりません。されば陛下に於かせられましては、先帝の遊ばされましたごとくに、広く臣下の意見をお容れになり、それによって先帝の御遺徳を輝かし、志士の義気を大ならしめねばなりません。やたらに天下興復の大業は任が重すぎるなどと御自身を卑下なされて、御自身に都合のよい先例を引用し、それによって大義のあるところを失われ、忠誠の士の諫言の道をおふさぎになられるようなことがあってはなりません。

そもそも宮中（禁中）と府中（政庁）とは、陛下に於かれましては一体のものでありまする。従ってその臧《よ》いものを陟《のぼ》せ否《わる》いものを罰せられるに当たりまして、両者の間に区別があってはなりません。もし不正をなし罪科を犯したもの、および忠善の行いがあったものがありました時には、それぞれの当事者に廻されてその刑賞について十分の論議を尽くした上で決定せしめ、それによりまして陛下の御政治の公平正明なることを明らかにせられることが宜しいと存じます。側近のものばかりを偏愛《へんあい》せられ、内外（宮中・府中）の間に賞罰の法を異にせられるごときことあってはなりません。

侍中の郭攸之《かくゆうし》・費禕《ひい》、侍郎の董允《とういん》等は、みな性格良実、志慮忠純の人物でありますので、先帝にはこれらの人々を選び抜いて陛下の側近として遺されたのでありました。愚臣が考えまするに、宮中のことは、大事小事の区別なく、すべてこれをこの三人に御相談になられました上で施行されますならば、政治上の不十分の点を補って一段と御政道を広められることでありましょう。つぎに将軍の向寵《しょうちょう》でありますが、この人は性行善良にて裏表がなく、軍事を理解しかつ慣れておりまして、先帝に於かせられましてもこれを試用して「能あり」と仰せられたことでありました。されば衆議の結果としてこの人物を推して督（中軍都督）としたことであります。愚臣が考えまするに、軍営内のことは、大事小事の区別なく一切を寵に御相談されますならば、必ず軍隊内をして和睦せしめ、優者劣者ともども、その力に応じて働く任務を与えることができると存じます。

賢臣を親しみ小人を遠ざけられたことこそ、先漢が興った理由であり、小人を親しみ賢臣を遠ざけたことこそ、後漢が傾いた理由であります。先帝の御在世中、この事につきましてわたくしと論ずるごとに、宦官を信任して後漢を亡ぼす原因を作られた桓・霊両帝の御言動を思って、歎息痛恨するを常としておりました。それにつけましても、侍中尚書の任にある陳震、長史の張裔《ちょうえい》、参軍の蔣琬《しょうえん》は、いずれも心貞《ただ》しくして亮《まこと》あり、国家の大事に当たっては一身を顧みぬ臣であります。何とぞ陛下には、この人々を御信任遊ばされたく、然らば漢室興隆の日はいつであると予想し得らるることであります。

わたくしはもともと布衣《ふい》の庶人でありまして、南陽（即ち襄陽）にてみずから農耕生活をしており、この乱世に何とか性命（いのち）が全うできればよいと考えまして、名誉や立身を諸侯の間に求めようとはしませんでした。しかるに先帝に於かれましては、臣の卑賤なるをさげすまれませず、貴い御身でありながら、わざわざわたくしを三たびも御訪ね下さり、当世の問題の解決の道について御質《おたず》ね下されたのであります。この御知遇に感激 仕《つかまつ》りまして、ついに先帝の御ために奔走申し上げることを承知仕ったことでありました。その後、曹操の不意うちにあい非常なる危険に陥りました際、わたくしは呉の孫権のもとに赴いて盟《ちか》いを結ぶことを命ぜられました。これがわたくしの先帝の御ために働きました最初にて、その時以来、二十一年経ちました。先帝は、わたくしの謹慎の人物なることを御認め下さり、それ故に崩御に臨まれ、陛下をお輔けして漢室を再興するという大事を御委任せられたことでありました。その御遺命を承りましてよりこのかた、わたくしは夙夜《しゅくや》心を労《ろう》し、先帝の御委任が効を挙げ得ず、そのためにわたくしを信任せられた先帝の御眼鏡を傷つけることがありましてはと恐れて参りました。

それ故に、わたくしは一刻もぐずぐずしておることができませず、先ず後顧の憂えなからしめようと思い瀘水《ろすい》を渡って深く不毛の蛮地に攻め入ったことでありましたが、いま南方は平定し終わり、兵具も充実して、北征の用意は十分整備せられたことであります。この上は、まさに三軍を励まし率いて、北のかた中原の地に兵を進め、魏を平定すべきことであります。願わくは不才の身ながら全力を尽くし、姦凶の賊曹丕を除去し、漢室を興復して、都をその昔の地長安にもどしたきものでありまして、この実現こそわたくしが、先帝への御恩返し、陛下への御奉公の道であります。成都に残りまして、政治の損益を適宜に取捨し、さらに忠言を申し上げる責務に於きましては、これ攸之・禕・允の任であります。願わくは陛下に於かれましては、討賊興漢を具現する実効をわたくしに御委任賜り、その実効が遂げられませぬ時に於きましては、任務不履行の罪を処分され、先帝の霊にその旨を御報告いただきたく存じます。もし陛下の御徳を高めるべき進言が御耳に入りませぬ節は、それを任とする允等を誅戮《ちゅうりく》なされて、彼等の職分を怠っている罪を明らかにしていただきたきことと存じます。陛下御自身に於かれましても、善い道を臣下に御相談になり、正しい言を御容れになり、深く先帝の御遺訓を追思していただきたいと存じます。

わたくしは御二代の御恩をいただき感激にたえぬものであります。いま陛下を遠離仕りまするに当たり、この表に臨みまして涙しとどたる有り様にて、何を申し上げますやら、覚えもないほどであります。

〔語釈〕

○臣亮言す　上表の書き出しの定法。**○益州**　蜀のこと。**○秋**　瀬戸ぎわ、大切な時。**○喩を引き義を失ふ**　当時群臣のうちには、苟且安逸《こうしょあんいつ》に狃《な》れて北征を嫌い、口実を設けて出動すべからざることを帝に申し上げ、帝もその言を容れるということがあったのであろう。**○侍中侍郎**　侍中も侍郎も侍従職。**○賢臣を親しみ云云**　〔強斎講義〕ドウデモ劉禅ガ闇君故、兼ネテ孔明ノソレヲ警《いまし》メテ、佞臣《ねいしん》ヲ近ヅケラレヌヤウニト思ウテ、段々念ヲ入レテ諫メラレタゾ。**○侍中尚書云云**　侍中尚書を陳震、長史を張裔、参軍を蔣琬とするは『文選』李善註の説、別に侍中尚書陳震、長史参軍蔣琬の二人とする同・張銑註の説もあるが、前者を可とする。**○臣もと布衣**　以下、亮みずからのなりたちを述べ、先帝の知遇に奮起したるものであって野心を有するものでないことを明らかにする。布衣は庶民の服。**○後、傾覆に値ひ云云**　劉備は建安十三年、曹操に不意を衝かれ、襄陽を落ちて江陵にさらに夏口に奔った。敗軍といい危難というは、この敗戦遁走のことであり、受任といい、奉命というは、この遁走の途中にて劉備の命を受けて呉に赴いたことをいう。かくして孔明の努力によって劉備は孫権と協力し、曹操の大軍を赤壁に破った。○**爾来二十有一年なり**　孔明の深い感慨がこの一句に込められている。時に四十七歳。○**先帝、臣の謹慎なるを知る**　『通鑑綱目』の陳仁錫《ちんじんせき》評に「謹慎の二字、是れ孔明一生の学問」とある。○**故に五月云云**　五月は建興三年五月である。旧暦五月は既に夏の暑い盛りでかつ瘴気《しょうき》（マラリアの類）も多い。しかも事《こと》急を要するので躊躇《ちゅうちょ》し得なかったのである。○**三軍**　周代の兵制にして一万二千五百人を軍というが、ここでは単に大軍の意。○**此れ臣、先帝に報いて云云**　〔強斎講義〕是ガ先帝ヘノ御奉公、御前ヘノ御奉公ジヤト存ズルトノコト。職分也トイハレタガ、忠義ノ腸カラ出タ辞ゾ。是ガ私ガ役目ト存ジマスルトアルコト。極メテ忠臣ノ義ヲ尽シ、身ヲ棄テ、後先キ顧ミザル処ノ忠義ノ心ガ此ノ一言デ見エルゾ。○**雅言**　正しいことば。○**遠離**　遠ざかり離れる。遠く離れる、ではない。

後の師を出《いだ》すの表

亮已に前表を上《たてまつ》り、大軍を率ゐて魏を伐つ。戎陣整斉《じゅうじんせいせい》、号令明粛《めいしゅく》なり。ここに於いて天水・南安・安定、皆、郡を挙げて亮に応じ、関中響震す。魏、将軍張郃《ちょうこう》をしてこれを拒《ふせ》がしむ。亮、参軍馬謖《ばしょく》をして諸軍を督し、郃と街亭に戦はしむ。謖、亮が節度に違《たが》ひ敗績す。亮、漢中に還り、群下に謂ひていはく、「いま罰を明らかにし過ちを思ひ、変通の道を将来に挍《くら》べんと欲す。いまより已後《いご》、もろ〳〵国に忠慮ある、但《ただ》勤めて吾れの闕《けつ》を攻めば、則ち事定まるべく、賊死すべし」と。ここに於いて微労を考へ烈壮を甄《あきらか》にし、咎《とがめ》を引き躬《み》を責め、所失を天下に布き、兵を厲《はげ》まし武を講じて、以て後図《こうと》をなす。戎士《じゆうし》簡練、民その敗を忘る。建興六年冬、復《ま》た兵を出だし魏を伐たんと欲す。群臣多く以て疑をなす。亮又表《ひよう》を上り、帝に言ふことかくの如し。遂《つひ》に兵を引きて散関を出で、是れより後、しば〳〵出でて魏を伐ち、郡を抜き将を斬ること数《すう》たび。魏の将司馬懿《い》、亮が威名を憚《はばか》り、山に登り営を掘り、戦ひを肯《がへん》ぜず。亮ここに於いて民を息《やす》め士を休《やす》むること三年、復た大衆を悉《つく》して出で、進みて武功の五丈原に拠り、懿と渭水《いすい》の南に対陣す。亮、前者《さき》にしば〳〵出づる、皆糧運継《つ》がず、己が志をして伸びざらしめしを以て、乃ち兵を分つて屯田《とんでん》し、久駐《きゆうちゆう》の基となす。耕すもの渭浜居民の間に雑《まじ》りて、百姓安堵《ひやくせいあんど》し、軍私《し》なし。亮、しば〳〵戦ひを挑《いど》み、遺《おく》るに巾《きん》幗《かく》婦人の服を以てするに至る。懿終《つひ》に畏《おそ》れて敢へて出でず。尋《つい》で亮病ひ篤《あつ》し。乃ち後事を処分し、従容《しようよう》精整、終に軍に卒《しゆつ》す。年五十四。遺命して漢中定軍山に葬る。山によりて墳《ふん》をつくり、冢《ちよう》は棺《かん》を容《い》るるに足り、斂《れん》するに時服を以てし、余物を須《もち》ひずと云ふ。初め亮、みづから後帝に表していはく、「臣、成都に桑八百株・薄田《はくでん》十五頃《けい》あり、子孫の衣食おのづから余饒《よじよう》あり。臣、外任にありて別の調度なし。身に随ふ衣食、悉く官に仰ぐ、別に生《せい》を治めて以て尺寸《せきすん》を長ぜず。もし臣死するの日、内余帛《よはく》あり外贏財《えいざい》あらしめて、以て陛下に負《そむ》かず」と。ここに至りて訖《つひ》にその言の如し。亮、諸事精錬、至るところの営塁井竈《せいそう》、藩籬《はんり》障塞《しょうさい》、皆、縄墨《じょうぼく》に応ず。嘗て兵法を推演し、八陣の図を作る。その已に卒するに及びて、楊儀等、軍を整へて還る。懿敢へて偪《せま》らず。その営塁を案行し、歎じていはく、「天下の奇才なり」と。その国を治むるや、百姓《ひゃくせい》を撫で、儀軌を示し、誠心を開き、公道を布く。賞、遠きを遺《のこ》さず、罰、近きに阿《おもね》らず。爵、功なきを以て取るべからず、刑、貴勢を以て免かるべからず。廖立《りょうりつ》・李平、皆罪あり。嘗て亮が為《た》めに廃せらる。亮卒すと聞くに及びて、立泣《なみだ》を垂れていはく、「吾れ終《つひ》に左衽《さじん》せん」と。平も亦たこれが為めに病ひを発して死す。亮が子瞻《こせん》、爵を嗣《つ》ぐ。鄧艾《とうがい》蜀を破るに及びて、瞻を誘《いざな》ひていはく、「もし降らば、必ず表して琅《ろう》琊《や》王とせん」と。瞻怒りて艾が使を斬り、遂に戦ひ、陣に臨みて死す。瞻が子尚《しょう》歎じていはく、「父子、国の重恩を荷《にな》ふ。生を用ひて何をかせん」と。亦た馬に策《むち》うち、敵軍に赴きて死す。

〔訳文〕

孔明伝の続き。建興五年、孔明は『出師表』を後主に献じ、師を率いて北征するが六年正月、馬謖の独断によって大敗を招き、已むを得ず引き返す。そして軍備を整えて同年十二月、再征の途に上ることとなったが、群臣中には、それを時期尚早といって反対するものが多かったので、いまにして出でざれば立って滅亡を待つこととなるとし、その理由を述べて再び後帝に表を献じた。即ち『後出師表』がこれである。

諸葛孔明はすでに『前出師表』をたてまつり、大軍を率いて北征、魏を伐ったが、その陣立はよく整い、諸軍への命令は明確厳粛であった。ここに於いて渭水一帯の天水・南安・安定諸郡は、みな郡を挙げて孔明に応じ、関中の地は、震駭《しんがい》したことであった。これに対し魏は、将軍張部《ちょうこう》を派遣して防戦せしめたので、孔明は参軍馬謖に命じ、諸軍を指揮して部と街亭に戦わしめたところ、馬謖は孔明の命令に違い、そのため大敗してしまった。孔明は已むなく漢中に引き返し、部下に対し、「このたびの敗北についてその責任を明らかにし、将来への打開の道を考えたいと思う。されば今後、誰によらず国に忠慮を抱いているものは、勤めてわたくしの欠けている点を責めてほしい。然らば興漢の大事も遂げらるべく、賊を滅ぼすこともできるであろう」と告げ、ここに於いて部下の小功といえども吟味して賞し、壮烈な働きがあったものは格別の顕彰をなし、責任を一身に負って自身を責め、このたびの敗戦の理由を天下に明らかにし、同時に軍事を鍛錬して再起に備えた。そのため、将兵はえりぬかれ熟練せられ、民衆も敗戦の痛手を忘れて起ち直るようになった。

建興六年冬、孔明は再び北征して魏を伐たんとしたが、群臣の多くは、時期なお早いであろうとそれを疑った。そこでまた孔明は、いまこそ出動すべく、この機を失ってはならぬ旨を述べて、後帝に献じた。即ち後に掲げておいた『後出師表』これである。

かくして孔明は、ついに軍を率いて散関より関中の地に進出、この後、しばしば打って出て魏を伐ち、郡を取り将を斬ること多かった。しかるに魏の将司馬懿《い》は孔明の威名におびえ、山上に堀を掘って陣営を設け、孔明と合戦することを承知しなかった。孔明はここに於いて戦いが長期化したことを考え、その対策として、民衆や将兵を休息させることを計り、かくして三年の休息の後、大軍を動員して進攻、進んで武功の五丈原に本拠をおき、懿と渭水の南の地に於いて対陣した。孔明はさきにしばしば出撃したが、兵糧が続かぬために目的を達し得なかったことを考え、このたびは将兵を分置して屯田し、もって持久戦に堪え得る基礎を作った。かくして将士は渭水流域の居民の間にまじって耕作したが、しかも居民も安心し軍紀も乱れることがなかった。

孔明は、懿に対してしばしば戦いをしかけ、その果ては首飾りや婦人の服をおくってその男らしくない態度を辱めたが、彼は最後まで孔明を畏れて出ようとしなかった。しかるにそのうちに孔明の病が重くなったため、後事の万端の指図を終え、落ちついて乱れることなく、軍中にその生涯を終えた。享年五十四歳。その遺命により、漢中の定軍山に葬った。その墓所は、山を利用して墳とし、その上に作る墓は棺を入れるに足るだけの小規模のものたらしめ、骸《しかばね》はその季節のあり合わせの服にて包み、余物を用いることなからしめた質素のものであったという。

これよりさき孔明は、みずから後帝に上表して「わたくしは都成都に桑八百株とやせた畑十五頃を持っておりますので、そこからの収穫にて子孫の生活は、余るほどのことであります。かつわたくしは外任に従っておりますため、特別の調度とて必要なく、わたくしに必要な衣食はすべてお上から支給されております。さればこれ以上、生活の道を治めて、わずかにても財産を増やそうとは、考えておりませぬ。もしわたくしが死亡いたしましても、その時、家内に余分の帛があり、外に余分の財があるようなことをして、陛下平生の重恩に背くごときことは、ございませぬ」と申し上げていたが、その逝去の日、全くこの言の通りであった。

孔明は何事につけても精密にして考えが錬られており、されば至るところその軍備が法にかなっていた。かつて風后の兵法に本づき、これを発展させて八陣の図を作ったことであった。部下の将楊儀等が孔明の遺命に従って整然と引き返すや、司馬懿は策あるを疑って迫ろうとせず、その陣営を巡行して感歎し、「天下の奇才である」と評した。

孔明が国を治める態度は、民衆を愛撫して彼等の践《ふ》むべき道を示し、真心を開き公道を布き、遠いからといって賞を忘れることはなく、近いからといって阿《おもね》ることもなく、功も立てぬのに爵を手に入れるということはできず、身分高く権勢強いといって刑を免かれることはできなかった。されば、廖立《りようりつ》と李平とはいずれも罪を犯し孔明から免職させられた人物であったが、孔明が亡くなったと聞くや、立は涙を流して「最早《もはや》漢の天下にもどることはあるまい。我等は夷狄の民になるであろう」と歎き、平もそのため病を発して死んだことであった。

孔明の後は、その子諸葛瞻《せん》が爵をついだ。魏将鄧艾《とうがい》が蜀を破るや、瞻を誘って「もし降参するならば必ず君に申し上げて、あなたを御先祖の地なる瑯琊《ろうや》の王と致しましょう」といったが、瞻はこれを怒って艾の使者を斬り、ついに戦い、堅陣によって待ち、艾の攻撃を受けて陣中に戦死した。瞻の長子尚もその陣にあったが、慨歎して「父子ともに国の重恩を蒙った身、これ以上生きていたとて、何の用に立とう」と、馬に鞭《むち》うって敵陣に攻め入り戦死した。

〔語釈〕

○天水・南安・安定　郡の名。天水・南安は渭水の西南、安定はその北。○関中　いまの陝西《せんせい》省の南部、長安を中心とする地域。四方に関があるからいう。○謖、亮が節度に違ひ敗績す　荘公十一年『左伝』に「凡そ師……大いに崩るるを敗績といふ」とある。孔明は謖に水に沿って陣せよと命じたが、謖はこれを聞かず山上に陣を布いたため、張部にその汲道を絶たれて大敗した。○罰を明らかにし過ちを思ひ　孔明は敗軍は馬謖が軍令に背いたことが原因であるので、謖を斬ることによって罰を明らかにするとともに、かような人を用いたのは、我が過ちであるとて自分の官を下げた。○変通の道を将来に挍ぶ　変通の道は、ゆきづまりを打開する方法。将来に挍《くら》ぶは、その結果を将来に於いていまの状態と比較して見るの義。いまから国の強くなるように努力し、それを将来に於いて比べて見る。○いまより已後　已後は以後に同じ。このたびの敗軍はいたしかたなしとして今後は。○勤めて吾れの闕を攻めば　敗軍は謖の違令によるものであるがそういわず、わが指揮が悪くて負けたのであるから、わが欠点を責めてくれるならばというのである。孔明の孔明たるところ。○所失を天下に布き〔強斎講義〕布ハ微塵モ隠サヌ意。○武を講じ　講はならう、訓練すること。講義の意でない。○後図　将来の計画。再び中原に進攻せんとするをいう。○戎士簡練　戎士は将兵。簡練はえりぬいて仕事に熟練させる。『礼記』月令《がつりょう》篇に「桀俊を簡練して専ら有功に任ず」とある。○建興六年冬云云　孔明は、魏の揚州の牧曹休が呉を攻めて石亭に大敗し、魏軍はその援助のために東下して関中が虚弱となっていることを聞き、この年十二月、北征を画したのである。○散関　関中の西境にある関。蜀より関中の地に出る関門。○是れより後、しばしば出でて云云　郡を抜くは無雑作《むぞうさ》に取るをいう。『通鑑綱目』によれば、「建興六年冬十二月、右将軍亮、魏を伐ちて陳倉を囲む」「克たずして還る。その追将王双を斬る」「同七年春、右将軍亮、魏を伐ち、武都・陰平を抜く。秋七月、魏、漢中に寇《こう》す。丞相亮出でて成固に次《やど》る。九月、魏師還る」「九年二月、丞相亮、魏を伐ちて祁《き》山《ざん》を囲む。夏五月、亮、魏の司馬懿を鹵《ろ》城に破り、その将張部を殺す」「十二年春二月、丞相亮、魏を伐つ。四月、丞相亮、軍を渭南に進む。魏の大将軍司馬懿、兵を引きて拒《ふせ》ぎ守る。亮、始めて兵を分つて屯田す」という経過である。○司馬懿　字は仲達、魏第一の名将。○進みて武功の五丈原に拠り云云　武功はいまの陝西省郿《び》県の西南の地、五丈原は渭水の南原にて武功にある。建興十二年夏四月、孔明は郿に至りて渭水の南五丈原の地に軍し、司馬懿また渭水を渡って水を背にして塁を作り、もって孔明を拒いだ。○巾幗婦人の服　巾幗は婦人の首飾り。これと婦人の服とをおくったのは、懿を男らしくないと辱めて、怒って打って出て来るように仕向けたもの。○終に軍に卒す　建興十二年八月のことである。〔絅斎講説〕大義ノ論ニモ惜シイコトハ、今少シ生キノビラレタラバ、屯田モ成就シ、司馬懿モソウ〳〵ハヱコラヘマイ程ニ、戦ハヾ必定《ひつじょう》勝ツテ、漢ノ三百年ノ天下ヲ取リカヘスベキニ、残リ多ヒト云。○漢中定軍山に葬る　漢中は古来の要衝の地、漢の高祖（劉邦）も初め漢王としてこの地に雌伏し、やがて三秦に打ち入って漢の王業の第一歩を築き、劉備もこの地に魏将夏侯淵を斬って曹操の南侵の望みを挫折せしめ、ついで漢中王の位に即いた。されば漢中は漢の興隆の上に極めて深い関係を持つ地である。孔明がみずからここに墓所を定めた理由は、以上によって明らかである。○山によりて墳をつくり云云　『周礼《しゅらい》』春官に冢人があり公墓の事を掌る。その註に「冢は土を封じて丘壟《きゅうろう》とす。冢（山頂）に象《かたど》りてこれをなす」とある。即ち冢は土をもり上げて造った「つか」。墳も「つか」のこと。丞相の冢となると高大に土を築くものであるが、孔明はこれを禁じて、ただ山を利用して墳とし、その上には棺を容れ得るのみの小さい冢を造らしめたのである。○斂　尸骸をつつむこと。○十五頃　一頃は百畝《せ》、一畝はわが国の四十五坪くらい。○尺寸を長ぜず　財産をわずかでもふやそうとは思っていない。○帛　絹織物。○贏財　余分の財産。贏は余るの意。〔強斎講義〕何ガ夥《おびただ》シイ漢ノ丞相デ、幼君ヲアヅカツテ居ル身デカウシタコトナレバ、忠臣ノ平生養フ処ヲ知ルベシ。誰アラフ漢ノ宰相デ、夥シイ天下ノ大任ヲ受ケテ、蜀ハ孔明ノママジヤニ、此ノ様ナ倹約節廉ナ養ヒナレバ、忠臣ノ平生身ヲ養フ所見ルベキコトナリ。総ジテ忠義ニ志アル者ハ、此ノヤウニ身ヲ守リテホタヤサヌモノ。不忠奸悪ナモノハ、身ヲホタヤスモノ。古今忠臣奸臣ノ差別ハ爰《ここ》デ能ク別ルル。○営塁井竈云云　営塁は陣屋や土塁、井竈は井戸やかまど、藩籬は陣営の柵、障塞は土壁の類。○八陣の図　黄帝の臣で、その軍を司ったと伝える風后に『握奇《あくき》経《けい》』というものがあり、孔明がこれを本にしてさらに精密なる陣法を作ったものという。○**楊儀等云云**　楊儀、字は成公。孔明の卒するや、後事を託された。その軍を引く時、司馬懿が孔明なお生きているかと疑って迫らなかったので、人諺《ことわざ》して「死せる諸葛、生ける仲達を走らす」といったことは名高い。○**案行**　一つ一つ考えながらめぐるの意。○**左衽**　えりを左前にすること。漢民族の習慣は右前である。よって夷狄の風俗という意となる。『論語』憲問篇「管仲なかりせば、吾れそれ被髪左衽せん」より出た語。○**瞻**　字は思遠。○**鄧艾蜀を破る**　後帝の炎興元年（二六三）五月、鄧艾は魏の諸将と蜀に侵攻したが、蜀の姜維《きょうい》、剣閣の険を守って抜く能わず、諸将は軍を引かんとした。十月、艾は陰平に至り、ここより人なき地を行くこと七百里（いまのわが国の約七十里）、山を穿って道を通じて進み、糧運も尽きんとしてようやく江油に達した。不意を衝《つ》かれた守将馬邈《ばばく》はこれに降った。諸葛瞻、諸軍を督してこれを防いだが、ついに綿竹に敗れて戦死した。瞻、時に三十七歳。ついで艾、成都に至るや、劉禅これに降って蜀漢はここに滅亡した。○**敵軍に赴きて死す**　〔絅斎講説〕忠義ノ家風伝ハリテ三代マデ討死セリ。日本デ楠正成・正行・正儀ガ如シ。

〔補説〕

右の諸葛瞻・尚父子の戦死の記事の夾註には、魏に降らんとする後帝を諫めて聴かれず、昭烈帝の廟前にて妻子と共に自決して蜀漢に殉じた北地王劉諶《りゅうしん》（後帝の皇子）のことが記してある。

本巻では続いて、張栻《しょく》（号南軒、南宋の学者で朱子の親友）の「衡州石鼓山の諸葛忠武侯祠記」が引いてあるが、本文を掲げることは略する。張栻はこの文で、興漢討賊に身を捧げた孔明を「日月とその光明を同じくして可なり」と賛嘆している。

朱子いはく。君子、法を行ひて以て命を俟《ま》つのみ。是の理や、三代以降、たゞ董子《とうし》嘗《かつ》てこれを言ひて、諸葛武侯その君に言へる、いふことあり、「臣、鞠躬《きくきゅう》して力を尽くし、死して後已《や》まん。成敗利鈍《りどん》に至りては、臣の明よく逆《あらかじ》め睹《み》る所にあらざるなり」と。程子その門人に語る、いふことあり、「いま容貌必ず端《ただ》しく、言語必ず正しき、ひとりその身を善くして以て人に知らるるを求めんと欲するにあらず。ただ天理まさに然るべし」と。亦たいはく、「これに循《したが》ふのみ」と。この三言は、指す所殊《こと》なりと雖ども、要するにみな法を行ひ命を俟つの意。この外《ほか》は則ち寂寥《せきりょう》として聞くことなし。

〔訳文〕

『孟子或問』尽心篇下・三十三章の節略。但し、右の文の冒頭の原文「君子行法以俟命而已矣」の十字は『或問』の原文にはない。思うに絅斎が、見出しとして『孟子』より取って冠したものであろう。

朱子は次のようにいっている。君子たるものは、なすべき当然の道を行って、その結果の成る成らぬは、すべて天命にまかせるべきものである。この道理について、夏殷周の聖人は別として、それ以後に於いてはただ漢の董子のみがこれをいっている。そしてこれに諸葛武侯が後帝に申し上げたことばのうちに見える「臣、鞠躬して力を尽くし、死して後已まん。成敗利鈍に至りては、臣の明よく逆め睹る所にあらざるなり」、程子が門人に語ったことばのうちにある「いま容貌必ず端しく、言語必ず正しき、ひとりその身を善くして以て人に知らるるを求めんと欲するにあらず。ただ天理まさに然るべし」、および「これに循ふのみ」を合わせると、この三人のことば、董子は仁人の態度を、武侯は出師の理由を、程子は容貌言語を正しくすべきことを語ったもので、直接問題としているところは異なっているが、いずれも結局は、なすべきことをなしてその結果は天命に一任するという精神を示したものであり、これを語っているもの、右のことばの外には、まことに寂しく、あることを承知していない。

〔語釈〕

○法を行ひて以て命を俟つ　法は『孟子』の集註に「天理の当然なるものなり」とある法であって、道とか義理の筋目とかいう意、法律のことではない。子として親に孝、臣として君に忠というごとく、それぞれの義理のすべきなり、当然の道を行って、吉凶禍福・成敗利鈍のごとき先の問題は一切考えることなく、天命のままにまかせる。**○是の理や**　以上の道理については。強斎はその講義に「義理ナリニ守テ何モ顧ルコトハナイ、是ガスグニ理ジヤトアルコト」と述べているので、ここの原文「是理也」を「是れ理なり」と訓んでいるのであろう。**○董子嘗てこれを言ふ**　董子は董仲舒《とうちゅうじょ》、漢の武帝の頃の大儒。その『賢良策』に「それ仁人はその誼《ぎ》を正してその利を謀らず、その道を明らかにしてその功を計らず」とある。この語が「法を行ひて以て命を俟つ」の意である。**○いま容貌必ず端しく云云**　『二程全書』巻二・遺言・二先生語に「いま容貌必ず端しく言語必ず正しくするものは、是れひとりその身を善くせんと道《い》ひ、人の如何と道ふことを要《もと》むるにあらず、ただ是れ天理まさにかくの如くなるべし。もと私意なし、ただ是れこの理に循ふのみ」とあるを指す。「これに循ふのみ」は「この理に循ふのみ」に外ならない。〇この三言　董子と孔明と程子の三人のことば。〇寂寥として聞くことなし〔強斎講義〕ヲトモサナリモナイ、是ヨリ外ニハキカヌト朱子ノ感ジテ仰セラレタ詞ゾ。

先帝深く慮《おもんぱか》るに漢賊両立せず王業偏安せざるを以てす。故に臣に託するに賊を討ずるを以てせり。先帝の明を以て臣の才を量《はか》る、もとよりまさに臣賊を伐つ才弱く敵彊《つよ》きを知るべし。然るに賊を伐たざる、王業も亦た亡ぶ。ただ坐して亡を待つ、これを伐つに孰与《いづれ》ぞ。是の故に臣に託して疑はざるなり。臣、命を受くるの日、寝《いぬ》る席を安しとせず、食《くら》ふ味を甘《うま》しとせず。北征を思惟《しい》するに、宜《よろ》しく先づ南に入るべし。故に五月瀘《ろ》を渡り、深く不毛に入り、日を幷《あは》せて食ふ。臣みづから惜しまざるにあらざるなり。顧《おも》ふに王業、蜀都に偏全なるを得べからず。故に危難を冒《をか》して以て先帝の遺意を奉ず。しかるに議者謂《い》ひて計にあらずとす。いま賊まさに西に疲れ、又東に務む。兵法、労に乗ず。これ進趨《しんすう》の時なり。謹みてその事を陳《の》ぶること左の如し。高帝、明、日月に並び、謀臣淵深《えんしん》。然るに険《けん》を渉《わた》り創《きづ》を被り、危ふくして然る後安し。いま陛下、未だ高帝に及ばず、謀臣、良・平に如《し》かずして、長計を以て勝を取り、坐《ゐ》ながら天下を定めんと欲す。これ臣の未だ解せざる一なり。劉繇《りゅうよう》・王朗おの〳〵州郡に拠り、安を論じ計を言ひ、動けば聖人を引き、群疑腹に満ち、衆難胸に塞がる。今歳戦はず、明年征せず、孫策をして坐ながら大いに遂に江東を幷《あは》せしむ。此れ臣の未だ解せざる二なり。曹操、智計人《ひと》に殊絶し、その兵を用ふるや孫・呉に髣髴《ほうふつ》す。然るに南陽に困《くるし》み、烏巣《うそう》に険《けは》しく、祁連《きれん》に危く、黎陽《れいよう》に偪《せま》り、ほとんど伯山に敗れ、ほとんど潼関《とうかん》に死す。然る後、一時に偽定するのみ。況や臣、才弱くして危ふからざるを以てこれを定めんと欲す。此れ臣の未だ解せざる三なり。曹操五たび昌覇を攻めて下らず、四たび巣湖《そうこ》を越えて成らず、李服に任用して李服これを図《はか》り、夏侯に委任して夏侯敗亡す。先帝つねに操を称して能《のう》とす。猶ほ此の失あり。況や臣駑下《どか》なる、何ぞ能《よ》く必ず勝たん。此れ臣の未だ解せざる四なり。臣、漢中に到るより、中間朞年《きねん》のみ。然るに趙雲・陽群・馬玉・閻芝《えんし》・丁立・白寿・劉郃《りゅうこう》・鄧銅《とうどう》等、および曲長・屯将七十余人、突将・前なき・竇叟《そうそう》・青羌《せいきょう》・散騎・武騎一千余人を喪《うしな》ふ。此れ皆、数十年の内、糾合《きゅうごう》するところ、四方の精鋭、一州の有する所にあらず。もし復た数年ならば、則ち三分の二を損せん。まさに何を以て敵を図るべき。此れ臣の未だ解せざる五なり。いま民窮し兵疲れて事息《や》むべからず。事息むべからざれば則ち住《とど》まると行くと労費まさに等しくして、蚤《そう》に及びてこれを図らず、一州の地を以て賊と久を持せんと欲す。此れ臣の未だ解せざる六なり。それ平にし難《がた》きものは事なり。昔、先帝、楚に敗軍す。この時に当りて、曹操手を拊《う》ちて、天下已《すで》に定まると謂ふ。然る後、先帝、東呉・越に連《つら》なり、西巴・蜀を取り、兵を挙げて北征し、夏侯、首を授く。此れ操の失計にして漢の事まさに成らんとするなり。然る後、呉、更に盟に違《たが》ひ、関羽毀敗《きはい》し、秭帰《しき》蹉跌《さてつ》し、曹丕《そうひ》帝と称す。凡そ事かくの如し、逆《あらかじ》め見るべきこと難し。臣鞠《きく》躬《きゅう》力を尽くし、死して後已《や》まん。成敗利鈍に至りては、臣の明能《よ》く逆め観《み》る所にあらざるなり。

〔訳文〕

右が『後出師表』である。この文は前表と異なり、陳寿『三国志』にも昭明太子『文選』にも収めていないが、幸い裴松之《はいしょうし》『三国志註』のうちに録せられており、降っては『続文章軌範』『古文真宝後集』にも収録されて広まった。『通鑑綱目』には節略して収められている。絅斎は以上の諸書に見える文を取って校合し、本書の文を決定した。なおこの文を撰した理由を述べると、さきにも見たごとく、建興六年、孔明は再度の北征を志すが、蜀の内部には前回の敗戦に懲りてこれに反対するものが少なくなかったので、この文を書してこの反対説を撃破し北征の已むべからざるを説き、もって後帝の心を動揺なからしめんとしたのである。冒頭に先ず、北征をせざるべからざる大義を明らかにし、ついで孔明は、魏を討つべき好機なることを、歴史を参考し、現在の情勢を分析して論ずるが、しかし思い通りにならぬものは事にして、事はあらかじめ見るべきことかたく、ただ全力を尽くしてその具現に進むのみ、その成不成はすべて天命に委するのみとして、これを結んでいる。この最後の語が、さきに見た、法を行って命を俟《ま》つを説いたことば、三代以後、寂寥《せきりょう》として聞くことなきうちにわずかにあるものにして、朱子が董子《とうし》・程子の語とともに挙げたものであり、この精神は、次巻「陶潜」に於いてその『帰去来辞』の最後の語、「かの天命を楽しみ復たなにを疑はん（楽夫天命復奚疑）」に大きく展開してゆく。

先帝に於かれましては、「漢賊両立せず、王業偏安せず」と深く考えられ、その故に討賊の大責をわたくしに託されたことでありました。先帝の御眼識をもってわたくしの才能を量られますならば、わたくしの責務遂行の才弱く、討たねばならぬ敵の力の強きことは、当然御承知のはずであります。しかしながら、賊を伐たなければ、王業もついに滅亡するに至ります故、何もせずに亡ぶるを待つよりは、我よりこれを伐つをよしといたします。されば先帝に於かせられましては、このわたくしにそれを御一任されまして、懸念を抱かれることはありませんでした。

わたくしに於きましては、先帝の御委任をいただきました日より、その実現のために寝食を忘れて来たのでありますが、そもそも北征して魏を討たんとならば、先ず南蛮を平らげて後顧の憂えなからしめておきますことがよろしいと考えまして、五月炎熱の節でありましたが、瀘《ろ》水を渡って深く不毛の蛮地へ攻め入り、二日に一度食し三日に一度食するという苦辛をなめたことでありました。わたくしと致しましても、みずからの身を大切に思わないことではありませせぬが、考えて見まするに、王業は蜀都のごとき偏在の地に於いてこれを全うすることができるものではありませぬ。それ故、わたくしは危難を敢えて避けず、先帝の遺意の実現を計らんとするものであります。

しかるに論者が北征を得策でないといっております。しかしながら賊の状を見まするに、まさに西方に於いて戦いに疲れ、また東方に於いて大敗しております。兵法に於きましては、敵の疲れにつけ入って伐つことを貴ぶことでありますから、これは進撃すべき好機会に外なりませぬ。されば、以下謹んでそのことにつきまして、さらに詳述することにいたします。

その昔、御先祖の高帝はその御明識、日月に並ぶ御方にて、御側《おそば》の謀臣も淵のごとく智の深い人物がおりました。しかも険地を渉《わた》られ創《きず》を被られ、危険を冒して初めて天下を安定せられたことでありました。しかるにいま、陛下の御明識は高帝に及ばれなされず、謀臣も張良・陳平に及びませぬのに、持久の策をもって勝利を取り、何もせずにいて天下を平定しようとしておられます。このこと、わたくしの心に理解し得ぬ第一の問題であります。

献帝の時、劉繇《りゅうよう》は揚州刺史に任ぜられて曲阿（いまの江蘇省丹陽県）に居り、王朗は会稽の太守として同地に居りましたが、国を安んずるの法を論じ計策をいうに当たりまして、とかく古の聖人が和平を以て世を治めた例を引きて戦うことを避けようとし、討つべきか討つべからざるか等あれこれの気遣いが胸にふさがり、そのため今年も戦わず翌年も戦わずにぐずぐずしておりました間に、呉の孫策（孫権の兄、父孫堅のあとをつぎ呉の第二代）が坐《い》ながらにしてその勢力を強大にし、ついに彼をして江東地方を併合させてしまいました。このこと、わたくしの理解し得ぬ第二の問題であります。

曹操はその智術計謀殊に傑出しており、彼の用兵ぶりは、古の兵法の大家孫子・呉子のそれに見まがうばかりであります。しかるにその人物が南陽に苦戦し、烏巣に於いて危険にあい、祁連に於いて危機に陥り、黎陽に於いて窮迫し、ほとんど伯山に於いて敗れ、ほとんど潼関に於いて死せんとしたことでありました。彼のごとき用兵の才あるものにして、しかもいくたびも生死の危険にあい、ようやくにして魏を建てることができたことであります。ましてわたくしごとき才弱きものが、危険を冒さずして天下を定めようとしておりますが、このことは、わたくしの理解し得ぬ第三の問題であります。

曹操は五たび昌覇を攻めながら下すことができず、四たび巣湖《そうこ》を越えて戦いましたが成功せず、李服を信任してこれに委せましたのにかえって李服叛をはかり、夏侯淵に委任したところ、かえって淵は敗れて斬られてしまいました。先帝に於かれましては、つねに操を有能な人物と讃えておられましたが、その人物ですらこのような失敗がありました。ましてわたくしの凡庸なる、彼の比ではありませぬ。しかるにこの凡庸なる身をもって魏を討たんとしているのでありますから、これ、わたくしの理解し得ぬ第四の問題であります。

わたくしが去る建興五年、北征の軍を起こして漢中に至りましてから今日まで一年に過ぎませぬ。しかるにこの間に、武将といたしましては趙雲・陽群・馬玉・閻芝《えんし》・丁立・白寿・劉郃《りゅうこう》・鄧銅《とうどう》を失い、隊長といたしましては曲長・屯将七十余人を失い、部隊といたしましては突将・無前・賨叟《そうそう》・青羌《せいきょう》・散騎・武騎等の諸隊合わせて一千余人を失ってしまいました。これらは数十年の歳月の間に集めましたところの天下の精鋭でありまして、益州一州にて集め得るところではありませぬ。もしさらにこの上五六年も過ぎますならば、わが軍の損失は以上に止まるものでなく、全軍の三分の二を失うことになりましょう。そのような状態になってしまいましては、敵を図ること不可能であります。しかもこのことを考慮することなく、北征を躊躇しておられますこと、わたくしの理解し得ぬ第五の問題であります。

いまわが蜀漢の民も困窮し兵も疲労しておりますが、討賊の戦《いくさ》は一刻も中止することができませぬ。中止することができませぬ以上は、止まって持久の策をとりますのも、征きて魏を討ちますのも、労力費用まさに等しいことであります。しかるに直ちに出て賊を討とうとされず、わずかに益州の一州に拠って持久戦をしようとしています。これ、わたくしの理解し得ぬ第六の問題であります。

そもそも困難にして思い通りにゆきがたきものが天下の事であります。先帝が江陵にて敗軍されました時、曹操は手をうって、天下は已に我がものとなったといったことでありましたが、その後、先帝に於かれましては、東は呉の孫権と盟《ちか》いを結び、西は巴蜀の地を取り、兵を挙げて北征して夏侯淵を斬りました。これは曹操の失計でありまして、この時、興漢の大事はまさに成就しようといたしたことでありました。しかるにその後、呉は盟いを破って我が襄陽を襲い、そのため守将関羽は敗死し、さらに先帝は関羽の復讐の軍を起こして秭帰《しき》に陣せられましたが、呉に敗れて引き上げられ、曹丕は献帝を廃してみずから皇帝を称したことでありました。およそ天下の事、かくのごときものでありまして、予測しがたきものであります。さればわたくしに於きましては、ただ鞠躬《きくきゅう》尽力、死に至るまで努力するのみでありまして、事の成敗利鈍につきましては、わたくしの眼識にては予見いたしかねる次第であります。

〔語釈〕

○孰与ぞ　それと比較してどちらがよいか。この語法は必ず下の句が上の句に比べてましであるという意を表す。○いま賊まさに西に疲れ云云　西に疲るは、建興五年（二二七）の北征によって南安・天水・安定等の諸郡が孔明に応じ、魏の関中動揺したことをいい、東に務むは、同年五月、魏の曹休が呉の陵遜と石亭に戦って大敗したことをいう。○高帝　漢の高祖劉邦。○謀臣淵深　謀臣は高祖を輔けた張良・蕭何《しょうか》・陳平等を指す。その智の深きこと淵のようであった。○創を被る　高祖が広武の戦いに弩《ど》に当たり、黥布《げいふ》を撃っては流矢に当たったこと等を指す。○然るに南陽に困み云云　南陽に困むは、建安二年（一九七）、曹操が張繡《ちょうしゅう》と宛《えん》（南陽県）に戦って長子昂《こう》を殺され、自身は流矢に当たって敗走したことをいう。烏巣に険《けわ》しは、同五年、曹操が袁紹を攻めたが紹はこれを官渡に拒《ふせ》ぎ、操は糧食欠乏し一時危険に陥ったことを指す。祁連《きれん》に危しは、祁連は西域の山の名、いわゆる天山。『三国志』には操が祁連に危うかったという記事が見当たらないが、あるいは建安十二年、烏桓《うかん》を撃たんとして北征の軍を起こし、八月、大いに虜を破って還ったが、後にみずからその時のことを「孤《こ》が前行、危に乗じて以て倖《こう》を徼《もと》む」といっているごとく、後を劉表に衝かれる危険が大きかったことを指すものか。黎陽《れいよう》に偪《せま》るは、建安七年袁紹卒《しゅっ》し、その長子袁譚《たん》、黎陽（河南省濬県《しゅんけん》の東北）にあり、曹操その後しばしばこれと戦い、十年ついに譚を斬ったが、その間のことであろう。ほとんど伯山に敗るは、同二十四年、曹操、劉備と漢中を争い、糧を北山（即ち伯山）の下に運んでいるところを趙雲に攻められ、操の軍大いに驚駭し、漢水のうちに墜ちて死するもの甚だ多かったことを指す。ほとんど潼関《とうかん》に死すは、同十六年、馬超・韓遂等叛して潼関に拠りしを、操みずから将としてこれを撃ち、超の不意討ちにあって河中に苦戦したことを指す。○偽定　正統でなく、帝位を窃《ぬす》んで魏を建国したので偽という。魏の建国は正式には建安二十五年正月、曹操卒し、その子丕これをついだその年十月のことであるが、それよりさき操は魏公より魏王となり、天子の車服を用い出入警蹕《けいひつ》し、夫人を王后とする等、着々と簒奪の道を進めていた。○五たび昌覇を攻む　建安四年、東海の昌覇が叛するや、曹操これを劉岱《りゅうたい》・王忠をして伐たしめたが克てなかった。○四たび巣湖を

越えて成らず　合肥（安徽省内の地名）は魏の要地、その東南に巣湖があり、建安十三、四年の間、曹操は孫権とこの地に戦って克てなかった。○李服に任用して云云　李服のことは未詳。曹操これを信任して用い、かえって叛して操を撃たんとしたのであろう。○夏侯に委任して云云　曹操は張魯を下して漢中を定むるや、夏侯淵・張郃を留めて屯守させたが、建安二十二年、劉備が兵を漢中に進むるに及び、将軍曹洪を遣わしてこれを拒がしめた。二十四年正月、劉備は淵を撃ってこれを斬り、三月、みずから援助に来た曹操をも破り、ついに漢中を平定した。○駑下　駑は最下等の馬。凡才の喩えに用いる。○朞年　周年、即ちまる一年。○趙雲云云　趙雲以下鄧銅までは人名。○曲長・屯将　曲は部曲。曲長は曲の長、即ち部隊長。屯将はその下の隊長。○突将・前なき云云　以下武騎まで、いずれも隊の名。突将・前なき（突将無前）は一般に「突将前《すす》むなく」と四字の語として訓み、その鋒先に当たる敵がない突撃の部隊と解しているが、前後皆二字の語より成っていることから見て、ここも突将・無前と訓んで二字ずつの二つの隊の名と見るべきである。賨叟《そうそう》・青羌《せいきょう》は南征して獲た先住民をもって構成した隊。『説文』に賨は南蛮の賦なりとある。青羌はやはり蜀の南方の先住民。散騎・武騎は、いずれも騎兵隊の名。○糾合　よせ集める。○住まると行くと　住は一に駐に作る、守ること。○蚤に及びて　蚤は早に通ずる、いますぐ。○昔、先帝、楚に敗軍す　建安十三年、劉備は攻められて江陵に遁《のが》れ、さらに東に奔った。事は『前出師表』に見える。楚といったのは、江陵が古の楚の領内であったからである。○東　呉・越に連なり云云　東　呉・越に連なるは、建安十三年敗軍の際、孫権と盟を結んだこと。西　巴・蜀を取るは、建安十九年、孔明が張飛・趙雲とともに兵を率いて巴郡《はぐん》を攻め、太守厳顔を下し、ついで劉備が成都を囲み、太守劉璋を下してついに益州の牧となったことをいう。○呉、更に盟に違ひ云云　章武元年（二二一）、劉備は孫権が盟を破って荊州を襲い関羽を殺したことを怒り、軍を起こして秭帰《しき》に軍したが、翌二年、猇亭《こうてい》に敗れて軍を還した。○臣鞠躬力を尽くし云云　幕末の歌人にして志士の佐《さ》久《く》良《ら》東雄《あずまお》が、「神国は神の教を尽し果て、たへむたへじは神のまにまに」と詠ったのは同じ心である。〔絅斎講説〕鞠躬、身ヲセメテキウクツナメスルコト。而後已。コレマデヲシマイニセヌ。ココガ行レ法以俟レ命ト云義ナリノ、天命ニマカセテ兎角カヘリミズ、大義ヨリサキノナイ孔明ノ義心ナリ。此言ホド明カニ大義ヲフマヘタコトハナイ。〔強斎講義〕跡ノコトハ敗レウヤラ成ラウヤラソレハ計ラハレマセヌガ、私命カギリニ御奉公ヲ仕リマセウト有ルコト。極メテ忠臣ノ大義ヲ忘レヌ実心カラ出タ辞デ、亦挨拶一ヘンニハ云ハレヌゾ。鞠躬ハワキヒラ見ズ身ヲ打フシテト云コト。

解説

「三顧」といえば、興漢討賊の大志を抱く劉備が、諸葛孔明を隆中山中《りゅうちゅうさん》に礼を尽くして訪ねたことであり、「三分の計」といえば、この劉備の知遇に感激した孔明が、その問うところに答えた天下平定のための大計である。「水魚の交わり」とは、劉備みずから孔明との間の相推重《あいすいちょう》し相信頼し、一分の隙もない交わりをいったことばであり、「泣いて馬謖《ばしょく》を斬る」とは、劉備の遺志を実現すべく北征した孔明が、信愛する部下の将馬謖が、軍令にたごうて勝手に行動したために敗軍した責任を問うて泣きつつこれを斬り、もって信賞必罰を明らかにしたことである。この外、「髀肉《ひにく》の歎《たん》」といい「七縦七禽《しちしょうしちきん》」といい、「死せる諸葛、生ける仲達を走らす」といい、劉備・諸葛孔明主従の物語から生まれた語は少なくない。いや少なくないばかりでなく、それらの語はいまに活きていて、我々日常の会話のうちにも、しばしば用いられているのである。

広大なる漢土の全域を舞台とし、さまざまの強烈な個性を持つ英雄豪傑知者勇士が力の限り活躍する三国の物語は、そのどの個所を取っても面白いが、領土最も狭く、その滅亡も最も早かった蜀漢《しょくかん》の主従、その劉備・孔明の物語が、最も人々の心を強くうつものであったことは、これらの語の殆どが、この二人の問題より生まれていることによっても誤りないであろう。

この主従の物語がわが国の人々に親しまれるようになるのは、原拠である陳寿撰『三国志』よりも、これを本《もと》にして小説化した元人羅貫中《らかんちゅう》の『演義三国志』が渡来してからであろう。『演義三国志』は明代に盛行して、いく種かの版があるが、それがそのままわが国にも輸入せられたことは、林羅山の既見《きけん》書目に『通俗演義三国志』の名が見えることによって察せられ、そして羅山の詩集にも、その巻六十八・巻六十九に「諸葛亮」と題するいく首かの作を収めている。その羅山の詩は、

　忠肝義胆　臥竜公《がりゅうこう》
　ただ恨む　師を出《いだ》して身早く終るを
　多少の英雄　賊に陥ると雖ども
　漢家の功業　草廬の中

とか、

　幡然として奮起す草廬の竜
　魚鳥風雲　畏れて又従ふ
　漢賊　等閑《なほざり》に何ぞ両立する
　長星　涙を落して遺蹤《いしよう》を感ず

と詠むものであって、杜甫『蜀相』の影響が顕著に見られるものの、ともかくその出廬、劉備を輔《たす》けての知謀、後主への老臣としての苦衷《くちゅう》、そして出師《すいし》空しき五丈原の最期と、至誠の故にみずから悲劇の人となった孔明に、深い感激を寄せたものであることは、明らかである。そしてこの孔明観は、明治の土井晩翠《ばんすい》作るところの『星落《ほしおつ》秋風五丈原』に至るま

で、一貫して変わらぬ孔明観であったということができる。

しかしながら、同じ孔明に対する感動であるが、藤田幽谷《ゆうこく》の感動は、その質を異にするものがあった。彼はある日、諸門人が集まっているところで、諸葛武侯の『出師表《すいしのひょう》』のうち、どこが公の精神を表しているところかとの問いを発した。そこで門人等は「聖聴を開張して以て先帝の遺徳を光《おほい》にす」「賢臣に親しみ小人を遠ざく」「姦凶を攘除して漢室を興復す」「宮中府中はともに一体たり」等の語を取り上げて答えたが、彼はそのどれも当っていないとして、

「孔明は謹慎の人物であり、先帝に孔明の謹慎を知られる徳がおわしたので、水魚の知遇を得られたのであろう。謹慎ならぬ人物が、思いがけぬ幸いで世にときめくことがあっても、真の業をもって真の功を立てることはできまい。されば謹慎の二字こそ、この表のうちにあるべき語であろう」

と教えたという（『菅政友全集』雑稿四）。すなわち幽谷が孔明の『出師表』に於いて最も深く感じたのは謹慎の二字であったのである。そしてこの話は、幽谷の高弟会沢正志斎が、その師門に学んでいた日の思い出を綴った『及門遺範《きゅうもんいはん》』のうちに、

「先生、常に諸葛武侯が子を戒むるの語を誦《しょう》したまふ。言、尚《な》ほ耳にあり」

とあることによって傍証せられる。諸葛武侯の子を戒むるの語とは、『小学』外篇に収めている、

「君子の行は、静以て身を修め、倹以て徳を養ひ、澹泊《たんぱく》にあらざれば以て志を明らかにすることなく、寧静《ねいせい》にあらざれば以て遠きに致すことなし。夫《そ》れ学は須《すべか》らく静なるべし、

才は須らく学ぶべし。学にあらざれば以て才を広むるなく、静にあらざれば以て学を成すなし。慆々《とうとう》なれば則ち精を研《みが》くあたはず、険躁《けんそう》なれば則ち性を理《をさ》むるあたはず。年は時と馳《は》せ、意は歳と去り、遂に枯落《こらく》となり、窮廬《きゅうりょ》に悲歎すとも、はたなんぞ及ばんや」をいう。子を戒めたというこの語を通して、孔明の重厚恭遜《きょうそん》の人物、いよいよ明らかになるであろう。そしてこの語を常に誦していたというのであるから、さきの『出師表』謹慎の二字と相俟って、幽谷その人の人となりも、ゆかしく想見せられることである。幽谷はいうまでもなく幕末の偉傑藤田東湖の父である。されば以上の話によって、我等は、一見華々しくもあり激烈とも思われる水戸学の本質が、実は義公以来養われて来た謹慎の二字にあることを、深く考えなければならない。

　孔明が謹慎の人なることを知って、初めてその出廬の意義も理解せられる。当時、天下は麻のごとく乱れ、群雄は各地に拠って自己の勢力の拡張のみを計っており、そのために競って人材を招いていた。されば彼が栄達を求めようとするならば、それは極めて易いことであったであろう。しかも彼は晴耕雨読、今の世に意なきもののごとくであった。すなわち「いやしくも性命を乱世に全うせんとし、聞達を諸侯に求めざりし」とは、彼みずからその『出師表』に述懐しているところである。しかし伏竜と呼ばれ臥竜と評せられた彼が、果たしてそれのみで終わることを欲していたのであろうか。身は隆中山中にありながら眼は四海を望み、天下の策を胸中に蓄えて、管仲《かんちゅう》・楽毅《がっき》たる日を期していたはずである。しかも出廬しなかったのは、天下の再興は道義の再興に外ならず、その道義は君臣の名分の確立を根本とするとして、その具現のために輔けるに足る正しい英傑の出現を待ったからである。功名立身はもとより論ずるに足らぬ。同じ忠といっても、君とすべからざる主人に対する小忠もある。孔明のいうは真の君とすべき人物を君とすることであり、これは正統の問題である。この時、彼を訪ね来ったのが劉備であった。劉備は漢の景帝の後といえば、漢の一族である。劉備はこの家系の自覚に、最も強く天下統一の責務を覚悟していた。「将軍は既に帝室の冑《ちゅう》にして信義四海に著《あらは》る」とは、孔明が初会の日に劉備に語ったことばであるが、この信義とは、単に劉備の個人的信用の意ではない。その漢室を漢室たらしめ、君臣の道義の確立の上に立つ秩序の回復を己《おのれ》の責務と自覚していることが、天下の人々に認識せられているの謂《いい》である。孔明は劉備の三顧を蒙り、この人物の志を見定めたるが故に、自己の生涯をこの人の志の具現のために捧げて悔ゆるところなしとして、ついに廬を出でたのである。ここに先ず孔明の謹慎を見る。

孔明は最後の北征に当たり、遺言というべき一表を後主に奉っているが、そのうちに次のごとくいっている。

「臣、成都に桑八百株・薄田十五頃《けい》あり、子孫の衣食おのづから余饒《よじょう》あり。臣、外任にありて別の調度なし。身に随ふの衣食は、悉く官に仰ぎ、別に生を治めて以て尺寸《せきすん》を長ぜしめず。もし臣死するの日、内に余《よ》帛《はく》あり外に贏財《えいざい》あらしめて、以て陛下に負《そむ》かず」

蜀漢は三国のうちにて最も狭小であるといっても、孔明の身は丞相《じょうしょう》である。求むるならばその権力も地位もそして富も一身に集められるはずである。しかもいうところ右のごとくであり、その薨去《こうきょ》の後、果たしてこの言の通りであったという。ここにまた謹慎の実を見る。

その外、彼が直言を求める教書を群下に発したことといい、妻を択《えら》んで醜女を得たことといい、その伝え、一として謹慎の人となりを示さざるものはない。幽谷が、孔明を謹慎の二字に於いて最も深く感動したのは、その以上のごとき生涯を通看しての上のことであったことは、疑いない。そして、絅斎《けいさい》は『靖献遺言』に孔明を収めるに当たり、その軍略智謀は敢えて述べず、その謹慎の人たることを示す右のごとき事実を、悉く収めているのである。もって絅斎が、孔明を本書に収めた理由を知り得るであろう。そしてこの『靖献遺言』の記述が、その後の学者の孔明観に大きく影響していることは、あらためていうまでもない。

絅斎は孔明の伝を記すに当たり、『通鑑綱目』巻十三から巻十六に至るまでの関係記事を本にし、これを『三国志』蜀書・諸葛亮伝をもって削補している。

巻の三　陶　潜

史を読みて述ぶ　夷斉《いせい》の章
晋の処士陶潜《とうせん》

〔語釈〕
○史を読みて述ぶ　『読史述』は、自注に「余、『史記』を読み、感ずるところありてこれを述ぶ」とあるごとく、淵明が『史記』を読んで感ずるところを述べたもので、四言詩の体にて、夷斉・箕子・管鮑・程杵・七十二弟子・屈賈・韓非・魯二儒・張良公の九章より成る。彼が歴史に何を感得したるかを知るに最もよい作品である。○晋の処士陶潜　晋は屈原の楚、諸葛孔明の漢と同じく、淵明の志と節義とを示すもの。処士は徴士というに等しいが、絅斎が徴士を採らず処士を採ったのは、朱子の『楚辞後語』に収める『帰去来辞』序言に「晋の処士陶潜淵明」とあるに従ったものであろう。処士の語は、『綱目』に於いて「魏の処士管寧を徴せども到らず」（『通鑑綱目』巻十四・漢後帝建興四年）「処士劉因を徴して右賛善大夫とす。尋《つ》ぎて辞し帰る」（『続通鑑綱目』巻二十二・元世祖至元十九年）の用例に見るごとく極めて重要の意を持つものである。絅斎が同義の徴士を用いずにこの語を用いたのは、徴士を一見、徴された士と誤解するの恐れあるを避けたものであろう。〔絅斎講義〕大凡身天下国家ノ軽重ニカ、ルコト有リテ、而有《まま》レ故有レ見而不レ仕者謂二之ヲ処士一。処士ノ号、其重キコト如レ此。自レ漢而下、以二処士一世ニ称セラル、モノ間有レ之、如二陶潜一、特ニ其傑然タルモノナリ。〔強斎講義〕処士ト云フアシラヒハ、一通リワケ有リテ牢人シテ居テ君臣ノ大義ヲ失ハズ、義ナリニ退ヒテ居ル者ヲ処士ト云フ。ソレヲ知ラズニタヾ牢人デサヘアレバ処士ト心得タリ、子ニ知行ユズリテ我ハ隠居シテソレヲ処士ト心得ヘルハ、甚シヒ不礼ト云フモノ。

潜《せん》、字《あざな》は淵明、潯陽柴桑《じんようさいそう》の人、晋の大司馬侃《かん》の曾孫。少《わか》くして高志遠識あり、時俗に俯仰《ふぎょう》すること能《あた》はず。親老い家貧しきを以て、起《た》つて州の祭酒となる。吏職に堪へず、少日みづから解きて帰り、環堵《かんと》蕭然、風日を蔽《おほ》はず、短褐穿結《たんかつせんけつ》、箪瓢《たんぴょう》しば〳〵空しきも晏如《あんじょ》たり。州、主簿に召す、就《つ》かず。躬耕《きゅうこう》してみづから資《たす》け、遂に羸疾《るいしつ》を抱く。江州の刺《し》史《し》檀道済《だんどうせい》往きてこれを候《こう》す。偃臥《えんが》瘠餒《せきたい》日あり。道済饋《おく》るに粱肉《りょうにく》を以てす。麾《さしまね》きてこれを去る。後、鎮軍建威参軍となる。親朋に謂ひていはく、「いささか絃歌して以て三径の資《たすけ》とせんと欲す、可ならんか」と。執事のものこれを聞きて以て彭沢《ほうたく》の令とす。官に之《ゆ》く。家累《かるい》を以てみづから随へず。一力《いちりき》を送りその子に給する書にいはく、「汝旦夕《たんせき》の費、みづから給する難しとす。いま此の力を遣はし、汝の薪水の労を助けしむ。此れも亦た人の子なり、善くこれを遇すべし」と。官にあること八十余日、歳の終りに、郡、督郵を遣はし県に至らしむるに会ふ。吏白《まう》す、「まさに束《そく》帯《たい》してこれを見るべし」と。潜歎じていはく、「吾れいづくんぞ能《よ》く五斗《ごと》米《べい》の為めに腰を折りて郷里の小児に向はんや」と。即日、印綬《いんじゅ》を解きて去り、『帰去来《ききょらい》』の詞《し》を作りて以て志を見《あらは》す。後、劉裕まさに晋の祚《そ》を移さんとするを以て、二姓に事《つか》ふるを恥ぢ、遂に復た仕へず。作る所の詩辞、類《おほむ》ね国を悼《いた》み時を傷《いた》み、感諷《かんぷう》するの語多しと云ふ。裕已に位を簒《うば》ひ、国を宋と号す。文帝の時、特に徴す、至らず。卒《しゅっ》して靖節徴士と諡《おくりな》す。識者謂ふ、陶潜『史を読みて述ぶ』、蓋《けだ》し感ありて作る、いまに至りて猶ほその人を見るがごとしと云ふ。

〔訳文〕

潜、字は淵明、潯陽の柴桑の人である。曾祖父は晋の大司馬であった陶侃《とうかん》。年少《わか》き時から高き理念、遠い識見を持っていて、世俗に妥協《だきょう》することができなかった。しかし、親老い家が貧しかったため、已むなく出でて州の学校長の職に就いたが、吏職の煩わしさに堪えられず、しばしにして辞任して帰った。されば その家は蕭然《しょうぜん》たるありさまにて風日を蔽うことができず、衣服は短い上につぎだらけ、その上、食事もしばしば欠くことであったが、平然たる態度であった。州より主簿として招聘されたがこれを受けず、田畑を耕作してみずから生計を立て、その無理から遂に病にかかった。そこで江州の長官檀道済が見舞いに訪れたところ、床《とこ》に臥して飢えたまま数日を過ごしていたので、道済は米肉を贈ったが、手を振ってこれを退けた。その後、鎮軍建威参軍に任ぜられたが、その時、親しい友人に向かい、「いささか地方役人をして将来の隠棲の資《たす》けとすることもよいではないか」と語った。そこで当局者は、改めて静かな田舎《いなか》町彭沢の長に任じた。さて彼は、任に赴くに当たり、家族は伴わず、丁稚《でっち》一人を子にあてがい、その手紙に「汝の朝夕の仕事をすべて自分ですることは困難と思うから、この下男をつかわして薪水の労を助けさせることとする。しかしこれも人の子であることを考えて、親切に扱うがよいぞ」とあった。彼は彭沢の長たること八十余日にして年の暮れとなったが、その時、たまたま上級役所より監査官が派遣されて来た。すると、彼の下役のものが彼に向かい、礼服を着用してお目にかかるべきであると告げたので、彼は歎息し、「わずかの俸給のために、田舎者の小僧に腰を折り曲げることはできぬ」といって、その日すぐ、辞任して去り、その志を『帰去来』のことばに表したことであった。

その後、劉裕が晋を亡ぼして帝位を奪わんとしているため、二王朝に仕えることを恥じ、遂に再び官途に就くことなく、その作るところの詩文には、祖国の運命と時勢とを哀しみ、世を感諷せんとする語が、多く見られるという。やがて劉裕帝位を奪い国号を宋と改めた。即ち武帝である。二代文帝の時、特旨をもって徴聘したが応じなかった。かくして晋の遺臣としてその生涯を終えたので、靖節徴士の諡《おくりな》を贈られた。されば識者のことばに、陶潜の『読史述』は、古人の風姿に深く感ずるところがあって作ったものであり、淵明去って五百年後の今日も、その詩を読めば、彼その人を眼前に見る思いを生ずる、とあることである。

〔語釈〕

○**潯陽柴桑の人**　潯陽は郡名、いまの江西省九江県の西南の地。柴桑はその内の県の名、かつて潯陽の治所であったこともある。○**祭酒**　学校長というべき職。古昔、会同饗宴には、必ず席中の長者が先ず酒を挙げて地を祭ったことから出た語。なお淵明が江州祭酒となったのは、東晋孝武帝太元十八年（三九三）、二十九歳のことであるという（呉仁傑『陶靖節先生年譜』）。○**環堵蕭然云云**　環堵は周囲一丈四方の粗末な家の意。蕭然はさびしきさま。合わせて清貧のさまをいう。○**主簿**　帳づけ役。書記。なお、淵明が主簿に召されたのも太元十八年のことであるという（年譜）。○羸疾羸はつかれる意。つかれて病む。○江州の刺史檀道済云々　刺史は州の長官をいう。檀道済が江州の刺史に任ぜられたのは宋文帝元嘉三年（四二六、淵明の卒去の前年）のことであるから、道済が訪うたのは、淵明の晩年のことでなければならない。然るに昭明太子『陶淵明伝』および『南史』、みな主簿を辞して帰りし後に記していることは、事実に合わない。もし道済の訪問が晋の世であれば、淵明はみずから「潜」というはずなく、それをもってしても、これは劉裕簒奪後のことであると思われる。○粱肉　粱はよい米のこと。○後、鎮軍建威参軍となる　鎮軍は地方の軍団、建威参軍は軍議に参預する役。淵明がこの職に任ぜられたのは、安帝の義熙元年（四〇五）、四十一歳の時のことである（年譜）。○いささか絃歌して以て云云　絃歌は『論語』陽貨篇の「子《し》武城にゆき、絃歌の声を聞く」云々より出た語にて、ここは地方の為政に努力するというほどの意であろう。三径は漢の蔣詡《しょうく》がその庭に三径を作り、径の傍らにそれぞれ松竹菊を植えて娯しんだという故事より隠者の庭の意となる。絃歌云云はともかく出仕して俸給を得、それによって将来悠々自適の生活をするための資としようと思うという意に解せられる。○彭沢の令とす　彭沢は県の名、江西省内の地。令は県の長官をいう。なお彭沢に赴任したのは、義熙元年八月である（年譜）。○歳の終りに、郡、督郵を遣はし云云　督郵は漢代に郡の佐使として置いた職。属県を監督するを司る。唐に廃せられた。○靖節徴士　靖節は節義に安んずるの意。徴士については既に記した。○識者謂ふ云云　『陶靖節集』巻五『読史述』の後に附した評語のうちに「東坡いはく、『読史述』九章、夷斉・箕子は蓋し感ずることありて云ふ。これを去ること五百余載、吾れ猶ほその意を識るなり」とあるによったものであろう。故にここにいう識者は、宋の蘇軾《そしょく》、号東坡である。

二子《にし》国を譲り、海隅《かいぐう》に相将《あひひき》ふ。天人命《めい》を革《あらた》め、景《かげ》を絶ち窮居す。采薇《さいび》の高歌、黄虞《こうぐ》を慨想す。貞風俗《ていふう》を淩《しの》ぎ、ここに懦夫《だふ》を感ず。

〔訳文〕

右が『読史述』のうちの「夷斉」の章、即ち本書の陶潜の巻の遺言として掲げた語である。『陶靖節集』巻五に収めている。同集収めるところの本詩の後には、東坡（蘇軾）、および葛立方（字は常之、宋人）『韻語陽秋』の評語を附しており、そのいずれも深き感慨をもって讃えたもの、もって本詩が古人に推奨せられたることを知るに足るが、特に『陶靖節集』より本詩一首を表章して陶淵明の遺言なりとしたものあるを聞かない。すなわちこれは絅斎独自の識見によるものである。

伯夷・叔斉の兄弟、国を譲り合い、互いに受けることができぬということにて、手を携えて北海のほとりに隠れたが、武王起って殷《いん》を亡ぼし新たに周を建てるや、姿を隠して首陽山に入り、薇を採って生命をつなぎつつ、高歌して古の聖代、黄帝や尭舜の世を偲んだことであった。その貞《ただ》しい義風は、頽《くず》れゆく世俗を抑えて、懦夫《だふ》の心まで感憤せしめる。

〔語釈〕

○二子　伯夷・叔斉の兄弟。『史記』伯夷列伝によれば、兄弟の父孤竹君、叔斉を愛してこれに国を譲ろうとしたが、叔斉は兄伯夷に譲り、伯夷も父の命であるといって受けず、結局、手を携えて国を逃げたのであるが、文王卒し武王、父の木主を載せて殷の紂《ちゅう》王を討たんとするに当たり、その馬を引き止め、討つべからずと諫めた。しかるに武王これを聞かず、遂に殷を亡ぼし、天下、周を宗《そう》とするを見て、兄弟はこれを恥じ、義《ぎ》周の粟《ぞく》を食わず、首陽山に隠れて餓死したという。兄弟に対する尊敬は、孔子の「仁を求めて仁を得たり、又何をか怨みん」という語にも見え（『論語』述而篇）、孟子も「伯夷は聖の清なるものなり」「伯夷の風を聞くものは、頑夫も廉に、懦夫も志を立つるあり」（いずれも万章篇）と讃えている。○**天人命を革む**　『易経』革卦の彖伝《たんでん》に「湯・武命を革め、天に順ひ人に応ず」とあるによったもの。湯は湯王、夏の桀《けつ》王を倒して殷を建てた。武は周の武王。兄弟が武王を諫めたことば「父死して葬らず、ここに干戈《かんか》に及ぶ、孝といふべけんや。臣を以て君を弑《しい》す、仁といふべけんや」は『史記』にあり、絶対の忠を説く語として後世より尊ばれている。○**景を絶ち窮居す**　景は姿とか跡の意、世から姿を隠して、首陽山に窮困の生活をした。○**采薇の高歌**　薇はぜんまい。ぜんまいを採っていのちを保ちつつ、心のうちを高らかに歌った。○**黄虞を慨想す**　心に深い感慨を抱きながら黄帝や虞舜の世を思った。黄は黄帝、虞は舜《しゅん》、ともに古代の聖天子にしてその天下は理想的な治世であったと伝えている。○**貞風俗を凌ぎ云云**　貞はもと鼎《かなえ》の形象字であるが、その音が正、または定に仮借せられる。心が正しく落ちついて動かぬこと。凌は空を凌ぐ、雲を凌ぐ、乱を凌ぐの凌にて、それを乗り越えること。懦夫を感ずは、前記の「懦夫も志を立つるあり」より出た語。「懦夫を感ぜしむ」と訓むと理解しやすい。

『帰去来の辞』にいはく。帰りなんいざ。田園まさに蕪《あ》れんとす。なんぞ帰らざらん。既にみづから心を以て形の役とす、なんぞ惆悵《ちゅうちょう》してひとり悲しめる。已往《いおう》の諫めざるを悟り、来者の追ふべきを知る。実に涂《みち》に迷ひてそれ未だ遠からず。今是《けふぜ》にして昨非《きのふひ》なるを覚ふ。舟遥遥《ようよう》として以て軽く颺《あが》り、風飄飄《ひょうひょう》として衣を吹く。征夫《せいふ》に問ふに前路を以てし、晨光《しんこう》の熹微《きび》なるを恨む。乃ち衡宇《こうう》を瞻《み》、載《すなは》ち欣び載ち奔る。童僕《どうぼく》歓び迎へ、稚子《ちし》門に俟《ま》つ。三径荒《あれ》に就きて、松菊猶ほ存す。幼を携へて室に入る、酒あり樽に盈《み》つ。壺觴《こしよう》を引きて以てみづから酌み、庭柯《ていか》を眄《み》て以て顔を怡《よろこ》ばす。南窓《なんそう》に倚《よ》りて以て傲《ごう》を寄せ、膝《ひざ》を容《い》るるの安んじ易《やす》きを審《つまびら》かにす。園日《ひ》に渉《わた》りて以て趣を成す、門設《もう》くと雖ども常に関《とざ》せり。策《つゑ》老を扶《たす》けて以て流憩《りゆうけい》し、時に首を矯《あ》げて遐観《かかん》す。雲心なくして以て岫《くき》を出《い》で、鳥飛ぶに倦《う》みて還ることを知る。景翳翳《かげえいえい》として以てまさに入らんとす、孤松を撫《な》でて盤桓《ばんかん》す。帰りなんいざ、請ふ交りを息《や》めて以て游を絶たん。世と我れと相遺《あひわす》る、復た駕《が》して言《われ》いづくに求めん。親戚の情話を悦び、琴書を楽しみて以て憂ひを消す。農人余《われ》に告ぐるに春の及ぶを以てす、まさに西疇《せいちゆう》に事《こと》あらんとす。或ひは巾車を命じ、或ひは孤舟に棹《さを》さす。既に窈窕《ようちよう》として以て壑《たに》を尋《たづ》ね、亦た崎嶇《きく》として丘を経《ふ》。木《き》欣欣として以て栄に向《なんなん》とし、泉《いづみ》涓涓《けんけん》として始めて流る。万物の時を得るを善《よみ》し、吾が生のゆく〳〵休むを感ず。已《や》んぬるかな、形を宇内に寓する能《よ》く復た幾時《いくばく》ぞ。なんぞ心を委《ゆだ》ねて去留に任《まか》せざる、なんすれぞ遑遑《こうこう》としていづくに之《ゆ》かんと欲する。富貴吾が願ひにあらず、帝郷期すべからず。良辰を懐《おも》ひて以て孤《ひと》り往き、或ひは杖を植《た》てて耘耔《うんし》し、東皐《とうこう》に登りて以て嘯《うそぶき》を舒《の》べ、清流に臨みて詩を賦す。いささか化に乗じて以て尽くるに帰せん、かの天命を楽しみ復たなにを疑はん。

〔訳文〕

右が『帰去来辞』である。本書の伝に「……即日、印綬を解きて去り、『帰去来』の詞を作りて以て志を見《あらは》す」とあるによってその全文を掲げたものであるが、合わせてその末の語「かの天命を楽しみ復たなにを疑はん」の真意を、原文を熟読することによって理解せしめんが為でもあったであろう。淵明が彭沢の令として赴任したのが義熙元年八月（四十一歳）であり、在任八十余日にて辞して帰郷したこと、その辞任の理由は、自序に程氏に嫁した妹が死去したので、かねて辞せんとの志を有していたのでこれを口実として実行したものであったが、五斗米の為に腰を折って郷里の小児に向かうことができぬと怒ったからであったという伝えも、早くから存するものであった。五斗米の為云云と怒ったとは、「かの天命を楽しみ復たなにを疑はん」という語の趣と矛盾するごとくであり、けだしこの伝えは、彼の詩に時として見える激烈豪放の語によって後人が創作した物語というべきであろう。

さあ帰ろう。我が家の田園はさぞ荒れているであろう。帰らずにおられようか。わたしはいままで、からだのために心を使うという本末転倒の愚を犯して来たが、いまさらそれをくよくよと歎いても仕方ないこと。過去のいかんともすべからざるを悟るとともに、未来こそ追い求むべきであることに気がついた。これは道に迷ったというに等しいが、幸い迷ったもののの遠くまで迷いこんだものではない。昨日までの態度が誤りであって、今日のこの決意が正しいことを覚った以上は、直ちに帰郷することにしよう。さて帰途に就くと、江上を遡《さかのぼ》る舟は波のまにまにゆらゆらと上下し、風はひらひらと我が衣を吹きかえす。帰心に駆《か》られてかなたより来る旅人に思わず道のりをたずねたことであったし、朝日の光が早くも山の端にかかって暗くなったのを、まだ前途遠いことと恨みもした。

さてようやく我が家に近づき、門や屋根が見え出した途端、欣《よろこ》びに奔《はし》り出したことであった。下男等は久しぶりの帰宅とて歓び出迎え、子供等は門のほとりに待っている。庭の道も荒れてはいるが、それでもなおお植えておいた松や菊はそのままに残っている。さて幼子の手をとって部屋に入ると、これはまさに妻の心づかい、酒が樽に満ちている。そこで壺や盃を引きよせて手酌で傾けつつ、庭の木々の枝ぶりを見てにっこりとする。南側の日ざしのよい窓によりかかっては思いきり手足を伸ばし、狭い我が家がいかに心落ちつくものかというを、はっきりと知りもした。荒れていた庭も日々歩きながら手を加えるので、おのずと趣が出て来た。門は設けてありはするものの、客もないこととて関《とざ》したままである。老いた身を杖に助けられて散歩したり休息したり、時としては首を挙げて遠くを望み見る。すると雲は無心に岫《くき》を出、鳥は飛ぶに倦んだのであろう、巣に帰ってゆくのが眺められる。やがて日の光は次第に暗くなって西のかなたに入らんとする。その折しもわたしは、一本の松を撫でつつ、しばし立ちつくしている。

やっと帰って来た。帰って来たからには、最早、世間との交わりを絶とう。世と自分と互いにかまいなくなった以上は、もう外に出かける必要もない。悦びとするは親戚の心温かい話、そして憂えを消す楽しみは琴と書物。

さて農人がわたしに、旦那《だんな》、春が来ましたよと告げてくれた。されば冬ごもりから出て畑にとりかかる時となった。よい季節の到来に、わたしは巾車を走らせて、でこぼこした丘の路を越えてゆき、孤舟をあやつりながら、奥深い谷川を尋ねてゆく。すると木々はよろこばし気に繁栄に向かっており、氷がとけた泉はその水さらさらと流れ始めている。かくて万物が春のよき時節にあって生気を取りもどしたことを喜ぶとともに、反対にわがいのちが一歩ずつ終わりに近づいていることを痛感する。

ああ已《や》めたがよい。この世に長らえ得るは、あといくばくであるか。それならば、去るも留まるも、わが心のままにするのがよい。世を遺《わす》れた身に、今更齷齪《あくせく》として、往くべきところもないではないか。富貴の身になること、もとより吾が願いでないが、さらばとて仙界に長寿を保つことも期待できるものでもない。このよい春の日をそれなりに心のよろこびとしてひとり出かけ、杖を畑の隅に立てて農事にいそしんだり、岸に登って歌を唱ったり、清流を見下ろして湧く思いを詩に賦したりする。このようにして自然の変化のなりに生涯を終えてゆこう。あの天から与えられた使命のままに安んじて、何の疑うところもないのである。

〔語釈〕

○帰りなんいざ　原文「帰去来」の去は帰に附した助語、来は哉に通ずる詠歎の詞。「去来」を「いざ」と訓読したるは古く、その類語として、『神代巻』瑞珠盟約章の一書に「去来之真名井《いざのまない》」が見え、『日本書紀纂疏』には、伊弉諾尊・伊弉冊尊の伊弉も「伊弉は猶ほ去来《いざ》と言ふごとし、和語なり」と説いている。○已往の諫めざるを云云　『論語』微子篇の「往くものは諫むべからず」によった語。○征夫　旅人。○衡宇　衡門屋宇の略。かぶき門と屋根。○三径　漢の蔣詡の故事によったもの。既出。○雲心なくして云云　岫はもと山のほら穴の意、雲は山のほら穴より湧くものと信ぜられていた。しかしここは山の峰の意と解してよい。○西疇　疇は田畑のうね、ここでは畑のこと。西という方角には拘泥する必要がない。後出の東皐（皐は岸）の東も同じ。○巾車　飾り、および日よけのために四方にぬのを垂れた車。漢土古代の車は原則として蓋《おお》いがなかった。○帝郷　天にあるという仙人の世界。『荘子《そうじ》』天地篇の語。○耘耔　耘はくさぎる、田間の雑草を除くこと。耔は耔の誤りであろう。耔はつちかう、苗の根に土をよせること、一説にくさぎるとも。○かの天命を楽しみ云云　草木は冬が来ると枯れるが、春には再び蘇って栄に向かう。ここに草木の永生がある。人もまた老いて死ぬが、我が生涯、天命のままに人としての道を尽くせば、次代の人々のうちに永久に活き続けることができる。されば天命に安んじて為すべきを為さんのみ、生死に惑い動揺するを必要としない。絅斎がこの語を講じて「此篇ノ大旨、淵明ノ気象ノ洒落高逸ナルトコロヲ知ヲ以テ要トス。末句ノ夫天命ヲ楽テ又奚疑ト云ヘルモノ、実ニ淵明胸襟見処ノツマルトコロ於ㇾ是可ㇾ知」と絶大の讃辞を下しているのは、その点に感歎した故である。

朱子いはく。張子房、五世、韓に相《しよう》とし、韓亡び、万金の産を愛《をし》まず、弟死する葬らず、韓の為めに讎《あだ》を報ず。博浪の謀遂《と》げず、横陽の命延びずと雖ども、然れども卒《つひ》に漢に藉《よ》り秦を滅し項を誅《ちゆう》して以てその憤りを攄《の》ぶ。然る後、人間《じんかん》の事を棄てて導引辟《へき》穀《こく》、意を託《よ》せ言を寓《よ》せ、まさに古の形解銷化《しようか》するものと、八紘九垓《はっこうきゆうがい》の外《ほか》に相期せんとす。千載《せんざい》の下《もと》、その風《ふう》を聞くものをして、想象歎息、その心胸面目いかなる人たるかを知らざらしむ。その志、壮と謂ふべきかな。陶元亮みづから晋世宰輔《さいほ》の子孫なるを以て復た身を後代に屈するを恥ぢ、劉裕簒奪の勢ひ成るより、遂に仕ふることを肯《がへん》ぜず。その功名事業、少しく概見せずと雖ども、その高情逸想の声詩に播《し》くもの、後世能言《のうげん》の士、皆みづから以て能く及ぶこと莫《な》しとす。蓋《けだ》し古への君子、その天命民彝《みんい》・君臣父子・大倫大法のある所に於いて惓惓《けんけん》かくの如し。ここを以て大なるもの既に立ちて後、節概の高、語言の妙、乃ち得て言ふべきものあり。その然らざるが如きは、則ち紀逡《きしゅん》・唐林の節《せつ》、苦しまざるにあらず、王維・儲光羲《ちょこうぎ》の詩、翛然《しょうぜん》清遠ならざるにあらざるなり。然るに一たび身を新莽・禄山の朝に失へば、則ちその平生の辛勤して僅《わづ》かに以て世に伝ふることを得る所のもの、まさに後人の嗤笑《ししょう》の資《し》となるに足るのみ。

〔訳文〕

『性理大全』巻六十三・陶潜の項による。〔落合東堤書入〕淵明ヲタヾ詩人ノ様ニ人ガ覚テ居ルユヘ、張良トナラベテ、同ジク忠義ノ人デ、張子房ニ劣ラヌ人ト云コトヲミセタ。

朱子は次のようにいっている。張子房はその家、祖父は昭侯・宣恵王・襄哀王、父は釐《き》王・悼恵《とうけい》王と、韓の五代の君に大臣として仕えていた。されば韓が秦に亡ぼされるや、子房自身はまだ仕官していなかったが、残されていた限りない財産を惜しむことなくその費に充て、弟が死んだがその葬儀もせずに、一意、韓のために報復しようと計った。しかも結局は博浪の沙中に試みた始皇帝要撃も成功せず、王孫横陽君成を立てて主家を再興せんとした努力も、横陽君を項羽に殺されて成就しなかったが、しかし最後には漢（劉邦）の力を借りて秦を滅ぼし項羽を誅してその無念をはらすことができた。しかるにそれを為し終えるや、人間界の事を棄て、仙術の修業を口実として、まさに古代の仙人達と別世界に相会せんと期しているもののごとき態度をとったが、それは彼を慕う人々に、その精神、その容貌、どのような人であったか到底知りがたいとの歎息を抱かしめている。彼の志念、まことに壮というべきである。一方、陶元亮は、わが身が代々晋の大臣なりし家の子孫であることを考えて後の世に卑屈の態度をとることを恥じ、されば劉裕の簒奪の大勢が定まってからは仕官するを承知せず、そのため彼の功名事業、これという見るべきところを残していないが、俗世を超絶した高い心思は、おのずからその作品に流露し、後世の文学をもって立つ人々も、到底我が及ぶものではないと思っている。これけだし、古の君子が、その平生、道義に於いて少しも心を失うことなかった故に、人としての根本が確立し、その結果として見事なる節義、すぐれた文学の称するに足るものがおのずからに生まれたものであろう。もしその反対に根本が立っていなければ、たとえば紀逡《きしゅん》や唐林の節義を守らんとしたことは、苦しまなかったわけではなく、王維や儲光羲の詩は、脱俗清遠の趣がないわけではないが、一たび王莽・安禄山に仕えてその節を失ってしまうや、平生努力してようやく世に伝えるに足るようになったその名声が、そのまま後人から嘲《あざけ》りを受ける原因となってしまうのである。

〔語釈〕

○張子房　名は良。その家は韓の臣。劉邦の謀臣として漢室樹立に大功を立て、韓信・蕭何と合わせて三傑と称せられている。漢朝樹立せられるや、留侯に封ぜられたが、「家世々韓に相《しよう》たり。韓の滅ぶに及び、万金の資を愛《をし》まず、韓の為めに讎《あだ》を強秦に報いんとし、天下振動せり。いま三寸の舌を以て帝者の師となり、万戸に封ぜられ列侯に位《くらゐ》す。これ布衣の極、良《りよう》に於いて足れり。願はくは人間の事を棄て、赤松子に従ひて遊ばんと欲するのみ」といい、「乃ち穀を辟《しりぞ》け、道引して身を軽くすることを学」んだ（『史記』留侯世家）という。なお赤松子は古代、神農氏の時の仙人という。○愛まず　愛は愛惜と熟する。惜しむ。○博浪の謀遂げず　『史記』留侯世家に「良、嘗て礼を淮陽《わいよう》に学び、東のかた倉海君に見《まみ》え、力士を得、鉄椎《てつつい》重さ百二十斤なるをつくる。秦の皇帝東游するや、良、客と秦の皇帝を博浪沙中に狙撃し、誤りて副車にあつ。秦の皇帝大いに怒る」云云とある。○漢に藉り　〔強斎講義〕張良ハダ、イ韓ノ臣デ、秦ノ始皇、楚ノ項羽ハ君ノ讐ナレドモ、一分ノ力デハイカヌニヨテ、漢ノ高祖ヲヨリドコロトシ、ソレヲ根ジキニシテ君ノ讐ヲ報ヒテ存分ヲ遂ゲラレタゾ。……主ノ敵ヲ討ツ為メニ高祖ニ力ヲ合セテ、漢ノ為ニスル心デナイ。○導引辟穀　導引は、あんまなどの道家の体操、辟穀は身を軽くするために五穀を食うを避けること。〔強斎講義〕導引ハ按摩導引トテ、気ヲ導キ筋骨ヲ屈伸シテ養生スルコト、華佗ガ五禽ノ法ナド云テ養生スルコト。辟穀ハ五穀ヲサケテクハヌコト。○古の形解銷化するもの　古代の仙術を体得して天地の気と一つになり自由自在に往来屈伸する人物。前記の赤松子のごときをいう。○八紘九垓の外に云云　八紘は八方のすみ、地のはての意。『淮《え》南子《なんじ》』墬形篇に「九州の外、乃ち八殥《いん》あり、八殥の外にして八紘あり、八紘の外、乃ち八極あり」と見える。九垓は天のはて、『淮南子』道応篇に「吾れ汗漫と九垓の上に期す」とあり、註に「九垓は九天なり」とある。相期すは、相会って友となろうとすること。○高情逸想　高も逸も世俗を超越したるをいう。○天命民彝・君臣父子・大倫大法人が天より与えられ（天命）、自己の彝《つね》として放すことなき（民彝）、君臣・父子の大道をいう。三綱・五典というもの、これである。○惓惓　忠謹のさま。〔強斎講義〕ヤルセナフ何トシテモハナレラレヌ、此身ハ粉ニセラレテモ餓テ死ンデモ、タヾ君臣・父子ノ義ガ忘レフトシテモ、ドウモ忘レラレヌコト。コ、ガキハメテ肝心ノ所。為ニ一ツソコネガアルト、モウ埒ハ明ヌゾ。○節概の高、語言の妙　節概は志節品概、張良についていう。語言は詩のことば、陶淵明についていう。○紀逡・唐林　『漢書』第四十二巻・鮑宣伝に附して「成帝より王莽に至るまでの時、清名の士、琅邪にまた紀逡・王思あり、……沛郡には則ち唐林子高・唐尊伯高あり、皆、明経飭行《ちょっこう》を以て名を世に顕はす。紀逡・両唐は皆、王莽に仕へ封侯貴重せられ公卿の位を歴」云云と見える。なまじ世に名を顕したが故に、王莽に仕えたのを批判せられることも大であったのである。なお当時、清廉をもって知られる人物を清名の士と称した。○王維　唐代の詩人。李白・杜甫等とその名を等しうした。殊に都会的な洗練された詩想をもって知られている。開元中、左拾遺給事中に任じた。安禄山が叛して長安を陥れた際、捕らえられたが、禄山はその才を愛して旧職を供した。○儲光羲　唐の天宝の末、監察御史となり、また禄山の偽官に任じた。その詩は陶淵明に出たといわれ、王維・韋応物等の間にあって朴実独自の風を有した。○翛然　疾《と》く飛ぶさま。また係ることないさま。○嗤笑　あざわらう。

韓愈《かんゆ》『伯夷の頌《しょう》』にいはく。士の特立独行、義に適《かな》ふのみ、人の是非《ぜひ》するを顧みず、皆、豪傑の士、道を信ずること篤くしてみづから知ること明らかなるものなり。一家これを非とし、力行《りょくこう》して惑《まど》はざるもの寡《すくな》し。一国一州これを非とし、力行して惑はざるものに至りては、蓋《けだ》し天下一人のみ。挙世これを非とし、力行して惑はざるもののごときに至りては、則ち千百年に乃ち一人のみ。伯夷のごときものは、天地を窮め万世に亘《わた》りて顧みざるものなり。昭乎《しょうこ》たる日月、明《めい》となすに足らず、崒乎《しゅつこ》たる泰山、高となすに足らず、巍乎《ぎこ》たる天地、容《い》るることをなすに足らざるなり。殷《いん》の亡び周の興るに当りて、微子《びし》は賢なり、祭器を抱きてこれを去る。武王・周公は聖人なり。天下の賢士と天下の諸侯とを率《ひき》ゐて、往きてこれを攻む。未だ嘗てこれを非とするものあるを聞かざるなり。彼の伯夷・叔斉は、乃ちひとり以て不可とす。殷既に滅び、天下周を宗《そう》とす。彼の二子は、ひとりその粟《ぞく》を食《くら》ふを恥ぢ、餓死して顧みず。是れによつて言へば、それ豈《あに》求むることありてせんや。道を信ずることを篤くしてみづから知ること明らかなるものなり。今世《きんせ》のいはゆる士は、一凡人これを誉むれば則ちみづから以て余りありとし、一凡人これを沮《とど》むれば則ちみづから以て足らずとす。彼れひとり聖人を非としてみづから是《ぜ》とする、かくの如し。それ聖人は乃ち万世の標準なり。余故にいはく、伯夷のごときものは、特立独行、天地を窮め万世に亘りて顧みざるものなり、と。然りと雖ども二子なかりせば、乱臣賊子、跡《あと》を後世に接せん。

〔訳文〕

右『伯夷の頌』は、遺言として『夷斉の章』を掲げたので、その類によってここに収めた。この文は沈《しん》徳潜所編『唐宋八大家文読本』に収められており、それによって江戸時代はもとより、明治以降も学人に愛誦されて来たが、本書所掲の文と比較すると数箇所の異同がある。絅斎は早くわが国に渡来した『五百家註音弁昌黎先生文集』所収の本文をもって可としてこれを取り、ただその両「凡一人」とあるを、朱子の『韓文考異』乃至通行本によって「一凡人」に改めて本書の本文としている。

韓愈の『伯夷の頌』に次のようにいっている。士の特立独行するや、それが義に適《かな》っているかいないかのみを考慮し、人が善くいおうが悪くいおうが問題としない。このような人物こそ、道を信ずること篤く、みずから信ずること明らかなる豪傑の士といわねばならない。一家中のものがその人の行動を非難するとも、わが道を力《つと》め行って惑うことなき人物は少ないものである。一国一州を挙げて非難するとも、わが道を力め行って惑うことなき人物に至っては、今の天下に一人いるだけであろう。天下中の人を挙げて非難するとも、わが道を力め行って惑わざるがごとき人物に至っては、千年百年という長き間に、ようやく一人あるのみといってよい。伯夷のごとき人物に至っては、空間・時間のすべてにわたり、あらゆる人が非難したとしてもそれを問題とせぬものである。彼の行動に比べれば、あの輝ける日月も明るいとするに足らぬ。あの聳える泰山も高いとするに足らぬ。あの広大な天地でさえも、とても収容できるものではない。

そもそも殷が亡び周が興る際に当たり、殷の微子は賢人であったから、祖先の祭礼を絶やしてはならぬと考え、その祭器を抱いて国を去った。周の武王・周公は聖人であったから、天下の賢人と天下の諸侯とを率い、即ち天下中の有志の協力のもとに、殷を攻めたのである。そして以上の人々に対して非難の声を発したものがあったこと、未だ嘗て聞いていない。しかるにかの伯夷・叔斉の兄弟は、かえってただひとりその行動を誤っているとしたのである。ついで殷滅びてしまうや、天下の人々、周を宗主として奉じたが、かの二人は、ひとりその地に生きることを恥とし、首陽山に入って餓死して世人の批判を顧みなかったのである。以上から見て、二人の行動は求めるところあってしたものでなく、道を信ずること篤く、みずから知ること明らかなるが故の必然の行動であったことが知られるのである。現在の世に、士といわれている人物を観察するに、一凡人が彼を誉めることとあれば、みずから人並み以上であるとうぬぼれ、一凡人が反対するならば、みずから人並み以下であると絶望する。しかるにかの二人は、ひとり聖人と仰がれている微子や武王・周公の行動を誤りなりとし、自己の行動こそ正しいとしたこと、以上見た通りである。そもそも聖人こそ人間永久の標準とすべきものであるから、わたしは、それを非とする伯夷のごときは、特立独行して、わが行動を、空間時間を越えてすべての人々が非難するとも、問題としない人物であると断言する。ではあるが、もしこの二人がいなかったとすれば、乱臣・賊子は、誰にも己れの行動を憚るところがないので、彼等が次々と絶え間なく出現したことであろう。

〔語釈〕

○**伯夷の頌**　〔強斎講義〕頌ハソレヲ誉メテ、フシ付ケテ歌フ辞。是モ求レ仁得レ仁ナド、云フ気象トハチガウテヒクウ聞コユレ共、義ノ気象ヲヨク云ヒヌカレタ説ジヤニヨテ載セラレタゾ。○**士の特立独行**……みづから知ること明らかなるものなり　特立独行は『礼記』儒行篇に出づ。陳澔《ちんこう》『集説』に「処して一身を特立し、亦た出でて一世に独行す」とある。〔強斎講義〕此ノ一言ガ一篇ノ肝要眼目ト云ハ是ゾ。信レ道ハ吾ガ心ニ飢エテ食ヲ思ヒ、渇シテ水ヲ好ム様ナ、余念他念ナイ、是レデナケレバナラヌコトト云フ様ニ向切テ、タジロガヌコト。○**崒乎**　山の抜き出て高く峻《けわ》しいさま。○**巍乎**　非常に広大なさま。○**微子**　殷の紂《ちゅう》王の庶兄。紂王の暴逆をしばしば諫めたが聞かれず、ために殷の滅亡の近きことを察し、祖先の祭祀を絶たぬため、祭器を持って去った。『史記』殷本紀に詳しい。○それ豈求むることありてせんや　売名や野心あっての特立独行ならば、自己の信念を守って餓死するには至らぬ。これから見て二人の行動は、真に道を信ずること篤く、みずから知ること明らかなるより、おのずからに発したものであることが知られる。○それ聖人は乃ち万世の標準云云　聖人は万世、人々の標準と仰ぐべきものであるのに、二人はそれをさえ非難したのであるから、その信念、天地を窮め万世に亘って理解するものなしとて顧みぬものであること、明確となる、の意。但しここには作者の心が一方にては武王・周公の行動を認め、一方にては伯夷・叔斉のそれをも認めんとして、二元的に動いていることが認められる。○然りと雖ども　前の作者の心の二元性を受けて、伯夷・叔斉の行動を抑えつつ、ではあるがと、これを揚げたもの。○二子なかりせば云云　身をもって武王・周公の行動を非なりとした兄弟があったからこそ乱臣（君に叛《そむ》く臣）賊子（父に叛く子）が恥じ憚るところあってみずからの行動を慎むのである。もしこの二人がいなかったならば、誰に憚ることもないため、という語意。「なかりせば」原文「微」は、なかったとしたならばと仮定する語。〔絅斎講説〕ヤ、トモスレバ後世デノ手ヨク世ヲヌスムモノガ、湯・武ヲ引ベツニスル。ソレデコノ二子ナクバ乱臣賊子アトヲ後世ニツガセウゾ。王莽ヤ曹操ヤ許魯斎ヤ其外ノ世ヲヌスム男ドモヲ一坐ニナラベテ、湯・武バナシヲシタラバ、惣々尤ジヤ聖人ジヤト云ヲ、。其中へ伯夷ノ名分ヲ云タテタラ、ドレモ色チガヒシテ、モノヲヱ云フマイゾ。

〔補説〕
本巻の最後には、朱子『漳州州学東渓先生高公祠記』が掲げられているがここには略する。これは、北宋から南宋にかけての人、高登（字は彦先、東渓先生と称せらる）の人となり伯夷に似て頑夫も廉に懦夫もその志を立たしむるものあるを以て、『夷斉の章』の類によりここに録して結びとしたもの。

高登は徽宗の靖康年間、大学に学び、上奏して当時の権臣蔡京等の六賊を誅せんことを請い、後に高宗の紹興年間には、召されて政事堂に至ったが、宰相秦檜（巻六参照）と論が合わぬため去り、後にまた檜の怒りを買って容州（広西省容県）に左遷され、清潔の生涯を終えた。

解　説

陶潜、字《あざな》は淵明《えんめい》。別に元亮《げんりょう》と字したとも、晋《しん》の時代に於いては名を淵明、宋の時代に於いては名を潜といい、元亮という字は改めることがなかったともいうが、その是非の考証は後に譲り、わが国にては淵明の呼び方にて親しまれてきた人物である。

そして陶淵明を口にすると、先ず頭に浮かんでくるものは、「読書を好めども、甚だしくは解せんことを求めず、意会あるごとに、便《すなは》ち欣然として食を忘る」というその自叙伝『五柳先生伝』の一節であろう。あるいは漁夫が桃花の林の奥に見出だしたという素朴にして平和の世界を記した『桃花源記』であるかも知れず、あるいは「富貴は吾が願ひにあらず、帝郷は期すべからず。良辰を懐《おも》ひて以て孤《ひと》り往き、或ひは杖を植《た》てて耘耔《うんし》し、東皐《とうこう》に登りて以て嘯《うそぶき》を舒《の》べ、清流に臨みて詩を賦す。いささか化に乗じて以て尽くるに帰せん。かの天命を楽しみ復たなにを疑はん」と、悠々たる心境を述べた『帰去来辞』の一節であるかも知れない。また、

菊を東籬の下に採り
悠然として南山を見る（飲酒）

の句か、

晨《あした》に興《お》きて荒穢を理《をさ》め

月を帯び鋤《すき》を荷《にな》ひて帰る（帰園田居）

の句であるかも知れない。いずれにしてもこの人物の名から浮かび出る人間像は、後人が隠逸の士とか田園詩人と称している、高士の姿である。

しかしながら、彼の詩文集『陶靖節集』を繙《ひもと》くと、それに収められているのは右のような平穏温和な作品のみではない。試みに『擬古』と題する連作のうちの「東方に一士あり、被服常に完《まった》からず」に始まる一首を取り上げて見ると、その「被服常に完からず」といい、「三旬九たび食に遇ひ、十年一冠を著く」というは、『五柳先生伝』の「環堵蕭然、風日を蔽はず、短褐穿結し、箪瓢しば〳〵空しけれども晏如たり」に外ならないが、詩のうちの「願はくは留りて君に就いて住み、今より歳寒に至らん」という語より浮かび上がるものは、『五柳先生伝』にいう「酣觴《かんしょう》して詩を賦し、以てその志を楽しましむ。無懐氏の民か、葛天氏の民か」というものとは、頗《すこぶ》る趣を異にしているように思われる。

また『詠貧士』と題する詩を見ると、「遅々たり林を出でし翮《つばさ》、未だ夕ならざるにまた来り帰る。力を量りて故轍《こてつ》を守る、豈《あに》寒と飢とあらざらんや」と鳥の姿が詠われているが、この鳥の姿はいかにも沈痛、『飲酒』の詩に出て来る鳥、「山気日の夕佳なり、飛鳥相ともに還る」や、『帰去来辞』に書かれている鳥「雲、心なくして以て岫《しゅう》を出で、鳥、飛ぶに倦《う》みて還るを知る」の、いかにも平和な趣を感ぜしめるものとは、異なるといってよい。

さらに『荊軻《けいか》を詠ず』と題する詩を見よう。荊軻は戦国時代の人、燕《えん》の太子丹のためにその恨みをはらすべく秦に赴いた刺客であって、彼が秦廷に入りその王を刺さんとして成らず、かえって殺された物語は、国を去るに臨んで歌った「風蕭々として易水《えきすい》寒し、壮士一たび去つてまた還らず」の詩とともに名高いが、淵明はこの人を、

君子は己れを知るものに死す
剣を提げて燕京を出づ……
雄髪　危冠（高い冠）を指し
猛気　長纓《ちょうえい》を衝《つ》く……
心に知る去りて帰らざるを
かつ後世の名あらん
車に登りて何の時か顧みん
蓋《かさ》を飛ばして秦庭に入る……
惜しいかな剣術疏《そ》にして
奇功遂に成らず
その人已に没すと雖ども
千載　余情あり

と詠っているのである。その詞悲壮にしてしかも豪放、もし作者の胸中にみずから荊軻たらんとする激情があったのでなければ、このような作品を生み出すことはできなかったであろう。

然らばさきに『擬古』の詩に見た東方の一士とは、けだし仮託であって、この人物に託して自己の理想とする人物像を画き上げ、自分もかくありたいと望んだものと考えられ、

『詠貧士』の詩は、孤節を守らんとする作者の沈痛な決意を、微言のうちに寓したものと考えてよかろう。

以上のごとく、その集によって陶淵明の人物を求めると、通常の常識となっている、彼をもって隠逸の高士、田園詩人というものと、極めて異質のものが現れ来るのである。然らば彼の本質は、果たしていずれにあるのであろうか。

これを知るためには先ず彼の家系・教養と、その作品の背景となっている時代相とを明らかにしなければならない。

彼は『子に命《なづ》く』と題する連作のうちで、その遠祖が帝尭より出ており、殷・周の時代にも名臣を出した旧家であるといっているが、これは陶姓の人を歴史の上に求めたのみであって、この人々が彼とどのように連なっているかは明らかにしていない。彼の祖先のうち、最も重要なる人物は、『宋書』の彼の伝にも「みづから曾祖の晋の宰輔なるを以て、また身を後代に屈するを恥づ」と記されている曾祖の陶侃《かん》である。侃は西晋末から東晋にかけての人物にて、晋南渡の後、武昌の太守となり、叛賊王敦・蘇峻の鎮定に大功を建て、ついで征西大将軍・都督荊江等八州諸軍事・荊江二州刺史等の要職を歴任、長沙郡公に封ぜられ、薨《こう》じて大司馬を追贈せられた。『晋書』にはこの人のことを「侃、軍に在ること四十一載《さい》、雄毅にして権あり、明悟にしてよく決断す。南渡より白帝に至るまで数千里の中、路に遺を拾はず」とあるから、その大体を想見できる。同伝にはまた、その晩年、後進に路を譲ろうとしてみずから辞するや、役所の書類・印・器仗等の一切を帳簿に記し、倉庫には封印をしてその上に鍵を加え、一切を明白にして後任者王愆期《えんき》に引き継ぎをしたとある。淵明がこの曾祖父より、大事に任ぜんとする桓々《かんかん》たる気象とともに、私心なき淡々たる性情を受けたことは、疑うことができない。

彼の祖父は名を茂といい武昌の太守に任ぜられた旨が『晋書』の伝に見えるが、それより前出の『宋書』の伝にも昭明太子蕭統所撰の『陶淵明伝』にもこのことは載っておらず、確かと断ずることはできない。さらに父に至っては諸伝にその名も職も記しておらず、これを知ることを得ない。思うに曾祖の赫々たる武功に比べ、その後、その家衰えてそれを詳《つまび》らかにするの資を欠いてしまったものであろう。但し、さきにも挙げた『子に命く』の詩に於いて、祖父および父のことを、

粛《つつ》しめる我が祖
終りを慎しむこと始めの如し
直方もて二台に（二代の天子に仕え）
恵和もて千里までも
ああ皇《おほ》いなる仁考（亡き父を考という）
淡焉《たんえん》として虚止し（心淡白にて世俗から離れて住み）
跡を風雪に寄せて
この慍喜《うんき》を寘《お》く（自然を友とし喜怒に超然としていた）

とあることによって、祖父の謹慎の人物であったことと、父の利害に超然として自然を愛する人物であったことが察せられ、この性格は必ずや彼に遺伝せられていたことであろう。すなわち彼の詩文が、一面平淡にして自然のうちに逍遥する趣を有しながら、一面

烈々たる気魄を示すものがあることは、以上の家系を無視しては十分に理解し得ぬところであり、朱子が門人に、その詩風を李白のそれと比較して、

「李太白が詩、専ら是れ豪放ならず、亦た雍容和緩底あり。首篇、大雅久しく作《おこ》らずといふが如き、多少和緩なり。陶淵明が詩、人皆是れ平淡なりと説く。某《それがし》に拠りて看れば、他《かれ》おのづから豪放なり。但、豪放より得来りて覚えざるのみ。その本相を露出するものは、是れ荊軻を詠ずるの一篇なり。平淡底の人、いかんぞ這様《かやう》の言語を説き得出し来らんや」（『朱子語類』巻一百四十）

と語ったのは、実にこの点に注目してのことばであった。

然らば彼の詩が何故に時として平淡に時として豪放であったのであるか。これを知るためには、彼の詩の背景をなしている時代相を知らなければならない。

陶淵明は、東晋の哀帝の興寧三年（三六五）に生まれ、その五十六歳の時、即ち恭帝の元熙二年（四二〇）、劉裕、帝を廃して宋を簒立したので、その晩年は宋朝の治下にあり、そして宋の文帝の元嘉四年（四二七）、六十三歳をもって卒した。すなわち彼の生涯は晋宋の二朝にわたっているのであり、このことは彼を知るために最も重要である。

そもそも晋は、魏の権臣司馬炎が魏帝を脅かし、形式的にはその譲りを受けたということにして建国されたが、その初めから政権の安定を欠き、あるいは外戚の専横があり、あるいは宗室諸王の叛乱があり、加えて西北方の異民族の侵入があって、ついに都を洛陽より江南建康（いまの南京）に移した。晋の南渡が是であり、以後、東晋と称し、これより揚子江一帯を保つ漢民族の国晋と、黄河一帯に建国した異民族の国とが、南北に相対峙す

ることとなる。

　右のような事情から、東晋はその初めから北方の回復を念願としており、それを実現すべく揚子江上流、四川の地方を平定して、一時ではあったが黄河流域までも回復し、東晋の国威を振るわしめたるは桓温であった。しかし温の志すところ、実は晋に代わってみずから帝たることにあったが、その野心を見抜き、ひとり身を挺してこれを抑え、ついに彼をして悶々のうちに一生を終えしめたるは謝安であった。謝安は、内にしては温の野望を遂げしめなかったが、同時にこれを外にしては秦王苻堅《ふけん》八十万の大軍の侵入を肥水に撃退し、晋の内外の危機を乗り越えしめたのであった。しかし、安の歿後は最早晋の柱石たるべき人物なく、温の子桓玄が父の志を継いで再び簒奪を計るや、元興二年（四〇三）、安帝廃せられて玄が帝位に即き、年号を永始と定めたが、翌三年、劉裕、劉毅・諸葛長民等と謀って兵を起こすや、忽ち追われてついに斬られた。

　以上のごとく晋室を救ったのは劉裕であり、安帝は再び位に復するを得たものの、これより一切の権は裕の手に帰し、やがて義熙元年（四〇五）、彼は安帝を弑して恭帝を立て、ついで翌々三年、恭帝を廃してみずから帝位に昇り、国を宋と名づけたのである。ここに於いて晋は名実ともに滅亡した。

　さきにも触れておいたごとく、陶淵明の生涯は、以上のごとき東晋末・宋初にわたるものであり、桓温がその野心を遂げ得ずして死した寧康元年（三七三）はその九歳、謝安が肥水に大勝した太元八年はその十九歳、謝安が卒した太元十年はその二十一歳、桓玄が最初の叛乱を起こした隆安二年はその三十四歳、桓玄が再度叛乱して安帝を廃した元興二年はその三十九歳、劉裕が晋を救った義熙元年はその四十一歳、そして裕が晋を亡ぼして宋を建てた永初元年はその五十六歳の年であった。すなわち彼の生涯は、言語に絶する国家の悲運をそのまま背景とした生涯であったのである。『宋書』に彼がみずから曾祖の、晋の宰輔なるをもって、また身を後代に屈するを恥じたと記しているのは、陶氏が晋の名臣であったことを誇りとし、簒奪の逆賊劉裕の招聘を退けてつかえず、ついに晋の遺臣としてその一生を終わったことを意味する。その詩に、平淡とともに豪放の調の存する理由は、ここに於いていよいよ明白となる。

しかるに、彼の田園生活を歌い自然を讃えた作品の多きを見て、彼は義熙簒奪の後、全く世を離れて悠々自適する人となったのであるとなし、あるいは劉裕がかつての同僚を次々に殺してゆくを見て、賢明に保身の計をここに取ったものであるとなすものがある。しかしもし彼が真に隠遁の人と化し、もしくは保身の道を計ったものであるならば、劉裕簒奪以後、彼が干支のみをもって年を記し、曾て宋の年号を用いなかったという事実を何と解したらよいであろうか。

もっとも彼が年号を用いず干支のみをもって記しているのは簒奪以後のことでなく、既に晋末に於いてそうであったのではないかとこれを駁《ばく》するものもあるが、それは晋の末に劉裕専横の態度を見、深くこれを慨し世に出づることなきを決意したためであると考えてよく、『宋書』にさきの語に続けて「高祖（劉裕）の王業漸く隆んとなりしより復た仕ふることを肯んぜず、著すところの文章は皆その年月を題するに、義熙以前には則ち晋氏の年号を書し、永初より以来は、ただ甲子をいふのみ」とあるもの、その大筋に於いては誤りないものと思われる。

右の事実と関連する問題に、彼の名字の論がある。そもそも彼を初めて伝したのは斉《せい》の武帝の勅《ちょく》を奉じて沈約が撰した『宋書』の伝であり、それにつぐは、梁の昭明太子蕭統所撰の『陶淵明伝』であって、前者には彼の名字を「陶潜、字は淵明、あるひはいふ淵明、字は元亮」とし、後者には「陶淵明、字は元亮、あるひはいふ潜、字は淵明」とある。以上につぐは唐代に現れた、太宗の勅を奉じて房元齢が撰した『晋書』と、李延寿所撰の『南史』のそれぞれの伝であって、前者には「陶潜、字は元亮」とあり、後者には「陶潜、字は淵明、あるひはいふ字は深明、名は元亮」とある。『南史』の深明は、唐の高祖の諱《いみな》の淵を避けて改めたものであるから、原字はやはり淵明である。

以上のごとく彼の名・字は各書各様であって統一なく、これを見たのみではそのいずれが正しいかを弁ずることができない。

しかるにこの問題に明快なる断を下したるは宋の呉仁傑である。すなわちその『陶靖節先生年譜』に呉氏は、彼がみずからその名を記している文、『孟府君伝』および『程氏妹を祭るの文』に於いてはみな淵明とあり、そして彼の友人顔延年（名は延之）所撰の誄《るい》にも「有晋の徴士尋陽の陶淵明」とあることに注目して、晋にあっては名を淵明といったと断じ、さらに彼が檀道済《だんどうせい》に答えた語のうちにみずから潜と称しているのに注目して（『南史』伝）、そのことが宋の文帝の元嘉三年に係るをもって、宋に至り、名を潜と改めたと推定し、字の元亮は晋宋を通じてこれを改めることがなかったと説いている。淵明の淵と潜字とは最も深き関係があり、この説は多年の紛糾を一掃するものといってよく、同時に潜と改名した事実に、よく彼の志を察することができるといえよう（近来、淵明は小名、即ち幼名であって、成人して潜と改めたという説が提示されているが、呉説を否定し得る力があるものではない）。

陶淵明をその志と晩節とに於いて評価したるは、顔延年であり、それは右に見た誄の辞に最もよく表れているが、後人の評価は必ずしもこれと同じでなく、むしろその高趣と風雅とのみに注目したといってよい。しかるを再び顔氏の評価をうけ、その宋に仕えざるを讃えて『通鑑綱目』に、

「晋の徴士陶潜卒す」（巻二十四・宋文皇帝元嘉四年）

と大書したのは朱子であった。徴士とはもと朝廷より徴聘せられた人物の意であったが、後、反対に王朝の変革に際し徴せられるも節を守って出でざる人物の称となり、その意味極めて重くなった。絅斎が『靖献遺言』に陶潜を一巻としているのは、いうまでもなく朱子のこの意を継ぐものである。

しかしながら絅斎には朱子のいわざる一事に対する大きな発見があった。それは本巻に収めている『帰去来辞』の最後の一句、「かの天命を楽しみ復たなにを疑はん」に示された陶淵明の心事である。絅斎は『靖献遺言講義』「帰去来辞」の項に於いて次のごとく述べている。

「此篇ノ大旨、淵明ノ気象ノ洒落高逸ナルトコロヲ知ルヲ以テ要トス。末句ノ夫天命ヲ楽シミ復奚疑ト云ヘルモノ、実ニ淵明胸襟見処ノツマルトコロ、於レ是可レ見。若シ此一句アラズンバ、只劉伯倫・王績ガ『酒徳ノ頌』『酔郷ノ記』ナド、同ジ類ニヲチテ、徒ニ世

ヲ憤リ俗ヲ嫉ムノ詞トミユベシ。淵明ノ宋ニ不レ仕大義ノ出処モ此胸中ヨリ根《ね》指《ざ》シ出ルナレバコソ、義ニ安ジ悔ルコト無クシテ、其節義ヲ全クセラレタレ、然ルヲ是ヲ以テ但貧賤富貴ノ中ニ心ヲ不レ動、能ク操ヲ立テラレタト計リ思フハ浅ヒコトゾ。三径ノ菊モ夫ノ心カラコソ愛シテ玩バレタレ、サレバ今トテモ秋風黄落ノ時、凛然トシテ清潔香馥ノ姿ヲ霜叢ノ中ニ特立シテ、春花ノ爛漫タルヲ争ハヌ気象、ヒシト淵明千歳ノ魂ヲ直ニ如レ見アルモ、此大義ヲ見ルカラシテ如レ此ハ嘆ズルナリ。是以此辞ヲ読ム者、宜シク題下ノ事歴ト弁考へ、通貫シテ義理一致ノ準ヲ見トルコト、第一ノ肝要也」

すなわち天命を楽しむとは、為すべきことを尽くして成敗利鈍はすべて天に委して顧みざるところから生ずる清朗豁達にして自由の心境であって、『後出師表』の末にいうところに等しい。そして強斎はさらにこの意を端的にして次のごとく説いているのである。

「天命ハ職分ノコト。セデ叶《カナ》ハヌ我々ニ得タ当然ノ、君ニ事フル忠、親ニ事フル孝ト云フ大倫大綱ノナリニ変ゼズ、火ノ常ニ熱ク水ノ常ニ寒ヤカナト云様ニ、天命ナリニ身ヲカヘヌヲ楽ト云。晋ヲ忘レズ、晋ナリニ義ヲ守リテ、何ヲ疑フコトガアル者デアラフトノコト。極メテ明ラカナ云様ゾ。絅斎先生モ、此一言ガナケレバ、『酒徳頌』ヤ『酔郷記』ヲ読ムモ一ツニナルト仰セラレタ。『帰去来』一篇ノ眼《ガン》、淵明ノ淵明タル所ハ爰ゾ」

最後に、本書の陶淵明伝の典拠を見ておくと、絅斎が第一に依拠としたるは『楚辞後語』に収めている『帰去来辞』の初めに冠した朱子所撰の序言であった。しかしこれは、全文百四十三字、これにては何としても伝とするに足りない。ここに於いて絅斎は『通鑑綱目』の「晋の徴士潜卒す」の条の目の文と、昭明太子『陶淵明伝』の記述とを折衷し、その要を取って右に加えたことであった。なお本巻に収録するところの『帰去来辞』については、『楚辞後語』の文を依拠とし、その一二を『文選』によって訂したものと考えられる。

巻の四　顔真卿

蔡に移る帖

唐の太子の太師顔真卿《がんしんけい》

〔語釈〕

○蔡に移る　本文に詳しい。○帖　帖は法帖、習字の折手本のこと。顔真卿は唐代第一流の書家であったので、その書の石ずりを折本の形にして手本に用いたものが多く、そのなかでも『多宝帖』『祭姪《さいてつ》帖』『争坐位帖』等が名高い。○太子の太師　太子の師役。真卿の最後に任ぜられた官。

真卿、字《あざな》は清臣。玄宗の朝に平原の太守たり。初め安禄山のまさに反せんとするを知り、霖雨《りんう》によりて城濠《じようごう》を脩《をさ》め、廥廩《かいりん》を儲《まう》く。禄山既に反し、真卿に牒《ちよう》し、兵を将《ひき》ゐて河津を防がしむ。真卿、使を遣はし、間道これを奏す。玄宗始め河北の郡県、皆、賊に従ふと聞き、歎じていはく、「二十四郡、曾《かつ》て一人の義士なきか」と。奏至るに及びて、大いに喜びていはく、「朕《ちん》、顔真卿の何の状をなすかを識らず。乃ち能くかくの如し」と。真卿又、親客に密《ひそ》かに賊を購《もと》むる牒《ちよう》を懐《いだ》き諸郡に詣《いた》らしめ、および勇士を召募し、諭《さと》すに兵を挙げ禄山を討ずるを以てし、継ぐに涕泣を以てす。士皆感憤す。禄山、その党に先き東京《とうけい》を陥るる時、節に死する臣、李憕《りとう》・盧奕《ろえき》・蔣清三人の首を齎《も》ち、河北の諸郡を徇《とな》へしめ、平原に至る。真卿、使を執《とら》へ、斬りて以て徇へ、三首を取り、芻《すう》を結び体を続《つな》ぎ、棺斂《かんれん》してこれを葬り、位《ゐ》を為《つく》りて祭哭す。是れにより て諸郡多く賊を殺して相応じ、共に真卿を推して盟主とす。時に真卿の従兄、常山の太守杲卿《こうけい》も亦たまさに兵を起し賊を討ず。真卿、平原より潜《ひそか》に杲卿に告げしめ、兵を連ね禄山が帰路を断つて、以てその西入を緩めんと欲するに会ふ。杲卿乃ち謀を以て賊将等を擒斬《きんざん》し、遂に井陘《せいけい》の敵を散じ、饒陽《じようよう》の囲みを解く。ここに於いて河北響応し、およそ十七郡、同日に皆、朝廷に帰す。禄山まさに潼関《とうかん》を攻めんと欲し、これを聞きて進むことあたはずして還る。時に杲卿、兵を起し纔《わづ》かに八日、守備未だ完《まつた》からず。賊将史思明等、つひに兵を引きて城下に至る。杲卿、昼夜拒戦す。鄰郡《りんぐん》の守将、兵を擁して救はず。糧尽き矢竭《つ》き、城遂に陥る。賊、杲卿を執《とら》へて禄山に送る。禄山これを数《せ》めていはく、「我れ汝を奏して官とす。何ぞ汝に負《そむ》きて反する」と。杲卿罵りていはく、「汝は本《も》と営州牧羊の羯奴《けつど》。天子、汝を擢《ぬきん》でて三道の節度使とす。恩幸比《ひ》なし。なんぞ汝に負きて反する。我れ世々唐の臣たり。禄位皆唐の有《ゆう》。汝の奏する所となると雖ども、豈《あに》汝に従ひて反せんや。我れ国の為めに賊を討ず。汝を斬らざるを恨む。なんぞ反すと謂ふ。臊羯狗《そうけつく》、なんぞ速かに我れを殺さざる」と。禄山大いに怒り、縛りてこれを冎《ししき》る。死に比《およ》びて罵りて口を絶たず。賊、その舌を鉤断《こうだん》す。顔氏死するもの三十余人。継いで真卿、又賊を破り郡を抜き、軍声大いに振ふ。平盧の軍将劉客奴《かくど》等、使を遣はし真卿と相聞《そうぶん》し、みづから効《いた》さんと請ふ。真卿たゞ一子、才《わづか》に十余歳、海を踰《こ》え客奴に詣《いた》りて質《ち》たらしむ。軍中固くこれを留めんと請ふ、従はず。ついで潼関守を失ひ、玄宗蜀《しょく》に出奔して、賊遂に長安を陥る。ここに於いて太子亨《こう》、位に霊武に即く。これを粛宗《しゅくそう》となす。真卿、河北より蠟丸《ろうがん》を以て表《ひょう》を霊武に達す。粛宗、官を真卿に加へ、幷《あは》せて赦書を致す。真卿即ち諸軍に頒下《はんか》し、又人を遣はし河南・江淮《こうわい》に頒《わか》つ。是れによりて諸道の国に徇《したが》ふの心ます〳〵堅し。未だいくばくならず、広平王俶《しゅく》・郭子儀等、両京を収復して、李光弼《りこうひつ》又しば〳〵思明等を敗り、賊勢大《たい》衄《じく》して唐朝再興す。

〔訳文〕 顔真卿の伝は長文であるため、三大段に分かつ。右はその第一大段、真卿の安禄山の叛乱に際しての態度を述べる。『通鑑綱目』を典拠としている。

真卿、字は清臣、玄宗の治世に平原の太守となった。彼は早く安禄山が叛乱を起こそうとしていることに気づき、長続きの雨のために破損したというを口実として城壁や濠を修理し、兵糧の用意をした。さて禄山叛を起こすや、真卿に命令を出し、兵を率いて河津の地で官軍を防げといって来たので、真卿は使者を派遣し、間道を通って都に赴かせ、玄宗に禄山謀叛の様子を奏上させたのである。

玄宗は始め河北の郡県がことごとく賊に従ったと聞き、「河北二十四郡にまったく一人の忠義の人物がいないのか」と歎息したことであったが、右の上奏が到達するや、大いに喜び、「朕は顔真卿がどんな様子をした人間であるかを知らぬのに、よくもこのように忠義を尽くしてくれる」といわれた。真卿はまた親客に、ひそかに懸賞をかけて賊を求めているとの書き附けを持って諸郡に赴かせ、同時に勇士を募集し、兵を起こして禄山を討てと諭し、ついに涙を流すに至ったから、諸士みな感動奮起した。

禄山はその部下のものに、さきに東京、即ち洛陽を陥れた時、降参せず臣節を守って殺された李憕・盧奕《ろえき》・蔣清の三人の首をたずさえて河北の諸郡に触れ示させ、その使いが平原に至った。真卿はその使いをとらえて斬って見せしめにし、三人の首を取って、草でこしらえたからだにつけ、棺に納めて葬り、位牌を作って祭りその前に哭したので、それに感動し、河北の諸郡では、多くの人々、賊を殺して応じ、真卿を推して盟主とした。

この時、真卿の従兄なる常山の太守顔杲卿もまた、まさに兵を起こして賊を討つこととなったが、たまたま真卿に於いても、平原からひそかに使者を送り、杲卿に、軍を連ねて禄山の帰路を遮断し、もってその西進の勢いを弱めようと連絡して来た。そこで杲卿は謀略をもって賊将等を擒《とら》えて斬り、ついに井陘口《せいけいこう》による敵を追い散らし、饒陽《じょうよう》の囲みを解いたことであったが、ここに於いて河北の人々、響きのごとく杲卿に応じ、二十四郡のうち十七郡までも、同日のうちに朝廷に帰順したのである。その時、禄山は潼関《とうかん》を攻めようとしていたが、これを聞いて、本拠范陽（いまの北京）への帰路を断たれることを恐れて進むことができず、洛陽へ引きかえした。しかし杲卿に於いても、兵を起こしてまだわずかに八日のことであったので、守備の態勢まだ十分に備わっていなかったのであるが、そこに賊将史思明等が兵を率いて突然城下に攻め寄せて来た。杲卿はこれを昼夜防戦したが、隣郡の守将王承業、禄山を恐れて来援せず、そのため常山は軍糧尽き矢竭《つ》き、ついに落城した。賊は杲卿を拘《とら》えて洛陽の禄山のもとに送る。禄山これを見て杲卿を責めたてていう、「その方はわしが天子に申し上げて常山の太守にしてやったのであるから、わしに従うのがその方の本志であろう。しかるに何故、その方の本志にそむいてわしに叛したのであるか」。杲卿これに対し、罵っていう、「汝の前身は営州にて羊飼いをしていたえびすである。その汝が抜擢されて三道の節度使に任命されたことは、無比の朝恩といわねばならぬ。しかるに汝、この厚恩に感謝する自分の心にそむいて謀叛を起こしたのは何故であるか。我が顔家は父祖以来、代々唐の臣であり、わが禄位はみな唐のものである。さればこの身分は汝の奏請によって任ぜられたものとはいえ、汝に従って叛する道理はない。我は国のために賊を討たんとしているのである。国賊たる汝を斬らぬことを遺恨とするのみ。その我に対し、何故に謀叛というのか。畜生め、速やかに殺せ」。これを聞き禄山大いに怒り、杲卿を縛って、なぶり殺しに殺したのであるが、死に至るまで賊を罵る声を絶やさず、そのため賊は杲卿の舌を鉤《かぎ》で引き切ったのである。この時、顔一族の殉難者、三十余人であった。

話を真卿のことにもどし、真卿は引きつづきまた賊を破り郡を抜き、軍勢大いに振るった。ここに於いて平盧の軍将なる劉客奴等、連絡の使者を派遣し来り、朝廷に忠勤を励みたいと申し入れた。そこで真卿はただ一人の子息、それもやっと十歳を越えたばかりの少年を、陸路は危険であるから海路にて客奴のもとに人質として行かしめた。真卿の部下はこれに固く反対してこの地に留めておいてほしいと願ったが聞かなかった。

　さて常山を陥して後方の恐れがなくなった禄山は潼関を攻めたので、潼関の守りが破れ、都長安は危険となり、玄宗は蜀に奔《はし》った。そして賊はついに長安を陥れる。ここに於いて太子亨が霊武に於いて即位した。即ち粛宗である。真卿はこれを知り、河北より蠟丸として上表を霊武なる粛宗にとどけた。粛宗はその忠誠を嘉《よみ》し、真卿に工部尚書兼御史大夫の官を加えられ、かつ即位に当たっての恩赦の書状を下された。真卿はすぐ赦状を各軍に下し、さらに部下を派遣して河南・江淮《こうわい》方面まで頒ったので、これにより諸方面の、国難に殉ぜんとする意志、いよいよ堅きを加えた。かくしていくばくならずして、広平王俶《しゅく》や郭子儀等、長安・洛陽二京を収復し、かつ李光弼《こうひつ》もまたしばしば史思明等を破ったので、賊の勢力大いに敗れ、唐朝は再興したことであった。

〔語釈〕

○平原　郡の名、いまの山東省済南府平原県。○霖雨によりて云云　霖雨はながあめ。『礼記』月令《がつりょう》篇の鄭玄《じょうげん》註に「雨の三日以上を霖となす」。廥廩はくら。詳しくは廥はまぐさを貯える小屋、廩は米ぐら。○牒　監督官庁がその所属の役所に下す書面。安禄山は真卿を自分の部下と見なした。○兵を将ゐて河津を防がしむ　河津は、いまの山東省聊城県（東昌）にて、平原の西南、当時は黄河の渡し場であったであろう。その地にて官軍を防げと命じて来たのである。○使を遣はし、間道これを奏す　使は平原の司兵李平という人物。○河北の

郡県云云　河北はいまの河北省よりも広く、山東省の西部、河南省の北部を含む。安禄山は、天宝元載（七四二）、平盧の節度使（満洲地方を鎮撫する役）に任ぜられ、翌二載、范陽（いまの河北省涿州地方）の節度使を兼ね、同九載、河北道の採訪置使に任ぜられ、十載、河東の節度使を兼ね、ついに河北一帯をその勢力下に収めた。○二十四郡、曾て云云　当時河北は二十四郡に分かれていた。曾は、料《はか》らざる辞と註す。思いがけないという気分を表す副詞。○朕、顔真卿の云云　顔真卿など、心にもかけていなかった、それなのによくも忠義を変えずにいるの意。朕は天子の自称。○親客　真卿の世話になっている浪人のうちの親しいもの。○東京を陥るる時　東京は洛陽をいう。天宝十四載十二月、禄山洛陽を陥れ、留守李憕・御史中丞盧奕これに死した。○河北の諸郡を徇へしめ　降参しなければこのようになるぞと触れまわらせたのである。○芻を結び体を続ぎ　首だけなので、芻、即ち藁《わら》を結んで体をこしらえ、それに首をつけたのである。○常山　郡の名、いまの河北省正定府。○その西入を緩めんと欲す　西入は禄山が長安に侵入すること。禄山の後方を脅《おびや》かして長安に入るを後れさせる。○井陘・饒陽　ともに河北省内の要地。特に井陘は河北省より山西省に入る時の関門、その地の四面に山が聳え、その中央が井戸の底のようであったから、こう呼ばれた。また土門関ともいった。杲卿はここを確保することにより、山西方面の官軍を河北に迎えんとしたのである。○十七郡　河北二十四郡のうちの十七郡。○潼関　長安に入る関門、函谷関の西にあり、ここが陥ると長安は防禦の道を失う。○史思明　初名は史窣干、禄山と同じく寧州の突厥人。玄宗に寵せられて思明の名を賜り、累官して大将軍に至る。後、禄山叛するやこれに従い、禄山がその養子安慶緒に殺されるや、慶緒を殺して自立、燕帝と称したが、又その子史朝義に殺された。○鄴郡の守将　太原の尹《いん》王承業をいう。鄴は隣の本字。○これを数む　数は責の意。数えたててせめる。○我れ汝を奏して云云　杲卿はその人物剛直なるために志を得なかったが、禄山その名を聞き、推挙して営田判官・仮常山太守とした（『新唐書』本伝）。○汝は本と営州牧羊の羯奴　営州は南満洲の朝陽地方。羯は匈奴地方（山西省から遼州にかけて）に住んでいた先住民。安禄山は突厥人を母としたが、父と早く死別し、母が安延偃に再縁したので、安氏を名乗っている。○三道の節度使　三道は平盧・范陽・河東の三道、節度使は本来辺境守備のために置かれた官であるが、玄宗より粛宗の時代にかけて、辺境の十箇所に設置されてから、藩鎮としての勢力を有するようになる。〇臊羯狗　なまぐさいえびすの犬め。臊は犬や豚の脂のことで、なまぐさいの意。〇冎　音カ。『説文』に「人の肉を剔《えぐ》りてその骨を置くなり」とある。肉を少しずつそいで骨だけを残す残忍な刑。〇死に比びて　比は及の意。〇その舌を鉤断す　賊は杲卿の舌を鉤にかけて引きちぎった。杲卿死せる時、歳六十五。文天祥『正気の歌』に「顔常山の舌となる」とあるはこのことである。〇顔氏死するもの三十余人　杲卿の末子顔季明は常山と平原との間を往来して連絡に当たっていたが、常山が陥った時、屈せずして殺され、長子泉明は、太原の王承業に使いした帰途、史思明に捕らえられて范陽に送られた。後、泉明は思明が唐朝に降ったので帰ることを得た。乾元元年（七五八）、真卿が蒲州刺史に任ぜられるや、泉明をして常山より季明の首を携え帰らしめ、かつ杲卿一族の河北に流落している人々を購《あがな》い救わしめた。『祭姪文稿』（祭姪帖）は、同年九月、季明を祭った時の祭文の自筆草稿である。外に杲卿の父元孫の墓に詣でてその霊を祭り、禄山の乱に国家のために尽くした一族のことを報告した文『祭伯文稿』がある。〇平盧の軍将劉客奴　平盧は即ち営州、満洲最南部の地方。天宝の初め、范陽の節度使を分かって平盧節度使を置いた。この地は禄山の根拠地であり、劉客奴はその留守居役。後、前非を悔い、使を遣わして意を通じ来り、朝廷に忠勤するを申し入れた。〇たゞ一子、才に　才は纔に同じ、やっと。一子、名は頗《は》。〇海を踰え　河北は賊にて道がふさがれているため、渤海湾を渡って平盧の客奴のもとに赴かしめたのである。〇ついで潼関守を失ひ云云　杲卿が常山で防戦している時には、禄山は後方を脅かされているために潼関に近づき得なかったが、杲卿死し、かつ官軍の将哥舒翰が降参したので、禄山は潼関を破ることができた。〇ここに於いて太子亨云云　〔絅斎講義〕此時、玄宗蜀ノ国ヘニゲラレタル道ニテ、太子ノ供セラレタルニ言ハル、ハ、我ハ蜀ヘノク間、其方ハ跡ニ残リテ天子ノ位ニ即キ敵ヲフセゲト云置テ行カレタリ。其後群臣イヅレモ進メテ位ニ御即キナサレヨト云フトキ、終《つひ》ニ位ニ即カレタゾ。初ハ事ノ外玄宗ノ前デハ辞退セラレタレドモ、是ニテハ遂ニ位ニ即ク。此事ドフデモ粛宗ノ誤ゾ。平生サヘナルニ、別シテ乱世ノ最中ニ親ハ流浪シテ走行クニ、其跡ニテ推シテ位ニ即ケバ、ドウデモ奪タニナルゾ。尤モ玄宗ノ言付トハ云ヒナガラ、粛宗何分ニモ辞退シテ申サレタラバ、何シニ玄宗ノ無理ヤリニハ言ハレヌハヅゾ。下地ハスキナリ、御意ハ重シト云フ類ニテ、幸ニセラレタルト疑ガカヽル。ソレデ此論アルゾ。其ナラバ天下ノ大将トシテ下知ハ誰ガセフゾト云ヘバ、サレバノコトヨ、固ヨリ天下ハ玄宗ノ天下也、粛宗ハ太子ナレバ、玄宗ノ名代トシテ下知ヲスルニ誰カ異義ノ云ヒ手ガアロフゾ。コヽデ粛宗ガ人欲ニ溺レテ父子ノ義理ヲ破ラレタ、残多イコトゾ。況ヤ天下ガ思ヒツカズトモ、呉ノ泰伯、伯夷・叔斉ナラバドウデモ親ヲ推ノケテ我位ニ即クニハ忍ビヌハヅゾ。ソレデ案ノ如ク後ノ禍ヲ見ヨ、遂ニ親子ノ中ガ讒ガ有ツテ、両方ヘダ〳〵ニナラレタル、根本不ㇾ正故ニヨル也。右『綱目』ノ旨也。○**蠟丸**　秘密の漏れることを防ぐため、丸めた蠟のなかに書状を封じ込んだもの。○**官を真卿に加へ**　粛宗は真卿を工部尚書兼御史大夫に任じた。○**国に徇ふの心**　徇は順の意。身をもって国の運命に従わんとする忠誠心。○**広平王俶**　粛宗の長子、太子となって名を豫と改む。後の代宗皇帝。○**両京を収復**　両京は長安と洛陽。回紇《かいこつ》の援助を得て、至徳二載（七五七）九月、長安を収め、ついで十月、洛陽を回復した。○**大衄**　大敗北。衄は出血のこと。○**唐朝再興す**　至徳二載十月、粛宗長安に入り、同十二月、上皇（玄宗）も蜀より長安に帰った。

真卿朝《ちょう》に復《かへ》りて御史大夫となる。まさに朝廷草昧《そうまい》、給するに暇《いとま》あらずして縄治《じょうじ》平日の如く、百官粛然《しゅくぜん》たり。宰相その言を厭《いと》ひこれを出《いだ》す。ついで召して刑部侍郎とす。時に李輔国まさに勢により両宮を弐間《じかん》して、玄宗遂に西内に遷る。真卿首《はじめ》に百寮を帥《ひき》ゐて上表し、玄宗の起居を問へと請ふ。輔国これを悪《にく》み、又これを奏貶《そうへん》す。代宗陝《せん》より還るや、真卿時に尚書右丞《ゆうじょう》たり。先づ陵廟に謁して宮に即《つ》けと請ふ。宰相元載《げんさい》以て迂《う》とす。真卿怒りていはく、「朝廷の事、豈《あに》公再び破壊するに堪へんや」と。載これを啣《ふく》む。載時に権を専らにし、多く私党を引く。事を奏するもの、その私を攻訐《こうけつ》せんことを恐れ、乃ち給《あざ》むき請ふ、百官事《こと》を論ずる、皆先づ宰相に白《まう》し、然る後奏聞《そうぶん》せんと。真卿上疏していはく、「諫官・御史は陛下の耳目《じもく》、いま事を論ずるものをして先づ宰相に白さしむ、是れみづからその耳目を掩《おほ》ふなり。李林甫相《しやう》たる、深く言者を疾《にく》み、下情通ぜず、つひに蜀に幸するの禍を成し、陵夷《りようい》して今日に至る。その従来する所のもの漸《ぜん》なり。それ人主大いに不諱《ふき》の路を開くも、群臣猶《な》ほ敢へて言を尽くすことなし。況んやいま宰相・大臣裁してこれを抑へば、則ち陛下の聞見する所のもの、三数人に過ぎざるのみ。天下の士、此れより口を鉗《つぐ》み舌を結び、陛下復た言ふものなきを見て、以て天下事《こと》の論ずべきなしとなさん。是れ林甫復た今日に起るなり。陛下もし早く寤《さと》らずんば、漸く孤立をなし、後これを悔ゆと雖ども、亦た及ぶことなし」と。載復たこれを誣貶《ぶへん》す。徳宗の朝に至り、楊炎、国に当る。時に真卿還《かへ》りて朝に在り。亦た直を以て容れず。

〔訳文〕

顔真卿の伝の第二大段。真卿の朝臣としてすべて至誠をもって事に当たり道義を執りて苟《いやしく》もすることなく、ためにしばしば権勢に抗し左遷貶謫《へんたく》せられたことを記す。全文ほぼ『通鑑綱目』によっているが、ただ「真卿朝に復りて」より「刑部侍郎とす」に至るまで

（原文四十一字）は、『綱目』になく、『新唐書』本伝より抄出して補っている。

顔真卿は朝廷に復帰して御史大夫の官に任ぜられた。この時、朝廷はやっと政務が回復したばかりで万事が整っておらなかったが、真卿の態度は、諸事法式を守ること戦後のようでなく、そのために百官粛然として秩序が立った。しかるに宰相は、真卿の直言して憚らぬことを厭い、都の外の役に転出せしめたが、真卿はやがてまた中央に召し還されて刑部侍郎に任ぜられた。

当時、宦官の李輔国が権勢を笠にして粛宗と上皇の玄宗との間を隔てようと計り、玄宗はついに西内に遷らしめられた。この時、真卿は先頭に立って百官を率いて上表し、先ず粛宗みずから父玄宗の御機嫌を伺ってほしいと願った。しかるに輔国はこの挙をにくみ、また奏請して真卿を左遷したことであった。

広徳元年十月、吐蕃《とばん》が入寇したため代宗はこれを陝州《せんしゅう》に避けたが、十二月、都に還るや、時に尚書右丞の任にあった真卿は、帝が先ず祖宗の陵廟に詣でて報告を終えてから宮殿に還幸されるようにと請うた。しかるに宰相元載はこれをもって政治の実際の上に迂遠であるとして反対したので、真卿は怒って、「先に李輔国が朝廷の制度を破壊したことによりこの度の不祥事が生じたのである。ようやく回復することができた朝廷の秩序を、公は再び破壊することに堪えられるのか」といったので、載はこれを心に啣《ふく》み、反撃の機をうかがった。

当時、元載は権勢を一手に握り、私党を己のもとに集めていたので、上奏するものがその私行を責めあばくことを恐れ、そこで帝を紿《あざむ》いて、百官が政治の是非について論ぜんとする時には、先ず宰相にそのことを語り、その上にて申し上げることにしたいと請うた。このことを知った真卿は、意見書を奏上してそのうちに次のように述べた。「諫官や御史は陛下の耳目となって天下の事を正しくお伝えすることを任とするものであります。しかるにいま、政治の是非を論じようとするものが先ずそれを宰相に語るようになりますならば、率直の意見は伝わらぬこととなってしまいます。これは陛下御みずから耳目を掩《おお》いになられて、聞くまい見まいとされるに等しいことであります。そもそも李林甫が大臣となりまするや、深く意見を申し出るものを疾《にく》み、そのために下情がお上《かみ》に通ぜぬことになりまして、結局、玄宗の蜀に行幸されるという禍いを成したことでありまして、それより次第に衰えて今日の国力となってしまったことでありました。すなわち唐朝の衰微の由来は昨今のことではありませぬ。そもそも主君御みずから思うことあらば遠慮なく申し出よと言路を開かれても、群臣はなお存分には意見を申し上げぬものであります。ましていま、宰相・大臣が奏上するところを途中にて取捨したり抑制したり致しますならば、陛下の御耳には、わずかに数名のことばしか入らぬことになってしまいましょう。天下の識者もこれより口をつぐんでしまうことになり、しかも陛下に於かせられましては、最早《もはや》誰も申し上げるものがないことに対し、天下に問題とすべきことがないと安心してしまわれることになりましょう。これは、李林甫が再びいまの世に現れるというに等しいことであります。陛下がもし早くこのことに気づかれませぬならば、次第に孤立に陥られ、後日、後悔遊ばされましても、間に合わぬこととなりましょう」。

　元載は真卿を帝に誣告《ぶこく》し、外に貶謫《へんたく》した。その後、徳宗の世となって楊炎が国政に当たったが、この時、真卿は還って朝廷にいたものの、またその剛直が要路に容れられなかった。

〔語釈〕

○**御史大夫**　御史台の長官。官吏の邪悪を糾察弾劾するを任とする。お目附。○**草昧**　世の開け始め。『易経』屯《ちゅん》卦の象伝に見える語。○**宰相その言を厭ひこれを出す**　御史大夫は百官の糾察を任とするのがその職であるが、真卿が余りに直言するので、宰相（氏名不明）これを厭うて外に転出せしめた。留元剛編『唐顔魯公真卿年譜』（以下、略して『顔魯公年譜』または『年譜』）によれば、至徳二載（七五七）、宰相その言を厭いて十一月、馮翔《ひょうしょう》太守に任じ、翌三載三月、蒲州刺史、十月、饒州刺史、翌乾元二年六月、昇州刺史、浙西節度使兼江寧軍使を経て、三年二月、中央にもどり刑部侍郎に任ぜられている。○**刑部侍郎**　刑獄の政令を掌る官、その長官を尚書といい、次官を侍郎という。法務次官。○**李輔国まさに勢により両宮を弐間して**　上皇（玄宗）は蜀より還幸して興慶宮（開元二年みずから経営した宮殿、南内ともいう）に居たが、道路に近く民衆に近づくことが多かったので、李輔国その湫隘《しゅうあい》なるを名として無理に西内（唐にては大明宮を東内、大極宮を西内、興慶宮を南内と称す。内は天子の禁宮の意）に遷らしめた。実は玄宗と粛宗との間を分かち、玄宗をしてまた世に出でざらしめんとしたものである。なお輔国はさらに粛宗の后張氏と結んで権を専らにし、宝応元年（七六二）、玄宗西内に崩じ粛宗これを悲しんで病むや、たまたま張皇后、輔国を除かんとして失敗、ついで粛宗崩ずるや、輔国は皇后を弑して太子を立てた。即ち代宗である。代宗は計をもって輔国を誅した。○**代宗陝より還るや**　陝は河南省陝県。広徳元年（七六三）十月、吐蕃《とばん》（チベット族）入寇し、代宗は陝州に避難したが、郭子儀の力によって長安を復し、十二月、都に還った。○**尚書右丞**　尚書省の属官。尚書省はその下に吏・戸・礼・兵・刑・工の六部を持ち、すべての行政を総理する。真卿は広徳元年、五十五歳（年譜）の時、この官に任ぜられた。○**陵廟**　唐朝の祖宗を葬った山陵と奉祀してある廟と。○**攻訐**　せめあばく。訐は人の短をあばいて斥けること。○**李林甫**　玄宗の時の権臣。○**陵夷**　陵《おか》が次第に低くなってついに平地になるごとく、物事の次第に衰頽すること。夷は平の意。○**口を鉗み舌を結び**　何もいわぬこと。鉗は箝（とじる）

に通ず。○載復たこれを誣貶す　代宗大暦元年（七六六）三月、峡州別駕に貶せられ、三月、吉州別駕に移る。真卿時に五十八歳。○徳宗　代宗の長子、名は适《かつ》。唐第九代の天子。○楊炎　字は公甫。徳宗の時、門下侍郎、同中書門下平章事（宰相）を拝し、両税法を作って従来の税制を改め、天下その利をうけたが、元載に党してもっぱら私を用い、後、相を罷《や》めると盧杞の擠《おと》すところとなって崖州《がいしゅう》の司馬に貶せられて死を賜る。

盧杞《ろき》相《しょう》となるに及びて、ます〱真卿を悪《にく》み、復たこれを出《いだ》さんと欲す。李希烈反し汝州を陥るるに会ひ、徳宗、計を杞に問ふ。杞いはく、「誠に儒雅の重臣を得、為めに禍福を陳《の》べば、軍旅を労せずして服すべし。顔真卿、三朝の旧臣、忠直剛決、名《な》海内に重く、人の信服する所、真にその人なり」と。真卿時《とき》に太子の太師たり。乃ち詔《みことのり》して真卿を遣《つか》はし、希烈に宣慰《せんい》す。挙朝これを聞きて色を失ふ。真卿駅に乗りて東都に至る。留主これを止《とど》めていはく、「往かば必ず免かれじ。宜《よろ》しく少しく留りて後命を須《ま》つべし」と。真卿いはく、「君命なり。まさにいづくにこれを避けんとする」と。遂に行く。既に至り、詔旨を宣《の》べんと欲す。希烈、兵をして環繞慢罵《かんじょうまんば》、刃を抜きてこれを擬《ぎ》せしむ。真卿色《いろ》変ぜず。希烈乃ち衆を麾《さしまね》きて退かしめ、真卿を館に就け、逼《せま》りて上疏し己れを雪《きよ》めしむ。真卿従はず。真卿、諸子に与ふる書ごとに、たゞ家廟を厳奉し諸孤を恤《あはれ》むを戒め、訖《つひ》に它語《たご》なし。希烈、真卿を遣はし還さんと欲す。降将李元平座にあり、真卿これを責むるに会ふ。元平慙《は》ぢ、密《ひそ》かに希烈に言ひ、真卿を留めて還さず。時に朱滔《しゆとう》等四人、王号を僭《せん》し、おの〳〵使を遣はし希烈に詣《いた》り、勧進す。希烈これを真卿に示していはく、「四王より推さる、謀らずして同じ」と。真卿いはく、「これ乃ち四凶、なんぞ四王と謂はん。公、みづから功業を保つて唐の忠臣とならず、乃ち乱臣賊子と相従ひ、これと同じく覆滅するを求むるか」と。他日、四使同じく坐にあり、真卿に謂ひていはく、「都統まさに大号を称せんとして太師まさに至る。是れ天、宰相を以て都統に賜ふなり」と。真卿叱していはく、「汝等、安禄山を罵りて死するもの顔杲卿《こうけい》あるを知るか。乃ち吾が兄なり。吾れ年かつ八十、太師に官す。節を守りて死するを知るのみ。豈汝曹《あになんぢら》の誘脅《ゆうきよう》を受けんや」と。諸賊色《いろ》を失ふ。希烈乃ち真卿を拘《とら》へ、守るに甲士を以てし、方丈の坎《あな》を庭に掘りて云ふ、「まさにこれを阬《こう》せんとす」と。真卿怡然《いぜん》としていはく、「死生已に定まる、なんぞ必ずしも多端せん。亟《すみや》かに一剣を以て相与《あひあた》へよ。豈《あに》公の心事を快《こころよく》せざらんや」と。希烈乃ち謝す。荊南の節度使張伯儀、希烈が兵と戦ひて敗れ、その持つ所の旌節《せいせつ》を亡《うしな》ふ。希烈、人をして旌節および首級を以て真卿に示さしむ。真卿号慟《ごうどう》して地に投じ、絶えて復た蘇《よみがへ》る。これより復た言はず。希烈が党周曾《しゆうそう》等、希烈を襲ひ真卿を奉じて帥《すい》とせんと謀り、事洩《も》れ曾死するに会ふ。希烈乃ち真卿を蔡州に拘送《こうそう》す。真卿必死を度《はか》り、遺表・墓誌・祭文を作り、寝室西壁の下を指していはく、「これ吾が殯所《ひんしょ》なり」と。希烈、帝を称せんことを謀り、使を遣はし儀を問ふ。真卿いはく、「老夫嘗《かつ》て礼官たり。記する所、ただ諸侯の天子に朝する礼のみ」と。希烈遂に号を僭し、その将辛景臻《しんけいしん》を遣はしこれに謂ひていはく、「節を屈するあたはざれば、まさにみづから焚《や》くべし」と。その庭に薪《たきぎ》を積み油を灌《そそ》ぐ。真卿趨《はし》りて火に赴く。景臻遽《あわ》ててこれを止む。これを久しうして希烈つひに人を遣はし真卿を殺し、終《つひ》に死す。年七十六。真卿、大節功業已に偉然として、朝に立ち色を正し、剛にして礼あり、公言直道にあらざれば心に萌《きざ》さず。嘗て魯郡公に封ず。天下、姓名を以て称せずして、ひとり魯公といふと云ふ。

〔訳文〕

顔真卿の伝の第三大段。希烈の宣慰に赴くより、拘囚中、およびその最期に至るまでの態度を記す。その前半はほぼ『通鑑綱目』によるも、「真卿、諸子に与ふる書ごとに、ただ家廟を厳奉し諸孤を恤むを戒め、訖に它語なし」は『新唐書』本伝よりの補入。「吾れ年かつ八十、太師に官す」云云には本伝による補訂あり。「希烈が党周曾等、希烈を襲ひ」以下は、もっぱら本伝によるも、「希烈つひに人を遣はし真卿を殺し、終に死す」は、『通鑑綱目』の「八月、顔真卿、李希烈の殺す所となる」およびその目の「……遂にこれを縊《くび》り殺す」とも、本伝の「遂にこれを縊り殺す、年七十六」とも同じからず。けだしこれは、その記述の陰惨を避けた綱斎みずからの筆であろう。

盧杞が大臣となってからは、ますます顔真卿を悪んで、また転出せしめんとしていたが、たまたま李希烈叛き汝州を陥れるという事件が起こり、徳宗がその対策を杞にたずねたので、杞は内心好機と喜びながら、「もし学問もすぐれ教養も高い重臣を選んでその人物に謀叛の禍福利害を説かせたならば、軍隊の力を用いずにこれを帰服させることができるでありましょう。さて顔真卿は、玄宗・粛宗・代宗三代の君に仕えた旧臣でありまして、その人物は忠直剛決、その名声は天下に重く、人々が信服するところ、まことにそれにふさわしき人物であります」と申し上げた。真卿はその時、太子太師の任にあった。徳宗はその言をよしとし、真卿を派遣して希烈を宣慰せしめることとした。そのことを知って朝廷中の人々、みな愕《おどろ》いて顔色を失ったが、真卿は命令を受けると直ちに伝馬に乗って東都洛陽に至った（洛陽は長安より汝州に赴く途中にある）。すると洛陽の留主は真卿を止めて「往けば必ず李希烈のために殺されることを免れぬであろう。されば朝廷に於かれてもきっと思いかえされることであろうから、暫くここに留まって、取り止めの御命令が来るのを待たれるがよろしい」といったのであるが、真卿は、「殺されるとわかっていても、これが君命である以上、避くべきところはない」と答えて、そのまま出発したのであった。さて汝州につき、詔の旨を宣《の》べようとすると、希烈は兵士をして真卿を取りまいて勝手な放言をさせ、その挙《あ》げ句《く》には刃を抜いてつきつけて嚇《おど》さしめたが、真卿は顔色を変えもしなかった。それを見て希烈は兵士らを退かせ、真卿を客舎に案内し、無理に、自分が悪くて叛いたのではないと徳宗に申し上げさせようとしたが、真卿は取り合わなかった。そして真卿は諸子に出す書状には、厳重に先祖のお霊屋《たまや》を守り、一族のうちの孤子をいたわるようにと戒めるのみで、外のことは何も書かなかった。

降し得ぬと知った希烈は、真卿を還そうとしたことであったが、その時たまたま降将李元平が同座していたので、真卿がその不義を責めたため、元平これを慙じ、ひそかに希烈に、真卿を留めて還さぬようにと勧めた。

当時、朱滔《しゆとう》等四人、みずから王を僭称し、かつおのおの使者を希烈のもとに派遣して天子の位に即くことを勧めて来た。希烈はその書状を真卿に示して、「われ四王より天子に推されたが、これは彼等が相談してしたことでなく、期せずして推されたことなのである」といった。これに対し、真卿は「彼等は四凶であって四王というべきものではない。そもそも足下は、いままで唐室のために功業を立てて来たのに、それを傷つけずに唐の忠臣たることを全うしようとすることなく、かえって乱臣賊子輩とともに謀叛し、何故に彼等とともに滅びようとするのであるか」と答えた。

後日のこと、朱滔等四人の使者が真卿と同座したが、彼等は真卿に向かい、「都統に於かれては、このたび天子の大号を名乗られようとしておられるが、その時、太師が折よくお出で下されたことであります。これは天が宰相を都統に賜りましたことに外なりません」といった。真卿はこれを叱りつけていう、「その方どもは、安禄山を罵って死んだものに顔杲卿という人物があることを知っているか。これ我が兄に外ならぬ。わたしはいま八十になろうという老人、かつ太子の太師という官を賜った身であるから、臣節を守って死ぬという外には、何も考えておらぬ。汝等の誘惑も脅迫も、少しも意に介するものではない」。これを聞き、賊ども恐れて顔色を失ったことであった。

さて希烈は、真卿を拘《とら》えて武装した兵士に守らせ、方丈の穴を庭に掘って、これに埋めるぞと嚇した。それに対し真卿平然として答えること、次のごとくであった。「我が生死の覚悟は已にできている。何ぞそのようにあれこれする必要があろうぞ。すぐに一剣を渡されよ。それで胸をついて、その方どもの心をさっぱりとさせてやろう」。希烈は嚇してはみたものの殺す気はなく、詫《わび》をいったことであった。

荊南節度使張伯儀は、希烈の兵と戦って敗れ、その持っていた旌節を失ってしまった。希烈、その旌節と、戦死者の首級とを真卿に示したところ、真卿は悲しみ歎いて声を挙げて泣き、身を地に投げて気絶し、また蘇生したことであったが、これより黙してことばを出さなくなった。その折、たまたま希烈の部将周曾等相謀って、ひそかに希烈を襲い、真卿を奉じて節度使としようとしたのであるが、事洩れ、曾は襲われて殺されるという事件が起こり、希烈は再びこのようなことが生ずるを恐れて、真卿を自己の本鎮たる蔡州に拘送したことであった。ここに於いて真卿は、このたびは必ず死ぬことになると悟り、遺表・墓誌・祭文を作り、また寝室の西壁の下を指して、「これがわたしの仮埋葬の場所である」といった。

希烈はいよいよ帝を称せんとして、使者を遣わして即位の儀礼を問うて来た。真卿はこれに対し、「老夫はかつて礼官であったことがあるが、いまに覚えているは、諸侯が天子に朝《ちょう》観《きん》する時の礼式ばかりである。これならば教えることができるが、謀叛人が即位する儀礼など知っておらない」と答えた。しかし希烈は、遂に帝位を僭称し、かつその部将辛景臻《しんけいしん》を遣わし来り、「節を屈して我に仕えることができぬというならば、みずから焚死すべきである」といわしめ、庭に薪を積みそれに油を注いで見せた。真卿走ってその火に赴いたところ、景臻はあわててこれを止めたが、暫くして希烈は結局、人を遣わして真卿を殺させた。かくして死んだのであるが、時に年七十六歳であった。

真卿は、その大いなる臣節、国家への功業、ともに已にすぐれている上に、中興の事成って朝廷に立つや、顔色を正しくして謹み、剛直にして礼節あり、公言直道でなければその心に萌すことがなかった。かつて魯郡公に封ぜられたことがあるので、天下の人々、その姓名を称することなく、ただ魯公とのみ称したということである。

〔語釈〕

○**盧杞**　字は子良。藍面鬼色、口弁あり、徳宗頗るこれを愛し、同平章事とするや、寵を恃《たの》んで専横を極めた。朱泚の乱に帝、奉天に奔るや杞も従う。李懐光、泚の兵を破って奉天に至り、杞の姦悪を奏せんとしたが、杞これを遮って謁するを得なかったので、上表してその悪を訐《あば》いた。帝は已むを得ずして遠流した。貞元年（七八五）卒す。○**李希烈反し汝州を陥る**　李希烈の叛は建中四年（七八三）正月、真卿七十五歳（『年譜』による）の時である。すなわち安禄山の乱の鎮定後も唐の治安は定まらず、特に安禄山平定のために回紇《かいこつ》その他の胡族の力を借りたため、爾来彼等のあなどりを受けてしばしば入寇されることとなり、ために藩鎮を辺土のみならず国内の要地にも置かざるを得なくなり、藩鎮の長である節度使の数は次第に増加、彼等は、兵馬のみでなく民政・財務の権を握り、かつその職を世襲して中央の命に従わなくなった。そのうちにて最も横暴を極めたのは、河北三鎮（盧竜・魏博・成徳）と平盧・淮南《わいなん》二鎮とであった。大暦十四年（七七九）、代宗崩じ徳宗立つや、帝は先ずかくのごとき藩鎮の弊風を除かんとしたが、たまたま建中二年正月、河北の成徳の節度使李宝臣卒し、その子惟岳がみずからその後を継がんと請うたので、帝これを許さず、別に新たに節度使を任命せんとしたところ、魏博節度使田悦・平盧節度使李正己等河北の諸鎮相結んでこれを拒んだ。しかるに翌三年正月、李惟岳は帰順の意を示したので、成徳兵馬使王武俊はこれを殺し、同年十一月には、田悦・王武俊・李納（正己の子）および盧竜節度使朱滔がみなみずから王と称して独立の態度を示し、ついで十二月、淮西節度使李希烈も叛して四年正月汝州（河南省臨汝県）を陥れた。顔真卿が勅命を奉じてその宣慰に赴いたのは、この時である。なお諸藩鎮の叛は長く続き、憲宗の元和十四年（八一九）に至って、ようやく六十年にわたったその跋扈を一応鎮定することができた。〇**三朝**　玄宗・粛宗・代宗の三代。今上なる徳宗の朝に於いていったので、徳宗は加えない。〇**太子の太師**　太子は名は誦、徳宗の長子、後の順宗皇帝。真卿はこれよりさき建中元年、太子少師に任ぜられ、同三年、太子太師に移った。〇**宣慰**　勅命を宣《の》べて帰服せしめる。〇**留主**　官名。唐の太宗が高麗を伐つに当たり、京城留主を置いてから、天子が都を離れる時に置かれたが、別に洛陽にもこの職が置かれた。この時の洛陽留主は鄭叔則である。〇**真卿いはく、君命なり云云**　時に李勉は「一元老を失へば、朝廷の羞《はぢ》を貽《のこ》す」と密表して固く留めんことを請うたが、及ばなかった。〇**它語**　ほかのことば。它は他に同じ。〇**李元平**　性疎傲、敢えて大言し、好んで兵を論じたので、宰相関播これを奇とし、汝州を守って希烈に当たらしめた。しかるに元平は城を治めるために工徒を募ったので、希烈は部下数百人をひそかにこれに応ぜしめ、ついで部将李克将をして数百人をもって襲わしめたので、汝州は陥り、元平は捕らえられて希烈に下った。〇**時に朱滔等四人云云**　前述のごとく建中三年十一月のことである。なお朱滔は冀《き》王、田悦は魏王、王武俊は趙王、李納は斉《せい》王と称し、それぞれその官制を天子に擬した。〇**公、みづから功業を保つて云云**　希烈は初め、代宗の大暦十四年、暴逆の淮南《わいなん》（いまの河南省の南部）節度使李忠臣を逐って唐室より新たに同節度使に任ぜられた。後、徳宗の建中二年、韓滉《かんこう》が鎮海軍（杭州）の節度使に任ぜられた時、梁崇義が命を拒んだので、唐室は希烈に命じ、諸道の兵を率いてこれを討たしめたところ、希烈は同年八月、大いに崇義の軍を破って崇義の首を都に送ったので、朝廷はその忠を賞して同平章事（宰相）を加えた。功業とは以上のことをいう。なお希烈について崇義を平らげた後は制し難くなることであろうと徳宗を諫めたものがあったが聴かれず、果たして建中三年、李納等が叛するや、唐は希烈に平盧節度使を兼ねしめてこれが討伐を命じたところ、かえって朱滔等と結んで叛し、朱滔・田悦等の勧めによってみずから天下都元帥と称した。○都統　官名、司令官。希烈を指していう。○吾が兄なり　正しくは杲卿は真卿の伯父元孫の次子であるから従兄に当たる。○方丈の坎　一丈四方のあな。坎はあな。○荊南の節度使張伯儀　荊南は湖北省荊州府。張伯儀は建中四年三月、安州（湖北省安陸県）に希烈の兵と戦って敗れ、わずかに身をもって免れた。○旌節　朝廷より大将に賜ったしるしの旗。もとは王命をもって使するものがその証として賜ったもの。その制は、旗竿の上に旄《ぼう》牛《ぎゅう》（からうし）の尾をつけ、これに析羽《せきう》（さいた鳥の羽）をつけて垂らした。○首級　斬った敵のくび。秦代、戦に敵首一個を取れば爵一級を進められたことから出たという。なおこの首級は張伯儀のものでなく、捕らえられたその部下のものである。伯儀はその後、淮西応援招討使として李勉、哥舒曜等と希烈を討ち、その軍を却《しりぞ》けている。○周曾等、希烈を襲ひ　周曾は希烈の部将、同じく希烈の部将たる王玢・姚憺《ようたん》・韋清志と謀り、ひそかに希烈を襲い、顔真卿を奉じて節度使とせんとしたが、希烈これを知って別将李克誠を遣わして襲わしめてこれを殺した。○真卿を蔡州に拘送す　蔡州は河南省汝南県、即ち淮西節度使の本鎮である。けだし希烈は、周曾のごときことが再び生ずるを恐れ、真卿を本鎮に拘送したのであろう。なお真卿は蔡州の竜興寺に置かれた。○遺表　死に臨んで天子に奉る上表。○殯所　殯はかりもがり。遺骸を棺に入れて本葬を行うまでかりに埋葬しておくこと。○老夫嘗て礼官たり　老夫は真卿自身のこと。礼官は朝廷の儀礼を司る官。真卿は大暦十四年、代宗崩じて礼儀使に充てられたが、建中三年、盧杞が宰相となるや、その厳正を喜ばず、太子太師に改め礼儀使をやめさせた。○希烈遂に号を僭す　興元元年（七八四）正月、徳宗が己を罪する詔を出して李希烈・田悦・王武俊・李納等の罪を赦したので、王武俊・田悦・李納は王号を称するを止め、上表して罪を謝したが、希烈はみずから兵の強きと財の富めるとを恃み、ついに帝位に即き、国を大楚と号し、武成と改元した。○終に死す。年七十六　真卿の享年については、門客因亮撰『行状』は七十七、令狐峘撰『神道碑銘』は七十六、『旧唐書《くとうじょ》』は七十七、『新唐書』は七十六、『歴史綱鑑補』に収めている曾南豊の評語は七十七（『通鑑綱目』には享年の記載なし）としており、七十七歳説と七十六歳説とがあるが、いまは留元剛撰『年譜』に従って、貞元元年（七八五）七十七歳に従っておく。〔絅斎講義〕顔真卿ノ本末如レ此。或ルヒト曰ク、「真卿、忠義ハ有レ余、可レ惜コトハ死スルコト今少シ遅シ。汝ヨリ蔡ニ移ル時ガ、モハヤ死スルト云フコトハ知レテアル程ニ、アナタコナタト移サレマワラズトモ、此時ニ如何ヤフトモ死ニヤフノ可レ有コト也」ト云フ。此論、勿論也。去リナガラ加様ノコトハ今カラ見テモドカシウ思フ様ニ其時ノ事躰アラザル者也。真卿死ヲ惜シンデソレホドノコトヲヌカル人ニテモナシ。何トゾ様子コソ有リツラメ。只何ト云フコトトナク大節義、敵ニ不レ屈、命ヲ不レ辱、始終表裏、一毫ノ可レ疑コト無キニ至リテハ、今ニ至ルマデ青天白日ヲ見ル如クニ有ル段ハアノ通リナレバ、其時カウシヤツタレバ好イモノ、ソウスレバヨカツタニト、コセクサト吟味ヲカケルハ、皆人ヲ論ズルノスベヲ知ラヌ者ノ云フコトゾ。ナンデモアレ、根本ノ大忠義ノ土台サヘ立テバ、細工ハ流々シアゲヲ見ヨヂヤニヨツテ、仕形ハ替ルトモ、躰ハ違フトモ、大根ニ疑サヘナクンバ、細ナル処ニ毛ヲ吹キテ疵ヲ求ムルヤウナルコトヲ言ハヌガヨシ。○嘗て魯郡公に封ず　魯郡公に封ぜられたのは、広徳二年（七六四）、五十六歳のことである。

宋祁《そうき》いはく。禄山反するに当りて、哮噬《こうぜい》前《さき》なし。魯公ひとり烏合《うごう》を以てその鋒《ほう》に嬰《かか》る。功成らずと雖ども、その志、称するに足るものあり。晩節偃蹇《えんけん》し、姦臣の擠《おとしい》るる所となり、賊手に殞《たふ》さるるも、毅然の気、折りて沮《はば》まず。忠と謂ふべし。詳かにその行事を観るに、当時亦た尽《ことごと》くは君に信ぜらるることあたはず、大節に臨むに及びて、これを蹈《ふ》みて弐色《じしよく》なし。なんぞや。かの忠臣誼士《ぎし》、なんぞ未だ信ぜられざるを以て人に望まんや。これを己れに返し、その正を得て後、中《うち》に慊《あきた》りてこれを行はんことを要す。ああ、ここに五百歳と雖ども、その英烈言言《げんげん》、厳霜烈日の如し。畏れて仰ぐべきかな。

〔訳文〕

『新唐書』本伝の賛語、やや節略している。宋祁は字は子京、雍丘の人、欧陽脩とともに詔を奉じて『唐書』を撰した。『唐書』には、劉昫《りゅうく》所撰のものが既にあるので、それを『旧唐《くとう》書《じょ》』と称し、この書は『新唐書』と呼んでそれと区別している。本紀十巻・志五十巻・表十五巻・列伝百五十巻、そのうち紀・志・表は欧陽脩が、列伝は宋祁が分担した。

宋祁は次のごとくいっている。安禄山の謀叛した時の勢いたるや、まことに猛獣のすさまじさであって、誰とてこれに敵対し得るものがなかった。しかるに顔魯公のみは、寄せ集めの軍を率いて賊の鋒先に当たり、賊平定の功業は成し遂げられなかったとはいえ、その忠君の志は、賞揚するに十分のものがあった。かつ公の晩年に至るも節義少しも屈することなく、姦臣盧杞のために押し落とされて賊将李希烈の手に斃《たお》されたのであるが、しかも公の毅然たる気魄は、いかにこれをくじかんとしても不可能であった。まことに忠節の士というべきである。さて詳細にその行動を調べてゆくと、当時にあってすべて君から信ぜられたというわけではなかったのに、重大なる際に臨んで二の足を踏む態度がなかったが、それは何故であろうか。思うに忠臣義士たる人物は、自分が人から信用されぬからといって人を恨むということがなく、人から信ぜられぬ時は、その理由を自己の態度に反省して忠義の正を得ているであろうか否かを考え、正道を得ていて後、心に満足し、そのままにこれを実行しようとするのである。されば、まことに魯公逝《ゆ》いて五百年後の今日でも、公の英烈言々たるさまは、秋の霜、夏の日のごとくにきびしく、畏敬欽仰すべきものである。

〔語釈〕

○哮噬前なし　哮噬は虎や獅子などが怒り吼《ほ》えて嚙みまわるように、勢いのすさまじいこと。前なしは誰一人敵対しようとするものなく、みな従うこと。○嬰る　ふれかかること。○偃蹇　哀公六年の『左伝』に見える語。杜預《とよ》の註に「驕敖」とあり、みずから高大にするさま。○大節に臨む　国家の重大事に当たって。『論語』泰伯篇に「大節に臨みて奪ふべからず」とある。○誼士　義士に同じ。漢代には誼の字が多く用いられた。○なんぞ未だ信ぜられざるを以て人に望まんや　望は怨望と熟し、うらむこと。○慊　音ケン、満足すること。○五百歳と雖ども　魯公逝いてから北宋まで約五百年。五百歳の語は、『孟子』尽心篇の「尭・舜より湯に至るまで五百有余歳……湯より文王に至るまで五百有余歳……文王より孔子に至るまで五百有余歳」とあるを踏まえているであろう。原文「雖于五百歳」、『唐書』の通行本は于を千のごとく作るが、典拠から考えても、年数の実際からいっても、千では道理に合わない。○英烈言言　言言は高大のさま。『詩経』大雅・皇矣篇に「崇墉《すうゆう》言言」とある。

林之奇《りんしき》いはく。燕《えん》、斉《せい》を伐ち、七十余城、皆、燕の有《ゆう》となる。初めより未だ忠臣義士憤りを発するの気あるを聞かざるなり。王蠋《おうしょく》節に死し、義、燕に北面せざるに及びて、然る後、斉の士、靡然《びぜん》としてこれに従ひ、七十余城復《ま》た斉の有となる。蓋《けだ》し天下の人、豈《あに》忠義の心なからんや。苟《いやしく》もその艱難の際、一つも倡《しょう》をするあれば、則ち風《ふう》を聞くの人、たれかこれに従はざらん。禄山乱を煽《あふ》ぎ、河北二十四郡、守を失はざるなし。真卿首《はじめ》に忠義を倡《とな》ふるに及びて、諸郡是れによりて多く応ず。然れば則ち唐室中興、郭子儀・李光弼《こうひつ》の功と雖ども、その実は則ち真卿これが倡をするなり。

〔訳文〕

右の林之奇の論は、袁了凡編『歴史綱鑑補』巻二十二・玄宗天宝十四載の綱「平原の太守顔真卿、兵を起して賊を討ず」云々の条の評語を採りしもの。

林之奇は次のごとくいっている。燕の楽毅《がっき》、将として斉《せい》を伐つや、斉の七十余城、みな燕に降った。その際に、斉に忠臣義士の国のために憤然として起ったものは、初めより現れなかった。しかるに王蠋《おうしょく》、臣節を守って自決して、燕には仕えぬという道義を示すに及んで、初めて斉の人物一斉に起って蠋の後を追い、ために奪われた七十余城をまた取りもどしたのである。思うに天下の人々の心に忠義の念がないのではないのであって、故に艱難の際に於いても、もし一人、忠義の音頭をとるものがあるならば、その風を聞いた人々、みなそれに従うのである。されば安禄山が叛乱の気勢をあおぎ立て、河北の二十四郡ことごとくそれを恐れて城の守りを失わぬものがなかった際、顔真卿起って先ず忠義を唱えるや、諸郡これに応じて唐室のために奮起したのである。されば唐室の中興したことは、郭子儀と李光弼の軍功によるものとはいえ、その実際に於いては、真卿が率先して義を唱えた功績によるものである。

〔語釈〕

○林之奇　清人荘仲方編『南宋文範』作者考にいう、「林之奇、字は少穎、拙斎と号す。侯官の人。官、宗正丞に至る。禄を辞して家居、業を呂《りょ》李中に受け、以て呂祖謙に授く。著述甚だ富み、『尚書全解』『拙斎全集』あり」。その伝は『宋史』列伝第一百九十二・儒林三にも収めている。○燕、斉を伐ち云云　戦国の時、斉の湣《びん》王、宋を滅して驕る。これよりさき斉は燕を破って土地を奪ったので、燕の昭王、諸侯と謀り、楽毅を将として斉を攻めしめ、毅は斉都臨淄《りんし》に入り、湣王は出奔し、毅は勝ちに乗じて六月の間に斉の七十余城を下した。なお城とは城壁に固まれている町のことであって、城塞の意ではない。○王蠋節に死し云云　王蠋は斉の画邑《かくゆう》の人。斉を破った楽毅は、王蠋の賢なるを聞き招かんとしたが、蠋は固辞し、更に毅は軍を以て画邑を屠《ほふ》らんと脅したので、蠋は「忠臣、二君に事《つか》へず、貞女、二夫を更《か》へず」といって自決した。『史記』田単列伝に見える。北面は臣事すること、漢土にては、君は南面し、臣は北面する。○靡然　なびくさま。○李光弼柳城の人。天宝十五載（七五六）、河北節度使に任ぜらる、禄山の乱を鎮定するに当たっては、郭子儀と名を斉《ひと》しうした。代宗の時、臨淮《りんわい》郡王に封ぜられ、その広徳二年（七六四）に卒した。

貞元元年正月五日、真卿、汝より蔡に移る、天なり、天の昭明、それ誣《し》ゆべけんや。有唐《ゆうとう》の徳は、則ち朽ちざるのみ。十九日書す。

〔訳文〕

右が本巻の遺言として掲げられている『移蔡帖』である。この文、留元剛所編本『顔魯公集』には「補遺」に収めているが、絅斎が見たと思われる顔胤祚所刊本にては、その巻十五に収めている。またその真蹟が『忠義堂帖』のうちに刻されている。

貞元元年正月五日、真卿は汝より蔡に移された。自分は李希烈のためにやがて殺されるであろうが、これは天命であって、いかんとも致しがたい。しかし善悪是非を明らかに見ておられる天の眼は、希烈といえども誣い欺くことができない。されば希烈は一時勢力を持ち得ても天下を得られるはずはなく、唐室の徳は深く民の心に徹しているから、亡びることはないのである。十九日書す。

〔語釈〕

○天　自己の力ではいかんともできぬ宿命も天であるが、同時に正邪善悪を判別し、邪悪の永続を許さず、正しきものをして最後に勝利を得しめるものも天である。天は倫理のよりて立つ根源であるが、その真の理解は極めて困難である。諸葛亮の巻のうちの「朱子いはく。君子、法を行ひて以て命を俟つのみ」云云の条、陶潜の巻に収める『帰去来の辞』の末の「かの天命を楽しみ復たなにを疑はん」の語を合わせて、熟考するを必要とする。○有唐　有は有周の有と等しく、国号の上に冠する一種の接頭語。

禄山既に反す。譙郡《しょうぐん》の太守これに降り、真源の令《れい》張巡に逼《せま》り、賊を迎へしむ。巡、吏民を帥《ひき》ゐ、玄元皇帝の廟に哭《こく》し、兵を起し賊を討ず。雍丘《ようきゅう》に至りて賊将令狐潮《れいこちょう》を拒《ふせ》ぎ、力戦《りょくせん》してこれを却《しりぞ》く。潮復《ま》た兵数万を引きて奄《たちま》ち城下に至る。巡乃ち門を開きて突出し、身、士卒に先だち、直ちに賊陣を衝《つ》く。積むこと六十余日、大小三百余戦、甲を帯びて食《くら》ひ、瘡《きず》を裹《つつ》みて復た戦ふ。潮、巡と旧あり、城下に於いて相労苦すること平日の如し。潮よりて巡に説きていはく、「天下の事去る。足下、堅く危城を守り、誰が為にせんと欲するか」と。巡いはく、「足下、平生、忠義を以てみづから許す。今日の挙、忠義いづくにかある」と。潮慚《は》ぢて退く。囲守することこれを久しうす。朝廷声問通ぜず。潮又書を以て巡を招く。巡が大将六人、巡に白《まを》すに兵勢敵せず、かつ上《しょう》の存亡知ることとなし、降るに如《し》かざるなり、を以てす。巡陽《おも》て許諾し、明日、堂上、天子の画像を設け、将士を帥ゐてこれに朝す。人人皆泣く。巡、六将を前に引き、責むるに大義を以てしてこれを斬る。士心ます〱勧《つと》む。巡、その将雷万春をして城上に於いて潮と相聞《そうぶん》せしむ。語未だ絶えず、賊弩《ぞくど》これを射、面、六矢《りくし》に中《あた》りて動かず。潮、その木人なるを疑ひ、諜《ちょう》をしてこれを問はしめ、乃ち大いに驚き、遥かに巡に謂ひていはく、「さきに雷将軍を見、まさに足下の軍令を知る。然るにそれ天道を如何《いかん》」と。巡いはく、「君未だ人倫を識らず、いづくんぞ天道を知らん」と。

賊、苦攻数月、兵常に数万にして、巡が衆わづかに千余、戦ふごとに輒《すなは》ち克《か》ち、つひに下らず。賊まさに寧陵を襲ひて以て巡が後を断たんとす。巡遂に寧陵を守りて以てこれを待つ。始めて睢陽《すいよう》の太守許遠と相見る。是《こ》の日、賊も亦た至る。巡・遠与《とも》に戦ひ、大いにこれを破走す。賊将尹子奇《いんしき》、又、兵を益《ま》して来り攻む。巡、将士を督励し、昼夜苦戦し、将を擒《とりこ》にし卒を殺すこと甚だ衆《おほ》し。ここに於いて遠、巡に謂ひていはく、「公、智勇兼済《けんさい》す。遠、公が為めに守らん。公、遠が為めに戦へ」と。遠が位《くらゐ》もと巡が上にあり、ここに至りてこれに柄《へい》を授けてその下に処《を》り、疑忌《ぎき》する所なく、中に居て軍糧を調《ととの》へ戦具を修めて、戦闘籌画《ちゆうかく》、一に巡に出づ。巡獲《う》る所の車馬牛羊、こと〴〵く軍士に分《わか》ち、秋毫《しゆうごう》その家に入ることなし。将士に謂ひていはく、「吾れ国恩を受く、守る所、まさに死のみ。たゞ念ふ、諸君躯《み》を捐《す》てて力戦して、賞、勛《くん》に酧《むく》いず。これを以て心を痛むのみ」と。将士皆激励して奮はんと請ふ。巡乃ち牛を椎《う》ち士を饗し、軍を尽《つ》くして復た出で戦ふ。昼夜数十合、しば〳〵敵鋒を摧《くぢ》きて、賊攻いよ〳〵鋭し。城中食尽く。米に襍《まじ》ゆるに茶紙樹皮を以てして食とす。士卒消耗《しようこう》飢疲《ひ》、皆闘に堪へず。乃ち更に守具を修めてこれを禦ぐ。賊、攻撃の術を尽くして、巡、方に随ひて拒破し、為す所、皆機に応じて立《たち》どころに辨《べん》ず。賊、その智に服し、敢へて復た攻めず、城外に於いて壕《ごう》を穿《うが》ち柵《さく》を立てて以て守る。巡も亦たその内に於いて壕を作りて以てこれを拒ぐ。

右、顔真卿の巻の附録、張巡の伝。長文なるため三段に分けた。『通鑑綱目』の該当記事を、『新唐書』本伝、および韓愈『張中丞伝後序』等によって補足して一文としたものである。

〔落合東堤書入〕真卿ノコトハスンデ、其時分ノ忠節ナモノヲ云。コレカラ張巡・許遠ガコトヲツイデニ云也。此附録ハ張巡ガコト也。イツモ云通リ、附録ニスルホドニトテ次ナ人ト云フコトデナイ。此人モ別ニ巻ヲ立テタキコトナレドモ、真卿ノコト有ツテ同時ノ人ユヘ、コレニ附スル也。……此人、玄宗ノ時、禄山ヲ拒ギ、ツイニ城デ死スル也。古今スグレテヒドヒ戦ヲシタ。ソウシテ戦ハ上手也。忠義ハ厚シ。楠ノ如キ人也。

〔訳文〕

禄山既に謀叛の兵を起こすや、譙郡《しょうぐん》の長官楊万石はこれに降参し、管下の真源県の令なる張巡に逼《せま》って、その街に賊を迎え入れるべく命じた。張巡は県下の吏・民を率いて玄元皇帝、即ち老子の廟に詣でてその前に慟哭《どうこく》し、討賊の兵を挙げ、賊将令狐潮の本拠なる雍丘《ようきゅう》を攻め、力戦してこれを退けたのであるが、潮はまた数万の兵を率いてたちまち雍丘城下に来攻したので、巡は城門を開いて突出し、士卒の先頭に立って直ちに賊の陣を衝《つ》き、対陣六十余日、その間に合戦すること三百余戦に及んだ。

軍兵は甲《よろい》を着けたままで食事をし、瘡《きず》を布につつんで再び戦いに出るという激戦を続けたのであるが、さて潮と巡とは旧知の間であったので、城下に顔を合わせると、たがいに今日は御苦労であったとことばを交わし合うこと、平昔と異なることがなかった。されば潮は巡に向かって説いていう、「唐の天下はもう仕舞いである。足下、危うい城を固守しているが、それは誰のためにしているのか」と。巡それに答えていう、「足下は日頃、忠義の人物をもって自任していたが、このたびの態度を見るに、その忠義、どこにあるのか」と。それを聞いて潮は慚じて退いたことであった。

かくのごとくして包囲攻撃久しくなり、巡には朝廷の消息全く不明になってしまった。その折しも潮はまた書面をもって降参を勧めて来た。ここに於いて巡の部下の大将六人、兵勢敵《てき》せず、お上《かみ》の存亡も不明なる以上、降参を上策と存じますと上申して来た。それに対し、巡は表向き承諾しておき、その明日、堂上に天子（玄宗）の画像をかけ、将士を率いてその御前に伺候したところ、人々皆感慨して涙を流した。ここに於いて巡はかの六将を前に引き出し、君臣の大義をもって責めて誅斬した。これを見て部下の心、いよいよ励むところがあった。

さて巡は、その将雷万春に、城の上から令狐潮と挨拶のことばを交わさせたところ、そのことばが終わらぬうちに、賊の放った弩《ど》の矢が六本も雷万春の顔にあたったが、動かなかった。これを見た潮は、木の人形ではないかと疑い、諜者にこれを調べさせたが、間違いなく彼であったので、大いに驚き、遥かに巡に向かい、「さきに雷将軍の見事な態度を見て、足下の軍令がいかに厳正であるかを知った。しかしいくら軍令が厳正であっても、天道が改まり、唐室は天から見放されてしまったからには、最早どうすることもできますまい」といって来た。巡はこれに対し、「足下は人道の合点もしておらぬのに、天道を合点できるはずはない」と答えた。

さて賊は、苦辛して攻撃し来ること数箇月、その率いる兵の数は常に数万に上ったが、これに対する巡の兵はわずかに千余に過ぎなかったのに、巡は戦うごとに勝ち、最後まで降ることなかった。ここに於いて賊は、要轄の地寧陵を襲って巡の後方を遮断しようとしたが、巡は寧陵を守り通して賊の来襲に対処した。また巡は、睢陽《すいよう》に赴き、その長官許遠に初めて面会した。その日、賊軍もまた来攻したが、二人は力を合わせて戦い、大いにこれを敗走せしめた。

賊将尹子奇《いんしき》はさらに兵力を増強して来攻したので、巡は将士を督励して昼夜苦戦し、賊将を捕虜にし賊兵を殺すこと甚だ多かった。ここに於いて遠は巡に向かって、「公は智勇兼備の人物である。これよりわたくしは公のために城を守る故、公はわたくしのために戦っていただきたい」と語った。そもそも遠は郡の太守であり巡は県の令であるから、本末、遠の地位は巡より上であるのに、ここに至って遠は巡に権限を授けて自身はその下に居り、少しも猜疑《さいぎ》しあるいは忌避《きひ》するところなく、後方にあって巡のために軍糧の用意をし戦具を修理したので、されば戦闘作戦は、すべて巡の思いのままに進められたのである。

さて巡は、鹵獲《ろかく》した車馬牛羊をことごとく部下の将兵に分けて、少しも自身のものとすることがなかった。そして将兵にいえるは、「わたしは国の恩恵をいただいている以上、一死もってそれに報ゆるのみである。ただ、諸君がいのちを投げ出して力戦しているのに、その手柄に報ゆべき恩賞を出すことができぬことのみが、わが心を痛める」であった。これを聞いて将兵はみな感激し、奮戦しようと願った。

そこで巡は、牛を打ち殺して軍士にご馳走し、全軍一丸となって出撃して、昼夜にわたり数十合、その結果、しばしば敵の勢いを破ったのであるが、賊軍の来攻はいよいよ鋭くなった。

かくしてついに城中に用意した糧食も尽きたので、米に茶紙・樹皮をまぜて食物とした。そのため士卒の体力は消耗し、飢えと疲れのため、みな戦闘に堪えられざるに至った。ここに於いてさらに、守備の道具を補修して賊を防いだ。すると賊は、あらゆる手段を尽くして来攻したので、巡は相手の出方に従い、臨機応変、直ちにこれを処理した。その智に服した賊は、二度と攻撃をしかけようとせず、城の外に壕を掘り柵を立てて防禦の態度を取ったので、巡もまた城内に壕を作ってこれを防ぐ道を講じた。

〔語釈〕

○**譙郡の太守云云**　『通鑑綱目』天宝十五載（七五六）の条に「これより先き譙郡の太守楊万石、郡を以て安禄山に降る」とある。譙郡は安徽省亳《はく》県。○**真源の令張巡に逼り**　真源は河南省鹿邑県、老子の誕生地と伝え、仙源ともいう。真源県は譙郡に属し、楊万石は張巡の上司である。なお張巡の巡、『靖献遺言』は『通鑑綱目』によってすべて廵に作っているが、いま『唐書』によって巡に改めた。○**玄元皇帝の廟**　玄元皇帝は老子をいう。唐室は李姓であるので、同じく李姓と伝える老子（李弭《りじ》）を祖先であると称してこれに太上玄元皇帝の尊称を贈って道教を保護し、玄宗の開元十九年（七三一）には五岳に老君廟を置き、同二十九年には、両京および諸州に詔してそれぞれに玄元皇帝廟を作らしめた。○**雍丘に至りて云云**　雍丘は河南省杞県。『通鑑綱目』天宝十五載の条に「巡、精兵千人を選び、西のかた雍丘に至りて賈賁《かひ》と合す。初め雍丘の令《れい》令狐潮、県を以て賊に降る。精兵を引きて雍丘を攻む。賁、出で戦ひて敗死す。巡、力戦して賊を却け、よりて賁の衆を兼ね領す」とある。○潮又書を以て巡を招く 『通鑑綱目』にいう「囲守四十余日、朝廷の声問通ぜず。潮、上皇已に蜀に幸すと聞き、また書を以て招く」。○上の存亡知ることなし云云 上は天子。これは道義上の最も重大かつ困難な場面である。〔絅斎講義〕此トコロ、大義ノ係ル所、若シ審ニセズンバ、忠義ノ士タリトイヘドモ、時ニヨリテ迷フコト多カルベシ。イカナレバ人々戦ヲスルモ、皆我主ノ御為ト思ヒ力ヲ尽スコトナレバ、モハヤ君已ニ亡ビタリト聞クカ、又ハ存亡知レズト云フ時ハ、力ヲ落シテ、今ハ誰ガ為ニカ戦フベキト思ヒ、自ラ可ㇾ為ヤフモナキヤフニ思ヒ、イカヾシテ便リヲキカマホシク思ヒ、已ニ君亡ビタリト聞ケバ、誰ガ為ニスル軍デナケレバ、今ハ拒ギテモ詮ナシ、左言ウテ只犬死ヲ為サフヱフモ無シトテ、敵ヨリ首尾ヨキヤフニ言ヒヲコセバ、其ヲ幸ニシテ敵へ降リ、主ノ亡ブル迄ハ少シモイジラズ守リツメテ、主亡ビテ後ハ如ㇾ此スルカラハ、何ノコトモナク一分ノ言晴レハ立ツテハヅカシキコトモ無ク候ヨト合点スルモノ、古今挙ゲテ不ㇾ可ㇾ数。此大義ヲ不ㇾ知故也。長イコトモナイ。我ハ天子ノ為ニ敵賊ヲウツ合点デ軍ヲ起シタルカラハ、天子ノ御無事ニ御座アルハ固ヨリ目出度事、好シ天子ニ何事カアリテ亡ビサセラレタリトモ、我目ザス処ノ敵ガアルカラハ、邪デモ非デモ、ソイツヲ根カラ葉カラ討亡サザル間ハ、与ニ天地ヲ戴カザル存念ヲスヘタルハ、張巡ガ志ナリ。ソレヂヤニヨツテ、首尾能ク敵ヲ亡シタラバ、何レニテモ我主ノ筋目ノ君ヲトリ立テ天下ヲ渡スベシ。ソレモ無クンバソレナリニテ可ㇾ果。チツトモ都ガ亡ビタホドニ主ガ知レヌホドニト云テ、手前ノ戦ヲスル義ヲ見合セテスルコトハイラヌゾ。能ク古今ヲナラシテ見ヨ、能キ大将ハ皆是ゾ。〔強斎講義〕敵ハ大勢、味方ハ小勢、相手ニ成ルコトデモ、張巡ハ何デアレ天子ノ命デ城ヲ守リテ居ルカラハ、命ナリニ死スル合点ゾ。楠正成金剛山ヲ守ラレタトキ、後醍醐天皇ハトラハレ給ヒテ何ト成ラセラレタヤラ知ラネドモ、兎角此ノ城ヲ天子ノ命デ守ルナレバ、大義ノ根ヲスヱテ、遂ニ守リヲ、セラレタ。見事ナコトゾ。○弩 いしゆみ。機械で矢や石を飛ばす武器。○君未だ人倫を識らず云云 〔強斎講義〕天道トイフモノハ、人道当然ヲ尽スコソ天道ジヤ。其ノ人倫君臣ノ大義ニ背キ、人道モ合点セデ、何トシテ天道ヲ知ラレフ。今日ヲ尽スコソ、直ニ天道ナレトアルコト。此辞デ見タトキハ、タヾ血気バカリノ勇デナク、学モ有リタトミヘル。ヨイ儒者ノ辞ゾ。

○賊まさに寧陵を襲ひて云云　『通鑑綱目』至徳二載（七五七）正月の条「賊将尹子奇、睢陽に寇す。張巡、睢陽に入りて許遠と拒ぎてこれを却く」の目に、「安慶緒（安禄山の養子）子奇を以て河南の節度使とす。子奇、帰・檀の兵十三万を以て睢陽に趣く。許遠、急を張巡に告ぐ。巡、寧陵より兵を引きて睢陽に入る。巡、兵三千人あり、遠の兵と合す。合して六千八百人。賊、衆を悉《つく》して城に逼る。巡、将士を督励し、昼夜苦戦す。一日に或ひは二十合、およそ十六日。賊将六十余人を擒《とりこ》にし、士卒二万余を殺す。衆の気おのづから倍す」とある。○柄　兵柄、軍事を行使する権をいう。○賞、勣に酧いず　勣は勲の古字、酧は酬の俗体字。○米に糅ゆるに　糅は雑に同じ。○巡、方に随ひて拒破し云云『通鑑綱目』「秋七月、尹子奇、復た睢陽に寇す」の目に、賊が雲梯を作りその上に精卒二百を置き、城壁に登らしめようとしたところ、巡は予《あらかじ》め城壁に三穴を鑿《うが》ちておき、梯が近づくや、二穴からそれぞれ大木を出し、その末に鉄鉤がつけてあってこれで梯を鉤して進退できぬようにし、他の一穴から、鉄籠に火を入れたるをつけた一木を出し、その火で梯を焼きはらったとか、賊が木驢を以て城に攻め来るや、巡は金属を溶かした汁をこれに灌いで焼きはらった等という話を載せている。

時に近きにある諸将、観望して救ふを肯《がへん》ずるなし。賀蘭進明、臨淮《りんわい》にあり。巡、その将南霽雲《なんせいうん》をして囲みを犯して出でて急を告げしむ。進明、巡・遠の声績、己れが上に出づるを嫉《ねた》み、兵を出だすを肯ぜず、かつ霽雲が勇壮を愛し、強ひてこれを留め、食を具《そな》へ楽《がく》を作《な》し、これを坐に延《ひ》く。霽雲、忼慨《こうがい》して語りていはく、「昨《きのふ》、睢陽を出づる時、士粒食せざること月余日。霽雲ひとり食《くら》はんと欲すと雖ども、義忍びず。食ふと雖ども、かつ咽《のど》に下らず。大夫《たいふ》坐《ゐ》ながら彊兵《きようへい》を擁《よう》し、嘗《かつ》て災を分ち患を救ふの意なし。豈《あに》忠臣義士のする所ならんや」と。よりて佩《お》ぶる所の刀を抜き、一指を断ち、血淋漓《りんり》として以て進明に示していはく、「霽雲既に主将の意を達することあたはず。請ふ一指を留めて以て信とす」と。一坐大いに驚き、皆為めに感激して泣下《なみだ》る。霽雲、進明つひに師を出だす意なきを知り、即ち馳せ去り、又、囲みを冒し城に入る。賊囲ます〱急なり。或《ある》ひは城を棄てて走らんと議す。巡・遠議して以《おも》へり、「睢陽は江淮の保障、もしこれを棄てて去らば、則ち是れ江淮なきなり。堅守して以て救ひを待つに如《し》かず」と。巡が士、多く餓死す。巡、愛妾を出だしていはく、「諸君、年を経《へ》食に乏しくして、忠義少しも衰へず。吾れ肌を割きて以て衆に啖《くら》はしめざるを恨む。なんぞ一妾を惜しみて坐ながら士の飢ゆるを視んや」と。乃ち殺して以て大饗す。坐する者皆泣く。巡彊《し》ひてこれを食はしむ。茶紙既に尽く。遂に馬を食ふ。馬尽く。雀を羅《ら》し鼠を掘る。雀鼠《じやくそ》又尽く。鎧弩《がいど》を煮て以て食ふに至る。城中、必死を知りて畔《そむ》くものあることなし。余す所わづかに四百人。賊、城に登る。将士病みて戦ふあたはず。巡、西向再拝していはく、「臣、力竭《つ》く。生きて既に以て陛下に報ゆることなし。死してまさに厲鬼《れいき》となりて以て賊を殺すべし」と。城遂に陥り、執《とら》へらる。子奇問ひていはく、「聞く、君、督戦するごとに、大いに呼び、輒《すなは》ち眥《まなじり》裂けて面に血し、歯を嚙《か》みて皆砕くと。なんぞここに至る」と。巡がいはく、「吾れ志、逆賊を呑む。ただ力あたはざるのみ」と。子奇怒り、刀を以てこれを抉《えぐ》り視る。歯余す所、わづかに三四。巡罵りていはく、「我れは君父の為めに死す。爾《なんぢ》は賊に附く。乃ち犬彘《けんてい》なり。いづくんぞ久しきを得ん」と。子奇、その節に服し、まさにこれを釈《ゆる》さんとす。乃ち刃を以て脅かし降す。巡屈せず。又、霽雲を降す。未だ応ぜず。巡呼びていはく、「南八、男児死せんのみ。不義の為めに屈すべからず」と。霽雲笑ひていはく、「まさに為すあらんとせんと欲す。公、我れを知るもの、敢へて死せざらんや」と。亦た降るを肯ぜず。乃ち遠および万春等と皆これに死す。巡、年四十九。かつ死する、起《た》つて旋《めぐ》る。その衆、同じく斬らるるものこれを見、或ひは起ち或ひは泣く。巡いはく、「これを安んぜよ。死乃ち命なり」と。衆泣きて仰ぎ視ることあたはず。巡、顔色乱れず、陽陽《ようよう》として平常の如し。

〔訳文〕

張巡、およびその同志・部下が、言を絶する苦戦のうちにあって、巡の統率のもと心を変えなかったことと、落城最期の様子とを叙す。『通鑑綱目』の記述を依拠としながら、『張中丞伝後序』および『新唐書』本伝を参酌している。殊に「巡罵りていはく」以下の記述は、『後序』および『本伝』によって増補している。

当時、睢陽の近くにいた官軍の諸将は、日和見《ひよりみ》をするものばかり、救援を承知するものはなかった。そこで臨淮《りんわい》にいた賀蘭進明に、張巡は部下の将南霽雲《せいうん》をして囲みを突破して危急を告げに往かせた。すると進明は、張巡、許遠の名声功績が自分より上になったことを嫉《ねた》んで出兵を承諾せず、一方、霽雲の人物の勇壮なるを愛して無理に引き留め、御馳走《ごちそう》を用意し音楽を奏して招待した。これを見て霽雲は、何たることぞと感慨していうよう、「先日拙者ひが睢陽を出発しました時、既に士卒は一月余りも粒食しておりませんでした。されば拙者ひとり食べようと致しましても、義として食べるに忍びませぬし、よし食べましても食物が咽《のど》を下らぬでありましょう。そこ元《もと》に於かれましては、強い軍隊を持っていながら、味方が災にあい患《うれ》いにかかっているのを、救おうとする気持ちを全く持ち合わせておりませぬ。これ、忠臣義士の態度ではございますまい」。そういうや、腰の刀を抜いて指一本を断ち切り、その血淋漓《りんり》として流れるを進明に示していうよう、「拙者は使者として参りましたが、わが主将の意志をそこ元に達することを得ませんでした。されば拙者の指一本を残して、使者に来た証拠に致しましょう」。それを見て居合わせた人々は大いに驚き、感激して泣いたことであった。霽雲は、進明が結局、援軍を出す気持ちのないことを知り、直ちに馳せ去り、また囲みを突破して帰城したのである。その後、賊の包囲はますます激しくなったので、城を棄てて逃げようといい出すものも現れた。そこで巡・遠の二人は相談の結果、「この睢陽の城は、長江・淮《わい》水方面を守る押さえの地である。もし我等がこれを棄てることがあれば、その地を賊手に渡すことになってしまう。されば、ここを堅く守って援軍の来るを待つを上策とする」と結論した。

しかし籠城軍の窮迫は極に達し、巡の部下の士卒多く飢死するに至ったので、巡はその愛妾を出して、「諸君は年余の籠城に糧食欠乏したるにかかわらず、忠義少しも衰えていない。これに対し拙者は、みずからの肌を割いてこのからだを諸君に食わせたいと思うが、それができぬを残念に思う。されば一妾を惜しんで諸君の飢え苦しむさまを視ることはできぬ」といい、これを殺して食わしめた。一坐のものは、みな泣いた。巡は断《た》ってこれを食わせた。

しかるに茶・紙も食べ尽くしてしまったので、馬まで食うに至り、馬も食べ尽くしてしまったので、雀をあみにかけ、鼠を掘って食べたが、これも食べ尽くしてしまったので、次に鎧《よろい》や弩《ど》まで煮て食べるに至った。しかし城中の人々、生きる道のないことを知りながらも、畔《そむ》くものはなかった。かくしてなお生存しているものわずかに四百人になってしまい、賊が城壁を登って来たが、将士病んでこれと戦うことができなかった。ここに於いて巡は、西向して天子のおられる方を再拝し、「臣の力は竭き果てました。生きて既に陛下の御恩に報いる道がなくなりましたので、これより死して悪鬼となり、逆賊をとり殺そうと存じます」と申し上げた。かくして遂に落城し、巡は賊に執えられたのである。

賊将尹《いん》子奇、巡に問うていう、「聞くところによると、足下は、督戦するごとに大声にて下知《げち》し、そのたびに眥《まなじり》裂けて顔に血を流し、歯を嚙《か》んでみな砕いたというが、それが何とて生け捕りになったのであるか」。巡いう、「我が志にては逆賊を呑んでいたものの、ただ力足らぬためにそれを為し得なかったのみである」。これを聞き、子奇は怒って刀をもって口を抉《えぐ》って見たところ、歯わずかに三、四本を残しているだけであった。

巡また罵っていう、「拙者は君父のために死するのであって恥ずるところはないが、汝は賊に従ったのであるから、犬や豚といわねばならぬ。いつまでも安穏でおられるはずはない、必ず天罰が降りるであろうぞ」。子奇は巡の節義に負けて釈《ゆる》そうとし、すなわち刃を突きつけておどして降参を勧めたが、巡は屈服しない。そこでまた霽雲を降参させようとした。それに対し霽雲は返事をしなかったので、巡は「南八よ、男児たるもの死せんのみ、不義のために屈してはならぬ」といった。霽雲それを聞き、笑っていう、「できることなら生きのびて賊を皆殺しにしようと思いましたが、公はわたくしの心を御存知でござる。御一緒に死なずにおられましょうぞ」。彼も降服を承知しなかった。かくして二人は、許遠・雷万春等と、みな城に殉じたことであった。

巡は殺された時、四十九歳。さて殺されんとするや、彼は起ってみずから首の座に直った。それを見て、ともに斬られんとしている人々、起ち上がるものもあり、泣き出すものもあった。巡は彼等に向かい、「心を落ちつけよ。死を恐れるな、これは天命であるぞ」と諭した。そのことばに、人々泣いて仰ぎ見ることができなかった。巡の死に就かんとしての態度は、顔色乱れず、生き生きとして平常のままであった。

〔語釈〕

○忼慨　慷慨に同じ。それどころでないと感慨して歎くこと。○かつ咽に下らず　原文「且不下咽」。且をかつと訓んでいるが将と同義に用いられ、ここも「まさに咽に下らざらんとす」と訓むべきであろう。下文の、かつ死する（且死）も同じ。○大夫　賀蘭進明を指していう。○災を分つ　人の災いを自分も分け取る。○睢

陽は江淮の保障　保障は押さえとなる大切な場所の意、定公十二年『左伝』に「成は孟氏の保障なり」とある。後に郭子儀が都を復することができたのも、睢陽の死守によって江淮地方が確保されていたからである。○厲鬼　厄病神《やくびょうがみ》。鬼はわが国でいう「おに」の意でなく、死者の霊魂、転じて人間以上の力を持つ目に見えぬ陰気。○城遂に陥る　『通鑑綱目』至徳二載の条に「冬十月、尹子奇、睢陽を陥る。張巡・許遠これに死す」とある。九月、広平王俶・郭子儀が西京（長安）を収復し、十月にはこの二人によって東京（洛陽）が収復されていることを思うと、張・許二人の忠節のいよいよ高きを覚える。○なんぞここに至る　なんとておめおめと生け捕られたのか。一説に、何でこのような眥裂けて面に血し歯を嚼みて皆砕けるに至ったのか、余りのことではないか。○南八、男児云云　南八の八は南霽雲の排行。排行とは、その家族の同世代の男子に、年齢順につける番号。霽雲は南氏の八番目の男子なのでかく呼んだ。白楽天が白二十二郎、元稹が元九と呼ばれたのも同じ。なお排行で呼ぶと親しみの意がこもる。○皆これに死す　原文「皆死之」。『通鑑』の筆法にて、君父の大事に節を守って死んだ人物を記す時の表現法。○起つて旋る　部下の間を廻ったとする解釈もある。○陽陽　『詩経』王風・君子陽陽篇の「陽陽」の朱子の註に「陽陽は志を得るの貌」とある。満足の様子をいう。

初め虢王巨《かくおうきょ》、兵を引きて東に走るや、巡姉あり陸氏に嫁す、巨を遮《さへぎ》り、行くことなかれと勧む。巨、納れず、百縑《ひやくけん》を賜ふ。受けず。巡が為めに行間《こうかん》に補縫《ほほう》す。軍中、陸家《りくか》姑《こ》と号す。巡に先だちてこれに死す。巡長《た》け七尺余、鬚髯《しゆぜん》神の如し。気志高邁《こうまい》、交はる所必ず大人長者、庸俗と合はず。時の人、知ることなし。出でて清河の令となる。治績最《さい》にして節義を負ふ。或《ある》ひは困阨《こんやく》を以て帰《き》するものは、貲《し》を傾け振護して吝《をし》むことなし。秩満ちて都に還る。時に楊国忠まさに国を専らにし、権勢炙《や》くべし。或《ある》ひと一見せばかつ顕用せんと勧む。巡答へていはく、「是れ乃ち国の怪祥たり。朝宦《ちょうかん》なすべからざるなり」と。更に真源の令に調《ちょう》す。土、豪猾《ごうかつ》多し。大吏華南金、威を樹《た》てて恣肆《しし》す。巡、車より下り、法を以てこれを誅す。余党行ひを改めざることなし。政をなすこと簡約、民甚だこれを宜《よろ》しとす。その睢陽を守るや、士卒居人、一見して姓名を問ひ、その後、識《し》らざるなし。人を待つに疑ふ所なく、賞罰信《しん》あり。衆と甘苦寒暑を共にし、廝養《しよう》と雖ども必ず衣《い》を整へてこれを見る。故を以て下《しも》争ひて死力を致し、能《よ》く少を以て衆を撃ち、未だ嘗て敗れざるなり。議者皆謂ふ、「巡、江淮を蔽遮《へいしゃ》し賊勢を沮《はば》む。天下亡びざるは、その功なり」と。睢陽是れより巡・遠を祠享《しきょう》し、号して双廟《そうびょう》となすと云ふ。

〔訳文〕　張巡伝の最後の段、この段は殆ど『新唐書』本伝によって、小取捨を加えている。

初め、虢王《かくおう》の巨が敗れ、兵を引きつれて東方に逃げた時、巡の姉、既に陸氏に嫁していたが、この姉が巨を遮《さえぎ》って、逃げたまうな、この地を守られよと勧めたのであるが、巨はこれを聴きいれず、諫言の礼として絹百反を賜った。しかし姉はこれを受けず、弟巡の軍に入り、軍について歩いて士卒のためにその衣服の破れを補いほころびを縫ってこれを助けた。

そこで軍中の人々は、姉を陸おばさんと呼んで敬慕したことであったが、睢陽落城の際、巡に先だって死去した。

巡はその身長七尺余、ひげは神のごとき気品があり、志向気象は高く秀でており、交際する人は必ず有徳の人物であって、庸俗のものとは気が合わなかった。しかし彼がこのような人物であることは当時、誰も知らなかったのである。出仕して清河県の長官に任ぜられるや、治績最もすぐれ、しかも節義の実行をもってみずから任じ、困窮に苦しむものが頼って来ると、みずからの財産の底をはたいてこれを救済し、けちけちするところがなかった。任期満ちて都に帰るや、それは楊国忠が国を独占し、その権勢の盛んなる火の燃えたつごとき時であったので、巡に一度、お目にかかるならば立身間違いないであろうと勧めるものがあったが、巡の答えるところは、「あのようなものは国家のばけ物、それに取り入っている朝廷の役人どもの真似《まね》など、することはならぬ」であった。

巡は、あらためて真源県の長官に任ぜられたが、その地には権力を笠にする悪党どもが多く、なかでも大吏の華南金なるもの、土地に自己の威権をうち立てて勝手に振る舞っていた。しかるに巡は、任地に着くやいなや、直ちにこれを法によって成敗したので、その仲間であったものども、みな態度を改めたことであった。

巡の政治の態度は、重要な問題のみを取りあげて枝葉をやかましくいい立てることがなかったので、県民はこれを非常によろこんだ。

巡が睢陽を守っていた時のこと、その士卒はいうに及ばず居民に対しても、一度名を聞けば忘れることがなかった。人に対しては疑惑をもって接することなく、賞すべきは必ず賞し、罰すべきは必ず罰して私心を挟むことなく、人々とすべての生活をともにし、小者《こもの》に対する時も衣服を整えた。そのために部下は争って彼のためには死力を尽くしたので、少数をもって多勢を撃破することができ、一度も敗れることがなかったのである。されば議するものはみな「巡が江淮地方を守り通したからこそ唐室が亡びなかったのであって、中興し得たのは彼の功績によるものである」と説いている。

睢陽に於いては、二人のために祠を建ててこれを祀り、それを双廟と呼んだということである。

〔語釈〕

○初め虢王巨云云　初めは史伝文字にて、記事をもとにもどして書き始める時に用いる語。虢王巨は高祖李淵の子虢王李鳳の四代の後。剛鋭果決、かつほぼ書史に通じ、玄宗の信任を得、禄山叛するや、天宝十五載、河南節度使に任ぜられている。その伝は、『新唐書』巻七十九・高祖諸子列伝の虢王鳳の項に附載せられている。但し、その人物に疑問の点があり、『資治通鑑』唐紀三十五・至徳二載七月壬子の条に、「これより先き許遠、城中に於いて糧を積むこと六万石に至る。虢王巨その半ばを以て濮陽・済陰二郡に給せしむ。遠固くこれを争ふも得るあたはず。既にして済陰は糧を得て遂に城を以て叛き、而して睢陽城はここに至りて食尽く……諸軍の饋救至らず、士卒の消耗、一千六百人に至る、皆饑病闘ふに堪へず、遂に賊の囲む所となる」云云とある。巨が東走したのがいつのことか徴すべきものなく、『資治通鑑』胡三省註には、それを「按ずるに巨は彭城にあり、もし臨淮に走らば、陸姉、睢陽城にありて、何をもつてこれを遮ることを得ん、いま取らず」といつて、陸家姑が巨を諫めたることを疑っている。さればこの所伝は事実か否かの問題でなく、巨と陸姉との人物よりおのずから生まれ来ったものと見るべきであろう。○百縑　百反の絹。縑はあわせた糸で固く織った絹織物。○陸家姑　姑はしゅうとめ、またはおばのこと。陸家姑は陸家のおばさん。尊んでいった。○巡に先だちてこれに死す　これに死す（死之）は前出の「皆これに死す」と同じく、道義を守って死んだ人物に対する記述法。○鬚髯　鬚はあごひげ、髯はほほひげ。なお鼻の下のひげは髭《し》。○時の人、知ることなし　原文「時人叵知」、このような人物であったから、当時の人々は巡がどれほどの人物であるかわからなかった。なお叵は音ハ、不可（フカ）二字のつまった音に等しい。但し、わが国では昔から「かたし」と訓んで来た。○清河の令　令は県の長官。清河は河北省広平府内の地名。○困阨を以て云云　阨はふさがる、難儀する。振護の振は賑に同じ、めぐむ、ほどこす。○楊国忠　初名は釗《しょう》、楊貴妃の一族。無学の軽輩であったが、貴妃の縁によって宮中に出入、玄宗の寵を得て名を国忠と賜り、天宝十一載、李林甫の卒によりその後を承けて宰相となり、国権を肆《ほしいまま》にしたが、玄宗が蜀に幸するに当たり、馬嵬《ばかい》にて殺された。○豪猾　勢力があってずるがしこいもの、地方のいわゆるボス。○大吏　ここでは地元の役人の頭《かしら》の意。○車より下り、法を以てこれを誅す『礼記』楽記篇に「武王、殷に克ちて商に反《およ》び、未だ車を下るに及ばずして黄帝の後を薊《けい》に封じ……車を下りて夏后の後を杞に封じ……」とある。○その睢陽を守るや云云　張巡の記憶力の抜群であったことについては、『張中丞伝後序』に、于嵩《うすう》という人物の談として、巡が「吾れ書に於いて読むこと三遍に過ぎずして終身忘れざるなり」といい、『漢書』を誦して見せたが、巻を終えるまで一字をも錯《あや》まらなかったので、驚いて他の帙をも乱抽して暗誦を請うたところ、ことごとく然らざるなかったという話を載せている。○廝養　雑役をするもの。薪を析《さ》くを廝といい、炊烹するを養という。○天下亡びざるは、その功なり　〔落合東堤書入〕コレガホメカケデナシニ、実ニソウ也。事実ヲ考ヘテミルニ、尤モソウ也。コレハ郭子儀・李光弼ガ両京ヲ取反ス最中也。其時ノ兵糧ハ江淮カラ出ル也。モシコレガ敗レルト糧ガナクバ、何トシテ郭子儀ノ功ヲ成スベキヤ。此ノ巡ノ死セラレテ十三日トテ、郭・李ガ両京ヲ取リカヘス也。

解説

咲く花の匂うがごとしと万葉人が讃えた奈良時代の繁栄が、宗教・制度より建築・工芸に至るまで、すべてに亘る唐文化の採取によるものであったことは言を待たず、それについだ平安時代の文化にも、唐文化は極めて色濃くその影を投じている。

しかるに、その奈良時代、もしくは奈良時代より平安時代の初期にわたって生存していた人物であった、当時の唐の学芸を代表する、詩の杜甫（子美）、文の韓愈（退之）、書の顔真卿（魯公）の影響が全くといってよいほど、奈良平安の両時代を通じてこれを見出だし得ないのである。

この三人が、わが国の学芸の上に大きな影響を示すようになるのは、江戸時代になってからであった。すなわちこれを杜甫に於いて見るならば、南北朝時代、既に『(集千家分類) 杜工部集』『(集千家詩批点) 杜工部詩集・杜工部文集』の刊行があり、五山の詩僧も杜詩に言及しているもの少なからぬといえ、真に杜甫をその心の奥にまで分け入って探らんとする人物の出現は、松尾芭蕉を待たねばならなかった。芭蕉の深川の草庵への移住は延宝八年冬、その三十七歳のことであるが、彼がその草庵に泊船堂と名づけたのは、杜詩の「窓には含む西嶺千秋の雪、門には泊す東呉万里の船」によるものであった。そしてその翌年の作に係る俳文『茅舎《ぼうしや》の感』や『乞食の翁』には、明らかに杜甫のきびしさを侘びと感取して身をもってこれを体認しようとする態度が見えており、元禄二年（四十六歳）、奥羽北陸の旅を記した紀行『奥の細道』には、松島の条の「島々の数を尽して、……負へるあり抱けるあり、児孫愛するがごとし」に杜詩『望岳』の「西岳峻嶒《しゆんそう》として竦《そばだ》ちて尊に処《を》る、諸峰羅立して児孫に似たり」の、高館の条の「国破れて山河あり城春にして草青みたりと笠うち敷きて時のうつるまで泪《なみだ》を落しはべりぬ」に杜詩『春望』の「国破れて山河在り、城春にして草木深し」、『玉華宮』の「憂へ来りて草を藉《し》きて坐し、浩歌涙《なみだ》把に盈《み》つ」の、尿前《しとまえ》より尾花沢に至る条の「高山森々として一鳥声きかず、木の下闇茂りあひて夜ゆくがごとし。雪端につちふる心地して」云云に杜詩『鄭駙馬の宅、洞中に宴す』の「已に風磴に入りて雲端に霾《つちふ》る」（風の吹いて来る階段をのぼってゆくと、雲のあたりから砂まじりの風が吹きおちて来て、あたりは薄暗い）の句が、強くその影を投じているを見るのである。まことに芭蕉は、杜甫の辛苦の人生をみずから身をもって行い、その詩の神髄を体得することによってわが句を開発しようと志したのである。

　次に韓愈を見よう。韓愈の文集もまた『（五百家註音弁）昌黎先生文集』が南北朝時代、帰化明人兪良甫《ゆりようほ》により嵯峨にて刻されておれば、元和寛永頃の古活字による同書の印行も行われているので、室町時代以降、韓文への関心が少なからずあったことがうかがわれるが、しかし本格的にその文がわが国の学徒の間に広く行われるようになるのは、『文章軌範』や『唐宋八大家文読本』の流行によるものであって、それは寛政頃よりのことといってよい。しかしそのような流行と関係なく、独自の識見によってその志を核心に於いて把握したのは、山崎闇斎・浅見絅斎の師弟である。すなわち闇斎は、『文集』中より

『拘幽操』を表彰し、これに加訓し単行本として刊行しておれば、絅斎は本書のうちに、その『伯夷頌』を収めている。そしてこの二篇こそ、篤く道義を信じ、力行して惑うことなかった韓愈の面目を最もよく示したものであった。

最後に顔真卿を見よう。真卿が卒して後二十年の頃、求道のため入宋した空海（弘法大師）の、帰朝後の揮毫に係る『風信帖』や『灌頂記』に顔法が明らかに投影していることは、識者が等しく指摘するところである。しかしこれは空海一人のことに止まってそれを継ぐものなく、その影響は久しくこれを見なかったのであるが、江戸時代に至り、その書に注目する人物段々現れたが、その忘るべからざるは貫名海屋であろう。もとより海屋が学んだもの、王羲之《おうぎし》・褚遂良《ちょすいりょう》を主とし、元明の名家よりわが国の空海に及び、その上に立って独自の書風を樹立しているのであるが、顔真卿よりも取るべきをよく取っている。しかし真卿を慕うこと最も深く、その小字は勿論大字に至るまで、すべて真卿の『争坐位帖』を彷彿せしめるは佐久間象山《しょうざん》である。そして明治以降に於いては、顔法を終生守った人物に長三洲があり、この書風は一大勢力をなした。

以上、杜甫・韓愈・顔真卿のそれぞれのわが国への影響の跡を見て来たのであるが、しからば唐代の学芸を代表するこの人々のわが国への影響が、このように遅く現れたのは、何故であろうか。「不伝の統を遺経に得」という語もあって、その志は、その人と同等の志を有するものでなければ理解すること不可能であるは勿論であるが、同時にこの三人の唐代に於ける評価がどのようであったかをも考えねばならない。

唐代一般の詩文や書は、前代六朝《りくちょう》の華麗典雅の風をそのままに継承し、四六駢儷《べんれい》体の文や太宗・虞世南《ぐせいなん》・孫過庭等に見る王羲之風の洗練を重ねた書が尊ばれていたのであるが、これ等は当然の結果としてひ弱となり、媚態さえも現れて、ついに行きづまりを呈して来た。杜甫の詩、韓愈の文、顔真卿の書は、その行きづまりを破り、それ本来の生命を回復してそれぞれを再生せしめたものであったのである。しかし杜甫の詩の荘重にして沈痛なる、韓愈の文の豪壮にして敦厚《とんこう》なる、顔真卿の書の重厚にして剛大なるは、久しき華美に忸《な》れた当時の人々の眼には、ただ異様とのみ映じ田舎臭きものとしか感ぜられなかったであろう。ましてこの姿形を支えている永遠の生命のごときは、とても理解しがたかったに違いない。もっとも、韓愈が杜詩を李白の詩と幷せ評して「李杜文章あり、光焔万丈長し」（張籍に調《たはむ》る）と詠じ、元稹《げんしん》も「詩人より以来、未だ子美の如きものあらざるなり」（唐故検校工部員外郎杜君墓係銘幷序）と説いているが、それはいわば同志者の間の讃辞であって、これをもって当時一般の声とすることはできない。この三人が識者より正しく評価せられるようになるは宋代になってからであって、蘇軾（東坡）が、この三人に絵の呉道子を加えた四人に対し、

「知者は物を創《はじ》め、能者はこれを述ぶ。一人にして成るにあらざるなり。君子の学に於ける、百工の技に於ける、三代より漢を歴《へ》、唐に至りて備はれり。故に詩は杜子美に至り、文は韓退之に至り、書は顔魯公に至り、画は呉道子に至りて、古今の変、天下の能事畢《をは》る」（呉道子の画の後に書す）

と述べているのは、それを代表することばである。されば三人の文集も唐代に既に編せられていたことは、『新唐書』芸文志に「杜甫集六十巻」「顔真卿。呉興集十巻、又廬陵集十

巻、臨川集十巻」「韓愈集四十巻」と見えることによって知られるが、その原編本はつとに亡散して、現行の本はいずれも宋代に再編されたものを祖本としている。そして、それとともに久しく荒廃していた成都の杜甫の草堂も再興せられ、宋末、文天祥は拘《とら》われて土室中にあるや、杜甫の五言詩の句を用いて絶句二百首を作り、それをもって自己の経歴と志とを叙しておれば（文文山『集杜詩』）、同じく宋末の謝枋得は『文章軌範』を編するや、採録した文の総数六十九篇のうち実に三十二篇を韓愈の文としており（第二に多い蘇軾の文は十二篇）、南宋の人留元剛は、北宋時代に編せられた顔真卿の集の亡散した三巻を再編した上に別に補遺一巻を編し、さらに年譜を撰してそれに加えて『顔魯公集』（正しくは『顔魯公文集』）の定本を成したが、それのみでなく、真卿の書のうちの勁秀なるものを選んで石に刻し、これを魯公祠のうちに置き、その石によって摺《しょう》して『忠義堂帖』となしている。

以上はその一端に過ぎないが、これのみでも、宋代に至り、杜甫・韓愈・顔真卿が識者より欽仰《きんぎょう》せられ、典型とせられた事実を知るに十分であろう。同時に宋学が本格的に修められるようになった江戸時代に至って、この三人をその形式に於いてのみでなく、その精神に於いて追求しようとする人物が現れたことも、もっともと言わねばならない。拙筆、いささか三人の顕彰の経過について述べ過ぎたので、以下、本題に入り、顔真卿についてさらに深く見たい。

絅斎が本書に真卿の遺言として掲げた『移蔡帖』の文は、『顔魯公集』の本編になく、その留元剛の編した「補遺」に収められており、さらに元剛の刊した『忠義堂帖』にも、その

真跡とされるものが刻されている。そして絅斎がこの文を『顔魯公集』によって見たことは、その『靖献遺言講義』に、

「此帖、今『顔魯公集』ニ見エタリ。大抵帖トイヘバカリソメニ書付タモノヲ云。其レ故、仮初ノ手紙ヲモ手帖ト云。古人ノ能書、何事ニテモ書付ケテ置キタルヲ碑帖ト云テモテハヤス。石ニホリ付タルモノヲ皆碑ト云、墓碑ノ文ハ勿論也。顔真卿モ能書デ有ツタユヘニ、是ヲ後世ヨリ帖ト呼デ相伝フ。是ハ定メテ柱カ壁ニ書付ケラルト見ヘタリ。尤文字ハ纔ナルコトニテアレドモ、顔真卿ノ忠義ノ肺肝ヲアザヤカニ可㆑見ハ此帖ホド大切ナルコトハナシ。ソレユヘ顔真卿集ニハ余ノコトニ遺言トテ載スベキコトハナキニ、是一条ガ不㆑図今ニ残リテアル、不思議ノコトニテ、尤重宝スベキコトゾ」（移蔡帖）

とあることによって明らかである。

但し、絅斎が見た『顔魯公集』には、一般の同集には附せられている留元剛編『顔魯公年譜』、門客因亮《いんりよう》撰『顔魯公行状』、令狐峘《かん》述『顔魯公神道碑銘』および新旧『唐書』の本伝がなかったもののごとくであり、もしこれを附載しており、絅斎がこれを見ていたならば、本書の伝に於いて、真卿卒去の年月を記すに当たり、迷うことはなかったであろう。すなわち絅斎は、真卿の伝に於いて、その最期を「これを久しくして希烈つひに人を遣はし真卿を殺し、つひに死す。年七十六」と記した後、その下に按語（本章では略した）を加えて、その殺された年月を推定して興元元年（七八四）八月のことであったであろうとし、『移蔡帖』冒頭の紀年「貞元元年正月」の貞元を興元の誤りと考えているのであ

る。以下その推定の経緯を記しておこう。

真卿の死について『唐書』本伝にはその歳月を書しておらず、『通鑑綱目』には建中四年癸亥二月の条に周曾が李希烈を襲ったこと、興元元年甲子八月の条に顔真卿が希烈に殺されたことを載せているが、真卿が汝より蔡に移されたことは載せていない。しかるに『移蔡帖』には「貞元元年正月、真卿、汝より蔡に移る」と自記しており、貞元元年は乙丑にて興元元年の翌年に当たるから、もしこの紀年を認めれば、この帖は真卿が殺された後に書いたものということになり、これは道理に合わない。それ故、帖の貞元は興元の誤りにて、興元元年正月、周曾の事が起こり、そのため希烈は真卿を蔡に移し、ついで同年八月、人を遣わしてこれを殺したとしなければならない。

右が按語の要旨である。しかるに門客因亮所撰の『行状』には明らかに「貞元元年、河南の王師また振ふ。賊、蔡州に変あらんことを慮り、乃ちその将辛景臻を竜興寺に使はし、薪を積み、油を以て灌《そそ》ぎ、既に火を縦《はな》つ。……その年八月二十四日、又景臻等をして竜興寺幽辱の所に害せしむ。およそ享年七十七」とあり、また唐の令狐峘所述の『神道碑』にも、「貞元の初め、希烈、汴州《べんしゅう》を陥る。この時、公、幽辱《しめ》せられて已に三歳なり。必ず全からざるを度り、乃ちみづから墓誌を為《つく》りて以てその志を見す。この年、汝州の竜興寺に害せらる。春秋七十有六」とある。真卿の門客や同時代の人々が貞元元年と記している以上は、これを無視して興元元年を固守することはできない。かつ貞元元年とすれば、『移蔡帖』に「貞元元年、汝より蔡に移る」と記していることに少しも問題はなくなるのである。かつ『新唐書』本伝には「遂にこれを縊殺す、年七十六」とあるのみであってその歳月を書していないこと、まさに絅斎がいっている通りであるが、実は同書・徳宗紀には「貞元元年八月……丙戌、李希烈、宣尉使顔真卿を殺す」とあり、これも貞元元年を採っているのである。そして絅斎が右の考証に当たって依拠とした『通鑑綱目』はその記事『資治通鑑』に従ったものであり、『資治通鑑』は劉昫《りゅうく》の『旧唐書《くとうじょ》』に従って興元元年の卒としたものであり、しかも『旧唐書』は五代の混乱の際に編せられたものであることを考えれば、これに新資料を求めて全面的に訂正を加えている『新唐書』の記述を正しいとしなければならない。右のごとく絅斎が興元元年説を採っているのは、当時の限定された資料に基づいたための誤りであり、我等はその誤りを指摘して批判するよりも、限られた資料のうちに於いて最も正しき記述を行わんと努力している絅斎の態度に、深く注目しなければならない。

絅斎が真卿の伝を記述するに当たり『通鑑綱目』を主たる依拠としていることはさきに見た通りであるが、『新唐書』本伝を参考に止めて、『綱目』によっているのは、その文をもってよく真卿の面目を写していると判断したからに違いない。絅斎の『靖献遺言講義』本巻の「粛宗即位の事」の末に「右綱目ノ旨ナリ」と附記しているのは、そのことをおのずから示すものということができる。

巻の五　文天祥

衣帯の中の賛《さん》

宋の少保枢密使《すうみつし》信国公文天祥

〔語釈〕

○衣帯の中の賛　文天祥が身に着けていた帯のうちに書かれていたものを、その死後見つけ、それが賛の体であるので、後人がかく名づけたもの。『文丞相全集』巻八に『自賛』と題して収めている。「賛」は韻文の一にして、人物・文章・書画等を讃美するところから起こった文体。概ね四字を一句としている。○少保枢密使信国公　少保は、太保の副として天子を輔翼し、これを道に帰せしめることを任とする。枢密使は枢密院の長官。枢密院は中書省と文武の二柄を分掌する。されればその長は軍事の最高責任者。信国公は天祥が信国に封ぜられたからの称。顔真卿の魯公に等しい。

天祥、字《あざな》は宋瑞《そうずい》、帝㬎《ていけん》徳祐の初め、元の兵已に江を渡りて東に下り、勢ひ日に迫る。勤王の詔下る。重臣宿将率《おほむ》ね頸《くび》を縮《ちぢ》めて駭汗《がいかん》す。天祥時に贛州《こうしゅう》に知たり。慨然として郡中の豪傑を発し、孤兵を提《ひっさ》げてひとり赴く。その友これを止めていはく、「これなんぞ群羊を駆《か》りて猛虎を搏《てう》つに異ならん」と。天祥いはく、「吾れも亦たその然《しか》るを知るなり。ただ国家、臣庶を養育すること三百余年、一旦《いったん》急あり兵を徴《め》し、一人一騎関に入るものなし。吾れ深くここに恨む。故にみづから力を量《はか》らずして身を以ってこれに徇《したが》ふ。天下忠臣義士、まさに風《ふう》を聞きて起こるものあらんとす。かくの如くならば、則ち社稷《しやしよく》猶ほ保《たも》つべきなり」と。既に至り、上疏して敵を抗《ふせ》ぐの策を言ふ。時議以て迂闊《うかつ》として報ぜず。已にして諸路の州県、屠陥降遁《とかんこうとん》相継ぎて、元の兵既に臨安の北関に至る。天祥さきに頻りに敵と血戦し、死を以て宗廟を衛《まも》らんと請ふ。ここに至りて又、己れ衆を帥《ひき》ゐ城を背にして一戦せんと請ふ。右丞相陳宜中《ちんぎちゆう》聴かずして遂に太皇太后に白《まう》し監察御史《ぎよし》楊応奎《ようおうけい》を遣はし、伝国璽《でんこくじ》を奉じて以て元に降らしむ。元の将伯顔《バヤン》これを受けて、執政来りて面議せんことを欲す。使を遣はし宜中を召す。宜中先に已に夜遁る。太后乃ち天祥を以て右丞相兼枢密使となし、往かしむ。天祥官を辞して拝せず、遂に挺身《ていしん》命を奉じて元の軍に如《ゆ》き、伯顔と抗議争弁す。伯顔大いに怒り、群起呵斥《かせき》す。天祥ます〳〵みづから奮ふ。伯顔その挙動常《つね》ならざるを顧み、これを留めて還さず。天祥怒りてしば〳〵帰らんと言ふ。伯顔聴かず。伯顔が属将唆都《さと》、従容《しようよう》に天祥に説きていはく、「大元まさに学校を興し科挙を立てんとす。丞相、大宋に状元宰相たり。いま大元の宰相たる、疑ひなし。丞相常に称す、国亡べば与《とも》に亡ぶ、此れ男子の心、と。いま天下一統、大元の宰相たる、豈是れ易事《いじ》ならん。国亡べば与に亡ぶの四字、願はくは公言ふことなかれ」と。天祥哭《こく》してこれを拒《ふせ》ぐ。継いで又、賈《か》余慶を以て右丞相とし、祈《き》請使《せいし》に充《あ》てて元の軍に如《ゆ》かしむ。嘗て天祥と同坐す。天祥、余慶の国を売るを面斥し、かつ伯顔の信を失へるを責む。降将呂文煥《りよぶんかん》旁《かたは》らよりこれを諭解す。天祥幷せて文煥およびその姪《てつ》師孟父子・兄弟、国の厚恩を受け、死を以て国に報ゆることあたはず、乃ち合族逆をなす、尚ほ何を言ふと斥《そし》る。文煥等慚恚《ざんい》す。伯顔遂に天祥を遣《や》らず、これを拘《とら》へて北《きた》せしむ。ついで伯顔、臨安城に入り、帝および太皇太后・皇太后を取り北に去りて、度《たく》宗の二子益王昰《し》・広王昺《へい》留りて浙東《せつとう》にあり、元の兵まさにこれを追ふ。天祥尚ほこれを奉じて以て恢復を図《はか》らんと欲す。鎮江に至るに及びて、その客杜《と》滸《こ》等と密《ひそ》かに脱《だつ》を謀る。滸いはく、「不幸に謀泄《も》ればまさに死すべし。死して怨みあるか」と。天祥心《むね》を指しみづから誓っていはく、「死して悔いなし」。かつ匕《ひ》首《しゆ》を辨《べん》ず。事懼《おそ》らくは済《な》らざらん。挟《さしはさ》みて以て自殺せん」と。遂に滸等十二人と、夜潜出して真州の城下に至る。城主苗再成《びようさいせい》出迎喜泣《ききゆう》し、これを延《ひ》きて城に入れ、与《とも》に国事を議す。時に揚州の守将、天祥敵の為めに間《かん》をなすと疑ひ、再成に亟《すみや》かにこれを殺さしむ。再成、天祥が忠義を識《し》り、兵を以てこれを道《みちび》き揚州の城下に抵《いた》らしむ。まさに天祥に備ふること甚だ急なり。衆《しゆう》相顧みて舌《した》を吐《は》く。天祥乃ち姓名を変じ、東出し、道に元の兵に遇ふ。環堵《かんと》の中に伏して免かるることを得。然るに饑《う》ゑて能《よ》く起つことなし。樵者《しようじや》に従ひ、余《よ》糝羹《さんこう》を乞《う》ひ得。行きて元の兵又至る。

衆、叢篠《そうじょう》の中に伏す。二樵者、蕢《き》を以て天祥を荷《にな》ひ去りて、脱《まぬ》かるることを得。更に転じて海に汎《うか》びて以て二王を求む。時に益王已に位に即きて、天祥遂に至る。即ち以て枢密使・同都督・諸路軍司馬とす。豪傑を招き、兵士を募《つの》り、府を開き、経略して以て進取を規《はか》る。

〔訳文〕

文天祥の伝、長文なるため四段に分けて解する。『続通鑑綱目』『宋史』本伝を主とし、『歴史綱鑑補』巻三十八、『指南録』を参酌して独自の文としている。

文天祥、字《あざな》は宋瑞《そうずい》、帝㬎《けん》の徳祐の初め、元の兵はすでに長江を渡ってそれに沿って東下し来り、その情勢、切迫して来たので、天下に勤王を求むるの詔が下った。しかるに重臣・宿将、多くみな恐怖して頸《くび》をちぢめ胆をつぶし冷や汗を流しているうちにあって、その時、贛《こう》州《しゅう》の知事であった天祥は、慨然として奮起し、郡中の豪傑を募り、わずかの兵を引きつれて都に駆けつけた。その時、友人これを忠告していう、「これはまるで、弱い羊どもを駆りたてて猛虎を手打ちにしようとするもの、一たまりもあるまい。よした方がよかろう」と。天祥は答える、「拙者もそのことはよく承知している。しかし宋の国家が我々臣民を養育されたこと三百年の久しきに及んでいるから、今日その御恩報じに起《た》つべきであるのに、お上が勤王の兵を徴《め》されたにもかかわらず、一人一騎として都に駆けつけようとするものがいない。拙者はこのさまを深く残念に思う故、自分の力が及ばぬことは承知しながらも、一身を拋ってお徴しに応じようとするものである。拙者が起ったならば、それを聞き伝えて、天下の忠臣義士が起ち上がるであろう。そうなればわが宋の国家も、なお保つことができようぞ」。

さて天祥は都臨安に到着するや、意見書を上《たてまつ》って敵を防ぐ策を申し上げたのであるが、朝議はそれを目下の急迫に間に合わぬといって取り上げなかった。然るにやがて、各方面が、元のために次々に占領せられ、その兵、すでに都の北の要地独松関を破るに至った。天祥は先般来、いくたびも敵と血戦し、一命を賭して宗廟をお守り申し上げるべく請願して来たのであるが、ここに至り、重ねて、自身軍勢を率い、臨安城を背にして一戦仕りますと願い出た。しかるに、右丞相陳宜中はその策を聞き入れず、逆に太皇太后に申し上げ、監察御史楊応奎《おうけい》を使者として派遣し、代々伝承して来た国璽を捧呈し、それによって元に降参すべく申し入れしめた。元の将伯顔《バヤン》、その国璽を受け取り、「その方のごときものでは埒《らち》が明かぬ。宋の宰相が来るならば、直接会って降参の話を聞いてやろう」という。そこで朝廷にては陳宜中を召したが、宜中は遁《のが》れ去っていた。太皇太后は已《や》むなく天祥を急遽、右丞相兼枢密使に任命し、宰相の格をもって元軍に往かせたのであるが、天祥は官位の拝命は辞退し、ただし使者の使命は、身を挺してこれを受け、元の軍に赴いて、伯顔と論争した。降参の申し入れに来たと思いの外、義を執って屈せぬ天祥の議論に伯顔大いに怒り、その坐のものも一斉に起ち上がって彼を叱《しか》りつけたが、天祥はますます奮って毫《ごう》も屈せぬ。伯顔は天祥の挙動が凡俗と異なっているのを見、これを宋に帰しては後で必ず元の害となると考えて帰そうとしない。天祥怒ってしばしば帰ることを主張したが伯顔これを承知しない。然るところある日、伯顔の部下の将唆都《サト》、静かに天祥に説いていう、「大元に於いては、いま学校を興し、科挙の試を樹立しようとしてござる。足下は大宋に於かれて、科挙の試に首席をもって及第せられた名誉の大臣であられる。さればもし当方に協力せられるならば、大元の大臣に任ぜられること、疑いござらぬ。大臣に於かれては、常々、国が亡ぶならばこれと生命をともにすることこそ、男子たるものの本懐といっておられるとのことでござるが、天下統一せられた今日、大元の大臣となるは、容易のことではござらぬ。国亡ぶるならばこれと生命をともにするということばは、何とぞ今後、いわぬことにしていただきたい」。天祥は声を立てて泣いてこの申し入れを断ったことであった。

ついで宋にては、賈余慶を右丞相に任命し、祈請使、即ち希望のごとく降参が成功するようにと祈り請うための使者として元軍に赴かしめたが、この余慶が、ある日、天祥と同坐したことがあった。天祥は、余慶の国を売った罪を面と向かって罵《のの》り、かつ伯顔の、使者を留めて帰そうとせぬ不信義の行為を責めたので、降将呂文煥《りよぶんかん》、傍らからこれをなだめた。すると天祥は、合わせて「文煥およびその一族は、国家の厚い恩遇を受けておりながら、一死をもってそれに報ゆることもできず、かえって一族を挙げて国に叛き、さらに何をいおうとするぞ」と罵ったので、文煥は慚《は》じかつ怨み怒った。

伯顔は天祥を放たぬことと決め、拘束して元の都大都へ北送させ、みずからは宋都臨安に入り、帝および太皇太后・皇太后の身柄を受け取って北に去った。しかし幸いにも度《たく》宗の子なる益王昰《し》と広王昺《へい》の二王が浙東に留まっておられたが、元兵はこれをも捕らえんと追跡を始めた。一方、北送せられる途中にあった天祥は、なおこの二王を奉戴して宋朝の恢復を計ろうと志し、鎮江に到着するや、従い来った食客の杜滸《とこ》等とひそかに脱走の相談を行った。滸いう、「不幸にしてこの計画が洩れたならば、死ぬ外はござりませぬ。死にましても怨みはございませんか」。天祥、心《むね》を指さし、みずから誓っていう、「死んだとて悔いることはござらぬ。かつ懐剣を用意してござる。この計画は恐らく失敗するであろうが、その時はこれで自殺する覚悟でござる」。

ついに天祥は滸等十二人と夜ひそかに遁れて脱走に成功し、真州城下にたどり着いた。城主苗再成は一行を出迎えて喜泣し、これを案内して城に入れ、ともに国家再興について相談したことであるが、揚州の守将李庭芝は天祥を敵のために間《かん》をなさんとするものであろうと疑い、再成に、直ぐこれを殺せといって来た。しかしながら再成は、天祥の忠義の人物なることを知るが故に、部下の兵に命じ、一行の案内をして揚州城下まで送らせたのであった。さて揚州にては、天祥を用心すること甚だきびしく、その警戒ぶりに、彼に従っていた人々、驚き恐れて舌を吐くというさまであった。

この思いの外の様子を見て、天祥は已むなく変名し、東に向かって脱出したのであるが、その途中、元兵に遭遇し、小屋に隠れて助かったことであったが、さらに往き、空腹のために一行、起つあたわざるに至った。幸いきこりに出会い、彼の雑炊《ぞうすい》の残りをもらい受けてやっと腹を満たしてまた進んだのである。さらに行くと、また元の兵がやって来たため、一行は笹やぶのうちに伏していたところに、たまたま二人のきこりが通りかかったので、天祥はそのもっこのなかに隠れて遁れ去ることを得たということもあった。かくして一行は、さらに方向をあらためて海に出て南下し、二王の行方を求めたことであるが、その時、益王はすでに福州に於いて宋国皇帝の位に即いておられ、天祥は遂にそのもとに到着し得たのであった。帝は直ちに天祥を枢密使・同都督・諸路軍馬に任命して回復の指揮を托せられた。ここに於いて天祥は、豪傑の人物を招き、兵士を募集し、司令部を開設し、体制を整備して積極の方策を考えたことであった。

〔語釈〕

○天祥、字は宋瑞　天祥自撰の履歴書『紀年録』には、理宗端平三年（一二三六）の条に「予、五月二日子《ね》の時を以て生る。大父（祖父）予の紫雲に騰して上るを夢み、名を雲孫と命ず。既に長じ、朋友字《あざな》して天祥といふ。後、字を以て郷に貢し、これに字するもの、改めて履善《りぜん》といふ。理宗、対策を覧たまひ、その名を見ていはく、これ天の祥、乃ち宋の瑞なり、と。朋友遂に又これに字して宋瑞といひ、而してこれを通称とす」とある。すなわち初名は雲孫、後に天祥を名、履善を字とし、さらに字を宋瑞と改めたのである。理宗に対策したのは、宝祐四年（一二五六）、天祥二十一歳の時である。○帝㬎　南宋第六代度宗の次子。四歳にして度宗の後を承けて天子となり、徳祐と改元す。なお度宗の度はタクとよむ。○徳祐の初め云云　理宗の端平元年、蒙古は金を亡ぼして宋と直ちに境を接するに至り、翌二年、宋の破約を理由に蜀・漢・江淮の三道より南侵を始めたが、宋軍もよく防ぎ、戦線は膠着状態となった。やがて宝祐五年、蒙古の憲宗みずから軍を率いて散関を出づるに及び、局面一変して宋は巴蜀を奪われ、さらに鄂州《がくしゅう》（武昌）を囲まれたが、たまたま憲宗陣没し継嗣に紛争を生じたため蒙古は兵を引いた。ついで景定元年（一二六〇）忽必烈《フビライ》が即位するや、咸淳三年（元の至元四年、一二六七）大軍を発し、六年の苦攻の末に襄陽を下し、ここに元は軍容を整えて同十年、大挙各道より南侵を始め、徳祐元年（一二七五）正月には江州を陥れ、二月には池州を破り、ついで東方に江淮の諸軍を破った。天祥が慨然として起ったのはこの時である。三月、元将伯顔《バヤン》、建康（南京）に入り、九月、阿朮《アジュ》、揚州を囲む。そして伯顔の軍はこの月、遂に江を越えて宋都臨安（杭州）に迫った。○勤王の詔下る　『続通鑑綱目』咸淳十年十二月の条に「天下に詔して勤王せしむ」とあり、『紀年録』同年の条に、「十一月二十一日、哀痛の詔下る」とある。時に天祥三十九歳。ただし『紀年録』の十一月は十二月の誤り。○**慨然として郡中の豪傑を発し云云**　天祥は徳祐元年正月、勤王の詔を受くるや、直ちに詔を奉じて起った。『宋史』本伝には「徳祐の初め、江上の報急なり。天下に詔して勤王せしむ。天祥詔を捧じて涕泣し、陳継周をして郡中の豪傑を発せしめ、并せて渓洞の蛮に結び、方興をして吉州の兵を召さしむ。諸豪傑皆応ず。衆万人あり」とある。○**その友これを止めていはく云云**　この一節はひとり『宋史』本伝に見えるのみであるが、天祥の面目最も躍如としている。搏はなぐること。関は都に入る関。社稷は土地の神の祠と穀物の神の祠、国家の意に用いる。徇は従の意。「これに徇ふ」は、国家の難に殉ずるをいう。○**既に至る**　既は完了を示す副詞。至は都臨安（いまの杭州）に至る。○**諸路**　路は宋元時代の行政上の地方区域。天下を諸路に分かち、その下に府・州・軍・監・県等が属した。○**元の兵既に臨安の北関に至る**　徳祐元年十一月、元軍は独松関を破った。同関は臨安の西北百里（日本里数では二十里足らず）、嶺路険狭の要害である。○**監察御史楊応奎を遣はし云云**　徳祐二年正月十八日のことである。○**伝国璽**　代々の天子が天子の証として伝えて来た御印。○**元の将伯顔**　バヤン。蒙古八鄰部の人。元の世祖（忽必烈）につかえて大功を立つ。至元三十一年、世祖没し成宗即位するや、太傅に任ぜられ、同年十二月卒す。伯顔深沈にして謀略あり、よく断ず。二十万の士卒に将として宋を攻むるや、一人に将たるがごとく、諸将のこれを仰ぐこと神明のごとくであったが、宋を亡ぼして朝に還り、未だ嘗て己の功を言わなかったという。○**太后乃ち天祥を以て云云**　乃は、やむを得ずという語意。〔強斎講義〕右丞相ヲ主ニシテ枢密使ヲ兼ネシメラレタゾ。右丞相ナリ大将役ナリ重イ官ユヘ受ケラレナンダゾ。使ニユクコトハ辞宜ナシニユカレタ。我ガ身ノ進ムコトハミダリニ受ケヌハヅ。御用ニ立ツコトハ随分苦労シテツトムルハヅノコト。○**科挙を立つ**　官吏の登用試験の制度を立てる。○**状元宰相**　状元は科挙の試験に首席にて及第したものの称、状の元《はじめ》にその名を記すことからいう。宰相は大臣。宰はつかさ、相はたすける、天子を輔《たす》けて政事をつかさどる人の意。○**国亡べば与に亡ぶ、此れ男子の心**　原文「国亡与亡此男子心」、天祥の生涯はこの八字によって貫かれたものであった。○**継いで又、賈余慶云云**　余慶は名は祈請使なるも、実は生命惜しさに保全の道を図ったものである。○呂文煥　襄陽に元軍を禦ぐこと六年、度宗咸淳九年二月、力尽きて元に降った。○姪　兄弟の子、おい。○師孟父子・兄弟　師孟の父呂文徳は早く死んだが、その兄弟文福・文煥はともに降り、師孟の兄弟呂師夔《しき》も元に降っている。すなわち呂氏は一族を挙げて宋に叛いたというべきである。○益王昰　度宗の庶子。帝㬎（徳祐帝）が元に降りし時、駙馬都尉楊鎮等に奉ぜられて都臨安を脱出、婺《ぶ》州に走り、閏三月、福州にて即位、即ち端宗である。昰は是に同じ。○広王昺　度宗の庶子。初め広王、後、衛王に改める。景炎三年（一二七八）四月、端宗崩じたのでその後を承けて即位、後、厓山《がいざん》に海に投じて崩じた。宋最後の天子。○匕首を辦ず　匕首は懐剣、短刀。辦は用意すること。○夜潜出して真州の城下に至る　天祥は二月九日、迫られて北送の舟に上がり、運河を無錫・常州と経て、十八日、鎮江に到達、二十九日夜、杜滸等と脱して長江を渡り、三月一日、真州（江蘇省儀徴県）に入った。当時、同地は苗再成が死守していた。○揚州の守将、天祥敵の為めに云云　揚州は江蘇省揚州府、守将の名は李庭芝、間は間諜、スパイ。○環堵　粗末な百姓屋。○樵者に従ひ、余糝嚢を乞ひ得　糝は羹（汁）のなかに米を入れたもの、雑炊。○蕢を以て天祥を荷ひ云云　蕢は、木の葉などをかき込むかごのこと。明け方、天祥の一行は突然蒙古の騎兵に発見され、一行はばらばらに篠林のなかにかけこみ、あるものは射られて傷ついたが、ようやく危険を免れ、たまたま通りかかった樵者数名があったので、天祥はそのかごのなかに隠れて走り去ったと、『指南録』に見える。○更に転じて海に汎び　三月十一日、天祥一行は海陵より舟に乗って長江を下って海に出、南航して閏三月を経て四月八日、永嘉（温州）に至り、遂に五月二十六日、福安（福建省）に於いて帝位に即いていた景炎皇帝に拝謁し、枢密使以下の官に任ぜられた。○枢密使・同都督・諸路軍司馬　都督は総司令官、同都督とは都督と同じ資格という意。諸路軍司馬は、『紀年録』『続通鑑綱目』等、いずれも諸路軍馬に作る、けだし司は衍字であろう。諸路の軍司令官。○府を開く　大将の役所を開くの意。

時に属将呉浚《ごしゅん》既に元に降り、よりて来りて天祥に説き降す。天祥責むるに大義を以てしてこれを斬る。遂に元の軍を敗り、および数州県を復して、諸路の将帥《しょうすい》亦たしばしば捷《かち》を報ず。軍勢やや振ひ、大勛《たいくん》集るに垂《なんなん》として、興国の戦ひ利あらず、空坑に至りて兵尽《ことごと》く潰《つひ》ゆ。妻子・幕僚等皆執《とら》へらる。天祥尚ほ散亡を収拾して以て後挙を謀りて、未だいくばくならず端宗も亦た崩ず。群臣多く散り去らんと欲す。丞相陸秀夫いはく、「度宗《たくそう》皇帝の一子尚ほ在り、まさにいづくにこれを置かんとする。古人、一旅一成を以て中興するものあり。天もし未だ宋を絶つことを欲せずんば、此れ豈《あに》国をなすべからざらんや」と。乃ち衆と共に衛王を立つ。年八歳。天祥、王位に即《くらゐ》くと聞き、上表してみづから劾《がい》す。詔して少保・信国公を加ふ。軍中大いに疫《えき》するに会ひ、士卒多く死し、天祥の母も亦た病没し、長子復た亡して、家属皆尽《つ》く。大勢已に支ふべからず。天祥尚ほ諸将を会し、劇盗等を潮陽に討じ、これを破つて、残賊又、元の兵を導きて来り、倉猝《そうそつ》突至、衆《しゅう》戦ふに及ばず。天祥遂に執へらる。脳子《のうし》を呑みて死せず。潮陽に至るに及びて、元の将張弘範これを見る。左右これに拝を命じ、椿《つ》くに戈《か》を以てす。屈せず。弘範乃ちその縛《ばく》を釈《と》き、客を以てこれを礼す。天祥固く死を請ふ。弘範許さず、これを舟中《しゅうちゅう》に処《お》く。ついで厓山《がいざん》戦ひ敗れ、宋亡ぶ。

〔訳文〕

伝の第二。ほぼ『続通鑑綱目』の文によっているが、厳密に比較すると、原文のままではなく、絅斎自身の文として記述していることがわかる。

その時、部下の将の呉浚は元に降服しており、されば天祥のもとに来て降参するようにと説得した。天祥は君臣の大義によってこれを責問した上で斬った。天祥は元軍と戦ってその軍を破り、数州県を取りもどし、かつ各方面の司令官もしばしば戦勝を報告して来た。このようにして宋の軍勢もやや盛んとなり、大戦果をも挙げ得ようという時、興国に於ける戦闘利あらず、退いて空坑に至ったが、ここで部下の兵総崩れとなり、妻子・幕僚等みな捕らえられてしまった。しかるに天祥はなお屈せず、散亡した味方を集めて再挙を計画したのであるが、まもなく端宗も崩御された。ここに於いて絶望した群臣多く散り去ろうとしたが、その時、大臣の陸秀夫が、「主上崩御せられたとはいえ、度宗皇帝の一子がなおいますではないか。諸子はこの御方をどこに置き奉ろうと思っているのか。古人の例にても、わずかに一旅、即ち五百人の兵力、わずかに一成、即ち十里四方の土地を有するに過ぎぬのに、見事に国を中興した少康のごとき例がある。もし天帝がわが宋の国を亡ぼすことを欲せられぬのであるならば、たとえいまの状態とて、国を立ててゆく道はあるであろう」と説いたので、人々奮起し、ここに端宗の弟衛王昺《へい》を立てて天子と仰ぐこととなった。時に新帝は八歳。

新帝が立たれたるを聞いた天祥は、上表して、さきの敗軍はわたくしの戦い方の悪さによるものであるから、わたくしの罪を罰していただきたいと、みずから処分方を申し出たのであるが、朝廷に於いては、かえって彼の忠義と功績とを嘉《よみ》せられて、少保の官と信国公の封号とを加えられた。

しかるにたまたま軍中に大いに疫病が流行し、部下の士卒そのために多く死し、天祥の母や長子も亡くなるという不運が生じ、ここに彼の家族係累みな尽きてしまった。かくして形勢すでに支え切れぬところまでに至ったが、天祥はなお諸将を会合して後事を謀り、かつ劇盗陳懿《ちんい》等を潮陽に討ってこれを破り、再挙を志した。しかるに残りの賊が元の兵を案内して攻め来り、それが突如であったため、部下の人々戦ういとまなく、天祥も捕らえられてしまった。その時、彼はかねて用意の脳子を呑んだが、死ねなかった。

捕らえられて潮陽に送られるや、元の将張弘範が天祥を引見したが、天祥は敬礼をせぬので、弘範の左右のものども、彼に拝せよと命じ、それでも従わぬので、戈《ほこ》の石づきで背をついたが、なお屈しなかった。弘範はその態度を見て感動し、その縛《いまし》めを釈き、客に対する礼をもって遇した。しかしながら天祥は、かたく拙者を殺されよと請うたが弘範これを許さず、彼を舟に乗せて従わしめて潮陽を発し厓山に至った。ついで厓山の戦いに宋は敗れ、滅亡したのである。

〔語釈〕

○呉浚　徳祐二年十月、天祥は汀州（福建省長汀）に陣し、趙時賞等をして一軍を率いて贛《こう》に向かわしめ、呉浚をして雩都《うと》を取らしめた。越えて翌景炎二年正月、天祥は移って漳州（竜渓）に屯し、趙孟濴等もみな軍を引き上げたが、呉浚のみ至らず、やがて浚は元に降った。天祥が降服を勧めに来た浚を斬りしはその年の二月である。○遂に元の軍を敗り　景炎二年三月、天祥は梅州を復し、四月、兵を引いて江西に出で、六月、元軍を雩都に破り、七月、趙時賞等をして道を分かって吉・贛諸県を復せしめ、遂に贛州を囲んだ。**○大勛集るに垂として**　勛は勳の古字。集は成の意。**○興国の戦ひ利あらず云云**　興国は江西省内の地、贛の東北にある。空坑は不明。贛州の危うきを見て元の李恒は援兵を遣わしてこれを援けしめ、かつみずから将として興国にある天祥を攻めた。天祥は突然の来攻に利あらず、兵を引いて永豊に赴き、鄒渢《すうふう》の軍に合せんとしたが、渢の兵は既に敗れていて頼るところなく、方石嶺（興国県の東北）にて恒に追いつかれ、宋将鞏信《きょうしん》よくこれを防いだ。恒は信が寡をもって衆に敵するのを見て、伏兵あらんことを恐れて進み得なかったが、ついに信は全身に矢を受けて戦死した。天祥はこの間に空坑に落ちのびたが、恒はまたこれに追いついた。この時、趙時賞が天祥の身代わりとなって捕らえられ、天祥は、杜滸・鄒渢と脱するを得た。**○妻子幕僚等皆執へらる**　『集杜詩』妻の序に「丁丑八月十七日、空坑の敗に、夫人欧陽氏、女《むすめ》柳娘・環娘・子仏生、環の生母顔、仏の生母黄、並びに陥失し、ついで隆興より北行す（捕らえられて北に連れてゆかれる）と聞く。ただ仏生已に死す。人世の禍難かくの如きものあり。哀しいかな」とあり、この戦いに戦死し、または捕らえられた幕僚のことも『集杜詩』に一々詳記している。**○端宗も亦た崩ず**　端宗崩ずるとき十一歳。**○陸秀夫**　塩城の人、景定の進士。徳祐の初め礼部侍郎をもって軍前に赴いて講和を議したが成らず、益王（端宗）即位するや、張世傑等とこれを輔け、端宗崩ずるや、また衛王（帝昺）を立て、左丞相となる。元軍、厓山を破るや、帝を負い海に赴いて死した。**○古人、一旅一成を以て云云**　一旅は古代の兵制にて五百人をいう。一成は十里四方。ただし十里はわが国の一里程度に当たる。わずかの土地から夏を中興した少康の故事。哀公元年の『左伝』に見える。**○脳子**　附子《ぶし》（とりかぶと）の根から製した毒薬。『集杜詩』南海の序に「余、執へらるるの後、脳子を服すること約二両、昏眩これを久しうするも、つひに死する能はず」云云とある。**○拝**　貴人に対する礼、跪《ひざまず》いて頭を手の位置まで下げ、頭と腰とを平らにする。**○厓山戦ひ敗れ云云**　二月六日弘範の軍は潮に乗じて厓山を攻め、宋は半日にして敗れ、ここに名実ともに亡んだ。宋は汴《べん》（開封）に都してより百六十八年、南渡再興してより百五十二年、合わせて三百二十年にして亡んだのである。

ここに於いて弘範等、置酒大会し、天祥に謂ひていはく、「国亡び丞相忠孝尽《つ》く。能《よ》く心を改め、宋に事《つか》ふるものを以て今に事へば、まさに宰相たるを失はざらん」と。天祥泫然《げんぜん》として涕《なみだ》を出だしていはく、「国亡びて救ふことあたはず。人臣たるもの、死して余罪あり。況んや敢へてその死を逃れてその心を弐にせんや」と。弘範又いはく、「国已に亡ぶ。身を殺して以て忠する、誰か復たこれを書さん」と。天祥いはく、「商《しょう》亡びざるにあらず、夷《い》・斉《せい》みづから周の粟《ぞく》を食《は》まず。人臣みづからその心を尽くす。豈《あに》書すと書せざるとを論ぜん」と。弘範為めに容を改む。乃ち使ひを遣はし護送して燕に赴かしむ。道、吉州を経《へ》、痛恨し、即ち絶ちて食はず、意擬《ぎ》す、廬陵に至り、目を瞑《つぶ》りて長逝《ちょうおう》し、笑ひを含みて地に入ることを得《え》、首丘の義を失はざらん、と。即ち墓に告ぐる文を為《つく》り、人を遣はし馳せ帰りてこれを祖禰《そでい》に白《まう》す。八日に至りて猶ほ生く。天祥以為《おも》へらく、「既に郷州を過ぐ、初望を失ふ。命を荒浜に委《す》てば、則ち節を立つる白《あきら》かならず。なんぞ少しく従容《しょうよう》として以て義に就かざらんや」と。乃ち復た飲食す。既に燕に至る。館人供張甚だ盛んなり。天祥、寝処せず、坐して旦に達す。遂に兵馬司に移し、卒を設けてこれを守る。元の丞相博羅等、天祥を見る。天祥入りて長揖《ちょうゆう》し、これを跪《き》せしめんと欲す。天祥いはく、「南の揖《ゆう》、北の跪《き》。予は南人、南礼を行ふ。跪を贅《ぜい》すべけんや」と。博羅、左右を叱《しつ》してこれを地に曳《ひ》く。或《ある》ひは項《うなじ》を抑《おさ》へ、或ひはその背を扼《と》る。天祥屈せず、首を仰ぎてこれと抗言す。博羅いはく、「古へより宗廟・土地を以て人に与へて復た逃《のが》るるものあるか」と。天祥いはく、「国を奉じて人に与ふる、是れ国を売るの臣なり。国を売るものは、利する所ありてこれをす。必ず去らず。去るものは必ず国を売るものにあらざるなり。予、さきに宰相に除して拝せず、使ひを軍前に奉じ、ついで拘執《こうしつ》せらる。已にして賊臣あり国を献ず。国亡ぶ、まさに死すべし。死せざる所以《ゆゑん》のものは、度宗《たくそう》の二子、浙東に在り、老母、広に在るを以ての故のみ」と。博羅いはく、「徳祐の嗣君を棄てて二王を立つる、忠か」と。天祥いはく、「まさに此の時に当りて社稷《しやしよく》を重しとし、君を軽しとす。吾れ別に君を立つる、宗廟社稷の為めに計るなり。懐・愍《びん》に従ひて北するものは忠にあらず、元帝に従ふを忠とす。徽《き》・欽《きん》に従ひて北するものは忠にあらず、高宗に従ふを忠とす」と。博羅語塞がる。忽ちいはく、「晋の元帝、宋の高宗、皆、命を受くる所あり。二王、正を以てせず。是れ簒《さん》なり」と。天祥いはく、「景炎は乃ち度宗の長子、徳祐の親兄、尚ほ正ならずといふべけんや。徳祐位を去るの後に登極す、簒といふべからず。陳丞相、太皇の命を以て二王を奉じて宮《きゆう》を出づ。命を受くる所なしといふべからず」と。博羅等、皆辞なし、ただ命を受くる無きを以て解をなす。天祥いはく、「伝受の命なしと雖ども、推戴擁立《すいたいようりつ》、亦たなんぞ不可ならん」と。博羅怒りていはく、「爾《なんぢ》、二王を立てて、つひに何の功を成せる」と。天祥いはく、「君を立てて以て宗社を存す。一日を存すれば、則ち臣子一日の責めを尽くす。何の功これあらん」と。いはく、「既にその不可なるを知る、なんぞ必ずしもする」と。天祥いはく、「父母疾ある、為すべからずと雖ども、薬を下さざるの理なし。吾が心を尽くす。救ふべからざるは、則ち天命なり。今日、天祥ここに至る、死あるのみ。なんぞ必ずしも多言せん」と。博羅これを殺さんと欲す。元主可《き》かず、乃ちこれを囚《とら》ふ。一小楼に坐臥し、足、地を履《ふ》まず、『正気の歌』を作りて、以て己れが志を述ぶ。中山、狂人あり、みづから宋主と称し、丞相を取らんと欲するに会ふ。元主、丞相は天祥たりと疑ひ、乃ち天祥を召し、これに諭《さと》していはく、「汝、宋に事《つか》ふる所以のものを移して、我れに事へば、まさに汝を以て相《しょう》とすべし」と。天祥いはく、「天祥は宋の宰相たり。いづくんぞ二姓に事へん。願はくはこれに一死を賜ひて足れり」と。遂にこれを都城の柴市《さいし》に殺す。天祥、刑に臨み、殊《わき》て従容とし、吏卒に謂ひていはく、「吾が事畢《をは》る」と。南向再拝して死す。年四十七。是の賛《さん》は、即ちその衣帯の中にありし所なり。その妻欧陽氏、その屍《しかばね》を収む。面《おもて》生けるが如し。ついで義士張千載その骨を負ひ、吉州に帰葬す。まさに家人広東よりその母曾夫人の柩《ひつぎ》を奉じ、同日に至る。人以て忠孝の感ずる所とすと云ふ。

〔訳文〕

伝の第三。この段も、ほぼ『続通鑑綱目』巻二十二・巻二十三によっている。

宋が厓山《がいざん》に亡びたので、張弘範等は戦勝の大祝賀会を催し、その席にて天祥に向かっていう、「宋は亡んだ。足下はこれまでに忠孝の道を十分に尽くされたのであるから、心を改めて、宋につかえたなりをもってわが元につかえられよ。然らばいままで同様に宰相としてその地位を持ち続けることができるでござろう」。

これを聞き、天祥はさめざめと涙を流していう、「祖国滅亡し、しかもこれを救い得なかったのであるから、宋国の臣下として死しても償《つぐな》い切れぬ罪を負うてござる。その拙者が、まして死を逃れんとして敵国につかえることができるはずのものではござらぬ」。

弘範またいう、「国が亡んでしもうた今日、生命を抛《なげう》って忠義を尽くしたとて、そのことを書き残してくれるものは、もうござるまい」。

天祥いう、「商は亡びなかったわけではござらぬ。しかるに伯夷・叔斉兄弟はみずから周の米を食おうとせず首陽山に餓死したことでござる。人の臣たるものは、つかえる君に対し、わが心の一ぱいを尽くしてつかえるまでのことにて、それを書き記してくれるものがあるとかないとか等のことは、問題とすることではござらぬ」。

これを聞いて弘範はその態度を改めたことであった。ここに於いて弘範は、使いを派遣して天祥を元都に護送させることとした。その道中、故郷吉州を過ぎるに当たって、天祥は心の痛みが激しく、断食して死のうと覚悟したことであって、もし廬陵の地で笑いを含んで死ぬことができたならば、首丘の義——故郷の地に死すべきであるという道を失わずにすむであろうと心に期した。そこで彼はすぐ墓に告げる文を作り、これを人を遣わして急ぎ故郷に帰り祖先の霊前に申し上げさせたのである。しかるに断食八日に及んだもののなお生き続けていたので、天祥は改めて、「最早《もはや》故郷の地を過ぎてしまい、当初の希望は達せられぬことになった。このまま断食を続けて、田舎道《いなか》に一命を落とすことになると、何故に死んだかという理由が明白でなくなってしまう。むしろ少しく心を落ちつけて節義なりに死すべきであろう」と考えなおし、再び飲食することとした。

さて天祥は元都に到着した。すると天祥に対する旅宿の待遇極めて盛大であった。しかるに彼は床《とこ》に就くことなく、坐ったままで朝に及んだ。この態度に、降参させることはとてもむつかしいと見た元側は、彼を兵馬司に移し、兵卒を置いて朝夜これが番をさせた。ついで元の大臣博羅《ボロ》等が天祥を引見したが、天祥はその室に入るや、軽く長揖《ちょうゆう》したのみであったので、彼等は天祥を跪《ひざまず》かせようとしたのであるが、天祥は「南の揖は北の跪に相当する。拙者は南人故、南の礼を行うことである。無用な北の礼を行うことはできぬ」といって承知しない。そこで博羅は警護のものを叱りつけて天祥を地面に引きすえさせた。警護のものは、天祥の頸筋を抑えつけたり、背をへしつけたりして跪かせようとする。しかし天祥は屈せず頭を持ち上げて彼等にその無礼を抗議した。

博羅「昔から、国家を人に与えておきながら、後で逃げ帰ったものがあった話は、聞いておらぬ」。

　これはさきに天祥が太皇太后謝氏の命にて元に降服の交渉に来ながら、鎮江により脱れ帰ったことを指摘し、汝の態度は矛盾していると責めたのである。

　天祥「国を奉じて人に与えるということは、国を売る臣のすることでござる。国を売るは、それによって己の利を計るわけでござれば、絶対に逃げ出すはずはござらぬ。逃げ出すというは国家の再興をなさんとするためでござれば、これは絶対に国を売るもののなすことにてはござらぬ。拙者はさきに大臣に任命せられたが、それを御《お》請《う》け致すことなく、ただ使者としての命令のみを奉じて貴軍の前営まで赴いたことでござったが、そのまま拘留されてしまったことでござる。そのようにしているうちに賊臣どもが宋の国家を貴国に献じてしもうたことであった。国が亡びたる上は、拙者は死すべきでござったが、その時、死せざりしは、度宗の御子益王・広王が浙東におわしたれば御《お》輔《たす》け致さねばならず、かつ老母が広に生存していたれば、この母につかえねばならぬと考えたからでござる」。

　博羅「徳祐帝があられるのにこれを捨て置いて、二王を擁立しようとするは、忠ということができるか」。

元に降った徳祐帝に忠を尽くそうとするならば、天祥は当然、ともに元に降らねばならぬ。博羅はその点を衝いて来たのである。

　天祥「かの時はまさしく非常の事態にて、宋という国家そのものの存続を第一と考えねばならず、それに比較すれば徳祐帝個人のことは第二の問題でござった。拙者が元に降った徳祐帝の外の御方を君に取り立て申したるは、宋の国家を重大と考え、その存続のためを計ったものでござる。その昔、晋の洛陽が賊に陥《おとしい》れられた際、賊に降った懐帝や愍《びん》帝に従って北に連れ去られたるものは、忠臣と申すことはできぬ。元帝に従って晋中興を計りしものこそ、忠臣と申すべきでござる。わが宋に於いて見申しても同様にて、汴京《べんけい》が金に降りし折、降服致されたる徽宗・欽宗に従って北に赴いたものは忠臣ではござらぬ。高宗に従って国の再興を計ったものこそ忠臣でござる」。

天祥のこの反駁に博羅は言い負けてことばにつまったが、忽《たちま》ち話題を転じた。

博羅「晋の元帝も宋の高宗も、いずれも先帝より君位継承の命を受けたものであった。しかるに汝のいう二王は、正式の命を受けたものではない。されば天下を簒奪したものといわねばならぬ」。

天祥「益王、即ち景炎帝は度宗の長子、徳祐帝の兄におわす故、正統でないということはできぬ。また徳祐帝が位を去られたる後に即位せられたもの故、簒奪というべきでもござらぬ。大臣陳宜中が太皇太后の命令により、二王を奉じて宮城を脱出せられたことでござれば、命を誰からも受けておらぬというべきでもござらぬ」。

天祥のこの道理によった答えに、博羅等は一言も反駁することができず、ただ、誰からも命を受けておらぬといい立てるのみであった。これに対し天祥は、

「直接伝授の命がないといっても、右の通りであるから、推戴擁立するに何の不都合《ふつごう》もござらぬ」と、断乎としていい放つ。それに対し博羅は怒っていう、

「足下は二王を擁立したものの、結局何ほどのことを為したるや」。

天祥「君を立てることによって、宋の国家の命脈を守ったことでござる。国家の命脈が一

日続くならば、臣子一日の責務を果たしたということに相成る。為し得たことは何もござらぬ」。

博羅「既に国家の維持の不可能なることを承知しているからには、何もする必要はなかったであろうに、無益のことをしたものじゃ」。

天祥「それはまことに悪い了簡《りようけん》でござる。いま我が親が大病にかかり、救うことができぬとわかり申そうとも、何とか救いたきものと薬を差し上げずにはおられぬもの、無駄《むだ》のことじゃといって手を下さずにいる道理はござらぬ。わが心の一杯を尽くすというが子というものにて、それにても救うことができねば、それは天命というものでござる。臣の君国に対するも同じことでござる。今日は、拙者はこのようになり申した以上、死するばかりじゃ。最早、多言する必要はござらぬ」。

博羅はこれを聞いて天祥を殺そうとしたのであるが、元主忽必烈《フビライ》これを許さず、ここに於いて天祥を幽囚することに決した。天祥はこれより一小楼に起居し、足は地を踏むことなく、『正気の歌』を作り、それによって自己の決意を述べたことであった。たまたま一変人があり、みずから俺は宋主であると称し、大臣を取り立てようと思うといったので、元主はその大臣というものは天祥のことをいうのであろうと疑い、そこで天祥を召し出して次のごとく諭したことであった。

「汝が、かつて宋につかえた態度をそのままに移して我につかえてくれるならば、汝を大臣にするつもりであるぞ」

天祥これに答えていう、

「天祥は宋の大臣でござりまする。されば他の国主につかえることは致しませぬ。願わくはわたくしに一死を賜りたく、そのお許しがいただけますならば、本望この上もござりませぬ」。

元主は、遂に天祥を元都の柴市に於いて死に処した。刑に臨んで天祥の態度、殊に落ちつきを極めており、刑吏に対し「これにて臣としての責務は終わり申した」と語り、南方宋の空に再拝して殺された。時に四十七歳であった。この「衣帯の中の賛」というものは、彼の衣帯の中に書き記されていたものである。天祥の妻欧陽氏がその遺骸を収めたのであるが、その面は生けるがごとき精彩を帯びていた。ついで義士の張千載がその遺骨を背負って故郷吉州に葬ったことであったが、不思議にもその同じ日、家人が広東より天祥の母堂曾夫人の柩《ひつぎ》を奉じて吉州に到達した。人々これを忠孝の誠が感応したものであるといって感動したということである。

〔語釈〕

○丞相忠孝尽く　これまでの忠孝にて、そこ許《もと》の忠孝の道は十分に尽くされた。○死して余罪あり　死んだとて国を救えなかったという罪から遁《のが》れられぬ。○誰か復たこれを書さん　天下後世に、取りはやされるならばまだしも、記録に残らぬのでそれもならぬ。そこ許の努力は骨折り損というものだ、という意。これは俗情に本づいた発言である。○商　殷《いん》に同じ。ここは殷の紂《ちゅう》王を指す。○使ひを遣はし護送して燕に赴かしむ　燕は元の都（いまの北京）。○意擬す　心に、そのようにすると期することをいう。○長逝　逝は往に同じ。長往は長くゆくということで死するをいう。○首丘の義　狐が死する時は、どこで死んでもその首を生まれた丘に向けて死ぬものであるという伝えから生まれた、故郷を忘れぬことをいう。『礼記』檀弓《だんぐう》篇に「古の人いへることあり、狐死するに正しく丘に首すと、仁なり」とあり、『楚辞』九章にも、「狐の死するや必ず丘に首す」と見える。ここは合わせて祖先の墓というほどの意。**○祖禰**　父祖の廟。詳しくは祖父の廟を祖、父の廟を禰というが、ここは合わせて祖先の墓というほどの意。**○命を荒浜に委てば云云**　荒浜はあれた浜辺ということであるが、ここではどこかの田舎道でというほどの意。死ぬのに場所を選んで人に知られようとするのではないが、このようなところで死ぬと、節義なりに死んだ意味が明らかでなくなってしまうというのである。**○兵馬司**　役所の名。都の盗賊を捕らえ、街道を清め、火禁を犯すものを取りしまるを職責とする。**○長揖**　両手を拱《こまね》いて長くのべる軽いおじぎ。会釈《えしやく》。**○跪**　両膝を地につけた姿勢、尊者の前の鄭重な姿勢をいう。**○宗廟・土地**　宗廟は祖先を祀ったみたまや、ここは宋の天子の先祖を奉祀した廟所。土地は宋の国土。合わせて宋の国家という意。『紀年録』には「古時曾《かつ》て人臣の宗廟・城郭・土地を将《もつ》て分付して別国の人に与へ了へるありて」云云といっている。この事実は、天祥が拘執せられている間に陳宜中・賈余慶等が勝手に国を元に献じ、しかもそれを天祥のしたこととして誣詰《ふきつ》したものである（誣詰は、いつわってなじる、実際はそうでないのに、そうであるようにいい立ててせめる）。**○徳祐の嗣君**　徳祐帝の子という意でなく、度宗の嗣君である徳祐の意。原文の訓《よ》みに従って「の」を入れたが、削って「徳祐嗣君」と訓みたい。要するに徳祐帝その人をいう。**○社稷を重しとし、君を軽しとす**　『孟子』尽心章の「民を貴《たつと》しとし、社稷これに次ぎ、君を軽しとす」に本づいた語。ただし孟子が民本主義の理念としてこれを説いたのと、文天祥が已むなくして宋国の命脈を維持すべくこれをなしたのとにては、その内容極めて異なるものがあることに留意せねばならない。**○父母疾ある云云**　『紀年録』には「人臣の君に事《つか》ふるは子の父に事ふるが如し。父不幸にして疾あれば、明らかに為すべからざるを知ると雖ども、豈《あに》薬を下さざるの理あらんや」云云に作っており、意味一層明らかである。**○帰葬**　遺骸を故郷に持ち帰って本葬を行うこと。**○母曾夫人の柩**　天祥の母曾夫人が軍中大いに疫《えき》するにあって病没したことは、さきに見た通りである。『集杜詩』によれば、母の帰葬は、天祥の最も心にかかっていたことであった。

天祥、人たる豊下、英姿俊爽《しゅんそう》、両目烱然《けいぜん》、童子たる時より、学宮祠《まつ》る所の郷先生胡銓《こせん》等が像、皆、忠と諡《おくりな》するを見、即ち欣然これを慕《した》ひていはく、「没してその間に俎《そ》豆《とう》せられざる、夫《ふ》にあらざるなり」と。甫《はじめ》て弱冠《じゃっかん》、廷対《ていたい》を奉じ、君道の大本、経世の急務を陳《の》ぶ。文思神発、万言立《た》ちどころに就《な》る。宦者董宋臣《かんじゃとうそうしん》、都を遷し敵を避けんと請ふに当つてや、上章してこれを斬らんと乞ふ。呂師元偃蹇《りょしげんえんけん》して命に傲《おご》るや、又上章してこれを斬らんと乞ふ。賈似道《かじどう》国を誤り君を要《よう》するや、制《せい》に当りて義を以てこれを裁す。既に軍を督し元を禦《ふせ》ぐ。劉洙《りゅうしゅ》・羅開礼等戦死するや、為めに服を製してこれを哭《こく》す。賓客・僚佐と語りて時事に及ぶごとに、輒《すなは》ち几《き》を撫《な》でていはく、「人の楽しみを楽しむものは、人の憂ひを憂ふ。人の食を食するものは、人の事に死す」と。聞くもの、これが為めに感動す。性豪華、平生みづから奉ずる甚だ厚し。勤王の詔至るに及びて、これを奉じて涕泣《ていきゅう》し、痛くみづから抑損《よくそん》し、家貲《かし》を罄《つく》して軍費とす。兵を起す以来、断断焉《だんだんえん》として力を殫《つく》し謀を竭《つく》し、顚《てん》を扶《たす》け危を持し、興復を以て己れが任とし、鞠躬激厲《きくきゅうげきれい》、ひとりその志を行ひ、讒《ざん》に遭《あ》ひ憂へに逢ひ、崎嶇《きく》間関、百挫千折すと雖ども、進むことありて退くことなし。しば〳〵躓《つまづ》きていよ〳〵奮ふ。故に軍日《ひ》に敗れ勢日に蹙《ちぢま》りて帰附日に衆《おほ》く、これに従ふものは家を亡《うしな》ひ族を沈めて顧みず。督府を開き僚属を置く、一時名を知らるるもの四十余人にして、遥かに号令を請ひ、幕府文武の士と称するもの、悉《ことごと》くは数ふべからず。皆、一念正《せい》に向ひ、死に至りて悔ゆることなし。厓山《がいざん》の戦ひ、張弘範しばしば人をして張世傑を招かしむ。世傑死守して従はず、古への忠臣を歴数して以てこれに答ふ。弘範乃ち天祥をして書を為《つく》りてこれを招かしむ。天祥いはく、「吾れ父母を扞《ふせ》ぐことあたはず。乃ち人に父母に叛くを教へて可《か》ならんや」と。固くこれを命ず。天祥遂に過ぐる所の零丁洋の詩を書してこれに与ふ。その末に云ふことあり、「人生古へより誰か死なからん、丹心を留取して汗青を照らせ」と。弘範笑ってこれを置く。つひに逼《せま》ることあたはず。已に北し、獄に居ること四年、忠義の気、一《いっ》に詩歌《しいか》に著《あらは》る。数十百篇を累《かさ》ぬ。ここに至りて兵馬司、存する所を籍《せき》してこれを上《たてまつ》る。観るもの涕《なみだ》を流して悲慟《ひどう》せざるなし。その一履《いちり》を得たるものあらば、亦たこれを宝蔵すと云ふ。

〔訳文〕

天祥の伝は、以上をもって終わる。この段の依拠とするものは頗《すこぶ》る複雑にて、『続通鑑綱目』『宋史』本伝『歴史綱鑑補』の当該記事を取捨補合して文を成しているが、やはりその核心となっているのは、『続通鑑綱目』であるといってよい。

天祥はその容姿、頬が豊かであって、理智に溢れていて精彩があり、両眼はきらきらと輝いていた。まだ子供であった時から、郷土の学校に祀られていたところの郷先生胡銓《こせん》等の像が、いずれも忠という字がその謚《おくりな》に用いられていることを見て、感激欽慕して、「死んでこれ等の方々の間に祭られるようでなければ、男ではない」といったことであった。

二十歳になったばかりの時、進士に及第して天子より直々の試問を蒙り、その奉答に当たって、君主たるの道の根本、国家を治める上の急務について陳述したが、その文の思想は神の声かと思うほどすぐれており、しかも長文がたちまちに完成したことであった。

開慶元年（二十四歳）、宦官董宋臣が大事に当たっては臨安は守りがたいといって遷都を主張したので、これを斬って人心を一にし、もって国家を安んずべきであると上書した。徳祐元年（四十歳）、呂師孟、国政を肆《ほしいまま》にして跋扈《ばつこ》したので、またこれを斬って将士の気を奮起せしめられよと上書した。これよりさき咸淳六年（三十五歳）、大臣賈似道が国事を誤り天子に強要する態度をなしたので、天祥は制書を認めるに当たり、正義に本づいてこれを成し、身の劾《がい》せられることも意としなかった。

その後、軍を指揮して元兵を禦《ふせ》いでいた時のこと、劉洙・羅開礼等が戦死するや、その忠死を傷み、ために喪服を作って哭の礼を行った。賓客や同僚と語って話が時事に及ぶと、そのたびに脇息《きようそく》を撫でつつ、「人のおかげで楽しむならば、その人が憂える時にはともに憂え、人のおかげで生活を立てているならば、その人の一大事の際にはわが生命を抛《なげう》つべきものである」ということが常であり、これを聞くものはみな感動した。

性格はきらびやかにて、そのため平生の生活ぶりも万事に贅沢であったが、勤王の詔が贛《こう》州《しゆう》に達するや、これを奉じて泣き、それより自己の生活を極度に抑え、家財を残らずはたいて軍費にし、兵を挙げてより以後は、断乎として心身の力を尽くして宋室の維持興復を自己の責務とし、ただ真一文字にその決意を実行し、いく多の辛苦艱難に遭遇しても、前進あるのみにて退くことなく、躓《つまず》けばかえって奮起したことであった。以上のごとくであったから、戦《いくさ》には始終敗れ、勢いは日々に縮まりながら、彼のもとに集り来るものは日々に多く、しかも従うものは、そのために家族をも一族をも失いながら、それを問題としなかったのである。されば天祥が幕府を開いて属僚を置くこととなるや、彼の部下として当時著名であった人物四十余名も所属し、さらに遠方にあって彼の指揮を仰ぎ、その部下であると自称する人物に至っては数え切れぬ状態にして、その人々みな、一筋に宋国維持の正道に志し、一身を捨てても悔ゆるところがなかった。

匡山の戦いの際、元将張弘範は、しばしば人を遣わして宋の張世傑を、降服するように招かせた。しかるに世傑は匡山を死守してその招きに応ぜず、かえって昔の忠臣を数え挙げてその答えとした。ここに於いて弘範は、天祥に手紙を書いてこれを招くようにと請うたのであるが、天祥の返事は、「拙者は父母の国を禦ぐことができなかった敗残の身であるのに、人をして父母に叛かせるようなことができるであろうか」であった。しかるに弘範は、重ねて強く命じたので、天祥は遂に、かつて零丁洋を通り過ぎた時に作った詩を書いて与えた。その詩の末に「人生古へより誰れか死なからん、丹心を留取して汗青を照らせ」とあった。弘範はこれを見て笑って詩を置き、それ以上は無理に強《し》いることができなかった。

天祥は北送されて獄に居ること四年の長きに及んだが、その間、忠義の気はすべてその詠ずるところの詩歌の上に著《あらわ》れ、その数、数十百篇という夥《おびただ》しいものであった。そして天祥刑死の後、兵馬司はその存していた詩を集めて一冊とし元主に献じたことであったが、これを読みしもの、涙を流して悲歎せざるものはなかった。されば天祥がはいていた履物の一足であっても、これを手に入れたものは宝として大切にしたということである。

〔語釈〕

○人たる云云　「人たる」は原文「為人」、一般には人となりと訓むが、いま、絅斎の和訓に従う。この語には、人がらの意の場合と容姿の意の場合とあり、ここでは後者。豊下は頰から下が豊かな顔だち。ふくよかにして長者の風貌とされている。○学宮祠る所の郷先生胡銓等云云　学宮は郷土の学校、いまいう小中学校のごとし。郷先生は郷土出身の先輩の歴々たる人物。胡銓は号澹庵《たんあん》、逆賊秦檜以下を斬れと高宗に上書したことによって名高く、その高宗への封事は、次の謝枋得の巻に収められている。俎豆は、俎は供物の魚や肉を置く台、豆は高坏《たかつき》、合わせて祭器。「俎豆せらる」は供物を捧げて祭られること。夫《ふ》は男、男子。○弱冠云云　弱冠は男子の二十歳をいう。男子二十歳にして冠礼、即ち成人式を行うが、体なお壮ならざるためにこれを弱冠といった。しかし後世は二十歳前後の意にやや広く用いる。廷対は、科挙の及第者をさらに天子みずから試問するをいう。なお呂師元とあるは依拠した『歴史綱鑑補』のままに従ったもの。これは呂師孟と訂すべきである。董宋臣・呂師孟・賈似道のことはみな『紀年録』に見えるが、ここにはその収録を避ける。ただ賈似道についてのみその大要をいうと、当時、詔を降すに当たり、学士の草したその原稿を相に先ず示すことになっていたが、学士文天祥、その義に合わざるをもって従わなかったので、似道もって不満とし、ついに台官張志立をして劾してその職を罷《や》めしめたのである。賈似道について天祥はその『集杜詩』の序のうちに「三百年の宗廟社稷、賈似道一人の破壊する所となる。哀しいかな」とその国を誤った罪を大書している。○制に当りて制は制書・制詔の制にして君命をいう。ここでは当時学士たりし天祥が草したものであるからいわゆる内命を掌ったものにして（中書より出す外制と対す）、天子が将相を任免したり号令征伐等のことを命ずるもの。○

劉洙・羅開礼等戦死するや云云　羅開礼については、『宋史』本伝に「（景炎元年）汀州に入り、十月、参謀趙時賞を遣はし、諮議趙孟溁をして一軍を将《ひき》ゐて寧都を取り、参賛呉浚をして一軍を将ゐて雩都を取らしむ。劉洙・蕭明哲・陳子敬、皆、江西より兵を起して来り会す。鄒𣶏、招諭副使を以て兵を寧都に聚む。大元の兵これを攻む。𣶏の兵敗れ、同じく事を起せしもの劉欽・鞠華叔・顔斯立・顔起巌、皆死す。武岡の教授羅開礼、兵を起して永豊県を復す。已にして兵敗れて執へられ、獄に死す。天祥、開礼の死を聞き、服を製してこれを哭して哀れむ」と見えているが、このことは他書には見えぬ。劉洙の死について『宋史』は記していないが、『集杜詩』劉沐第一百二十の劉沐は即ち劉洙と同一人と考えられ、然らば空坑の敗に脱するを得ず、隆興に害せられたことが知られる。しかし天祥が劉洙のために服を製したことを示す明証がないので、絅斎のこの記述には、やや混乱があろう。○人の楽しみを楽しむ云云　蒯通《かいつう》が韓信に漢王劉邦に謀叛することを勧めた時、韓信これを断っていったことば、「漢王の我れを遇すること甚だ厚し。我れを載するにその車を以てし、我れに衣《き》するにその衣を以てし、我れに食せしむるにその食を以てす。吾れこれを聞く、人の車に乗るものは人の患に載る、人の衣を衣るものは人の憂ひを懐く、人の食を食するものは人の事に死す、と。吾れ豈《あに》利に郷《むか》ひ義に倍《そむ》くべけんや」（『史記』淮陰侯列伝）によったもの。○性豪華、平生みづから奉ずる甚だ厚し　安政己未（六年）萩より江戸に送らるることになった吉田松陰は、平生読みし万巻の書のうちより、耿々《こうこう》として顔を離れざる数句を執って評を加えた『照顔録』（文天祥『正気の歌』の末句より採る）を著したが、そのうちに「文天祥」と題し、「文山ノ大節、何ゾ称述ヲ待ンヤ。但、其平生自奉甚厚、声妓満レ前、勤王後、痛自貶損スルノ一事、真ニ誠ニ泣クベシ。カ、ル真実ノ行ナクテハ、大節モ立ザルナリ。醇酒《じゅんしゅ》腸ヲ腐シ、美人精ヲ耗《こう》スルノ人、何ノ気魄光焰アランヤ」と記している。○厓山の戦ひ、張弘範云云　天祥が弘範に示した詩については、本巻の解説に詳しく記してある。『集杜詩』南海第七十五の序に「……張元帥の所に至るに及び、衆これを脅かして跪拝《きはい》せしむるも、死を誓つて屈せず。張遂に客礼を以て見る。ついで海船中に置き、守護甚だ謹しむ。厓山に至り、書を作りて張世傑を招かしむ。詩一首を手写してこれに復す。末句に云ふ、人生古へより……。張強ひずして止む。厓山の敗は、親しく目撃するところ、痛苦酷罰、以て勝《た》堪ふるなし。時に日夕、海に陥らんことを謀るも、防閑出づべからず。この一死を失して困苦今日に至る。恨むに勝《た》ふべけんや」とある。○籍す記録する。

薛瑄《せっせん》いはく。宋室垂亡の秋《とき》に当りて、その守帥《しゅすい》、堅城に憑《よ》り強兵を握《にぎ》り、風《ふう》を望みて款《かん》を送り、戈《か》を投げて膝《ひざ》を屈《かが》むるもの相望む。而して文山状元宰相を以て孤忠を奮《ふる》ひて以て国に報い、誓ってまさに濛汜《もうし》の日を中天に返さんとし、疲卒を提《ひっさ》げ、勍敵《けいてき》に当り、流離顚沛《てんぱい》、困苦艱危、身を死亡に脱するの余と雖ども、憤憤たる興復の志、猶ほ万一に庶幾《しょき》す。赤手兵を起すに及びて、苦戦支《ささ》へずして以て帰ると雖ども、元の君相を長揖《ちょうゆう》して拝せず。蓋《けだ》しこの身、齏《なます》にすべく粉《こな》にすべし。志、威武を以て屈すべからず。これを従容《しょうよう》死に就きて以て仁を成すに卒《を》ふ。その大節、宇宙の間に炳燿軒轟《へいようけんごう》し、凛凛乎《りんりんこ》として万世君臣の大義を立つ。天常を棄滅するの降臣叛将を回視するに、曾《かっ》て犬豕《けんし》の如かざれば、則ちその忠賢、千古に冠絶する、豈《あに》人の能く及ぶ所ならんや。

〔訳文〕『薛文清公全集』巻二十八「文丞相遺翰の後に書す」よりの抄録。なお山崎闇斎編『文会筆録』十九にはその全文を収めている。この文は、ここに置かれることによっておのずから天祥伝の論賛たるの役をなしているが、同時に次に『衣帯の中の賛』を掲げるための用意の役をも果たしている。

薛瑄《せっせん》は次のごとくいっている。宋室が亡びようとしている時に当たり、宋の大将はといえば、堅城により強兵を握っていながら、敵の勢いを畏れて降服を申しこみ、武器を投げ出して膝を屈するものが相続いた。しかるに文文山は、科挙の試験に首席で及第した大臣であるという自覚から、独力をもって国恩に報いんと忠義の軍を起こし、西の海に入らんとする夕日を再び中天に引きもどすがごとき困難を冒して、国家のために疲弊した兵卒を率いて強敵蒙古と戦い、そのためにさすらい苦しみ、百死に一生を得たことであったにもかかわらず、何としてもという一念から、万が一の復興を願ったのであった。しかしながら、徒手にて挙兵に及ぶや、苦戦して結局軍を支え得ず擒《とら》えられてしまったものの、元の君主・大臣に対しても長揖するのみで跪拝することはなかった。その天祥の精神は、この身はいかに惨殺せられるとも、この決意はいかなる強圧にも断じて屈せぬというものであったであろう。かくして彼は、平然として死に就き、かねて念願としていた「義を取り仁を成す」の言を実践し得たのである。されば天祥の偉大なる節義は、宇宙の間に輝き渡り響き渡り、凛然《りんぜん》として万古不変の君臣の大義を確立しており、これを、道義を放棄して恥ずることなき降臣叛将どもに比べてみるならば、彼等は全く犬や豚にも及ばぬものであって、されば天祥の忠賢は歴史を貫いて冠たるもの、常人の到底及び得ぬものであることが知られるであろう。

〔語釈〕

○薛瑄　明人、字は徳温、永楽の進士。敬軒と号す。諡《おくりな》は文清。朱子の学を純守し、道義の研鑽に於いて朱子以後の一人と称せられ、山崎闇斎が最も高く評価した学者である。その随筆『読書録』が名高い。○風を望みて款を送り　風は敵の威勢、款はよしみ、心から従いますと降参を申し入れるをいう。○文山　天祥の号。彼の出身地安府（江西省吉安市）にある文筆峯に因んだもの。○濛汜の日　『楚辞』天問篇に「（日は）湯谷《ようこく》より出でて蒙汜《もうし》に次《やど》る」とあり、朱子の集註に「汜は水涯なり……『爾雅』にいふ、西のかた日の入る所に至る、太蒙とす、と。即ち蒙汜なり」云云とある。すなわち濛汜の日は、西の海に没せんとしている夕陽のことをいう。濛汜の日を中天に返すとは、いわゆる回天であって、挽回しやすからざる形勢のうちにあって努力するをいう。○勍敵　勍は彊に同じ、つよい。○流離顚沛　流離はあちこちへさまようこと、顚沛はつまずき倒れる意より、人事の危険困難なることをいう。○憤憤　心中に止むに止まれぬ気持ちが溢れていること。○赤手すで、から手。赤は空虚の意。○苦戦支へずして以て帰る　文の筋からこの帰は元に擒《とら》えられるの意でなければならない。あるいは帰は字の誤りか。○威武を以て屈すべからず　『孟子』滕文公篇の「富貴も淫するあたはず、貧賤も移すあたはず、威武も屈するあたはず、これをこれ大丈夫《だいじょうふ》といふ」によったもの。○天常　文公十八年の『左伝』に「明徳を傲佷《ごうこん》して以て天常を乱る」とある。すなわち天の常道、不変の道理の意、ここでは三綱五常の倫理をいう。○天常を棄滅するの降臣叛将を回視するに云云　原文「回視棄滅天常之降臣叛将曾犬豕之不如」、絅斎は叛将より回視に返っているが、『文会筆録』は不如より返って「天常を棄滅するの降臣叛将の曾て犬豕の如《し》かざるを回視するに」と訓んでおり、その訓みが勝る。すなわち、曾て犬豕にすら如かざる天常を棄滅せるの降臣叛将を回視するならば、ということである。なお原文の犬豕之不如、闇斎・絅斎ともに「犬豕の如かず」と訓んでいるが、「犬豕にも之れ如かず」と訓むべきであろう。

孔、仁を成すといひ、孟、義を取るといふ。たゞそれ義尽《つ》く、仁至る所以。聖賢の書を読み、学ぶ所何事ぞ。而今《いま》にして後《のち》、庶幾《こひねが》はくは愧づることなからん。

孔曰成仁、孟曰取義、惟其義尽、所以仁至、読聖賢書、所学何事、而今而後、庶幾無愧。

〔訳文〕

右が『衣帯中の賛』。『文丞相全集』巻八に『自賛』と題して収められていること、既述の通りである。『続通鑑綱目』『宋史』本伝、および劉岳申・胡広両『丞相伝』(『文丞相全集』所収)にも収められている。この賛、『論語』衛霊公篇に見える孔子の語「志士仁人は、生を求めて以て仁を害することなく、身を殺して以て仁を成すあり」と、『孟子』告子篇の「生も亦た我が欲する所なり、義も亦た我が欲する所なり。二者、兼ぬるを得べからずんば、生を舎《す》てて義を取るものなり」の二言を挙げて、仁・義二物にあらず、ただ義の徹底するところ、おのずから仁となると説く。天祥の学問の、切なる実践と深き思索より成り来るを見る。かつこれを知りこれを求め得た今日、死に臨んで愧ずるところなしというに至りては、哲人至高の清澄なる心境を知るのである。なお「而今にして後(而今而後)」は『論語』泰伯篇に「而今而後、吾れ免かれたるを知るかな、小子」とあるに拠ったもの。口語訳は省略し、絅斎みずからの講説と、若林強斎の講義を掲げておく。

〔絅斎講説〕『文山集』ヲミルニ、朱子ヲシタヒホメラル、トコロ、タヾデナイ。学ガイカウ精《くは》シイトミユル。孔曰㆑成㆑仁云云。コレガ『衣帯中ノ賛』ゾ。孔子・孟子コソ学者ノ目アテニナルガ、殺㆑身而成㆑仁ト云フ、『論語』『孟子』ノツマルトコロハ、仁義ノ二筋。取㆑義、舎㆑生而取㆑義ト云。其義尽。仁ト義トニツカト云ヘバソウデナイ、義ノ尽クルトコロガ仁ノ至ルト云処。コレ文山ノ学ノ精シキ処ヲミヨ。大抵、仁ト云ヘバ只物ヲ愛スルト覚ヘ、義ト云ヘバ只ヨロシキト思ヒ、二筋立テ気象ガチガウヤウニ思フガ、心ト事トハ、常ニハナレヌモノニテ、コ、ノ義ヲ至極尽シ〳〵シテ、一点モクモリアヤマルコトモナク、怨ムルトコロモナク、我心ノ安ズルマデ一ハイシツメル。コ、デ仁トハ云タモノナリ。ソレデ義ナリノ尽クルヲ仁ト云ツメル。クワシキモノナリ。義サヘ一ハイシツメルト、吾心ハヲノヅカラヲチツキ安ンズル、其安ンズルマデヲシオ、セルコトゾ。聖賢書。ヒロキコトナレドモ、コ、デハ分テ聖ハ孔子、賢ハ孟子ゾ。所㆑学。平生コ、ヲ〳〵トコソ心ニカケタルニ、只今君ノタメニ斬ラレテ死ヌルナレバ、大方恥カシフナイト云モノデアラン。而今而後。分テイサギヨキ遺言也。アノ衆ノ上デハ、自慢ノ自負スルノト云フ嫌ヒハナイ。

〔強斎講義〕孔曰㆑成㆑仁、孟曰㆑取㆑義。孔子ハ殺㆑身成㆑仁ト仰セラレ、孟子ハ舎㆑生取㆑義ト仰セラレタ。スレバ孔・孟ノ教ハ仁義ヨリ外ニナイ。孔子ノ血脈ヲ得ラレタ孟子ジヤカラハ、仁ト仰セラレ義ト仰セラレタニチガイナイ。惟其義尽、所㆓以仁至㆒。義ナリニ十分ヲ尽クス、ソレガ仁至ルト云モノ。仁ト云ナリノ忍ビヌ心ヲ事実デミタ時ハ義ノ字。義理ノ十分尽キタ所ガ仁ノ至タト云モノジヤト有ルコト。朱子以後ニ此義ノ字ヲ明カニ知テ、仁義ノ底ヲ云ヒヌカレタハ文山一人ゾ。読㆓聖賢書㆒云云庶幾無㆑愧。平生孔・孟ノ書ヲヨミテ学ヲスルハ何事ゾ。仁義忠孝ノ三綱五常ノ教デハナイカ。スレバ今忠義ナリニ守テ大節ヲ全フ失ハズニ身ニ歴タカラハ、学ブ所ニ愧シイコト無イト有ルコト。忠臣多ケレドモ、ヨク仁義ノ源ヲマナビ得タル人ハ文山一人ゾ。冠二絶千古一ト云フモ、此様ナコトカラゾ。而今而後ハ、上カラウツリテ来タ辞。『論語』ニ、曾子ノ辞ニ有ルゾ。

正気の歌の序にいはく、予、北庭に囚《とら》はれ、一土室に坐す。広さ八尺、深さ四尋《じん》ばかり、単扉《たんぴ》低小、白間短窄《はくかんたんさく》、汙下《おか》にして幽暗、この夏日に当りて、諸気萃然《すいぜん》、雨潦《うりよう》四集、床几《しようき》を浮動する時は、則ち水気となり、塗泥《とでい》半朝、蒸漚歴瀾《じようおうれきらん》する時は、則ち土気となり、乍晴暴熱《させいぼうねつ》、風道四塞《しそく》する時は、則ち日気となり、簷陰薪爨《えんいんしんさん》、炎虐《えんぎやく》を助長する時は、則ち火気となり、倉腐寄頓《そうふきとん》、陳陳人《ひと》に逼《せま》る時は、則ち米気《べいき》となり、肩を駢《なら》べて雑遝《ざつとう》し、腥臊汗垢《せいそうかんこう》する時は、則ち人気となり、或《ある》ひは圊溷《せいこん》、或ひは死屍《しし》、或ひは腐《ふ》鼠《そ》、悪気雑出する時は、則ち穢気《あいき》となる。この数気を畳《かさ》ね、これに当るもの、厲《れい》をなさざる鮮《すくな》くして、予、孱弱《せんじやく》を以てその間に俯仰《ふぎよう》する、ここに二年。ああ、是れ殆《ほとん》ど養ふことありて然然を致すのみ。亦たいづくんぞ知らん養ふ所、何ぞや。孟子いはく、吾れ善く吾が浩然の気を養ふ、と。彼の気、七あり。吾が気、一あり。一を以て七に敵す。吾れなんぞ患《うれ》へん。況んや浩然は、乃ち天地の正気なり。正気の歌一首を作る。いはく。

〔訳文〕

右、『正気の歌』の序。同歌は『文丞相全集』巻十三に収めている。

わたくしは、元に囚われて一土牢に起居した。その牢は間口八尺、奥行き四尋ばかり、扉は低く小さいもの一つ、明かりとりの窓は狭く、そして室内は低く暗い。故にこの夏日にあっては、もろもろの気がこの室のうちに集まって来る。すなわち雨の溜水《たまり》が四方から流れこんで来て、床や几《つくえ》を浮かす場合には水気となり、雨の後が泥となってそれが朝のうちから日の熱に沸きたち波だつ場合には土気となり、雨がたちまち晴れ上がりにわかに熱し、その上に風がぱったりと止んでしまう場合には日気となり、簷《のき》かげをかまどの煙が流れて、昼の暑さを一段と助ける場合には火気となり、倉の穀物の熱にむれて腐敗したものがいく段にも重なっており、その腐臭が続々と人に逼る場合には米気となり、囚人が押し合いへし合い入りまじって、その腥《なまぐさ》く汗くさい臭いが漂う場合には人気となり、便所の臭いやら死骸の臭いやら腐った鼠の臭いやら、もろもろの悪臭がまじって漂う場合には穢気《あいき》となることである。しかもこの数気が一つに混じって臭うのであるから、これに触れた時、疾病とならぬものは先ずないといってよい。しかるにわたくしは、虚弱な身でそのなかに起居していながら、ここに二年、恙《つつが》なく過ごして来たのである。これはまことに、平素養うところがあった結果であるといってよいであろう。然らばその養うところとは何であるか。孟子の言に「吾れ善く吾が浩然の気を養ふ」とあるが、それはこの浩然の気に外ならない。かの人を害する気は七種類、これに対抗する我が気は一つ。この一の浩然の気をもって七の悪気に敵するのであるから、わたくしに何の困難なこともないのである。しかもこの浩然の気こそは、ひとり我がうちなる元気であるのみならず、天地の正気である。さればここに『正気の歌』を作る次第である。

〔語釈〕

○北庭　元をいう。○四尋　一尋は八尺。○白間　窓。○塗泥　雨があがって地面の泥がどろどろになったこと。塗もドロの意。○倉腐寄頓云云　倉腐は倉のなかに積んである穀物がむれてくさること。寄頓は米俵の類が積んで貯えられること。陳陳は積み重ねられてひしめいているさま。一説に陳はフルキ意にて、ここも陳粟、フルキ穀物と解する。○雑遝　紛紛集合のさま、人間のこみあっている様子。○腥臊汗垢　腥臊はなまぐさい。獣肉を食べるのでその臭いが体から発散するをいう。汗垢はあせとあか、その臭い。絅斎は汗垢と刻し、強斎も「汗クサウテ」と訳しているが、『文丞相全集』は汗垢《おこう》に作っている。然らば二字であかじみた悪臭。○然然を致すのみ　然然はカウカウジヤト云フコトバ（強斎講義）。しかしながら、原文「致然然爾」を致然で切り、「然るを致す、然るのみ」と訓み、そうしたことになったのだ、その通りだと念を押した語意ともに解せられ、また然爾は然而に同じにて、下文にかかる接続語とする説もある。○いづくんぞ知らん云云　原文「安知所養何哉」、直訳すると、養う所のものが何であるかを知られようか、知ることができない。絅斎は下文の孟子曰云云との関連から、養うところが何であるかを知り得る、それは孟子のいう浩然の気だという文脈とし、「亦安知─、コノ三字ノ間ニ欠字アルベシ、此レデハ知レヌ」と講じ、強斎も「是ノ三字ハ義理ガ通ゼズ、脱誤有ルデアラウゾ」と説いている。この問題は原文「安知」を「安不知」の誤脱と見ることにより、どうしてわからぬであろうか、わかることだと解することによって解決できるであろう。○孟子いはく、吾れ善く云云　『孟子』公孫丑篇の「我れ善く吾が浩然の気を養ふ」を指す。（強斎講義）正気歌ハ、孟子ノ仰セラレタ浩然ノ気ヲ、文山ノ身ニスグニ養イ得ラレテ、浩然ノ気ナリニメラズ屈セズ、大節義ヲ守テ、天地今古ノ間ニ凜然磅礴シテ身ヲ終ヘラレタ正大剛明ノナリニ云出サレタ辞故、別シテ孟子浩然ノ気ノ発明ニコレホド大切ナコトハナイ。其故、此辞バカリ別ニ先生（絅斎をいう）講習ナサル、コト有リ。正気ト云フハ即チ浩然ノ気ノコトゾ。天地ノ間スベテ理ト云フヨリ外ナウテ、此理ナリニドコ迄モヤマズ行ハル、所ハ皆気ノ流行デ、古今一体、不変不動デ、天地ノ気ノ浩然ナリニ流行シテ、春トナリ夏トナリ秋トナリ冬トナリ、山トナリ海トナリ草木トナリ禽獣トナリ、人ト成ツテモ、古モサウ今モ此通リ、唐モ日本モ皆カウデ、此気ノ少シモヤマズニ正大流行、天地ニ塞ツテ、春ト云フト野モ山モ海モ川モ春ノ気ノツラヌイテ、ドコ迄モ流行セヌト云フコトナク、夏ト云フト金石モ爍《と》カスホドニ夏ノ気ノ流行ノサア爰《ここ》コソサウト云フニ成ルト、微塵モ跡ヘヒカズ、メラズ屈セズ、ドコモカモ凜冽磅礴《ほうはく》シテ、天地ノ間ヲソレゾレニ流行スル正大ノ気ヲ知ルベシ。天地ニ在リテ云ヘバ此通リ。サテ又人デ云ヘバ、子トシテ孝、臣トシテハ忠ト云フ当然ノ義理ヨリ外ハナウテ、其ノ義理ノドコマデモヤマズ、何ヤウナコトニモ屈セズ、忠孝ト云フ理ナリニ行ハレテユク、ソコガ正気ゾ。浩然ナリニ義理ヲ守リ、大義ヲ踏ンデ少シモ屈セズ、粉ニハタカレテモ、韲《なます》ニセラレテモ、イカ様ナ場デモ、少シモメラズ……何トシテモ其ノヤマヌ浩然ナリヲ知ルベシ。仁義忠孝皆理デ行ナハルレドモ、行フ所ハ気デ行ハル、故、此気ガ浩然デナウテハ、ヱイヤツトシビリキラシテ、泣キ〳〵スル様ナコトデハ役ニ立タヌ。ソレデ平生気ヲ養フト云フガ大事ト云フハコ、ゾ。……平生義理ナリニ研ギ研ギシテ、其義ナリニ気ノ養ハレテ、何様ナコトデモ、メラズ屈セズ、ドコマデモチビズカジケヌト云フヲ合点スベシ。此気デナケレバ義理モ行ハレヌト云フヲ、孟子モ仰セラレタゾ。

天地、正気あり。雑然として流形を賦《くば》る。下は則ち河岳となり、上は則ち日星となる。人に於いては浩然といふ。沛乎《はいこ》として蒼溟《そうめい》に塞《ふさが》る。皇路清夷《せいい》なるに当りて、和を含みて明庭に吐く。時《とき》窮して節乃ち見ゆ。一一、丹青に垂《た》る。斉《せい》に在りては大史《たいし》が簡《かん》。晋《しん》に在りては董狐《とうこ》が筆。秦に在りては張良が椎《すい》。漢に在りては蘇武が節《せつ》。厳将軍が頭となり、嵇《けい》侍中が血となり、張睢陽《すいよう》が歯となり、顔常山が舌となり、或ひは遼東の帽《ぼう》となり、清操、氷雪より厲《はげ》し。或ひは出師《すいし》の表となり、鬼神壮烈に泣く。或ひは江を渡る楫《かぢ》となり、慷慨《こうがい》、胡《こ》羯《けつ》を呑む。或ひは賊を撃つの笏《こつ》となり、逆豎《げきじゅ》頭破裂す。この気磅礴《ほうはく》する所、凜冽《りんれつ》として万古存す。その日月を貫くに当りて、生死いづくんぞ論ずるに足らん。地維頼《よ》りて以て立ち、天柱頼りて以て尊し。三綱実に命《めい》を繋《か》け、道義これが根たり。ああ予《われ》陽九に遘《あ》ひ、隷也《れいや》実に力《つと》めず。楚囚その冠を纓《えい》し、伝車して窮北に送る。鼎鑊《ていかく》甘きこと飴《あめ》の如く、これを求めて得べからず。陰房鬼火閴《さび》しく、春院天黒を閟《と》づ。牛驥一皁《ぎゅうきいっそう》を同じくし、鶏栖鳳凰食《けいせいほうおうくら》ふ。一朝霧露を蒙らば、溝中の瘠《せき》となるを分《ぶん》とす。かくの如き再寒暑、百沴《ひゃくれい》おのづから辟易《へきえき》す。哀しいかな沮洳場《しょじょじょう》、我が安楽国となる。豈《あに》他の繆巧《びゅうこう》あらん。陰陽賊《そこな》ふことあたはず。顧みて此れ耿耿《こうこう》あり。仰ぎて浮雲の白きを観る。悠悠として我が心憂ふ。蒼天なんぞ極りあらん。哲人日に已に遠く、典刑夙昔《しゅくせき》にあり。風簷《ふうえん》書を展《の》べて読めば、古道顔色を照らす。

〔訳文〕

右が『正気の歌』の歌詞である。

天地間には正大至純なる正気があり、その正気がさまざまに分かれて、無数のものとなっている。すなわち下に於いてはかの黄河も泰山も、上に於いては日や月の光も正気の現れに外ならず、これを人についていうならば、浩然の気こそ正気が人に与えられたもの、この気たるや、盛大にして天に満ちふさがるばかりである。そして人君の統治清明にして平和なる時には、和気を含んだことばとしてその明るい朝廷に語られるのであるが、一旦国家窮迫するや、その気は忠臣義士の不屈の節義となって、一々歴史の上に書き留められるのである。

いまそのような正気の発現の例を挙げるならば、春秋の昔、斉《せい》の国の大史の簡がそれであり、晋の国の董狐《とうこ》の筆がそれであり、降って秦代になると張良が始皇帝を撃たんとした鉄椎《てっつい》ともなり、漢代になると蘇武が十九年、持って放すことなかった節ともなり、三国の世に於いては厳将軍の斬られるを恐れぬ頭ともなり、西晋に於いては恵帝を身をもって守った嵆《けい》侍中の血ともなり、唐に於いては睢陽《すいよう》を死守した張巡の憤りに砕けた歯ともなり、常山を死守した顔杲卿《こうけい》の命ある限り賊を罵った舌ともなり、三国魏の管寧の、氷雪よりも清烈なるその節操を示す黒い帽子ともなり、蜀漢の諸葛孔明の、壮烈なること鬼神を泣かしめるかの『出師の表』ともなり、西晋の祖逖《そてき》の、江を撃って神に誓い、その慷慨既に胡羯《こけつ》を呑んだかの楫ともなり、唐の段秀実、逆賊朱泚《しゅし》を撃ってその頭を破ったかの笏《こつ》ともなっているのである。

以上の諸例に見るごとく、この正気が満ち溢れる時、それは凛烈《りんれつ》人の肝腑を貫く働きとなって、永遠に滅びることなくこの世に存するものである。さればこの気が天に通じ日月を貫く時には、わが生死など論ずるに足らぬこととなる。地もこの正気によって下に立ち、天もこの正気によってその尊厳を保つことができるのであり、三綱——君臣・父子・夫婦の間の倫理もこの正気によってその生命を繋いでおり、しかもその正気は、道義を根源として出現するものなのである。

ああ、わたくしは災厄に遭遇しながら臣としての力を出し切らなかったために、捕らわれの身となり、故国を忘れぬ決意を胸に、北のはての地に送られて来た。忠義のためとならば、死はむしろ願うところであるのに、死を請うて達せられない。土牢には鬼火が物寂しく燃え、春というに室のうちは闇に閉ざされている。いかなる罪人とも一つに押しこめられているのであるから、いまの我が身はあたかも遅い牛と千里の駿馬とが同じ桶にて飼い葉を食い、鶏小屋に鳳凰がついばんでいるといった有り様。さればにわかに霧露の気に侵されて溝のなかに捨てられたむくろとなることを、我が宿命と念じておる。しかるにかかるさまで二ヵ年、暑さ寒さのうちにあって、もろもろの病が近づこうとせず、哀しいかな、この下湿の土牢が、わたくしにとって安楽の国となってしまった。しかしこれも取り立てて特別の養生法があったわけでなく、平生正気を養っていたが故に、邪気も我が身を害し得なかったのである。

しかし宋の亡びたことを思えば、心中、安んじ得ぬ思いがあり、仰いで白い浮雲の姿を見るにつけても、我がこの憂いは青空の果てなきごとく限りなく広がるを覚える。古《いにしえ》の忠臣義士は、いまは日々に遠くなってゆくが、その人々の忠義を書き記した書物は昔のままに存している。風のおとずれる軒端で、その古書を開いて読んでいると、古人の身をもって行った節義の道が、ありありと我が顔色を照らし、まさにその人々と物語をしている思いが深い。

〔語釈〕

○流形を賦る　絅斎の訓みに従って賦を「くばる」とした。流形は『易』乾卦の象伝《たんでん》から出た語で、形のあるもろもろの意。天地の正気が有形のもろもろに附与されて、その一つ一つの正気となっていると解し、「流形に賦す」と訓むのが無難であろう。○浩然　浩然の気。既に序文に見た。○沛乎　水の盛んに流れるさま、ここでは盛大の形容。○皇路清夷　皇路は君の道、朝廷をいう。清夷は清く平らか、天下平らかな時をいう。一説に皇は大、皇路は大道の意という。○丹青に垂る　丹青はあかとあお、絵の具のこと。ここでは、節義の人物の肖像を画いて不朽に伝えること。○斉に在りては大史が簡　春秋時代、斉の崔杼《さいちょ》が荘公を弑《しい》したので、大史（史官）は「崔杼その君を弑す」と書したため、杼はこれを殺した。しかしその弟二人も同じく書して杼に殺され、さらに第四番目の弟もこの事を書したので、杼もついに兄弟の剛直に服してこれを不問に附した。○晋に在りては董狐が筆　周代、晋の霊公は不君だったので、臣趙盾《ちょうとん》はこれを諫めたが、霊公これを煩とし、盾を殺さんとしたため盾は出奔した。国境を出でざるに弟趙穿《ちょうせん》が霊公を弑したるを聞いて帰り、再び国政を執った。時の大史董狐は「趙盾其の君を弑す」と書したため、盾は「我れ罪なし」といったが、狐は「子、正卿となり、亡《に》げて竟《さかひ》を越えず、反りて賊を討たず、子に非ずして誰ぞ」と遂に其の筆を曲げなかった。○秦に在りては張良が椎　本書巻三、一〇〇頁参照。○漢に在りては蘇武が節　本書二四〇頁参照。○厳将軍が頭となり　後漢献帝の時、劉備は蜀の劉璋《しょう》を攻め、巴郡を破って太守厳顔を捕らえた。備の将張飛、これを降さんとしたが、顔は「我が州、たゞ断頭将軍あり、降将軍なし」と答えた。飛これを壮として釈《ゆる》した。○嵇侍中が血となり　西晋の恵帝の時、成都王穎《えい》の乱に官軍敗績して侍臣皆逃亡する中、侍中嵇紹《けいしょう》は身を以て帝を衛り、遂に賊兵に斫《き》られた。その血は恵帝の御衣に濺《そそ》ぎかかり、左右の者、これを浣《あら》わんと欲したが、帝は「嵇侍中が血、浣ふことなかれ」と許さなかった。○張睢陽が歯となり　張巡の歯。本書巻四、一五九頁参照。○顔常山が舌となり　顔杲卿の舌。本書巻四、一二三頁参照。○遼東の帽となり、清操、氷雪より厲し　後漢の管寧、漢室衰微し天下大いに乱れるに及び、遼東に退き、専ら威儀を飭《ととの》え礼譲を明らかにすることに努め、学者にあらざれば見ることなく、常に皀帽《そうぼう》（黒き帽子）を著け、質素潔白の意を表した。のち魏主曹丕これを招くも固辞して受けず、魏の孫邕《そんよう》等、寧の節義を「含章の素質、氷潔く淵清し」と称した。○出師の表となり、鬼神壮烈に泣く　諸葛亮『出師表』、本書巻二、四六頁参照。○江を渡る楫となり、慷慨、胡羯を呑む　西晋の末、愍帝の時、北夷強勢となり、長安を脅かした。予州の刺史祖《そ》逖《てき》は、江を渡って中流に至るや、楫を撃ちて「中原を清めることあたはずして復た済るものは、大江の如きことあらん」（夷狄を亡ぼし中原を取りもどすことができねば、この江水を渡るまい、の意）と誓った故事をいう。○賊を撃つの笏となり、逆豎頭破裂す　唐の徳宗の時、涇原《けいげん》の節度使段秀実、朱泚《しゅし》の叛するやこれを誅せんとして偽り降り、泚が秀実を召して僭号のことを議すや、秀実勃然として起ち、泚の面に唾して罵り、笏を以てその額を撃ち、血、地に濺いだが、秀実はその場に害せられた。○磅礴　満ちふさがる。〔強斎講義〕忠義ノ盛ンニ正大流行シテ鳴リハタメキ、ヒヾキワタリ、メリカヘルト云フ様ナコトゾ。○地維頼りて以て立ち云云　地維は四方のつなぎ、地を落ちぬように引きとめている大綱。天柱は天を支えている柱。○三綱実に命を繫け云云　三綱は君臣・父子・夫婦の道。人間関係の根本となる最大の道をいう。その道も正気なりにその命脈が守られるというのが「三綱実に命を繫け」、道義が正気の根となっているというのが「道義これが根たり」。『孟子』公孫丑篇の「その気（浩然の気をいう）たるや、義と道とに配す。これなければ餒《う》う。是れ集義の生ずる所のものにして、義襲うてこれを取るにあらざるなり」というが、その本づくところである。○陽九　厄難をいう。その依拠については『漢書』律暦志の説の外、諸説あるが、煩を避けて紹介しない。○隷也実に力めず　絅斎の講説に「『左伝』ニアルコト。晋ノ文公ガ軍ニ負ケテ敵ガヲツカケタトキ、ドレヤラ家来ガ文公トミセマイデ文公ヲ家来ニアシラウテ、ワレガブセイ（無精か）車ガ晩イト云テ文公ヲシカル。長度、弁慶ガ安宅デ義経ヲウチタル類ノコト。ソレヲコヘ引付ラル、ハ、吾量ガタライデコノヤウニシテノケタト吾身ノ上デ云」と説いているが、『左伝』にはこの記事、見当たらない。○楚囚その冠を纓し云云　楚の鍾儀が晋に囚われ、多くの俘虜中にあってひとり楚の冠をつけて楚国を忘れなかったという威公九年の『左伝』に見える話に本づき、忠臣の故国を忘れぬことをいう。ここは天祥がみずから死生存亡に節を変えず、あくまで宋の遺臣として臣節を守る決意をいったもの。伝車は宿次《つぎ》の馬車、窮北は北の果て、元の都のこと。○**牛驥一皁を同じくし**　驥は千里の馬、駿馬。皁は皂に同じ、槽に通ず、かいばおけ。○**溝中の瘠**　瘠はやせる、ここでは、肉がなくなり骨ばかりになったものの意で、自己の死骸のこと。溝のうちに我が屍を投げこまれることをわが本分としている。『荀子』栄辱篇の「溝《こう》壑《がく》中の瘠となる」に本づく。○**辟易**　しりごみする、恐れてたじろぐ。○**沮洳場**　湿気が多いじめじめした場所、ここは低湿の土牢のなかをいう。『詩経』魏風・汾沮洳篇の朱子の註に「沮洳は水浸《ひた》る処、下湿の地」とある。○**陰陽**　陰の気、陽の気の意。からだを害するもろもろの邪気をいう。○**耿耿あり**　『楚辞』遠遊篇には「夜耿耿として寐ねられず」とあり、朱子の註には「耿耿は猶ほ儆儆のごとし、寐ねざる貌なり」とある。強斎は「耿耿ハ何トナク其コトガ心ニカヽリ、気ガカリデハタハタト思ヒ出サレテ安カラヌコト。宋亡ビテ君モ臣モ死シテナク成タコトノ忘レラレヌコト」と講じている。○**蒼天なんぞ極りあらん**　『詩経』唐風・鴇《ほう》羽篇の「悠悠たる蒼天、いつかそれ極りあらん」に本づいたもの。極、朱子の註に「極は已むなり」とある。〔強斎講義〕天ヲ望ンデ歎ジテモ歎ジテモ極リナイト云フコト。天ノ極リ無イニ付ケテ、我ガナゲキモ限リナイト云フコト。○**典刑**　手本、のり。強斎は「典刑ハ忠義ヲ記シタ書ノコト、万世ノ法ニ成ルユヘ典刑ト云フ」と説く。○**古道顔色を照らす**　〔強斎講義〕照ノ字、眼目ゾ。限リナク感慨アル字ゾ。文山ノ全体忠義ノ身デ、古ノ忠義ノ士ヲ数ヘ立テ、其様ナ衆ガ互ヒニ面目ヲ見合セ笑ヲ含ンデ物語リヲセラルヽ様ナゾ。

徳祐元年、元の兵、日に急なり。池州の通判趙昂発《ちょうぼうはつ》、壁を繕《つくろ》ひ糧を聚《あつ》め、固く守る計をなして、都統《ととう》張林、兵を帥《ひき》ゐて元に降る。昂発、事済《な》らざるを知り、妻雍氏《ようし》に謂ひていはく、「吾れは守臣、まさに去るべからず。汝先づ出でよ」と。雍いはく、「君、忠臣たり。我れひとり忠臣の婦たることあたはざらんや」と。元の兵、城に薄《せま》る。昂発晨《あした》に起き、几上《きじょう》に書していはく、「国背《そむ》くべからず、城降《くだ》すべからず。夫婦同じく死し、節義双《そう》を成す」と。遂に与《とも》に従容《しょうよう》堂に死す。

〔訳文〕

以下七条は、宋の滅亡に際し、いずれも節義を守って国に殉じた烈士の最期を記したもので、これを附録として文天祥の巻を結んでいる。なお、すべて『続通鑑綱目』巻二十二より採録している。

帝昺の徳祐元年、元兵の来攻、日々に急迫して来た。池州の通判趙昂発はこれに備えて城壁を修理し食糧を集め、固守の計を立てた。しかるに都統たる張林は兵を引きつれて元に降参したので、昂発は防禦し得ぬことを覚り、妻雍氏《ようし》に対し、「拙者は命を受けて城を守るを任とするものなれば、ここを去ることはならぬが、そちは女のこと故、先ずここを出るがよい」といった。雍氏それに答えて、「あなたは忠臣としてこの城と運命をともにされますのに、わたくしだけが忠臣の妻となることができないでしょうか」といって城を出ることを承知しなかった。やがて元兵が城に迫ったので、昂発は早朝起き出て机の上に、「国は背くことがならず、城は降すことがならぬ。されば夫婦ともにここに死んで、節義の一対となる」と書き残し、従容堂に於いて自決した。

〔語釈〕

○池州の通判　池州はいまの安徽省貴池県、通判は宋初、前代の藩鎮の弊に鑑《かんが》みて朝臣に命じ諸府州の軍事を監督させたものであるが、後に定員となり、兵事・銭穀・裁判等の可否を裁決することを司った。○都統　宋代に諸軍都統の制があり、軍馬を節制するを任とした。○従容堂　昂発の書斎の号であろうか。

汪立信、初め賈似道《かじどう》に忤《そむ》きて廃斥す。元の兵江を渡るに至りて、又詔《みことのり》して兵を募りて江上を援く。立信、即日道《みち》に上り、行きて似道と遇ふ。似道「立信いづくに向ふ」と問ふ。立信いはく、「いま江南、一寸乾浄《かんじょう》の地なし。某《それがし》去りて一片趙家の地上を尋《たづ》ねて死し、死し得て分明ならんことを要するのみ」と。既に建康に至る。四面皆《みな》北軍。立信嘆じていはく、「吾れ生きて宋の臣たり、死して宋の鬼《き》たらん。徒死《とし》益なし。江淮《こうわい》を控引《こういん》して以て後図をなさんと欲す」と。已にして似道の師潰《つひ》え、江漢の守臣、風《ふう》を望みて降遁《こうとん》すと聞き、又嘆じていはく、「吾れ今日猶ほ宋土に死することを得」と。乃ち手みづから表《ひょう》をつくり、三宮に起居し、夜分、庭中に起歩し、慷慨悲歌、拳《こぶし》を握り案を撫《な》づること三たび、三日、吭《のど》を扼《くび》りて卒す。

〔訳文〕

汪立信は、さきに賈似道の意にさからって罷免せられていたが、元兵が長江を渡るに至り、また兵を募って江上を援護せよとの詔が降されたので、即日、出発して都に向かい、その途中にて似道と出会った。似道「立信はどこに向かうのか」。立信「いま、江南には夷狄が満ち溢れて、わずかばかりにても清い地がござらぬ。拙者はここを去って、たとえ小なりとも宋の土地をさがし、そこにて死に、立派に宋の臣として死んだことを明らかにしておきたく存ずる」。

さて建康に至ったが、四面みな元の軍に囲まれている。これを見て立信は嘆息して「拙者は生きては宋の臣であるからには、死んで宋の鬼《き》となろう。国のために死ぬのでなく、ここで無駄死《むだじに》したのでは、何の益もない。されば江淮地方に戦っている味方と呼応し合っていま一いくさ致そう」と考えた。しかるにやがて似道の軍潰滅し、江漢地方の守臣も、元の威風を見て降るもの遁《に》げるもの相ついだため、また嘆息して「拙者は、今日死ぬならばまだ宋の土地に死ぬことができるのだ」といい、ここに於いてみずから上表を認めて御三方の御機嫌《ごきげん》をうかがい、夜分、起きて庭を歩き、慷慨悲歌、拳をにぎり、つくえを撫でること三たび、三日の後、ついにみずから吭をしめて自決した。

〔語釈〕

○江南、一寸乾浄の地なし云云　みな蒙古兵のものになってしまい、少しも乾いた浄い地はないほどに、少しでも趙家の支配している土地があるなら、それを求めてその地に死に、宋の臣としての名を失わずに死にたいの意。趙家の地上とは、宋室が趙姓なるからいった語。○建康　いまの南京。○宋の鬼たらん　鬼は死者の霊魂、人がなったかみ。天地のかみを神祇というのに対する語。我が国でいう「おに」ではない。死んでも亡霊となって国のために尽くそうの意を示す。〇江淮を控引して　江淮は長江と淮水の間の地方、いまの江蘇・安徽両省の地。その地方にはまだ宋の軍が残っていて蒙古と戦っているから、その人々と互いに引きあい助けあって。控引は控も引の意。〇三宮に起居し　三宮とは元に囚われている徳祐帝・皇太后・太皇太后のこと。起居は起居を問うの意にて、御機嫌よくおられまするや、御暇乞いまでにかくの如くでありますと記したのである。〇拳を握り案を撫づること三たび　〔強斎講義〕握拳撫案ハ存念ヲ遂ゲヌヲ無念ニ思ヒテゾ。何トシテモ成ラヌニヨテ、ツイニ死シタゾ。忠義ヲ知ラヌ者ハ、場モセマラヌニ死シタガル。マヅ一日ナリトモ成ラウナラバ、力ヲ尽クシテ見タガヨイ。〇三日、吭を扼りて卒す　『続通鑑綱目』には「拳を握りて案を撫すること三たび、これを以て声を失す。三日ありて吭を扼りて卒す」とあり、明瞭となる。

元の兵、撫州に逼《せま》る。都統密佑《みつゆう》、衆を率ゐて逆戦《げきせん》す。元の兵呼びていはく、「降るものか、闘ふものか」と。佑いはく、「闘ふものなり」と。兵を麾《さしまね》きて突進す。身、四矢三槍を被り、猶ほ双刀《そうとう》を揮《ふる》ひ、囲みを斫《き》りて橋を渡る。橋断《た》へ執《とら》へらる。賊将いはく、「壮士なり」と。これを降さんと欲す。屈せず。復た佑が子にこれを説かしめていはく、「父死し、子いづくにか之《ゆ》かん」と。佑斥《しりぞ》けていはく、「汝行きて市に乞ひ、ただ密都統が子と云へ。誰れか汝を憐れまざらん」と。怡然《いぜん》としてみづからその衣を解きて刑を請ひ、遂に死す。

〔訳文〕

元兵の撫州に逼るや、同地の都統の密佑は、部下の軍勢を率いて逆《むか》え戦った。それを見た元兵は「われ等に降服しようとして出て来たのか、闘おうとするものか」と声をかけた。佑答えて「闘うものだ」といい、部下を指揮して突進して、身に四本の矢と三個所の槍疵《やりきず》とを負ったが、なお屈せず、両刀を揮って斬りまくり、敵の囲みを切りぬけて橋を渡ろうとし、その時、橋が切れて進めず、執《とら》えられてしまった。賊将は佑の奮戦ぶりに感じて壮士なりとし、降参させようとしたのであるが、佑は屈しない。そこで佑の子にまた降参を勧めさせた。子「父上が死なれましたならば、わたくしはどこに往けばよろしいのですか、往くべきところがございませぬ」。佑「お前は市に行って物乞いをし、ただ、わたくしは密都統の子ですとだけいえばよい。皆がお前に同情してくれるであろう」。かくして悦ばしげにみずからその上着を脱いで切ってくれと首をさし出し、最期を遂《と》げたことであった。

〔語釈〕

○撫州　いまの江西省臨川県。○逆戦　むかえ戦う。逆はさからうでなく、ここではむかえるの意。○橋断へ敵が橋を引いて進めぬようにしたのであろう。○復た佑が子にこれを説かしめて云云　何としても降参させようとして父子の情を利用したもの。子は既に捕らえられていたものか、探し出したのであろう。○汝行きて市に乞ひ云云〔墨山講義〕其方、親ト一所ニ死ヌルコトガイヤナラバ、ヲレニ別レテ行ク所モナイト云ツテソレガ気遣ヒナラバ乞食セイ。……士ノカヽル場ニ臨ンデ父子ノ情ニヒカレヌト云フハ珍ラシカラヌコトナレドモ、ヨク〳〵此場デハ君臣ノ大義ガ明ラカニナケレバナラヌコト。○怡然としてみづから云云　怡然は悦び楽しむ様子。にこにこと顔が楽しげなるをいう。〔強斎講義〕コ、ラデ忠臣ノ義理ナリニ安ンジテヲルヲ見ルベシ。カウシタコトハ、一旦ノ気丈バカリデハナラヌコト。平生ノ養ヒカラカウシタコトゾ。ソレデ兎角平生ノ養ヒガ大事。

元の伯顔、常州を囲む。陳炤等《ちんしょうら》力戦《りょくせん》して固守す。伯顔これを招く。譬喩《ひゆ》百端、つひに聴かず。伯顔怒り、日夜攻めて息《や》まず。城遂に破る。或《ある》ひと炤に謂ひていはく、「東北門未だ合《あ》はず、走るべし」と。炤いはく、「ここを去ること一歩、死所にあらず」と。兵至り、死す。

〔訳文〕
元の伯顔《バヤン》が常州を囲攻するや、陳炤等は力戦して固くこれを守った。そこで伯顔は、あれこれと例を引いて何とか降参させようとしたが、飽くまで聴き入れない。怒った伯顔は、日夜休むことなく攻めたてて、遂にこれを落城させた。その時ある人、炤に退城を勧めて、「東北の門にはまだ隙間《すきま》がある。あそこから脱出することができる」といった。炤それに答えていう、「ここを一歩でも動けば、最早《もはや》我が死に場所ではない」。かくして元兵至るや、そこに死んだことであった。

〔語釈〕

○常州　いまの江蘇省武進県。○ここを去ること一歩云云　〔強斎講義〕此場ガ死スル所ジヤ、コヽヲ一足デモ去ルト死スル場デナイト有ルコト。城ヲ守ル則ニナルゾ。マダドフゾシテ見ラレウカト云フコトモアラバ、ソコヲ退クマイモノデナイガ、コヽラハセマリ切ツテドウモナラヌ場ユヘ、君カラ預リタ城ナレバ、枕ニシテ死スルヨリ外ハナイゾ。〔墨山講義〕此一言ヲ格別ニ重宝シテ載セラレタトアルコトゾ。前カラ咄ノアル様ニ、日本デモ和田義章（明）ガ敵ヲ引受ケテ戦フ中、大ニ手ヲ負ウタヲ戸板ニカキノセテ城中ヲ出シタ。ソシテ道ニ三丁モ行ク内ニ敵ガ知リテ追ヒカケテモハヤタマラヌカラ、ヤニハニ自害シタ。其時、義章ガ云フニハ、サテサテ残念、先刻城中デ切腹セイデ口惜シト云タ。中々敵ニ降ル義章等デナイケレドモ、同ジ死ヌルガ手際ガワルウテ不覚ニミヘル。以前アル士ガ、此遺言ヲ読ンデ、此ヲ去ル一歩ノ詞ヲ尊信シテ、自身ガモツ旗ニ書キシルシタモノ有タヲバ、絅斎ガ聞カレテ、其志ヲ殊ノ外ヨミセラレタト云フコトガアル。新ラシキ詞ナレドモ、此一言ガ甚ダ心得ニナルベキコトユヘコレヲ載セラレタトアルガ、絅斎以来ノ申送リゾ。

阿里海涯、潭州《たんしゅう》を攻む。知州李芾《りふつ》慷慨して陴《ひ》に登り、日に忠義を以て将士を勉む。死傷相藉《あひかさ》なる。人猶ほ血を飲みて戦ひ、来り招くものある、輒《すなは》ち殺して以て徇《とな》ふ。賊、水を決し梯《てい》を樹《た》つ。城中大いに窘《くる》しむ。諸将泣き請ひていはく、「吾が属、国の為めに死して可なり。民をいかん」と。芾罵《ののし》りていはく、「国家平時厚く汝を養ふ所以のものは、今日の為めなり。汝たゞ死守せよ。復た言ふものあらば、吾れ先づ汝を戮せん」と。元の兵、城に登り、蟻《ぎ》附《ふ》して上る。知衡州尹穀《いんこく》、時に城中に寓す。事なすべからざるを知り、乃ち二子の為めに冠礼を行ふ。或《ある》ひといはく、「此れ何の時ぞ、此の迂潤《うかつ》の事を行ふ」と。穀いはく、「まさに児曹《じそう》をして冠帯して先人に地下に見《まみ》えしめんと欲するのみ」と。既に礼を畢《をは》る。その家人とみづから焚《や》く。芾、酒を命じてこれに酹《らい》す。明旦、芾、帳下の沈忠《しんちゆう》を召し、これに金を遺《おく》りていはく、「吾れ力竭《つ》く。分まさに死すべし。吾が家人も亦た俘《ふ》に辱《はづか》しむべからず。汝尽《ことごと》くこれを殺して後、我れを殺せ」と。忠、地に伏し能《あた》はずと辞す。芾固《かた》くこれを命ず。忠泣きて諾し、酒を取りてその家人に飲まし、尽く酔はし、乃ち徧《あまね》くこれに刃《じん》す。芾も亦た頸を引きて刃《じん》を受く。忠、火を縦《はな》ちてその家を焚き、家に還りてその妻子を殺し、復た火所に至り、大慟《だいどう》し、身を挙げて地に投げ、乃ち自刎《じふん》す。

〔訳文〕

元軍の将阿里海涯《アリハイヤー》が潭州に来攻するや、同地の長官李芾は慷慨して塁の上に登り、毎日、忠義を振るえといって将士を激励した。さて合戦が始まると、将兵の死傷相続いたが、人々はなお血を飲んで渇《かつ》をいやし、来て降参を勧めるものがあると、そのたびにこれを殺して触れ示したことであった。しかし賊が堀を切って城中に水を注ぎ、梯子《はしご》を城壁にかけて攻め上るに及び、城中大苦戦に陥った。そこで諸将が泣きつつ芾に「われわれは国のために死んでよいのでありますが、城内に住んでいる一般民衆まで死なせることは、いかがでございましょうか」とその助命を請うたところ、芾はこれを罵って「国家が平素厚く養いおかれるのは、今日のごとき大事に当たって汝等に働いてもらいたいと思うからである。汝等は余分のことを考えずにただ死守せよ。これ以上いうものがあれば、敵はさておき、先ずそのものを殺すぞ」と答えて、断乎これを許さなかった。やがて元の兵が城壁に蟻の取りつくがごとく、数多くじりじりと這《は》いのぼって来るに至った。たまたま城中に来ていた衡州の長官尹穀《いんこく》は、いまやいかんともすべからざることになったと覚悟し、二人の子供のために元服の式を挙げた。それを、このような切迫した時に、なんと迂闊《うかつ》のことをするものよというものもあったが、穀は、「これはまさに、倅《せがれ》どもを立派な一人前の男の姿で、御先祖にあの世でお目にかからせようと思うからである」と答え、元服の礼が終わるや、家族と自焚して死んだ。芾は酒の用意をさせ、その死を弔った。

さてその翌日、いまは最後であるとして芾は郎党の沈忠《しんちゅう》を召し寄せ、これに遺金を与えて「俺は力尽きた。死することが分である。妻子どもも俘虜の辱めを受けさせてはならぬから、その方はこれをすべて殺して、その上で俺を殺してくれ」と頼んだ。忠は地に伏して、「できませぬ」と辞退したが、芾は固く命じた。ここに於いて忠は泣きながら承諾し、酒を取り出して芾の家族に飲ませ、すっかり酔ったところでこれを殺し、芾もまた頸をさし伸べて忠の刃を受けて死んだ。忠は火を放って芾の屋敷を焼き、自分の家に引き返してその妻子を殺し、いま一度、焼けている芾の屋敷にもどり、大声で泣き叫び、地面に倒れ、ついにみずから頸はねて芾の後を追ったことであった。

〔語釈〕
○阿里海涯　元将アリハイヤー。阿里海涯は『続通鑑綱目』によったもの。『宋史』および『元史』には阿里海牙とある。○潭州　いまの湖南省長沙県。○知州李芾　知州は州の長官、わが国の県知事というがごとし。李芾の芾は音にヒ・フツの両音があり、ヒの時は草木のおおい茂っているさまに用い、フツの時は韍に通じ、即ち大夫以上のものの祭時に於ける膝おおいであり、章、即ちあやぎぬをもって作る。李芾、字《あざな》は叔章（『宋史』李芾伝）であるから、名は音フツでなければならない。古くリヒと読んでいるのは誤りである。○陴城の塁壁。○汝たゞ死守せよ　「たゞ」、原文は第の字を用う。〔強斎講義〕第ハ是一ツニ極リタ、コレヲハナレテハナラヌト有ルコト。余義ナイコト、是一ツニツマリタト云フ所デ書ク字ゾ。○冠礼　元服式。漢土では古昔、男子は二十歳、女子は十五歳にて成人の儀礼を行った。男子はその時、初めて成人のしるしである冠を頭に加えるので冠礼といった。尹穀の二子はいずれもその年に達していなかったのである。○これに酹す　酹は、酒を地にそそいで神を祭ること。神の降臨を請うためである。○帳下　強斎の講義には「大将ノ側役ゾ」とあり、墨山の講義には「幕下ト云フ心デ、主シノ家来ゾ」とある。わが国の若党とか郎党に当たるものか。

夏貴が家僮《かどう》、洪福と云ふものあり、貴に従つて労を積み、鎮巣軍《ちんそうぐん》に知たり。貴、後ち叛きて元に降り、よりて福を招く。聴かず。その従子をして往かしむ。福これを斬る。貴遂《つひ》に誘《いざな》ひて福父子を執《とら》へてこれを殺す。福が子諫《さけ》びていはく、「なんぞ挙家戮《りく》をする」と。福叱《しっ》していはく、「一命を以て宋朝に報いん。なんぞ人に告げ活《かつ》を求むるに至らんや」と。次いで福に及ぶ。福大いに罵《ののし》りて貴が不忠を数《せ》む。身、南向し死して以て国に背《そむ》かざるを明《あか》さんと請ひ、遂に死す。聞くもの涕《なみだ》を流す。

〔訳文〕

夏貴の家僕に洪福という人物があって、貴に従って功労を積み、鎮巣軍の長官にまで立身した。さて貴は、後に宋に叛いて元に降参し、福はもと我が家の郎党ということでこちらに降るようにと招いたが、福これを承知しなかった。そこで福の甥に説得に往かせたところ、福はそれを斬って従わぬことを断乎として示した。結局、貴は福父子をだまして執《とら》えてこれを殺した。殺されるに当たって福の子が叫び声を挙げて、「なぜこのように父上が降らぬために一家中のものまで殺されねばならぬのか」といったので、それに対し福は叱りつけていうよう、「わが一命をもって宋朝のご恩に報いようとするのじゃ、なんで人に向かって命乞いをしようとするのじゃ」と。次いで福も斬られたが、大いに罵って貴の不忠を責《せ》め上げ、飽くまで祖国にそむかぬ意志を明らかにすべく、南、宋の方角を向いて首を斬ってくれと頼み、かくして死んだことであった。そのことを聞いたもの、涙を流して感動した。

〔語釈〕

○鎮巣軍　軍は行政区画の名称にて、宋代には、府・州等とともに路に隷した。鎮巣軍は淮南《わいなん》西路に隷す、いまの安徽省巣県、巣湖の東方の地。○誘ひて福父子を執へて云云　『続通鑑綱目』には「……元の兵、城を攻むれども久しうして抜けず。貴、城下に至りて好語して福に語る、請ふ単騎にて城に入らん、と。福これを信ず。門発《ひら》きて伏兵起り、福父子を執へ城中を屠《ほふ》る。貴、泣いて福を殺す。子の大源・大淵譁《さけ》びていはく、法はただ首謀を誅するのみ、なんぞ乃ち挙家戮となる、と。福叱していはく、一命を以て宋朝に報いん、なんぞ人に告げ活くることを求むるに至らんや、と……」とある。○数む　悪をかぞえ上げて責めるをいう。

陳文竜、興化軍に知たり。降将王剛中、使を遣《つか》はし至る。文竜これを斬りて固く守る。已にして部将等、元の兵を導き、門を開きて降る。元の兵、文竜を執《と》へこれを降さんと欲す。文竜その腹を指していはく、「これ皆、節義の文章なり。相逼《あひせま》るべけんや」と。つひに屈せず、食《くら》はずして死す。

〔訳文〕

陳文竜は興化軍の長官であった。降将王剛中が降服を勧める使者を送って来たので、彼はこれを斬ってその意なきことを示し、かたく城を守った。しかるにやがて部下の将校等が元の兵を案内し来り、城門を開けて降参したため、元の兵、文竜を執え、降服させようとした。文竜それに対して、自己の腹を指していうよう、「このなかには、節義の文章が一ぱいつまっている。いくら責めても、降参などする拙者ではない」。かくして最後まで屈せず、絶食して死んだことであった。

〔語釈〕

○興化軍　福建路に隷する。いまの福建省莆田県（興化）。○部将等、元の兵を導き　『続通鑑綱目』には「部将林華をして元の兵を境上に伺はしむ。華、かへつて元の兵を導きて城下に至る。通判曹澄孫、門を開きて降り、文竜を執へてこれを降さんと欲す」とある。○相逼るべけんや〔強斎講義〕ヲノレラガ様ナ不義者ガ、何トシテ知ツタコトデ有ラウ。逼ル筈デナイト云フコト。カウ云フコトデナケレバ忠デナイ。城ヲ守ツテ死ヌルモノモ多ケレドモ、是非ナク逼ツテ死スル分デハ、忠義ノナリガ明白ニ見ヘヌ。〔墨山講義〕死ニ臨ンデウロタヘヌト云フハ義士ノ珍シカラヌコトナレドモ、コウスラリト出タ処ガイカニモ見事故、コ、ニ仕廻ニノセラレタゾ。

解説

宋の文天祥の詩文集『文文山先生文集』とも『廬陵文丞相全集』とも題しているが、そのうちに『集杜詩』一巻が収められている。それは天祥が獄中に杜甫の詩を誦し、その五言の句を集めて五言絶句二百首を作って、これによってみずからの言わんと欲するところを示したものである。

最近、杜甫の研究は大いに進み、その詩の表現技巧についての解説のみでなく、その詩が生まれた背景の時代相や、杜甫の経歴、家族の状況に至るまで、驚くべき精細な調査が発表されているが、反面、辛苦して歴史の生命を守った先学が、いかに杜詩を考えたかという問題の考察は、極めて冷淡である感がする。宋末の忠臣が獄中にあって杜詩を読み、杜詩に己の心を托したという事実は、杜詩の本質を究める上で重大であると考えるから、以下それについて述べておきたいと思うが、その前に、先ず『文文山先生文集』のうちより、天祥の詩のいく首かを見ておこう。

最初に、彼の詩のうちで、『正気の歌』と並んで知られている『零丁《れいてい》洋を過ぐ』を挙げよう。この詩は衛王（始め広王と称す）の祥興元年（一二七八）、珠江の川口なる零丁洋（広東省）を過ぎた時の作である。時に天祥四十三歳。なお文字については二、三の異同もあるので、いま『指南録』に従うこととする。

辛苦遭逢起一経　干戈落落四周星
山河破砕風抛絮　身世飄揺雨打萍
皇恐灘頭説皇恐　零丁洋裏歎零丁
人生自古誰無死　留取丹心照汗青

　辛苦遭逢《そうほう》一経より起る　干戈落々たる四周星

落々はよい時勢にめぐりあわぬさま。「嘗ておもへらく落々合ひがたきも、志あるものは事つひに成る」（『後漢書』耿弇伝）のごとく本来は志大きくして相合わぬさまをいう語である。四周星は四年のこと。恭宗の徳祐元年に勤王の詔に応じて挙兵してより祥興元年まで四ヵ年である。右の両句の意は、無学不文のものならば国家の一大事に遭遇しても一大事なることを知らぬので辛苦することもあるまいが、わたくしは経書を修めて人としての道を知ったところから、事の重大に奮起してみずから救国の苦労を担い、武器を手に戦《いくさ》に従うこと既に四年である。しかるに万事志とたがい、宋朝の復興はならず、歳月のみが空しく過ぎてゆく、というものである。

　山河破砕《はさい》して風絮《じょ》を抛ち　身世飄揺《ひょうよう》、雨萍《ひょう》を打つ

蒙古兵のためにわが国土が踏みにじられてゆくさまは、あたかも風に柳絮《りゅうじょ》（柳のわた）が吹き飛ばされて四方に散ってゆくがごとく、わが身が戦に敗れて各地にさまようさまは、まさに雨に浮き草が打たれて浮沈しているに似ている。

　皇恐灘頭《だんとう》皇恐を説き　零丁洋裏零丁を歎ず

皇恐灘は江西省贛《こう》州万安県の江中にある急流の名。その名より皇恐（惶恐、おそれる）

の語を出した。零丁洋は既述、零丁は落ちぶれること。この両句は、さて自分は戦に敗れて南方にさすらい、あるいは皇恐灘のほとりを過ぎて惶恐のありさまを説いたこともあり、あるいは零丁洋中に身の零丁を歎じたこともあったとの意。

　人生古へより誰れか死なからん　丹心を留取して汗青《かんせい》を照らさん

汗青は歴史をいう。昔、紙が発明されていなかった頃、青竹を火であぶって油を抜き、それに記録したことから出た語。自分はかく辛苦を重ねているが、報国の念はいよいよ堅い。思うに昔から死ななかったものがあろうか。いずれ我も死ぬ身であるから、立派な最期を遂げ、この世に丹心（真心）を残しおき歴史を照らして、後の世の人々に人たるの道を示したいものである。

　次に『平原』を見よう。翌祥興二年、それは元の世祖の至元十六年でもあるが、戦に敗れて捕らえられた天祥は、江南より大都（いまの北京、元の都）に幽送せられたが、その途中、たまたま平原を通り過ぎたので、この地に安禄山の大軍を支え、勤王の魁《さきがけ》をなした顔真卿を偲んで、一詩を賦した。

　平原の太守顔真卿
　長安の天子　名を知らず
　一朝　漁陽　鼙鼓《へいこ》動き
　大河以北　堅城なし
　公が家の兄弟　戈《か》を奮って起ち
　一十七郡　夏盟を連《つら》ぬ

賊聞きて色を失ひ兵を分つて還《かへ》り
敢へて長駆して咸京に入らず
明皇父子まさに西狩せんとす
これによつて霊武　義兵を起す
唐家の再造は李・郭の力
もし牽制を論ずれば公の威霊
哀しいかな　常山　惨として舌を鉤せらる
心　朝廷に帰して　気　懾《おそ》れず
崎嶇坎軻《かんか》　志を得ず
四朝に出入して忠節に老ゆ
当年　幸ひに安禄山を脱せしも
白首つひに李希烈に陥る
希烈いづくんぞ能く遽《には》かに公を殺さんや
宰相盧杞《ろき》　日月を欺く
乱臣賊子いづれの処にか帰す
茫々たる煙草　中原の土
公死し今に六百年
忠精赫々　雷　天を行く

詩のうちの語「兄弟」は顔真卿とその従兄弟杲卿《こうけい》、「夏盟を連ぬ」は二人の奮起に鼓舞されて河北十七郡同盟して唐室のために起ち上がったこと。夏は中華の意、禄山の軍が胡兵であるからそれに対し夏盟といった。「咸京」は長安をいう。「明皇父子」云云は、真卿が賊を防いでいる間に玄宗・太子父子がやっと西に脱出することができ、ついで太子は霊武で即位し（粛宗）義兵を起こして賊を破ったことをいう。「李・郭」は李光弼《こうひつ》・郭子儀、「常山」は常山太守の杲卿をいう。杲卿が戦い敗れて禄山の前に引き出されるや、罵って已めず、ついに舌を鉤断された。「四朝」は玄宗・粛宗・代宗・徳宗の四代をいう。「宰相盧杞日月を欺く」とは、杞が天子の明を掩いたるをいう。建中四年（七八三）、李希烈叛するや、宰相盧杞はかねて真卿を恨んでいたので、学徳高き重臣をして鎮撫させれば、軍隊を用いずに平定できましょう、顔真卿こそその人ですと建言、徳宗ために宣慰の命を下したので、真卿は決然として赴き、ついに殺された。その事実は前巻に詳説した。「乱臣賊子」以下の四句は、当時の逆賊はいまどこに行きしや、眼前に広がる中原の地は、ただ茫々として草煙るがごとくである。ああ公死してより六百年、その赫々たる忠誠は、雷鳴の空にとどろくがごとく、後人をして畏敬の念に堪えざらしめる、というのである。

　かくして十月、天祥は大都に到着する。そして降服を肯んぜぬため土牢に幽囚されること満三年、ついに柴市に刑せられるのであるが、その間、彼は顔色を照らし来る古人を追懐し、頻りにそれを詩に詠じている。次にその一部を引いておこう。

　夢裏　乾坤老い
　孤臣　雪氈《せん》を咽《の》む

乾坤は天地のこと。右はいうまでもなく漢の蘇武を詠んだものである。蘇武は武帝の使者として匈奴に赴き、拘留せらるること十九年、毫も臣節を失わなかった人物。「雪氈を咽む」とは、匈奴の王が武を降さんとして地下牢に幽閉し飲食を与えずにおいたところ、彼は雪と氈毛（毛織物の毛）とを咽んでいのちをつないだということ。この句は「己卯十月一日、予《われ》、燕城（大都）に入る。歳月冉々《ぜんぜん》、忽ち復《ま》た周星、而して予なほいまだ死を得ず。よりて八句を賦す」と題した五言律詩の最後の聯。夢見るがごときうちに世はどんどん変わってゆく。自分はひとり北地に幽せられているが、蘇武に学んで飽くまでも降服することはないというが両句の主意である。なお『正気の歌』にも蘇武を「漢にありては蘇武が節」と歌っている。「人臣みづからその心を尽くすのみ。あに書すると書せざるとを論ぜんや」（元将張弘範の降服勧告に答えた語）といった天祥であるから、人が知ってくれるか知ってくれぬか等ということは問題とせず、ただ節義に生命を賭した蘇武の姿を、ひたすらに仰ぎ続けていたのである。

　　悔ゆらくは当年東海に跳ばざりしを
　　空しく魯連の心ひとりあるあり

『去年十月九日、余、燕城に至る。いまに周星、報ぜられず。為めに長句を賦す』と題した七言古詩の一節。魯連は戦国時代斉《せい》の人であった魯仲連。秦が趙《ちょう》を攻めた時、魏王は将兵を遣わして趙を助けようとした。すると秦は先ず魏を撃たんとしたので、魏王は出兵を見合わせ、一方、新垣衍をして趙に説かしめてともに秦を帝としてその機嫌をとろうとした。ここに於いて魯仲連は衍をたずね、「かの秦は礼義をわきまえず、首切りを第一の手柄と考える野蛮国である。もし秦が天下に帝となるならば、わたくしは東海に入って死ぬばかりである。足下も御一考せられたい」といったので、衍はその言に服し、「この後は秦を帝とするとは申しますまい」と答えたという。いま天祥は、元を帝とせずと誓うとともに、宋亡びてなお永らえているわが身を顧みて、魯連に羞《は》じざるを得ぬというのである。

王蠋の高風　真に挹《と》るべし
魯連の大節　あに磨すべけんや

『自歎』と題した七言律詩のうちの聯。王蠋は本書顔真卿の巻の、林之奇の言に述べてあった。あの王蠋の高風こそ、真に学びとるべし。わがうちなる魯連に恥じぬ大節は、銷磨せしめてよかろうや。

右に見た魯仲連・王蠋・蘇武の外にも、伯夷叔斉・屈原・諸葛孔明・陶淵明等、天祥の詩に見える古人の名は多い。彼の、この人々を仰ぐ心は、やがて『正気の歌』一首として凝結するのである。古人の魂をわが魂とし、古人の足迹をわが足迹としようとして練磨已まなかったところに、百沴《ひやくれい》もおのずから辟易《へきえき》した彼の正気が養われたのである。

○

天祥の以上のごとき古人に対する態度を明確にした上にて、問題を杜甫に移さねばならない。さて明日知れぬ運命のうちにあって、天祥が杜詩より何を見出だしたのであるか。

そもそも天祥の杜詩に対する感激は、その壮年の日に已にこれを見る。『文丞相全集』を繙くと、その巻十に、

乃翁聖兪君
瑰辞《かいじ》　燦として琳瑯……
憂国は杜少陵
感興は陳子昂《ちんすごう》……

という句が見出だされる。これは梅聖兪の詩軸に題したものであって、わたくしはこの詩を彼の三十歳を過ぐるいくばくもない頃の作と推定している。陳子昂は初唐の詩人、『薊《けい》丘覧古』を始めとして数首の作が『唐詩選』に収められている。北宋の詩人にして政治家であった聖兪を、右は杜甫と陳子昂との面影があると評したものであるが、殊に杜甫を憂国という点で取り上げていることに注意せねばならない。天祥は杜甫を目するに尋常の詩人をもってしていなかったのである。

右の外にも天祥の詩に杜甫の名、しばしば見えるがその多くを省略し、『杜詩を読む』と題する、獄中に賦したところの一首のみを紹介しておこう。

平生蹤跡只奔波　偏是文章被折磨
耳想杜鵑心事苦　眼看胡馬涙痕多
千年夔峡有詩在　一夜耒江如酒何
黄土一丘随所是　故郷帰骨任蹉跎

平生の蹤跡ただ奔波　ひとへにこれ文章折磨せらる

奔波は奔流する水をいう、人の辛苦奔走することに譬えた。杜甫の生涯は、あたかも奔波のごとく、一生飄泊の生活を続けたのであるが、しかしこの辛苦によって、ひとえに彼の文章（古くは詩文を合わせて文といった）が磨かれたのである。

　耳には杜鵑《とけん》を想ひて心事苦しみ　眼には胡馬を看て涙痕多し

　蜀の天子であった杜宇の魂が、化して杜鵑、即ちほととぎすとなったが、この鳥は卵を他の鳥の巣に生みつけ、決して自分で孵《かえ》すことをしない。しかるに他の鳥は自分の雛と一しょに哺養する。それは群鳥が杜鵑を天子としてつかえているからである。こういう伝説に本づいて杜甫が当時の君臣の関係の乱れを歎息した作品に『杜鵑行』と題する七言古詩がある。その詩の大要を述べると、杜鵑はその羽根の見栄えのせぬことを恥じながら、その気持ちを口にすることができぬため、哀しい声で啼いている。一体、蒼天というものは測り知りがたいもので、万事反覆、思いがけぬことばかり起こるものである。いまあの哀しい声で啼いている鳥に対しても、昔、御殿に坐して群臣がその前に威儀を正したものであるということを、誰も思いつくものはあるまい、というものである。杜甫は杜鵑の声を聞くにつけても、いまさらのごとく唐室の衰微を哀しまざるを得なかったが、わたくしもまた宋の滅亡を思って断腸の念に堪えぬというが「耳には杜鵑を想ひて心事苦しむ」である。

　安禄山の乱の後、唐の衰微混乱に乗じて西北地方の胡人がしばしば侵入し来り、代宗は吐蕃が長安を陥れたため陝州に蒙塵《もうじん》する（広徳元年・七六三）という問題まで起こった。そしてこの後、胡人の入寇はいよいよ激化し、甘粛・陝西の地方は戦場と化したのである。杜詩には「胡虜千秋なほ関に入る」（諸将五首）、「胡兵更に陸梁《りくりょう》」（壮遊）、「胡騎忽ち縦横」（遺懐）、「万国なほ戎馬、故園いまいかん」（復愁）のごとくこのことをいったもの極めて多く、名高い『岳陽楼に登る』の詩の、「戎馬関山の北、軒によりて涕泗《ていし》流る」

も、直接に胡という文字はないが、胡の入寇のために故郷に帰るによしなき我が身を歎じたものである。天祥は、杜甫が胡馬を見て涙痕おのずから多かったと詠じているが、それがそのまま、いまのわが姿であるとして、「眼には胡馬を看て涙痕多し」と詠ずるのである。

　千年の夔峡《ききょう》詩のあるあり　一夜耒江《らいこう》酒をいかんせん

杜甫が夔州に旅寓したのは、永泰より大暦にかけて、その五十四歳より五十七歳の間のことである。飄蕩の生涯に於ける一時の休息であったが、この三、四年間に、『禹廟』『江上』『登高』『古柏行』のごとき名作を次々に詠じている。耒江は耒陽の東を流れて湘水に入る川の名。杜甫は大暦五年（七七〇）、耒陽に至って大水にあい困難していたところ、聶令《じょうれい》という人が牛肉白酒を饋《おく》ったのでそれに大酔し、一夕にして卒したと伝えている。『唐書』に見えるこの記事は今日では否定されているが、天祥はこの伝えによって、杜甫の最期を戚《いた》んだのである。

　黄土一丘随所これなり　故郷の帰骨、蹉跎《さだ》にまかす

一丘とは土饅頭、即ち死者を葬ったつかのこと。蹉跎はつまずくこと。故郷に葬られたいというは人情であるが、この願いは空しく違い、杜甫は遠い岳陽の地に埋められた。しかし考えてみれば、埋骨の地は、どこにでもあるはず、故郷と定める必要はない。このように杜甫の運命を見つめる天祥の目には、やがて北地に打ち捨てられるであろう自己の姿が二重写しに見えていたことであろう。

○

いよいよ筆を天祥の『集杜詩』に進める段階に達した。先ず彼がその巻頭に叙したことばを見よう。

「余、幽燕の獄中に坐し、為す所なし。杜詩を誦してやや習ふ。もろ〳〵の感興する所、その五言によりて集めて絶句となす。久しうして二百首を得たり。およそ吾が意の言はんと欲する所のもの、子美（杜甫の字《あざな》）先づ代りてこれを言ふことをなす。日にこれを玩して置かず。ただ吾が詩たることを覚えて、その子美の詩たるを忘るるなり。乃ち子美のよくみづから詩をなすにあらず、詩句はおのづから是れ人の情性中の語、子美を煩はして道《い》へるのみなるを知る。子美吾れに於いて数百年を隔つれども、その言語の吾が用をなすは、情性同じきにあらずや。昔人、杜詩を評して詩史とせり。蓋《けだ》しその詠歌の辞、紀載の実を寓し、而して抑揚褒貶の意、その中に燦然たるを以てにして、これを史と謂ふと雖ども可なり。余の集むる所の杜詩は、余の顚沛《てんぱい》より以来の世変人事、ここに概見す。これ詩を為《つく》るに意あるものにあらず、後の良史のなほ攷《かんが》ふることあるを庶幾《こひねが》ふなり」

右は自序の全文であるが、これによって『集杜詩』成立の事情と、その杜甫観とが明白に知られる。本集は明治五年、内村子輔の校によって刊せられているが、その南摩羽峯の序に「杜飯山は文々山の行を数百年前に詩し、文々山は杜飯山の詩を数百年後に行ふ。その詩その行、一々合契して一人に出づる如し、亦た奇ならずや。蓋し二山の遭ふ所の時と、その精忠義烈、社稷を憂へ心血を瀝《そそ》ぐものと、期せずして相同じなればなり。それぞの本已に同じ。詩の行の、あに同じからざるを得んや。宜《むべ》なり、文山の飯山の詩を借りて己れの行ひを叙せることや」とあるは、まことに至言といわねばならない。以下、その二百首のうちから、天祥の心事をよく知り得るいく首かを抄出することにする。

南極連銅柱　　南極銅柱を連ぬ
煌煌太宗業　　煌々たり太宗の業
始謀誰其間　　始謀誰れかそれ間せん
風雨秋一葉　　風雨、秋一葉

巻頭の第一首。「社稷第一」と題し、「三百年の宗廟社稷、賈似道《かじどう》一人の破壊するところとなる。哀しいかな」と自註を加えている。賈似道は理宗の妃の兄、権勢を独占し、忠臣を退け、元《げん》に好《よし》みを通じて一時をごまかし、遂に宋を滅亡に帰せしめた奸臣。第一句は杜甫の『李晋粛の蜀に入るを送る』、第二句は『北征』、第三句は『苦熱、陽中丞に呈す』、第四句は『故李光弼司徒』のうちより採ったもの。「南極銅柱を連ぬ」とは、伏波将軍馬援が交趾《こうち》、いまの北ベトナム地方まで征服し、その地に国境を示す銅柱を建てたという故事。一首の意は、唐の太宗に比すべき我が宋朝建立の英主太祖趙匡胤は、遥か南方をも版図に収め、煌々たる大業を樹立した。その創業の計は誰一人間然し得るものはない。しかるに残念にも、賈似道が国を誤ってわが国は、風雨にさまよう秋の一葉のごときありさまになってしまった、というものである。

握節漢臣回　　節を握りて漢臣かへる
麻鞋見天子　　麻鞋《まあい》、天子にまみゆ
感激動四極　　感激、四極を動かす

壮士涙如雨　　壮士、涙、雨のごとし

「福安に至る第六十二」と題す。第一句は『鄭駙馬の池台、鄭広文に喜遇し同飲す』より、第二句は『述懐』より採る。十九年間匈奴に拘留されながら漢節をはなさなかったという蘇武の故事をいったもの。それに本づいて、天祥がかつて元軍に使し、擒《とら》えられて北送されたが、途中脱出して辛苦の末、福安（福建省内）にて天子に拝謁し、右丞相・枢密使・都督諸路軍馬の官を授けられたことをいう。「麻鞋」は草鞋《わらじ》ばきのままでというほどの意。

この時の始終はみずから『指南録』に詳記しており、本巻の天祥の伝にも見える。第三句は『八哀詩』のうちの「厳武」より、第四句は『楊氏の歌を聴く』より採ったもの。「四極」は四方遠極の地という意。「涙如雨」は原詩「涙如水」である。子・雨と韻を合わせる必要から改めたものであろう。両句の意は、その時の感動は天地の果てまでも動かさんばかりにて、わたくしも並みいる同僚も雨のごとき涙にかきくれたことであったというものである。

寒城朝煙淡　　寒城朝煙あはく
江沫擁春沙　　江沫　春沙を擁す
群盗乱射虎　　群盗　乱れて虎を射る
回首白日斜　　首を回《めぐら》せば白日斜なり

「潮陽に駐す第七十二」と題し、「十月兵を引きて潮陽に趨《はし》り、やや群盗を平ぐ。人心翕《きゅう》然《ぜん》たり」と自註している。第一句は『呉侍御江上宅』、第二句は『遠遊』、第三句は

『雷』、第四句は『晴を喜ぶ』のうちの句。第三句、現行諸本は「乱豺虎（乱れて豺虎）」に作っており、その方が意味明白。潮陽城（広東省内）に駐屯して群盗を平らげた時を回想したもの。一首の意は、春寒去りやらず、城は朝もやのうちにかすんでいるが、城の傍を流れる川は、さすがに水かさを増し、寄せる波によって生ずる水沫《みなわ》があたかも岸辺を抱きかかえているごとく見えた。しかしこの平和な景も忽ち豺虎のごとき群盗の襲い来るところとなったが、それも一時、やがて苦戦の末にこれを討ち退けることができた。その時、気がつくと、はや日は西に傾いていた、というものである。

　清秋望不極　　清秋望み極まらず
　中原杳茫茫　　中原杳《よう》として茫々
　遊子悵寂寥　　遊子悵《ちょう》として寂寥
　下馬古戦場　　馬を下る古戦場

「北行第九十一」と題す。遊子は旅人、古戦場は顔真卿の平原であろうか。以下、各句の原詩名は必要なき限り記さぬこととする。

　陰房鬼火青　　陰房鬼火青く
　白日亦寂寞　　白日また寂寞
　自非曠士懐　　曠士の懐にあらざるよりは
　居人莽牢落　　居人莽《もう》として牢落

「入獄第九十九」。うす暗い土牢のなかには鬼火が青く燃え、わずかに射しこむ白日のかげも寂しい。このようななかに住んでいるものは、余程世のなかを達観した心の持ち主でなければ、とても淋しさに堪えられない、という意。「牢落」はさびしいさま、「莽」は蒼莽などと熟する字で、涯《はて》なきさびしさを形容したものであろう。

天黒閉春院　　天黒春院をとざす
如今罝中兎　　如今罝中《しゃちゅう》の兎なり
人間夜寥閴　　人間《じんかん》夜寥閴《りょうげき》
永日不可暮　　永日暮るるべからず

「入獄第一百」。春の坐敷は楽しいはずであるが、この土牢の内には光も入って来ない。わたくしはいまその獄内に、あみにかかった兎のごとき不自由な生活をしている。折から夜中、あたりには物音一つせず、この永夜がいつ明けるともわからない。「罝」は兎を捕らえるあみ。「寥閴」はひっそりと静かなさま、閴は闃に作るのが正しい。「永日暮るるべからず」は『夏夜歎』のうちの語で、酷暑の日のなかなか暗《く》れがたいことを歎じたものであるが、ここでは反対に、夜永の明けがたいことをいっている。前の詩の第一句「陰房鬼火青」やこの詩の第一句「天黒閉春院」は、『正気の歌』に「陰房鬼火さびしく、春院天黒にとざさる」として用いられていることに注意されたい。杜甫と文天祥、杜詩と『正気の歌』の関係が、はっきりと浮かび上がって来るであろう。

天寒昏無日　　天寒く昏《くら》くして日なし
故郷不可思　　故郷思ふべからず
訪旧半為鬼　　旧を訪へば半ばは鬼となる
惨惨中腸悲　　惨々中腸悲し

「懐旧第一百六」。自註に、「百五より百九に至るまでは、みな故人の王事のために して没せしものを懐念す。まことに多くして尽くは紀するあたはず。あゝ哀しいかな」とある。西郷南洲の沖永良部島《おきのえらぶ》謫居《たっきょ》中の作に「洛陽の知己みな鬼となり、南嶼の俘囚ひとり生を窃《ぬす》む」とあるを思わざるを得ない。

結髪為妻子　結髪妻子となる
倉皇避乱兵　倉皇として乱兵を避く
生離与死別　生離と死別と
回首涙縦横　首を回《めぐ》らせば涙縦横

「妻第一百四十三」。「結髪」とは、男子は二十歳、女子は十五歳にて初めて髪をゆって成人になること。「倉皇」はあわただしいさま。景炎二年（一二七七）八月、天祥は空坑に敗れて夫人欧陽氏を始め子女とちりぢりになったのが永久の別れであった。そのことを思い出し、思わず涙があふれ落ちた、というのである。

春日漲雲岑　春日雲岑にみなぎる
故園当北斗　故園北斗に当る
窈窕桃李花　窈窕《ようちょう》たり桃李の花
紛披為誰秀　紛披誰がためにか秀づる

「第一百六十二」とのみ題している。故郷を思い、故山を思う情を歌ったもの。雲の岑《みね》にみなぎる春の日、ふりさけ見れば故郷の方は遥かに遠い。ああ懐かしい故郷では今年も桃李が美しく咲いていることであろうが、見る人もないのに誰のために秀でるのであるか。

「北斗に当る」は原詩にては杜甫が、巫峡《ふきょう》のあたりにあって夜北斗を仰ぎながら、あの方角に故郷長安があると歌ったものであるが、ここではそれを借りて、遥か遠いことの形容としている。

済時肯殺身　時を済《すく》はんとし肯《あへ》て身を殺す
惨淡苦士志　惨淡たり苦士の志
百年能幾何　百年よくいくばくぞ
終古立忠義　終古忠義を立つ

「第一百七十二」。一百六十三より一百九十一に至る二十九首は、「雑然としてその心を写す」と自註している。古《いにしえ》より歴史を担った人々にして、惨淡たる辛苦に遭わなかったものがあったであろうか。人生は短し。千古に滅びざるものはただ忠義。まさに『正気の歌』を二十字に縮めたごとき作である。

解説が長きに過ぎたので、文天祥の杜詩愛誦についての紹介は以上に止め、次に、天祥の伝の依拠について概説しておこう。

その基本となっているものは『続資治通鑑綱目』巻二十二・巻二十三にわたって記されている関係記事であって、絅斎は先ずこれを抄綴し、それに『宋史』本伝、『歴史綱鑑補』巻三十七・巻三十八の関係記事、『文丞相全集』巻十六所収の元人劉岳申および明人胡広の撰に係る両『丞相伝』と、天祥の手記『指南録』『紀年録』を参酌して増補、もって文を成している。薛瑄《せつせん》の評語以下の典拠は、その本文の後に記しておいた。

巻の六　謝枋得

初めて建寧に到りて賦する詩幷びに序
宋の江西の招諭使・知信州謝枋得

〔語釈〕

○初めて建寧に到りて賦する詩　謝枋得が北送せられるに当たり、詠じて家族朋友への訣別とした「雪中の松柏いよ〳〵青々」に始まる七言律詩。『畳山文集』十六巻本では巻二、二巻本では巻一に収めている。詳しくは後に記す。○江西の招諭使・知信州　初め呂師夔《りよしき》、江州興国宮の提挙であったが、兵を募って元を禦《ふせ》がんとしたるも、権臣賈似道《かじどう》、彼を参賛都督府軍事として長江中流の調遣に当たらしめたので、師夔は命を受けず、かえって元に降った。時に枋得はかねて師夔と親しかったので、上書してこれを説得すべく請うたので沿江の察訪使に任ぜられたが、機を失い、改めて信州の知に補せられた（徳祐元年（一二七五）十一月）。信州はいまの江西省上饒県の地。枋得は翌二年正月、師夔が江東に来攻したるを安仁に迎戦して敗れ、妻子みな捕らえられて、自身は老母を奉じ建寧山中に隠れたので、これが最後の官となった。〔強斎講義〕招諭使ハ、降参スル者ヲ此方ヘ招キ、叛ク者ヲ諭シテ、総体ノ司サニナル役ゾ。○謝枋得　枋《ほう》は車材に適する一種の木の名。それ故、君直という字《あざな》の関連から、これはホウ、即ち木の名の意でなく、枋のいま一つの音ヘイ、即ち柄の意であるとしてシャヘイトクと読む、との説があるが、本書は通説に従ってシャボウトクとする。

枋得、字《あざな》は君直、信州の人。宝祐中、郷薦を以て試み、礼部の高等に中《あた》る。対に比《およ》びて、力《つと》めて時宰・閹宦《えんかん》を詆《そし》り、奮つて前後を顧みず、抑へて第二甲に置く。既に帰る。江東西の宣撫使趙葵《ちょうき》、枋得を辟《め》して属とす。ついで礼兵部架閣《かかく》に除し、兵を募りて江上を援けしむ。枋得、銭粟《せんぞく》を給し、信《しん》・撫《ぶ》の義士数千人を得て以てこれに応ず。時に賈似道《かじどう》国に当り、功を忌みて一時の閫臣《こんしん》を汚衊《おべつ》せんと欲し、官を遣《つか》はし辺費を会計す。会計者、信に至る。枋得いはく、「以て宣撫を累《わづら》はすべからず」と。家を毀《こぼ》ちてみづから償《つぐな》ふ。是れによつて坐廃せらる。景定の末、元の兵、江上を圧し、宋社日に替《かは》りて、江東の漕司猶ほ士を試み芸を較《くら》ぶ。枋得試を考し、似道の政柄を窃《ぬす》み忠良を害し、国を誤り民を毒するを憤り、策十問を発し、その姦を擿《と》り、極めて言ふ、「天心怒り地気変じ、民心離れ人才壊れ、国に亡証あり」と。辞甚だ剴切《がいせつ》なり。似道その藁《こう》を視、大いに怒り、台評《だいへい》つひにその騰謗《とうぼう》を劾《がい》し、秩《ちつ》を鐫《けづ》りてこれを竄《ざん》す。後又、史館を以て召す。枋得いはく、「似道、我れに餌《じ》するなり」と。赴かず。徳祐の初め江西の招諭使・知信州となる。元の兵、江東に寇《こう》す。枋得、安仁に迎へ戦ひ、矢尽《つ》きて敗る。妻子皆執《とら》へらる。枋得遂に服を易へ母を負ひ、建寧の唐石山に入り、逆《げき》旅《りょ》の中に寓し、日に麻衣躡屩《じょうく》し、東郷《とうきょう》して哭《か》す。人これを識らずして以て病を被るとす。又去りて建陽の市中に売卜す。来り卜《うらな》ふものある、たゞ米屨《べいく》を取るのみ。委《お》くに銭を以てする、悉《ことごと》く謝して納れず。遂に閩中《びんちゅう》に居る。宋已に亡び、元の至元の末、元主その臣程文海を遣はし、江南の人才を訪ひ求む。文海、宋の遺士三十余人を薦め、枋得を以て首とす。枋得、時まさに母の喪《も》に居る。書を文海に遺《おく》りて、いはく、「某《それがし》の死せざる所以のものは、九十三歳の母あるを以てのみ。先妣《せんぴ》、今年二月を以て考終す。某、今より人間《じんかん》の事に意なし。亡国の大夫、与《とも》に存を図るべからず。李左車猶ほ能くこれを言ふ。況んややゝ『詩』『書』を知り、頗る義理を識るものをや」と。既にして元の行省の丞相忙兀台《ぼうこつたい》、旨をもつてこれを召し、手を執りて相勉労す。枋得いはく、「枋得、名姓不祥」と。敢へて赴かず。宋の降相留夢炎《りゅうぼうえん》亦た力めてこれを薦む。枋得、書を夢炎に遺り、弁論およそ数千百言つひに行かず。福建の参知政事魏天祐、又、枋得を薦めて功とせんと欲し、その友に来り言はしむ。枋得これを罵る。天祐乃ち誘《いざな》ひ召して城に入れ、これと言ふ。枋得又傲岸《ごうがん》、坐して対《こた》へず、或ひは嫚言無礼なり。天祐堪ふることあたはず。乃ち譲《せ》めていはく、「封疆の臣、まさに封疆に死すべし。安仁の敗、なんぞ死せざる」と。枋得いはく、「程嬰《ていえい》・公孫杵臼《しょきゅう》二人、皆、趙に忠あり、一は孤《こ》を存し、一は節に死す。一は十五年の前に死し、一は十五年の後に死す。万世の下、皆、忠臣たるを失はず。王莽漢を簒《うば》つて十四年、龔勝《きょうしょう》乃ち餓死す。亦た忠臣たるを失はず。韓退之いふ、棺を蓋《おほ》ひて事始めて定まる、と。司馬子長いふ、死は泰山より重く、鴻毛より軽きことあり、と。参政豈《あに》これを知るに足らん」と。天祐いはく、「強辞」と。枋得いはく、「昔、張儀、蘇秦が舎人に語りていふ、蘇君の時に当りて、儀なんぞ敢へて言はん、と。今日乃ち参政の時、枋得復《ま》た何をか言はん」と。天祐怒り、これを逼《せま》りて北行す。枋得死を以てみづから誓ひ、この詩を為《つく》りてその門人故友に別る。時に貧苦已甚《はなはだ》しく、衣結び屨《くつ》穿《さ》け雪中を行く。嘗てこれを徳とするものあり、賙《にぎ》はすに兼金重裘《ちょうきゅう》を以てす。辞して受けず。嘉興を離るるより、即ち食はず、簥中《きょうちゅう》に臥眠して去る。二十余日、死せず。乃ち復た食ふ。既に采石を渡り、たゞ少蔬果《そか》を茹《くら》ふのみ。数月を積みて困殆《こんたい》す。燕に至るに及びて、太后の攢所《さんしょ》および瀛国《えいこく》公の在《いま》す所を問ひ、再拝慟哭《どうこく》す。疾ひ甚し、憫忠寺《びんちゅうじ》に遷る。壁間の曹娥《そうが》が碑を見、泣きていはく、「少女子すら猶ほ爾《しか》り。吾れ豈《あに》汝に若《し》かざらんや」と。夢炎、毉《い》に薬を持ちて米飲に雑《まじ》へてこれを進めしむ。枋得怒りていはく、「吾れ死せんと欲す。汝乃ち我が生を欲するか」と。これを地に擲《なげ》て食はず、五日にして死す。子《こ》定之《ていし》、骸骨を護《ご》して信州に帰葬す。定之も亦《ま》た賢、累薦せらるるも起たず。妻李氏、初め執《とら》へて獄に送らる。賊帥《ぞくすい》あり、これを妻にせんと欲す。一夕みづから経《くび》れ死す。弟禹《う》九江にあり、亦た屈せざるを以て市に斬らる。季弟《きてい》二人、亦た倶に国事に死す。二人の子婦《しふ》等も亦た皆これに死す。伯父徽明《きめい》、富陽の尉《い》たり。元の兵奄《たちま》ち至る。徽明兵を出《いだ》し戦死す。その二子趍《はし》り進みて、父の尸《しかばね》を抱き亦た死す。

〔訳文〕

謝枋得の伝、『文節先生謝公神道碑』の記述を骨子とし、それに諸書の文を参酌してこれを成した。

謝枋得《ぼうとく》、字《あざな》を君直といった。信州、いまの江西省上饒の人である。宝祐四年（一二五六・三十一歳）、郷里の推薦によって礼部（文部省に当たる）で行われる省試《しょうし》を受験し、第一番で及第したが、皇帝みずから出題する殿試の奉答に及び、当時の大臣・宦官《かんがん》の行状をさんざんに罵り、憤慨の余り前後をも顧みなかったため、第一甲の成績であったのを抑えて第二甲に置かれた。さて枋得は帰郷していたが、翌五年、江東・江西両方面の宣撫使であった趙葵《ちょうき》に召されてその部下となり、ついで礼部・兵部両部の架閣に任ぜられ、元兵の来攻を防ぐために義兵を募集して長江沿岸の軍を援助することを命ぜられた。ここに於いて枋得は、金銭食料等の必需品を給与して信州・撫州両地方の義士数千人を得、宣撫の命に応えたことであった。然るに大臣賈似道政権を専らにし、功を立てた人物が力を得て己に代わらんことを忌み、当時の将軍を罪に陥れて失脚させんがために会計官を派遣して前線の各軍の収支を調査せしめた。その使者が信州に至ったので、枋得はこのために宣撫に面倒をかけてはならぬと考え、その不足分を家財を売り払って充足したが、そのために官を奪われたのであった。

景定五年（三十九歳）元兵長江沿岸を次々に攻略し、宋国の運命、日々に衰えたが、枋得はその漕司に於いてはまだ士人選考の試験を行ってその学力を比較したことであって、江東の試験官に任ぜられたので、賈似道が政権を独専して忠良の人物を迫害し、国の運命を誤り民衆の生活を苦しめていることを憤慨し、策文十題を提示して似道の姦悪をあばき上げ、言を極めて、天心も怒られて天変しばしば起こり、地気も変じて旱水の害がひどく、民衆の心は宋より離れて敵に降るもの相つぎ、才能ある人物は廃れて有用の人材はなくなり、まさしく国家滅亡の兆を示していると説き、その文字極めて適切であった。然るに賈似道その草稿を見て大いに怒り、目附役所に於いてはそれを問題として処分を上申し、ために枋得はその官位を奪われて興国軍（湖北省陽新県）に追放されることとなった。その後また史官に勤務すべく召されたが、枋得は、これ似道が自分を手なずけんとして餌を示すものだといって赴かなかった。

徳祐元年（五十歳）、江西の招諭使、ついで信州知事に任ぜられた。折しも元兵、長江流域に入寇し来った。枋得はこれを安仁（江西省余江県。信州の西方）に迎え戦い、矢尽きて敗れ、家族みな元に捕らえられた。枋得は服をかえて賤者に身をやつし、母を負って建寧の唐石山にかくれ、旅宿に寓居し、毎日、喪服姿にて東なる都臨安（杭州）に向かって哭し、宋の滅亡を哀しんだが、誰一人彼の心中を理解するものなく、この様子を見て病人であると思った。ついで建寧を去って建陽に行き、市中に売卜を業として暮らしを立てたが、その見料としてただ米やくつを受けるだけで、代金を置こうとすると、すべて断って受け取らなかった。

かくしてついに閩中《びんちゅう》（福建省閩侯県。福州）に住んだ。

祥興二年（五十四歳）二月、宋室厓山《がいざん》に滅び天下全く元に帰したが、その至元二十三年（六十一歳）、元主忽必烈《フビライ》はその臣程文海を江南に派遣してその地の人材を探し求めさせ、文海はそれに応えて宋の遺士三十余人を推薦したが、枋得をその第一に挙げた。枋得はその時、母の喪に服しており、その推挙を断って次のごとき書状を文海に送ったことであった。「宋亡びたるにもかかわらず拙者が今日まで生きていたのは、養わねばならぬ九十三歳の母がいたからである。しかるにその母は今年二月、生涯を終えたので、最早《もはや》拙者はこの世に何も心にかかることはない。さて亡国の大夫とは、ともに国家の存立について相談すべきでない、とは、趙の李左車さえもいっている通りであって、まして『詩経』『書経』を読み、いささか義理をも識っているものが、他国の政に参加すべきはずのものではない」。

然るに間もなく行省の大臣忙兀台《マンウタイ》、忽必烈の言いつけにて枋得を召し、枋得の手をとって、「浪人暮らしにて御苦労したことであろう」とねぎらい仕官を勧めたが、枋得は、「拙者の名前は亡国の臣のこととて不吉のものでござる」と断って赴こうとしなかった。宋の降相なる留夢炎《ぼうえん》も極力枋得を推薦したことであったが、枋得は書状を夢炎におくり、元に降るべからざるを弁論すること数千百言、ついに行かなかった。

福建の参知政事たる魏天祐は、また枋得を推挙し、それをわが手柄としようと思い、枋得の友人に降服を勧めさせた。枋得、罵ってその勧めを断った。ここに於いて天祐は、枋得をだまして城に召し出し、降参を勧めたが、枋得また傲然《ごうぜん》たる態度で坐したまま返事をせず、いえば天祐をあなどった無礼の態度であった。天祐はそれにこらえかね、枋得を責めていう、「地方官たるものはその地を守って死すべきものであるのに、足下は安仁で敗れながら、何故に戦死しなかったのであるか」。枋得いう、「昔、程嬰《ていえい》・公孫杵臼《しょきゅう》の二人は、いずれも趙の忠臣であったが、一人は趙の遺孤を守るために永らえ、一人は節義によっていのちを捨てた。即ち一人は十五年前に死に、一人は十五年後に死んだのであるが、いずれも永久に忠臣たることに疵《きず》はないぞ。また龔勝が餓死したのは、王莽が漢の天下を奪ってより十四年後のことであったが、これまた直ちに漢に殉じなかったといってその忠節に疵つけるものはない。韓退之の言に棺を蓋《おお》うて事始めて定まるとあり、司馬子長の言に死は泰山より重く鴻毛より軽きことありとあるが、足下には到底《とうてい》この意味はわかりますまい」。天祐これを強弁に過ぎぬとなじる。枋得いう、「昔、張儀は蘇秦の家来に向かって、いまは蘇君が全盛の時代であるから、拙者は何もいいますまいといったというが、今日はまさしく足下全盛の時、されば拙者はこれ以上何も申しますまい」。天祐この言を聞いて怒り、枋得を無理に北に送ることとした。ここに於いて枋得は死の誓いを立て、「雪中の松柏」云云の詩を賦して門人故友への訣別の辞としたことであった。その時、彼は貧苦はなはだしく、ぼろを纏い破れぐつで雪中を行ったのであるが、それを見て以前に彼の恩義にあずかったことのある人が、余りの気の毒さに金《かね》と毛衣を贈ったが、枋得はこれを断って受け取らなかった。

　枋得は嘉興を離れてからは食事をせず、餓死せんとして篭《かご》のなかに眠っているのみであったが、二十余日を経ても死ねなかったので、また食をとることにしたが、采石を渡ってからは、少しの野菜果物をのみ食べ、かくして数月、からだは衰え果てたことであった。かくして元都に至るや、太后の仮の墓所、および瀛国《えいこく》公の居られる方をたずね、その方に向かって再拝し声をあげて歎き泣いた。かかるうちにその病状甚だしくなり、憫忠《びんちゅう》寺に移され、同寺の壁に曹娥碑の拓本《たくほん》がかかっているのを見、泣いて「小娘《こむすめ》でさえも孝行の極、身を投げて死んだではないか。まして男子たる拙者が、その方《ほう》に及ぶまいことか」といった。さて夢炎は何とか枋得を降参させようと考え、医者に命じ、薬を重湯《おもゆ》にまぜて進めさせたが、枋得それに気づき、怒って「拙者は死のうとしているのに、貴様は逆に生かさんとするのか」といい、それを地に投げて食わず、その五日後、ついに死んだことであった。子の定之が父の遺骸を守って故郷信州に帰り、これを埋葬した。定之もまた人物にて、いくたびも推挙されたが、ついに元に仕えなかった。

枋得の妻李氏は、捕らえられて建康の獄に送られたが、賊将にこれを妻にせんとするものがあったので、二夫に嫁すべからずと、みずから首を縊《くく》って死んだ。

枋得の弟の禹は九江にいたが、彼もまた元に屈せぬため、市に於いて斬られた。枋得の末の弟二人もまた国事に死し、その二人の子や妻等も、皆節義に死んだ。枋得の伯父徽明《きめい》は富陽の尉《い》であったが、元兵が突如来攻するや、兵を率いてこれと戦い、戦死した。またその二人の子息も、戦場に突進し、父の遺骸を抱いて死んだことであった。

〔語釈〕

○**信州の人**　詳しくは信州弋陽《よくよう》の人である。弋陽は信江の中流、上饒と余江（安仁）の中間にその地名を残している。○**礼部**　わが文部省に当たる。省試は同部の管轄であった。○**対**　省試の合格者に対し、天子が直接問題を出し、それに奉答すること。その問題は御試策、解答は対策といわれた。なお時の天子は理宗である。○**第二甲に置く**　殿試の合格者は第一甲から第五甲まで五段階に分けられた。この時の第一甲は首席の文天祥以下二十一名、第二甲は謝枋得を首として四十名であり、同時の合格者のうちに十九歳の陸秀夫もいた。○**江東西の宣撫使**　宋代には、いまの金陵（南京）・太平・寧国・広徳の地をもって江南の東路とし、江西全省を江南の西路とした。江東西とは、東路・西路を并せた地域をいう。宣撫使は天子の旨を宣《の》べて民衆を撫安する職。重い役である。○**礼兵部架閣**　架閣は宋代の官名にて官庁の帳籍文案を管掌するを任とする。吏部・戸部は各一員、礼部・兵部は合わせて一員、刑部・工部も合わせて一員を置いた。○**信・撫**　信州と撫州。撫州はいまの江西省臨川県。鄱陽《はよう》湖西南および南の地方。○**閫臣**　大将をいう。閫は内外を区別するために門中に設けられた橛（とじきみ、くい）。これより外は城外の意となるので、将軍の職を閫外の任といった。○**辺費を会計す**　〔秦山講義〕辺費ハ敵ノヲル処ヘマイッテ軍ヲスル、其ノ間ノ兵糧ノ銭ノト云フヤウナモノノ入目ゾ。会計ハソレヲ算用スルコト。賈似道ガ何ゾ大将ノ越度ヲ見出サフトシテモ何モナイニヨッテ、思ヒツイテ兵糧ノ入目ノ算用ニカヽツタ。兵糧ト云フモノガ軍場デ大勢シテ食フモノユヘ、ドフモ何ホドト云フ算用ノナリニクヒモノゾ。ソレヲ知ツテヲツテ、ソレデ越度ヲ拵ヘルツモリゾ。○**以て宣撫を云云**　宣撫は趙葵をいう。○**漕司**　宋代、転運使に漕運を司らしめたことから出た官名。財政官である。○**摘る**　探り取るの意。あばく。○**逆旅**　宿屋。旅人を逆《むか》えるの意。○**麻衣躡履**　麻衣は白い麻の衣、喪服。躡履はわらぐつ、足半《あしなか》、これも喪中にはくはき物。合わせて服喪の姿にての意。○**先妣**　亡き父を考・先考といい、亡き母を妣・先妣という。○**人間の事に意なし**　この世の事に執着はない。人間《じんかん》は文字通り人の世の間の意。いわゆる人間《にんげん》の意ではない。○**亡国の大夫云云**　韓信、大いに趙の軍を破り、広武君李左車を捕らう。信、その縛を解き、師事して計を問うたが、広武君は「臣聞く、敗軍の将、以て勇を言ふべからず、亡国の大夫、以て存を図るべからず云云」とこれを辞謝した。『史記』淮陰侯列伝に見える。○**『詩』『書』**　『詩経』『書経』は『易経』『春秋』等とともに漢民族最古至上の古典である。「やゝ『詩』『書』を知り」とは、自分は学問をしたものであるがというを謙遜していったもの。○**行省の丞相**　元代、各路に行中書省を置いてこれを行省と称し、国の庶務を掌《つかさど》り、郡県を統《す》べ、辺鄙を鎮めしめた。各省に丞相・平章・左右丞・参知政事等の官があった。○**忙兀台**　マンウタイ。宋を伐って功を立て、江南を鎮めた。『元史』巻一百三十一にその本伝を収めている。○**福建の参知政事魏天祐**　福建行省の参知政事である。魏天祐は字《あざな》は吉甫、福建路管軍総管より福建行省参政に升《のぼ》り、銀掘に功があったが、それを私したため、台臣に按ぜられて職を辞した。○**傲岸**　驕《おご》り高ぶるさま。傲慢。○**嫚言**　あなどっていう。嫚は軽んずること。○**封疆の臣**　封疆は国境。昭公元年『左伝』に「王伯の令ありしとき、その封疆を引《ただ》してこれが官を樹《た》て」云云とあり、もと国境を守るの官をいう。ここにては、天子より一地方の長たることを命ぜられたるものの意であろう。〇**程嬰・公孫杵臼**　春秋時代、晋の屠《と》岸賈《がんこ》が、同じ大夫趙朔一族を殺したが、懐妊中であった朔の妻は難を逃れ、男子（趙武）を生んだ。岸賈はこれも殺そうとしたので、趙朔の食客公孫杵臼と、朔の遺友程嬰は相謀り、杵臼は他人の児を取り、趙武の身代わりとして山中に隠れ、嬰はそのことを屠岸賈に告げ、杵臼と児は殺された。程嬰は密かに趙武を育て、十五年を経て屠岸賈一族に復仇した後、ついに自殺した（『史記』趙世家）。〇**龔勝乃ち餓死す**　本書二七頁参看。〇**韓退之いふ、棺を蓋ひて事始めて定まる**　韓退之は名は愈、唐の柳宗元と並ぶ名文章家。棺を蓋ひて云云は、生前の毀誉は問題とするに足りない、人の真の評価はその人の死後に於いて決定される、の意。『昌黎先生詩集注』巻二所収、五言古詩『同冠峡』の末句に「棺を蓋ひて事乃ち了る」とある。〇**司馬子長いふ、死は泰山より重く云云**　司馬子長は『史記』の著者司馬遷、子長はその字。「死は泰山より」云云の語は、『任少卿に報ずるの書』に「人固《もと》より一死あり、死は或ひは太山よりも重く、或ひは鴻毛よりも軽し。用の趣く所異なればなり」とあるによる。〔強斎講義〕メツタニ死スルバカリガヨイコトデナイ。死シ様デ重イコトガアル。又何ノ役ニ立タヌコトガアル。死ハ一ツデモ、メツサフニ死スルヲ誉メタコトデハナイトアルコトゾ。〇**昔、張儀云云**　蘇秦、秦が趙を攻めてそのため六国合従《がっしょう》の破れんことを恐れ、ひそかに張儀を冷遇してこれを怒らせて秦に仕えるように謀り、その運動資金を己の舎人の手を通して給したので、張儀、秦に意を得るに至ってそのことを知り、辞去せんとする舎人に向かっていったことば。『史記』張儀列伝に見える。〇**已甚し**　已も甚だしの意。〇**兼金重裘**　兼金は並の金より上質の、価が倍もある金。重裘は綿入れの皮衣《かわごろも》。〇**嘉興**　浙江省の北端にある地の名。ここを去れば元の域に入ることとなる。〇**采石**　いまの安徽省当塗県附近の地、南京のやや上流。〇**攢所**　即ち殯宮。未だ葬らざる前、しばらくの間、死者の遺骸を棺に入れて安置するところ。〇**瀛国公**　徳祐帝。太皇太后謝氏（理宗の后）と元に降るや、元主忽必烈、廃して瀛国公とした。〇**憫忠寺**　北京の法源寺のこと。明の景泰年間、枋得を祀る「謝文節公祠」が建てられた。秦山の講義に「是モ古ヘ此処デ忠義ナ者ガ死ンダカラ、忠ヲ憫ムト云フコトデ、ソコヘ寺ヲ立テテ置イタ。ココガ謝枋得ナドノヤウナ囚ノ者ヲ置ク処トミヘル」とある。〇**曹娥が碑**　曹娥は後漢和帝の時の孝女。その父、県江に於いて溺死し、屍骸を得ず。娥年十四、江に沿いて号哭し、昼夜声を絶たざること十七日、遂に江に投じて死した。後、県長これを葬って碑を立て、邯鄲淳、文を撰し、蔡邕《さいよう》またこれに題した。○毉　医に同じ。○尉　盗賊を捕らえ、不正を察するを司る官。

枋得、天資厳厲《げんれい》、雅《つね》より奇気を負ひ、風岸孤峭《こしょう》、世と軒輊《けんち》することあたはず。而して天時・人事を以て宋の必ず二十年の後に亡びんことを推し、憸《せん》宰老を抗論し、竭蹷《けつけつ》して售《う》らず、つひに合ふを取らず。初め竄《ざん》するや、謫所《たくしょ》の山門によりてみづから畳山《じょうざん》と命じ、門を閉ぢ道を講ず。守令以下、皆門に及び、弟子《ていし》の礼を執りて翕如《きゅうじょ》たり。里中の人、事を行ふ或ひは理に循《したが》はざるものは、輒《すなは》ちいはく、「謝架閣聞けるか」と。両争を持するある、必ず来り質《ただ》す。平遣《へいけん》するに理を以てし、秋毫《しゅうごう》も人に仮与《かよ》する意なし。人も亦たその風を高とし、必ずみづから審《つまび》らかにして乃ち進め、義にあらざるものは、未だ嘗て敢へて前に至らざるなり。人と古今の成敗得失、国家の事を言ふ、必ず髯《ひげ》を掀《あ》げ几《き》に抵《いた》り、跳躍《ちょうやく》奮厲す。上下数千年、較然《こうぜん》として掌《たなごころ》を指すが如し。尤も善く楽毅・申包胥《しんぽうしょ》・張良・諸葛亮の事を論ず、常に千古の憤りあるもののごとくにして、世教を植《た》て民彝《みんい》を立つるを以て任とし、貴富賤貧、一もその中を動かさず。その言にいはく、「清明正大の気、利を以て回《かへ》すべからず、英華果鋭の気、威を以て奪ふべからず」と。そのみづから信ずる、おほむねこれに類す。人称して以て驚鶴霄《しょう》を摩し、籠縶《ろうちゅう》すべからざるが如しとして、この詩を読むもの、又以てその辞を読みその心を見、慷慨激烈、真に以て頑夫も廉《れん》に懦《だ》夫《ふ》も立たしむべしとすと云ふ。

〔訳文〕

枋得の伝の後半、その人物をいう。ほぼ『神道碑』の文により、『宋史』本伝と『続通鑑綱目』巻二十三・元世祖至元二十六年から一部補っている。

謝枋得はその性格厳厲、その気象、つねづねよりすぐれ、孤峭にして世俗といたずらに調子を合わせることがなかった。天文から見ても人事から見ても、宋はやがて二十年後には亡びることを確信し、何としても亡ぼしてはならぬと宰相賈似道と抗論し、失脚するも妥協しなかった。興国軍に流謫《るたく》されると、その山門にちなんでみずから畳山と号し、門を閉じてひとり道義を考究したのであるが、同地の長官以下多くの人々がたずねて来て門下となった。土地の人、何か事をなしてそれが理に叶《かな》わぬことがあると、謝架閣が聞かれはしなかったかと気づかった。また是非を争う問題が起こると、必ず枋得に判断を請いに来り、枋得は道理に従って公平にさばき、少しも相手に取り入るという意志がなかったので、人々も道にそむくことがないようにとみずから努めて、義理にたがうところがある時は、彼の前に出ることがなかった。人と古今の成敗得失のあとを論じ、国家存亡について語る時は、感慨の余り髯《ひげ》を脇息《きょうそく》に打ちつけ、躍りあがり、地団駄を踏むという有り様であり、古より今日に至る数千年の歴史を、掌《たなごころ》を指すがごとく明確に説いたことであった。なかでも楽毅・申包胥・張良・諸葛亮の事をよく論じ、古人の憤りをそのままわが身の憤りと思うもののごとくであって、世の教えを扶植し、人たるの道を樹立することをもって、自己の任務としていた。されば富貴も貧賤も全くその心を動かすことがなかった。彼のことばに「清明正大の気は利益で釣っても、もとへ回《かえ》すことができず、英華果鋭の気は権威をもっておどしても、かえさせることができぬ」とあるが、みずからの信念とするところ、先ずはこのことばの通りであった。ある人が彼を評して、鶴が物に驚いて大空に高く舞い上がり、何としてもとらえることができぬというような人物であるといったが、この「雪中の松柏」云云の詩を読むものはまた、その辞《ことば》を読みその精神を見て心感動し、奮起せずにはおられぬことであろう。

〔語釈〕

○**厳厲**　きびしくはげしい。○**雅より**　雅は常、素の意。平素。○**風岸孤峭云云**　風岸はその人の節概あることが岸の高く聳えているごとくであるをいう。孤峭は人物卓立して衆と協調せぬさま。軒輊《けんち》は上下・優劣等の意、軒輊することあたわずは、上げたり下げたりすることができぬの意から、調子を合わせていい加減ですますことができぬをいう。○**憸宰老**　憸は心のねじけ慾深なこと。暗に賈似道を指す。○**蝎蹷**　『荀子』儒効篇に見える語、その註に顚倒なりとある。つまずいてころげる。○**畳山**〔強斎講義〕山門ハ山ノ門ト云フコト。ソコガ段々重ナリタ山ジヤホドニ畳山ト云フ。○**道を講ず**　講は他人への講義の意でなく、自身に講究すること。講明、講学の講はこの意である。○**謝架閣**　架閣は礼兵部架閣、枋得がさきに任ぜられた官。○**人に仮与す**　仮与は貸しあたえる。無理なことでも相手の気持ちをそこねぬように、まあこうしておこうとする態度をいう。○**人も亦たその風を高とし**　強斎は「畳山ニ質サヌサキニ手前デトクト吟味シテコチノガ義ニソムケヌト思ヘバソコデ畳山ノ前ニ持ツテ出ル」と説いているので、「その風」のそのを相手のことと解している。しかしここは、相手が枋得の風を高尚であるとして解し、枋得を尊敬したので、問題を質し来るに当って事前に十分検討を遂げたとしてよかろう。○髯を掀げ几に抵り　髯はほおひげ、几は脇息（おしまずき）の意が原義にて、後世は机の意にも用いる。抵には至るの外に撃つの意があるから、ここは机を拳でうつと解してよろしかろう。○較然　正邪黒白がはっきり見えるさま。較は音カクの時は、車の輢《わきぎ》の上の横木の意、音コウは、比べる、明らかの意となる。故に比較はヒコウが正しい。○楽毅　戦国時代、燕の昭王に仕え、斉を伐って七十余城を降す。のち恵王が立つと斉の田単に離間せられて趙に奔ったが、「古の君子は交はり絶えて悪声を出さず、忠臣は国を去りてその名を潔くせず」といって燕への節義を曲げなかった。○申包胥　春秋時代、楚の大夫。同じく楚の大傅伍奢の子である伍員《うん》（字は子胥）が、讒言によって殺された父の讎《かたき》を討たんと、呉の兵を借りて楚の昭王を攻め破ったとき、員の旧知であった申包胥は、員の行為の非なるを告げ、秦に救いを求めた。秦伯はこれを辞したので、哭して声を絶たず、水も口にせざること七日、これに感じた秦伯は楚を救い、呉を退けた。昭王は包胥を賞せんとしたが、「吾君の為にす。身の為にあらざるなり。君既に定まる。又なにをか求めん」といって遂に受けなかった。○千古の憤り　古人の千古なおはれぬ憤りがそのままわが感慨となること。○清明正大の気　『神道碑』は「清明正大の心」に作る、従うべきである。○英華果鋭の気　精彩があって鋭い気象。○頑夫も廉に懦夫も立たしむ　『孟子』万章下篇の語。頑貪な男でも清廉になり、懦弱な男でも志を立てるようになる。

魏参政、執拘《しつこう》して北に投ず。行く期あり、死、日あり。詩して妻子・良友・良朋に別る。

雪中の松柏いよ〳〵青青。綱常を扶植する此の行にあり。

天下久しく龔勝が潔なし。人間《じんかん》なんぞ独り伯夷のみ清からん。
義高くして便《すなは》ち覚《さと》る生《せい》捨つるに堪ふるを。礼重くして方《まさ》に知る死《し》甚だ軽きを。
南八男児つひに屈せず。皇天上帝眼《まなこ》分明。

〔訳文〕

『畳山文集』十六巻本にては巻二、二巻本にては巻一に、初めに「初めて建寧に到りて賦する詩」と題し、次に右の序を記し、次に本詩を掲げている。枋得が北送せられるに当たり、本詩を賦して知友への訣別の辞としたものである。但し、枋得が安仁の戦《いくさ》に敗れ、母を負いて最初に隠れた地が建寧の唐石山であったことから考えて、「初めて建寧に到りて」の初めての語が落ちつかず、かつ安仁の戦いに妻子皆執《とら》えられ、その妻は後に自縊して死んでいるのであるから、「妻子・良友・良朋」の妻子も納得がゆかない。絅斎が伝のうちに「此の詩を為《つく》りてその門人故友に別る」としているのは、ここに考えるところがあってのことであろう。思うに右の題および序は、後の編纂者が加えるところであり、そのために正確を欠く表現となったのであろう。訳文に代えて強斎の講義を掲げておく。

雪中松柏愈青々云云人間何独伯夷清。孔子ノ「歳寒然後知松柏之後凋（歳寒くして然る後、松柏の凋《しぼ》むに後るることを知るなり。『論語』子罕篇）ト仰セラレタカラ云ハレタゾ。愈トアルガ別シテ孔子ノ余意マデ発セラレタゾ。孔子ノ松柏後凋ト仰セラレタガ、雪中デモミサホ（操）ヲカヘズ、愈ゝ《いよいよ》青々トシテ見ヘル。節義ヲ守ル者ハ、常カラ人ニハ越エテ見エルモノジヤガ、乱世デイヨ〳〵忠義ノホドガ見エル。三綱五常ノ大節義ヲタスケ立ツルハ、此ノ度ノコトジヤ。エ、サテ久シウ襲勝ノ様ナ忠義ノナカマガ無ウテサビシカツタガ、サレドモ拙者ガ居ルカラハ、何ノ伯夷バカリガ清カラフズトアルコト。忠義ノナリヲ任ジタ語意ゾ。前ノ扶植綱常在此行ト云ハレタ気象ハ、コ、デ見エルゾ。義高便覚生堪捨。義ノナリニカヘラレズ、義ナリニ高イ場ニナツテハ、命ホド大事ナモノハナケレドモ、何トモ思ハレヌ、惜シヒ気ハナイトアルコトゾ。礼重方知死甚軽。子トシテハ孝、臣トシテハ忠ト云フナリニ身ヲ尽スガ礼、其ノ礼ナリニカヘウ様モナク大事ナ時ニ至リテハ、死ハモノノ数トモ思ハレヌ。礼ニクラベテミレバ甚ダ軽イコトジヤトアルコト。南八男児云云眼分明。南霽雲忠義ナ者デ、遂ニ節義ナリニ身ヲ屈セズ死シタ（本書一五九頁）。天道ノ能ク見スカシテゴザルデハナイカ、トアルコト。

〔語釈〕

○綱常　三綱（君臣・父子・夫婦の間の道）五常（三綱に兄弟・朋友間の道を加える）の略。道義。人たるの道。○礼　人の人たる世界を構成している秩序。すなわち子として孝、臣として忠を尽くしてそれが筋目にたがわず具現されているをいう。○皇天上帝　単に「天」というに等しい。宇宙を主宰統括している至上のかみをいう。

劉忠斎に遺《おく》る書にいはく。たゞ天下の仁人のみ能《よ》く天下の仁人を知り、たゞ天下の義士のみ能く天下の義士を知る。賢者相知らざる多し。能く灼《あきら》かに三俊の心を見るものは必ず聖人なり。君子のする所は、必ず衆人の識る所にあらず。湯就《つ》くべく、桀《けつ》も亦た就くべし。必ず道義伊《い》尹《いん》の如きもの、これを能くす。伯夷・柳下恵は能《あた》はざるなり。仏肸《ひっきつ》召《よ》ぶ、往くべし。公山弗擾《ふつじょう》召ぶ、往くべし。必ず聖神孔子の如きものこれを能くす。曾・顔・閔《びん》は能はざるなり。伝にいはく、「人各ゝ能《のう》あり不能あり」と。先生の能くする所、某みづからその必ず能はざるを知る。○○の三宮を礼する、亦た厚しと謂ふべし。○○の亡国の臣を保全する、亦た恩ありと謂ふべし。江南人材なき、未だ今日の恥づべきが如きあらず。春秋以下の人物、本《もと》と道《い》ふに足らず。いま、一人、瑕呂飴甥《かりよいそう》・程嬰《ていえい》・杵臼《しょきゅう》・厮養《しよう》の卒《そつ》が如きを求むべきも、亦た得べからず。近ごろ江淮行省《こうわいこうしょう》の管公、旨《し》を将《もっ》て南に来り、好人を根尋し、面皮を覷《うかが》はざる正当底の人を根尋す。此の令一たび下り、人皆これを笑ふ。何ぞや。江南に好人なく正当人なきこと久し。江南に好人あり正当人ありと謂ふもの、皆○○を欺くなり。何を以てこれを言ふ。紂《ちゅう》の亡ぶるや、八百国の精兵を以て、敢へて二子の正論に抗せず、武王・太公凜《りん》凜《りん》として容《い》るる所なく、急に滅を継ぎ絶を興すを以て天下に謝し、殷《いん》の後、遂に周と並び立つ。三監・淮夷《わいい》をして叛かざらしめば、則ち武庚《ぶこう》必ず死せず、殷命必ず黜《しりぞ》けず、殷の位号必ず奪はれず、微子も亦た未だ必ずしも宋を以て殷に代りて、降りて上公とならざるなり。『多士』『多方』、依依然として旧君を忘れざるもの三十年、成王・周公、忠厚の心を以てその不平の気を消し、いはく商王の士、いはく有殷《ゆういん》の多士、いはく殷の逋播《ほは》の臣と。未だ敢へて我が周の臣民の例を以てこれを視ず。太平の君相《くんしょう》の亡国の臣民を待つ、なんぞかくの如くそれ厚きや。豈《あに》殷の旧国故都、猶ほ好人あり、猶ほ正当人あるにあらずや。唐人、六国《りっこく》の滅を哀しめるものなり。妃嬪媵嬙《ひひんようしょう》・王子皇孫、楼を辞し殿を下り、輦《れん》して秦に来り、朝歌夜絃は秦の宮人たり。今に至りて、読者猶ほ六国の臣子、一も心を痛め骨を刻むなきを惻楚《そくそ》す。亦た人なしと謂ふべし。楚の懐王は、一至愚極闇《しぐきょくあん》の主に過ぎざるのみ。忠直を播弃《はき》し姦邪を信任し、死を咸陽《かんよう》に送る。哀しむに足るものなし。楚人乃ちこれを憐れみ、その親戚を悲しむが如し。豈《あに》楚本《もと》と罪なし、弱くして自立することあたはざるに過ぎざるのみといはざらんや。楚滅ぶ。義陵の一邑、旧君に惓惓《けんけん》たるもの、たゞ一心、老を扶《たす》け幼を攜《たずさ》へ、桃源に肥遯《ひとん》し、後六百年、児孫尚ほ外人と相接《あひまじ》はらず。秦皇帝の威霊、蒙恬《もうてん》・蒙毅の智勇を以て、豈尽《ことごと》く楚人を執へてこれを拘《とら》ふることあたはざらん。天常民彝《みんい》、泯滅《びんめつ》すべからず、姑《しばら》く此の輩を留めて以て吾が忠臣義士を勧めて可なり。豈《あに》楚の旧国故都、猶ほ好人あり猶ほ正当人あるにあらずや。

〔訳文〕

『劉忠斎に遺《おく》る書』の前半。『畳山文集』十六巻本にては巻四、二巻本にては巻一に収む。但し、ともに『丞相劉忠斎に上《たてまつ》る書』に作る。なおこの文は『卻聘書《きゃくへいしょ》』と題し『続文章軌範』に収められており極めて名高いが、それは末の一節を抄出したものに過ぎない。ここに掲載せられているものはほぼ全文であるが、やはり長文に過ぎることと、表現に一部不適当なところがあるため、節略されている。

劉忠斎、即ち留夢炎に遺《おく》った書簡に次のようにいっている。仁人は仁人同士でなければ理解することができず、義士は義士同士でなければ理解することができない（元に降服することを承知せぬ私の心を、元に降った夢炎が理解できるはずはないの意を含む）。されば賢者同士でさえも理解し得ぬ場合が多い。微子・箕子《きし》・比干、いわゆる殷《いん》の三仁の心を明知し得るものは、孔子という聖人である。君子が義理のままにするところは、義理を弁《わきま》えることなき衆人には、とても理解できるものではない。湯のごとき有道の君にも仕えられるが、桀《けつ》のごとき無道の君にも仕えられるということは、伊尹《いいん》のごとき道義の人に限られたことで、同じ賢者でも伯夷や柳下恵のごとき人物にはできることでない。仏肸《ひっきつ》とか公山弗擾《ふつじょう》とかいう謀逆人が招いても往くことができるのは、彼等を感化し得る自信のある孔子のみになし得ることであって、曾子・顔子・閔子《びんし》騫《けん》というような高弟には、とてもなし得ることではない。されば『左伝』にも、人にはそれぞれ得意と不得意とがある、といっていることであって、先生がなし得るところ——元に降参するということは、わたくしにはとてもできぬことと思っている（当てつけの言である）。

　さて大元が三宮を礼遇される態度は懇厚であるということができ、大元が亡国宋の臣を厚く召し抱えられる態度も恩恵あることといわねばならぬ。しかるにこの大元の態度に対し、わが江南（宋の地をいう）に人材なきこと、今日の恥ずべきがごとき有り様は、嘗てなかったことである（元から厚遇されることを悦び、宋の天下が亡んだことは何とも思っていないものばかりであるから、これほど恥ずべきことはない）。春秋以下の時代は、取り立てていうほどの人物、ないといってよいが、それでもなお瑕呂飴《かりょい》甥《そう》・程嬰《ていえい》・杵臼《しょきゅう》や厮《し》養《よう》の卒のごとき、主人のためにわが生命を惜しまぬ人があった。しかるにいま、その程度の人を求めたとて、一人も得られぬのである（言外に、夢炎の降参したことを責めるなりに、何とぞ志を改めて宋の御子孫を取り立て、再び宋の天下にすることに奮起してほしいという枋得の願いが込められている）。

　されば近頃、江淮《こうわい》行省の長官忙兀台《マンウタイ》が君命をもって江南に来り、好人――器量のある人物や、面皮を覰《うかが》わざる正当底の人――人の顔を見て追従をいうようなことのない正義の人物を根探しすることになったのであるが、このいいつけが下るや、人々これを笑った。それは、江南に好人や正当人がいなくなってより久しいからであって、この地によい人がいるというのは、大元を欺く言である（もし江南に人材がおれば宋は亡びぬはず。よい人がなかったために宋が亡んだのであるから、この地によい人を求め得るはずがない）。

　このようにいうは広言と聞こえるであろうが、そうではない。昔、紂《ちゅう》王が亡びた時のこと、武王・周公は天下の人々を救うべく、八百国の精兵を率いて、已むを得ず紂を討ったのであるが、伯夷・叔斉兄弟の、臣として君を討ってよかろうかという一言に対して誰も返答することができず、さすがの武王や太公望も、寒け立って身の置き所もない有り様であって、にわかに殷の子孫を取り立てることにより、天下を貪らんとして紂を討ったのではないと、人々に釈明したことであった。かくして殷の子孫（紂の子武庚をいう）は周と並び立つこととなった。さればもし三監や淮夷が武庚とともに叛くことがなかったならば、武庚は絶対に死ぬこともなく、殷の命脈も退けられず、殷の地位も奪われず、微子も宋の国に封ぜられて殷の祭りを継ぎ、上公の地位に甘んずるということもなかったことであった。しかしながら、『書経』の多士や多方の篇を読むと、殷の遺臣が周の天下になってからも三十年ほどの間は依然として殷の恩誼を忘れず、されば成王（武王の子）や周公旦が彼等に接するに忠厚の心をもってしてその無念の思いの鎮まるように努め、あるいは「商王の士」「有殷の多士」「殷の逋播《ほは》の臣」として待遇して、自分の家臣民衆に対すると同一の態度を執ることはなかったのである。太平の世の君相（武王・成王や周公旦をいう）の亡国殷の臣民に対する処遇、まことに厚いといわねばならないが、これは、殷の遺地に、器量ある人物、正義の人々がなおいたからに外ならない（夢炎に何とぞして宋の子孫を取り立て、宋の祭りをも絶えぬようにしてほしいと願う存念を看ることができる）。

唐の人、六国《りっこく》の秦に滅ぼされたことを哀しみ、その宮女や王族が残らず宮殿を出て秦に連れ去られ、秦の宮人として朝《あした》に歌い夕《ゆうべ》に琴をひいていたことを『阿房宮の賦』に記したことであったが、今日に至るまでこの賦を読むもの、六国の臣子たるものが、その主君と仰いだ人々がこのような様になっていることに心を痛め骨を刻む思いをしなかったことに、悲しまざるを得ない（六国の臣たるもの、秦にさび鑓《やり》一本をも突き出すはずなのに、それがなかったとは、あさましい限りといわねばならない）。されば六国には、碌《ろく》な人物はなかったと見える。

それに反し、楚の懐王は至極の暗君であって、忠直の人物（屈原のごときをいう）を退け、姦邪の人物（上官大夫のごときをいう）を信任し、結局、秦の都咸陽に死ぬこととなった、全く同情に価せぬものであるが、楚の人々、その死を憐れむこと、その親戚の死を悲しむがごときであって、彼等の心情を推すならば、楚国が秦に亡ぼされたのは、楚に何も罪があったからでなく、ただ国勢が弱くして自力で立つことができなかったからであると思っていたことであろう。されば楚が滅ぶと、義陵の旧君を思慕する人々、秦に降るまじと一心に思いつめて、老人を扶《たす》け幼者の手を引き、桃源の地に退いて六百年の間、子孫に至るまで、外のものと交わることがなかったのである。もとより秦の皇帝の権勢や、その将蒙恬《もうてん》・蒙毅の智勇をもってすれば、彼等をことごとく捕らえることができなかったわけではないが、人心に根ざした道義道徳は滅ぼすことができぬものであるから、そのためしばらくこの人々を助けておいて、天下後世の忠臣義士に忠義の心を勧め励ます用にしようとしたのである。されば楚の遺地に、なお器量ある人物、正義の人々がいたといってよいであろう。

〔語釈〕

○湯就くべく云云　『孟子』告子篇に「下位に居て、賢を以て不肖に事《つか》へざるものは、伯夷なり。五たび湯に就き、五たび桀に就くものは、伊尹なり。汙君を悪《にく》まず、小官を辞せざるものは、柳下恵なり」とあるによったもの。○仏肸・公山弗擾　仏肸は晋の大夫趙簡子の臣にて中牟の宰、その謀叛の詳細は不明。公山弗擾は魯の大夫季氏に仕えて費の宰であったが、陽貨とともに邑に拠って叛した。二人が孔子を召《よ》んだことは、ともに『論語』陽貨篇に見える。○伝にいはく　定公五年の『左伝』に見える。由于が楚の令尹子西に答えた語。○○　大元とあるべきを忌んで圏《まる》にした。○瑕呂飴甥　春秋時代、晋の人。恵公の擁立に尽力し、のち恵公の子懐公が伯父の重耳（自立して文公）に殺されたので、その仇を報ぜんとしたが克たずして死した。○厮養の卒　秦末、趙王武臣が燕に捕らえられた時、厮養の卒（薪を割り食事を作るような雑役をする人足）が進み出て燕軍に至り、その将に説いて趙王を帰らしめた（『史記』張耳陳余列伝）。○江淮行省の管公　江淮行省は既出。管公は全体のしめくくりをするものの意で、宰相をいう。○旨　天子の御意。○面皮を覰ふ　人の機嫌をうかがうこと。○殷の後、遂に周と並び立つ　『史記』殷本紀に「紂の子《こ》武庚禄父を封じて以て殷の祀を続ぎ、盤庚（殷第十九代の天子、中興の英主）の政を修行せしむ。殷の民、大いに説《よろこ》ぶ」とある。武王は武庚を賓位に置いたのである。○三監・淮夷をして云云　三監は三人の目附役の意。武王は武庚を封ずるや、己の弟管叔・蔡叔・霍叔の三人をして殷を監せしめたるに、武王崩じて成王立ち、周公旦が政を摂すると、三監はかえって武庚とともに淮夷、即ち淮地方の夷《えびす》を率いて叛いた。ここに於いて周公旦は、武庚と三監とを誅し、殷の一族の賢者微子を宋に封じて殷の祀を継がしめたのである。○上公　二王、即ち夏《か》・殷の子孫の封ぜられた国である杞《き》と宋との君主をいう。他の諸侯と異なる優遇を受けているが、やはり周の臣に外ならぬから、「賓位から降りて上公となる」といったのである。○『多士』『多方』　ともに『書経』周書のうちの篇名。『多士』は篇中の「爾《なんぢ》殷の遺《のこ》れる多士」に本づく。殷の遺臣が容易に服しないので、殷が滅び周がこれに代わった理由を告げて周に服すべきことを訓諭したもの。『多方』は諸方、即ち諸邦の意、篇初に「爾《なんぢ》四国多方に告ぐ」とあるによる。周の世となっても殷の民を初めとして周に服せぬ国々が多かったので、民心を収めんとして訓諭したもの。○商王の士・有殷の多士・殷の逋播の臣　商王の士は『多士』に、有殷の多士（有は王朝名の頭に附する語、有宋・有明のごとし）は『多士』『多方』に、殷の逋播《ほは》の臣は同じく『書経』の大誥篇に見える。逋播の逋は亡びる、播は散る、逃げたり遷されたりした遺臣をいう。○唐人云云　唐の杜牧の『阿房宮賦』に、六国、即ち戦国時代の韓・魏・趙・燕・斉・楚の国々がすべて秦に滅ぼされるや、秦の始皇帝はその絶大な権力をもって渭水の南に阿房宮を造営し、六国の妃嬪媵嬙（后に次ぐ女官が妃、妃に次ぐが嬪、嬪に次ぐが媵、媵に次ぐが嬙。合わせて、きさきも宮女もことごとく）王子皇孫がその王宮を去って秦の都咸陽に輦（手車）に乗って赴き、秦王につかえたさまを記し、最後を「ああ、六国を滅ぼせしものは六国なり。秦にあらざるなり。秦を族せしものは秦なり。天下にあらざるなり。ああ、六国をして各々その人を愛せしめば、則ち以て秦を拒《ふせ》ぐに足りしならん。秦もまた六国の人を愛せば、則ち三世よりたがひにして万世に至りて君たるべし。誰か得て族滅せんや。秦人みづから哀しむに暇《いとま》あらずして、後人これを哀しむ。後人これを哀しんでこれに鑑《かんが》みずんば、亦た後人をしてまた後人を哀《かな》しましめん」と結んでいる。同賦は『古文真宝後集』に収録されているので、一読しておかれたい。○**惻楚**　惻はいたむ、楚もいたむ、悲しむ。○**死を咸陽に送る**　懐王が秦に客死した経緯は本書一三頁を参看。○**義陵**　陶潜『桃源記』に武陵（湖南省常徳県）とあるを敢えて改めた。〔秦山講義〕義陵ト云フコトハ外ナ書ニミヘヌガ、武陵ト云フ処ガアル。此処ノ者ガ義ヲ守ツテ居タト云フコトガアル。ソレカラ義ノ字ヲ付ケタトミヘル。是ガ本ト楚ノ領分ノ者ゾ。楚ガ滅ビルト桃源ト云フ処へ引込ンデ、六百年程ノ間、子孫マデ外ノ者ト交ラナンダ。○**肥遯**　遯は退避の意。『易経』を遯の卦の上九に「遯《のが》るるに肥《ゆた》かなり、利《よろ》しからざることなし」とあり、朱子の註に「遯るることの遠くして処《お》ることの裕《ゆた》かなるものなり……肥は寛裕自得の意」と見える。〔秦山講義〕シヤウコトナシニ引込ムト云フコトデナク、義理ニ安ンジキツテ引込ンデヲルコトゾ。

某《それがし》を以てこれを観るに、江南、好人なく正当人なきこと久し。好人・正当人を今日に求むる、尤も難し。某は江南の一愚儒のみ、景定甲子《かっし》、虚言を以て実禍を買《か》ひしより、天下号して風漢《ふうかん》とす。先生の知る所なり。昔歳、程御史、旨《し》をもって賢を招く、亦た物色の中にあり。既に肝《かん》を披《ひら》き胆《たん》を瀝《そそ》ぎて以てこれを謝す。朋友、大都より来り、乃ち謂ふ、「先生、賤姓名を以て薦《すす》め、朝廷過聴し、遂に旌招《せいしょう》を煩《わづら》はす」と。某は乃ち丙辰礼闈《れいい》の一老門生なり。先生誤って忠実の二字を以てそれを褒《ほう》す。入仕二十一年、官に居《を》る八月に満たず。断じて敢へて道を枉《ま》げ人に随って以て大君子人《ひと》を知るの明を辱《はづか》しめず。今年六十三。辟穀《へきこく》養気を学ぶこと已に二十載《さい》、欠く所たゞ一死のみ。豈復《ま》た他志あらんや。先生過挙せしより、高人・秀才・芸術を求むるものこれを物色し、いま則ち又物色 某《それがし》に及ぶ。某断じて聘《へい》に応ずべからざるもの、その説三あり。老母年九十三にして終り、浅土に殯在《ひんざい》す。貧、礼を備ふることあたはざれば、則ち大葬すべからず。妻子爨婢《さんぴ》、某を以て連累《れんるい》し、獄に死するもの四人、叢冢《そうちょう》に寄殯《きひん》すること十一年。旅魂飄飄《ひょうひょう》、豈帰るを懐《おも》はざらん。弟姪《ていてつ》の国に死するもの五人、体魄《たいはく》尋ねざるべからず、遊魂《ゆうこん》亦た招かざるべからず。およそ此の数事、日夜心に関《かか》る。某、何の面目ありて先生を見んや。此れ聘に応ずべからざるものの一なり。某、徳祐の時にありて監司たり帥臣《すいしん》たり。嘗て重兵を握りて一面に当る。蒯通《かいつう》、高祖に対《こた》へていはく、「彼の時、臣たゞ斉王《せいおう》韓信あるを知るのみ、陛下あるを知らざるなり」と。滕公《とうこう》、高祖に説きていはく、「臣各ゝその主の為めにす。季布《きふ》、項羽の将となりて力を尽くす、乃ちその職のみ。項氏の臣、得て尽《ことごと》く誅すべけんや」と。某、丙子以後、一たび兵権を解き、官を棄てて遠遁せしより、即ち曾《かつ》て降附せず。先生、中書省に出入し、これを故府に問へ。宋朝の文臣降附の表に、即ち某が姓名なし。宋朝の帥臣・監司・寄居の官員の降附の状に、即ち某が姓名なし。諸道・路県申《しん》する所の帰附の人戸《じんこ》に、即ち某が姓名なし。もし一字の降附あらば、天地神祇、必ずこれを殛《きよく》し、十五廟祖宗の神霊、必ずこれを殛せん。甲申《こうしん》の歳、〇〇詔を降し、過ちを赦《ゆる》し罪を宥《ゆる》す、事《つか》ふる所に忠あるものの如き、八年の罪犯、こと〴〵く置きて問はず、と。某も亦た恩赦放罪の一人の数にあり。夷《い》・斉《せい》周に仕へずと雖ども、西山の薇《び》を食ふ。亦たまさに武王の恩を知るべし。四皓《しこう》漢に仕へずと雖ども、商山の芝《し》を茹《くら》ふ。亦たまさに高帝の恩を知るべし。況《いはん》や〇〇の土地に藜《あかざ》を羹《あつもの》にし糲《くろよね》を含むをや。〇〇の某を赦すしば〳〵なり。某の〇〇の恩を受くるも亦た厚し。もし魯仲連に効《なら》ひ東海を蹈《ふ》みて死するは、則ち不可。いま既に〇〇の游民たり。荘子《そうじ》いはく、「我れを呼びて馬とするものはこれに応じて以て馬とし、我れを呼びて牛とせばこれに応じて以て牛とす」と。世の人、我れを呼びて宋の逋播《ほは》の臣とするものあるも亦た可《か》、我れを呼びて大元の游惰《ゆうだ》の民とするものも亦た可、我れを呼びて宋の頑民とするものも亦た可、我れを呼びて〇〇の逸民とするものも亦た可。輪とし弾とし、化と往来し、虫臂鼠肝《ちゆうひそかん》、天の付予に随ふ。もし官爵を貪恋《たんれん》し、一行《いっこう》に昧《くら》くば、たとひ〇〇の仁恕、戮《りく》を加ふるに忍びずとも、某、何の面目ありて〇〇を見んや。此れ聘に応ずべからざるものの二なり。某、太母の恩を受くるも亦た厚し。諫《かん》行はれず言《げん》聴かれずして去らず、猶ほ駑鈍《どどん》を勉竭《べんけつ》して以て上《かみ》に報ゆることを願ふ。太母軽《かるがる》しく二三の執政の謀を信じ、祖宗三百年の土地・人民を挈《ひっさ》げ、尽《ことごと》くこれを〇〇に献じ、一字も封疆の臣と可否を議するなし。君臣の義も亦た大いに削らる。三宮北遷《ほくせん》し、乃ち大都より帛書《はくしょ》を寄せていはく、「吾れ已に監司・帥臣に代り、姓名を具《そな》へて帰附す。宗廟尚ほ保全すべし。生霊尚ほ救護すべし」と。三尺《さんせき》の童子もその必ず是の事なきを知る。群臣を紿《あざむ》きて以て兵を罷《や》むるに過ぎざるのみ。宗社を以て存すべしとし、生霊を以て救ふべしとし、臣民を陽紿《ようたい》するに帰附を以てす、此れ太母の人君たる、みづから君たるの仁を尽くすなり。宗社存すべからず、生霊救ふべからざるを知り、太母に従ひて以て帰附せず、此れ某の人臣たる、みづから臣たるの義を尽くすなり。語にいはく、「君は令を行ひ、臣は志を行ふ」と。又いはく、「命《めい》を制するは君にあり、行を制するは臣にあり」と。大臣は道を以て君に事《つか》へ、可《き》かれざれば則ち止むとは孔子嘗て我れに告げたり。君臣は義を以て合ふものなり。合へば則ち就《つ》き、合はざれば則ち去る。某、前後累《しき》りに太母の詔書を奉ず。並びに回奏せず。たゞ二王に繳申《しゃくしん》し、生前致仕《ちし》し籍《せき》を削りて民となり、山林に遯逃《とんとう》し、殷の逋播の臣の如くならんと乞ひしことあるのみ。聞く太母上仙して久しと。北向長号、即ち死せざるを恨む。今日、何の面目ありて麦飯を捧げ太母の陵に洒《そそ》がんや。これ聘に応ずべからざるものの三なり。先生特に某が為めに情を管公に陳べ、某をして太平の草木と同じく聖朝の雨露に沾《うるほ》ひ、生きて善士と称し、死して道に表して宋の処士謝某の墓といはしめば、死するの日と雖ども、猶ほ生くるの年のごとし。恩に感じ恩に報ゆ、天実にこれに臨む。司馬子長言へることあり、「人、一死あらざるなし。死或ひは太山より重く、或ひは鴻毛より軽し」と。先民、その説を広めていはく、「慷慨して死に赴くは易く、従容に義に就くは難し」と。先生も亦た以て某の心を察すべし。

〔訳文〕

『劉忠斎に遺《おく》る書』の後半。

わたくしが観るところでは、江南の地に器量ある人物、正義の人々がいなくなってから久しいといわねばならず、このような人々を今の時代に求めることは、特にむずかしい。わたくしは江南の取るに足らぬ一儒者に過ぎず、景定甲子《かっし》の歳（同五年・一二六四）、賈似道の姦を極言し、虚偽の悪口をいったと劾《がい》されて追放されてから、天下の人々、変人と呼ぶようになった。このことは先生の御存知の通りである。むかし、程御史（程文海）、勅旨を奉じて江南の賢者を招いた時、わたくしの名もその名簿のうちにあったが、わたくしは本心を披瀝してこれを辞退した。しかるに大都（元の都、いまの北京）より来た友人から、この度の招聘は、先生（夢炎《ぼうえん》をいう）がわたくしを推薦され、それを朝廷（元の天子をいう）が承知され、迎えられることになったのであると聞いたことであった。わたくしは、丙辰の年（理宗の宝祐四年・一二五六）に礼部の省試に合格した一老門下に過ぎませぬ。しかるに先生は誤ってわたくしを忠実の人物であるとお褒め下さったことであった。それより官に仕えること二十一年であるが、実際に官務に当たったのは八ヵ月に満たなかったことで、それは道を枉げて人の意に追随し、それによって先生が認めて下さったお眼鏡に傷をつけるような真似を絶対にしなかったからである（先生のお眼鏡に対しても、元に降ることはできぬの意を寓す）。わたくしは今年六十三歳の高齢、その上、二十年来、仙人道士の術を学んで来て、死なずにおるを残念に思っているもの、外に望みとてなにもないのである。先生が誤ってわたくしを推挙されてより、志高き人物、才の秀でた人物、一芸ある人物を求め、いまや求めてわたくしに及んだことであるが、わたくしが、絶対に招聘に応ずべからずとすることは、三つの理由があるからである。

その第一は、わたくしの老母がこのたび九十三の高齢にて歿したけれども、ただわずかに浅く土を掘って仮埋葬したばかりで、貧窮のため葬礼を全うする力がなく、ために本葬ができずにおる。さらに、妻子や下女の、わたくしに連坐して獄死したもの四人、その遺骸は十一年も叢冢《そうちょう》に仮埋葬したのみであるから、その旅魂はさぞや故郷に帰りたく思っていることであろう。また、弟や姪《おい》にて国のために死んだもの五人、その遺骸も探さねばならず、魂も招かねばならない。以上の数事は、わたくしが日夜心にかけて果たせずにいることであって、このようなわたくしは、到底、先生にお目にかかる面目はありませぬ。これが招聘をお請《う》けできぬ第一の理由である。

わたくしは、徳祐帝の時に目付役でもあり司令官でもあって、大軍を率いて一方面の守りに任じたことがあった。昔、韓信の客分であった蒯通《かいつう》は、漢の高祖に捕らえられて責められるや、「拙者は韓信の恩を蒙ったものであるから、ただ斉王《せいおう》韓信が大切だということを知るばかりで、陛下のことは承知していませんでした」と答えた。また高祖の臣滕公《とうこう》は、季布を誅せんとする高祖に対し、「家臣たるものは、いずれも自分の主人の為に尽くすことが責分である。彼が項羽の将である以上、項羽の為に全力を尽くしたことは、その職分を果たしたまでである。よし項羽の為に尽くしたことが憎いからといって、項羽に忠義を尽くしたものを、ことごとく誅することはできますまい」といって押し止めた。わたくしが宋の為に尽くすのはその人々と同じこと、されば丙子の歳（即ち徳祐二年・一二七六。この年、安仁に元軍を迎え戦って敗れた）司令官の職を止め、官を棄てて山に逃げこんでより、決して降服しなかったのである。先生は中書省に出入りしておられる故、同省の古い書類を調べて見られよ。そのうちの宋朝の文臣の降附者の名簿に、わたくしの姓名はありませぬ。また宋朝の司令官や目付の部下の降附者の名簿に、わたくしの姓名はありませぬ。さらに各方面から上申したところの帰附者の戸籍のうちにも、わたくしの姓名はありませせぬ。もし一字でもわたくしの名がそれらの名簿のうちにありましたならば、天地の神々が必ずわたくしを死罪にし、宋朝代々の神霊が必ずわたくしを打殺されるであろう。甲申の歳（元世祖の至元二十一年・

一二八四）、大元にては、詔を降して、元に抗したものどもの過ちを赦し罪を宥《ゆる》すことになり、丙子の歳より同年までの八年間に於ける罪犯は、すべて問題とせぬこととなった。わたくしもまた、その恩赦に預かったものの一人である。そもそも伯夷・叔斉は周に仕えはしなかったが、西山の薇《わらび》を食って長らえたからには、武王の恩を感じていたはずであり、四皓の人々も、漢に仕えはしなかったが、商山の芝を食って活きていた以上、高帝の恩を感じていたはずである。まして大元の土地にささやかな生活をしているからには、わたくしが元の恩を受けていないということはできない。大元がわたくしを赦されることしばしばであるから、わたくしが大元の恩を受けていることも厚いといわねばならぬ。さればわたくしは、かの魯仲連に倣って東海を蹈んで死ぬこともできぬまま、大元の游民となったものである。荘子の言に、「我を呼んで馬だというものに対しては馬になろう。我を呼んで牛だというものに対しては牛になろう。どうなりといわせておくがよい」というものがあるが、世の人、わたくしのことを「宋の落ち武者」と呼ぶならばそれでもよく、「大元の無精者《ぶしょうもの》」と呼ぶならばそれでもよく、「宋の頑固《がんこ》者《もの》」と呼ぶならばそれでもよく、「大元の隠遁者《いんとんしゃ》」と呼ぶならばそれでもよいことで（元に降服したの、元の臣だのといわれなければ、何と呼ばれようとよいの意）、輪となりはじき玉《だま》となってそれなりに動き廻り、虫の臂《ひじ》、鼠《ねずみ》の肝《きも》のごとく、いかにつまらぬものといわれようとも、天の仰せのままに従いたいと考えている。これに反し、わたくしが、官爵に引かれ忠義の一道に欠けたならば、よし大元寛大の態度、わたくしを赦されるとしても、わたくしとして大元の天子にお目にかかる面目はありませぬ。これが招聘をお請けできぬ第二の理由である。

わたくしは、太皇太后の厚いご恩を受けた身である。諫言申し上げたことをお聴き入れ頂けなかったのに、官を去ろうとしなかったのは、なお愚鈍ながら全力を尽くしてお上《かみ》に御恩がえししたいと願ったからである。しかるに太皇太后に於かれては、二、三の大臣の申し上げる案を信ぜられ、宋の三百年来の土地・人民をことごとく大元に献上になり、国土を守っている臣と、そのよしあしについて相談されることがなく、この為君臣の心が別々になってその間の義に大いにそこねが生じた。さて三宮が大元に降られて北に遷られるや、大都（元の都）から書状を下されて、「わたしは、あなたに代わってその姓名を書きつけて降参するといっておいた。もし降参してくれるなら、宗廟もつぶされずにすみ、民衆をも救うことができるであろう」といって来られた。しかし、どんなに小さな子供でも、それがあり得ることでないことを知っている。これはつまり、群臣を欺いて戦を止めさせようとする策なのである。すなわち是は宗廟も社稷《しやしよく》も残すことができる、民衆も救うことができるといって、降参させるために臣民をだますことであるが、しかしそれも、太后が君主として、ご自身の、万民を恵まるる仁恵の心を尽くされるというものである。これに対し、宗廟社稷は残すことはできぬ、民衆は救うことができぬ、そして太后に従って降参することもできぬということは、わたくしが宋の臣としてみずから臣としての道義を尽くすというものである。古人のことばに、「君は令を行ひ、臣は志を行ふ」、上に立ってそうせよこうせよと命令を出すのが君たるの道であり、下に居て義理のままにわが志を行うのが臣たるの道であるとも、「命を制するは君にあり、行を制するは臣にあり」、命令を取りきめるのは君主の意志によるものであるが、どのように行うかというは臣下たるものの意志によるものである、ともある。「大臣たるものは、道義の実現のために君につかえるのであるから、それができぬ時には退くのである」とは、孔子がわたくしにいい聞かされたことに外ならない。されば、君臣は道義をもって相合うものであって、合う時にはつかえ、合わぬ時には去るべきである。わたくしは太后より、降参するようにとの詔書をいく度も頂いたが、すべて御返事せず、ただ益王・広王のお二人に、わたくしの生きている間にお暇を頂き、山の中に逃げこんで、殷の浪人のようになりたいと思っています、と申し上げたのみである。聞くところでは、太后崩ぜられて久しくなる、とのこと。わたくしは北に向かって号泣し、早くお供して死なかったことを恨んでいる。されば今日、到底、粗飯を供えて太后の御陵にお詣りする面目はありませぬ。これが招聘をお請けできぬ第三の理由である。

先生が、わたくしの為に右の実情を宰相に陳述して下さり、それによって太平の世の草木と同じように大元の恩恵を蒙り、生存中は立派な人物だと讃えられ、死後は墓道に碑を立てて「宋の処士謝某の墓」と刻んで頂くことができますならば、たとい死んだとしても、生きていると同じことである。もしこの願いをかなえて下さるならば、この上なき大元の大恩なれば、その御恩に報いんとするわたくしの心は、天が実に御承知である。司馬子長は「人はみな死ぬものであるが、その死が泰山より重いこともあれば鴻毛より軽いこともある」生命は惜しむに足らぬが、死すべき場でなければ徒《いたず》らに死してはならず、死すべき場ならば少しもためらうべきではない、といっており、先民程明道《ていめいどう》はその論を押し広げて、「激昂して死ぬことは容易であるが、冷静のうちに死ぬことはむつかしいものである」といっておる。以上によって、何とぞ、先生には、わたくしの心中をお察し頂きたい。

〔語釈〕

○風漢　変人。○肝を披き胆を瀝ぐ　わが本心を顕わすこと。心の奥を隠さずにすべて示すこと。○一老門生　一人の年老いた門人。科挙の試の合格者は、その試験官を生涯にわたり師とする。劉夢炎は枋得の試験官であったので、夢炎に対し門生と称したのである。○大君子　夢炎をいう。○辟穀養気　漢の張良が人間《じんかん》の事を棄てて仙人の術を修めた故事。ここでは、枋得がそれを慕って世を避けたの意。○芸術　技芸学術。今日のアートの意ではない。○浅土に殯在す　殯はかりもがり、死者を本葬する前に棺に入れ安置すること。ここは郷里に本葬するまで、かりに土を浅く掘って埋めておいてあるの意。○叢冢に寄殯　叢冢、強斎は草むらに葬っておいたと解し、秦山はあつめて一つに埋めると解す。典拠があるであろうが不明。○旅魂云云　郷里に帰られぬため、死者の亡霊はヒラヒラと漂って落ちつかぬ。○監司・帥臣　監司は目付役、帥臣は大将。李源道撰『文節先生謝公神道碑』に、江東提刑を授けその兵を総べて饒・信・撫を守らしむ、とある。提刑は宋時、朝官を選んで諸路の刑獄を提点するの官たらしめたるをいう。枋得は同時に知信州に補せられているから、事あればその地防衛の責任者となるのである。○蒯通　名は徹であるが、武帝の名を避けて、『史記』『漢書』には通としている。韓信を輔けて斉《せい》の地を平定せしめた功臣。後、信に高祖に叛くことを勧めたが用いられず、信が斬られんとするに及び、蒯徹の言を用いざりしを歎じた。「彼の時、臣たゞ斉王韓信」云云は、信が刑せられて後、通も捕らえられて高祖に責められた時、これに答えた言。これを聞き高祖は壮として不問に附した。詳しくは『史記』淮陰侯列伝を見よ。○滕公、高祖に説きて云云　季布は項羽の将、しばしば高祖を攻めて苦しめたので、高祖これを尋ね出して殺さんとした時、滕公《とうこう》が助けんとしての言。滕公は夏侯嬰《えい》、初め滕公に封ぜられ、後、汝陰侯となった。その伝は『史記』夏侯嬰列伝に見える。なお「臣各〻その主の為めにす」云云は、『史記』季布列伝によれば、魯の朱家が季布の為に滕公にいった言である。○中書省　内閣。但しこれは中央の中書省でなく、元代、各路に置いた行省としてのそれであろう。二六三頁参看。○故府　役所の古いくらの意。ここは、そこに勤めていたもとの役人をいう。○寄居の官員　寄禄官、無役にて俸禄を得ているものをいう。○帰附の人戸　帰附した民衆の戸籍。人は民、即ち禄位を得ている臣と異なるので、臣に降附というと区別して帰附（つきしたがう）といった。○殛　つみする。刑に処して殺す。○十五廟　宋十五代の祖宗の霊廟。十五代は太祖・太宗・真宗・仁宗・英宗・神宗・哲宗・徽宗・欽宗（以上北宋）、高宗・孝宗・光宗・寧宗・理宗・度宗（以上南宋）をいう。○四皓　漢の高祖の招聘を避け商山に隠棲した東園公・甪里《ろくり》先生・綺《き》里季《りき》・夏黄公の四人。○藜を羹にし糲を含む　藜はあかざ、草の名、その葉は蒸して食うことができるがまずいので、粗食の代表に使われる。羹は汁。糲はしらげぬ米、玄米。合わせてともかくも生活しているの意。○魯仲連に效ひ云云　效は傚の意。魯仲連は戦国時代斉の人。高蹈仕えず。かつて趙に遊ぶや、たまたま秦、趙を囲むこと急、ここに於いて、秦を尊んで帝とし、その勢いを緩くしようとする議起こるも、仲連は、道義の上からこれを肯んぜず、もし秦を帝とするなら、われは東海を蹈んで死するのみ、といったので、秦もその威を恐れ、趙は事なきを得た。『史記』魯仲連列伝に見える。○荘子いはく云云　「我れを呼びて馬とするもの」云云は『荘子』応帝王篇の「一は己れを以て馬とし、一は己れを以て牛とす」、他人が自分を馬と呼ぶなら馬と呼ぶにまかせ、牛と呼ぶならば牛と呼ぶにまかせよう、分別の偏見に拘われる必要はない、とあるのによる。逋播の臣は既出。「輪とし弾とし」云云、および「虫臂鼠肝」云云は、『荘子』大宗師篇の「浸《やうや》く仮《いた》りて予《わ》が左臂を化して以て雞とせば、予《われ》よりて以て時夜を求めん。浸く仮りて予が右臂を化して以て弾とせば、予よりて以て鴞の炙を求めん。浸く仮りて予が尻を化して以て輪とし、神《こころ》を以て馬とせば、予よりてこれに乗ぜん。豈更に駕せんや」、わたしの病状がさらに悪化して、左のうでが雞となることなら、それも結構のことで暁のときを告げよう、右のうでが弾《たま》となることなら、鴞《とり》を射落として焼き鳥にしよう、車になるならその車に乗り、馬になるなら、その馬に乗ろう、与えられた運命をそのまま自分の運命として楽しもう、および同篇の「偉なるかな造化は。又はたなんぞ汝を以てなさん、はたなんぞ汝を以て適《ゆ》かしめん。汝を以て鼠肝とするか、汝を以て虫臂とするか」、造化の力は偉大なものである、一体、彼はあなたを何に変えようとするのか、どこへ行かせようとするのか、鼠の肝《きも》にでもしようとするのか、虫のうでにでもしようとするのか、とあるによったもの。虫臂鼠肝は至って小さく役に立ちそうにないもの、それ同様だと世間からいわれても、天から与えられた宿命と思って満足しよう、の意。○三宮　太皇太后謝氏と皇太后楊氏と徳祐帝。既出。○三尺の童子　ごく小さい子供。○宗社　宗廟と社稷。宗廟は祖宗の霊廟、社稷は土地の神と穀物の神を祀ったところ。合わせて宋の国家の運命。○みづから臣たるの義を尽くす　〔秦山講義〕是ハ拙者ニ在リテハ、臣タルノ義ヲツクスト云フモノジヤ。是ガイカフ大義ニ明カナコトゾ。主人ガ降参セラルレバ此方モツイテ降参スルト云フコトハ、スマヌコトゾ。○語にいはく、「君は令を行ひ、臣は志を行ふ」云云　ここに引いている二語は、典拠不明。但し、『史記』越世家に類似語として范蠡《はんれい》が勾践に答えた「君は令を行へ、臣は意に行はん」がある。いずれの語も君主は命令を出すことがその道、しかし臣はそれをそのまま受けるのでなく、自己の意志により道義を規準として行動すべきである、という意である。○大臣は道を以て君に事へ云云　『論語』先進篇に孔子の語「いはゆる大臣とは、道を以て君に事《つか》へ、不可なれば則ち止む」とあり、この語を引いて、上の二句の纏めとし、かつこれを枋得が直接、孔子より教えられたようなものであるという気持ちで「孔子嘗て我れに告げたり」といったもの。○繳申　繳はいぐるみ、糸を矢につけて放ち、鳥にまといつかせて捕らえるをいう。それよりまとうの意に用いる。思うに使者に添え状としてことづけて送ったものであろう。○道に表して　道は墓道、墓場への道、表は墓表、即ち誰々の墓と識した碑石。合わせて墓じるしとしての意。○宋の処士謝某の墓　処士は節を守って出仕せぬ人物のこと。八八頁参看。「宋処士」の三字に枋得の心が明白に表明されている。某は正式にはその名を書く。○天実にこれに臨む　天神が照覧しておられる、天の神が証人であるの意。「天実臨之」は誓いの辞。○司馬子長言へることあり云云　司馬子長は司馬遷。「死或ひは太山より重く」云云の語については、本書二五六頁参看。○先民云云　先民は程顥《ていこう》（明道）、「慷慨」云云の語は『二程全書』巻十二・遺書明道先生語第一の「感慨して身を殺すは易《やす》く、従容として義に就くは難しとなす」を指すものであろう。『近思録』政事類には「感慨して身を殺すは易く、従容として義に就くは難し」として収めている。また『二程全書』巻四十一・二先生粋言には「感慨して身を殺すは常人の易しとする所、死生の際に処して雍容《ようよう》として義に就くは君子の難しとする所」とある。

魏容斎に与ふる書にいはく。前宋逋播《ほは》の臣、〇〇の遊民謝某、謹みて書を閣下に致す。大元物を制し、民物一新、宋室の逋臣たゞ一死を欠く。上天、才《さい》を降す、その生るるや日あり、その死するや時あり。某《それがし》、一死節《せつ》を全うするを願ふ久し。恨む所は、時未だ至らざるのみ。〇〇妄《みだ》りに一忠臣義士を殺さず。某、豈《あに》恩を知らざらん。むしろ民となり、官とならざる所以のものは、忠臣二君に事《つか》へず、烈女二夫を更《か》へず、此れ天地の間の常道なればなり。丙戌《へいじゆつ》、程御史、旨《し》をもつて宣喚《せんかん》せしよりの後、いま第五次、〇〇礼を以て招徠《しようらい》するを蒙る。某の虞人《ぐじん》の死に効《なら》ひて往かず、夷・斉の死を学ぶことを願ひて仕へざる所以のもの、まさに天下万世、〇〇の量、能《よ》く謝某をして臣節を失はず、死を視ること帰するが如くならしむるを知らしめんと欲すればなり。ここに相公の道院に拘管《こうかん》し、日夜吏卒および坊正・屋主を労動して監守するを蒙る。豈《あに》某の逃走を憂ふるならずや。某は是れ男児、死なば即ち死なんのみ。不義の為めに屈すべからず。なんぞ必ずしも逃走せん。相公の憂慮も亦た大労す。先民言ふことあり、慷慨して死に赴くは易く、従容《しようよう》に義に就くは難し、と。某、ここに相公縲絏《るいせつ》して大都に到り、縗絰《さいてつ》を以て留忠斎諸公を見ることを蒙る。且つ問ふ、諸公、一謝某を容《い》れ、その大元の閑民となすを聴《ゆる》す、大元の治道に於いて何ぞ損せん。一謝某を殺し、その大宋の死節たるを成す、大元の治道に於いて何ぞ益せん。たゞ恐る、前《さき》に大宋を誤り、後に大元を誤る、上帝監観し、必ず報応あり、諸公みづから面目の天地の間に立つなからん。某の母の喪未だ葬らず。礼経に拠《よ》るに、服を除くべからず。たゞまさに縗経して公卿を見るべし、凶服、君門に入るべからず。〇〇命《めい》あらば、まさに江南官吏貪酷《たんこく》し、生霊愁苦するの状を歴写し、万年書を作り、陛下に献じ、一に進退を聴くべし。忠臣二君に事《つか》へず、烈女二夫を更《か》へず、此れ某《それがし》書中の第一義なり。某、九月十一日、嘉禾《かか》を離れしより、即ち煙火を食はず。今は則ち勺水《しやくすい》・一果を幷せて口に入れず、たゞ速やかに死し、周の夷・斉、漢の龔勝《きようしよう》と同じく青史に垂れ、以て天下万世臣となりて忠ならざるものを愧《は》ぢしむべきを願ふのみ。ここに頒賜《ふんし》を蒙り、仰いで士を礼するの盛心を見る。某これを聞く、人の粟《ぞく》を食《は》むものは、まさに人の憂へを分つべく、人の衣を衣《き》るものは、まさに人の労を任ずべく、人の車に乗るものは、まさに人の難を載すべし、と。某既に死を以てみづから処《を》る。度《はか》るにこの生、恩遇に報答することあたはず。義、敢へて拝受せず。有する所の鈞翰台餽《きんかんだいき》の事件、尽《ことごと》く来使に交還し、使帑《しど》に回納す。外郎又鈞旨《きんし》を伝へていふ、某に何事を訪問せんと欲す、と。某、初心亦た一得の愚を効《いた》さんと願ふ。今は則ち決して敢へてせず。魯《ろ》に公甫文伯《こうほぶんぱく》死するあり、その母敬姜《けいきょう》哭《こく》せず。室老いはく、「いづくんぞ子《こ》死して哭せざるものあらんや」と。その母いはく、「孔子は聖人なり。再び魯に逐《お》はれてこの子従ふあたはず。いまその死する、未だ長者の来るあるを聞かず、内人皆哭を行ひて声を失し、閨中《けいちゅう》自殺するもの二《ふた》り。此の子や、必ず婦人に於いて厚くして長者に於いて薄し。吾れの哭せざる所以」と。君子いはく、「この言、母の口に出づ、その賢母たるを害せず。もし婦人の口に出でば、則ち妒婦《とふ》たるを免れず」と。言は一なり。居る所の位異《こと》なれば、則ち人心変ず。某、義、出仕せざるものなり、いま忠謀奇計ありと雖ども、則ち人必ず以て妒婦とせん。恐らくは徒《いたづら》に天下の笑ふ所とならん。

〔訳文〕

謝枋得が死の直前に、あくまで元の贈り物を受けず、相談を断り、宋の遺臣として死せんとするの決意を福建行省の参知政事魏天祐に書き送ったもの。『畳山文集』十六巻本にては巻四、二巻本にては巻一に収む。但し、ともに『参政魏容斎に与ふる書』に作る。

魏容斎、即ち魏天祐に与えた書簡に次のようにいっている。前宋の浪人、大元の遊民謝某、謹んで一書を魏閣下に差し上げる。大元が政権を収めることにより、万事万物すべて一新せられた。不釣り合いなるは宋室の遺臣たる拙者が、死に得ずに今日なお生存していることである。しかし天が人を生むや、その人、生きるも死ぬも天命があってそのいのちを自由にできるものでない。されば拙者は忠義のために死んで節義を全うしたいと願うこと久しいことであるのに、死すべき時がいまだ至らず、遺憾に堪えない。

そもそも大元が、敵対した拙者を宋の忠臣義士であるとして殺さず助けておかれたことは、拙者として恩に思わぬものではない。しかるにその元の遊民にはなっていながら官に就かぬのは、忠臣たるものは二君につかえず、烈女たるものは再嫁せぬ、これが万古不変、宇宙を貫く常道であるが故である。

顧みるに丙戌の歳（至元二十三年）、程御史（文海）より勅旨によって招喚せられてから、大元より礼をもって招かれること、今日まで五度に及んだ。しかるに拙者が、虞人の態度を手本として死を覚悟し、伯夷・叔斉の節義に従って餓死せんと願って仕官せぬのは、天下後世に、大元の天子の度量の大なる、拙者に臣節を失うことなく、安んじて死するを得しめたということを、知らしめたいと思うからである。

しかるに貴下に於いては、その拙者を道院に拘束し、日夜、吏卒や町年寄・屋主等を労して張り番をさせておられる。それは拙者が逃走するを恐れてのことであろうが、拙者は男である、殺すならば殺せ、不義のために屈するものではないから、逃走など致すことはござらぬ。されば貴下も大変な苦労をしているものといってよい。先民のことばに、「慷慨して死に赴くは易《やす》く、従容《しょうよう》として義に就くは難し」とあるが、この言こそ、拙者の今日の存念に外ならない（どうせ捨てる命なるに、早く捨てることをせず、今日なお生き長らえているは、理由があることである）。

拙者は貴下によって捕縛せられたまま大都（元の都）に到着し、喪服のまま（枋得はその母の喪中であった）留忠斎その他の諸公に会見した。そこで一つ拙者からたずねることであるが、諸公が拙者を宥《ゆる》して大元の浪人者にしておいたとしても、大元の政治の上に於いて、何の損失もあるまいし、拙者を殺して大宋のために忠死させたとしても、大元の政治の上に於いて、何の利益もありますまい（それでもなお拙者を、どうしても降参させようとするのであるか）。同時に、諸公はすでに敵に降服して大宋を誤った身であるのに、いままた不忠者を召し抱えさせて大元までも誤るならば、上帝これを御覧じて必ず天罰を下されることであろうし、そうなれば到底、この世に生きている面目がなくなるであろうと、拙者はひたすら諸公のことを気づかうものである（拙者を降参させようとするは、諸公に大損失となることである）。

さて拙者は、母の埋葬も終えておらぬ服喪中の身である。礼経によれば、服喪を除くことができぬうちは、諸公にお目にかかることはよいが、この姿のままで君の門に入ることはならぬことになっている。しかしながら、大元より命《めい》があり、拙者の意見を求めるということであるならば、江南の治に当たっている官吏の態度、貪慾冷酷であって、そのために同地の民衆が愁苦しているさまを書き立て、長文の書簡として陛下に献上し、その採ると採らざるとは、御一任に委《まか》せよう。いずれにいたしても、忠臣は二君につかえず、烈女は再嫁せぬ、これが拙者のこの書簡中の根本義である（されば断じて降服する意志はないのである）。

拙者は、九月十一日に嘉禾（県名、嘉興に同じ、いま福建省建陽県）を離れて以後、煮炊《にた》きしたものを口にせず、いまは一杯の水、一個の果物まで食わず、ただ早く死んで、周の伯夷・叔斉、漢の龔勝《きょうしょう》と同様に歴史に名を留め、もって天下万世、不忠なるものを愧じしめたいと願っている。しかるにこのたび貴下より贈り物を賜り、士を礼する厚い心に感謝するものの、拙者はかねてより人から恩を受けたならば報いねばならぬと聞いている。拙者は既に死する決意を立てている身、とても生存中に貴下に返報することはできない。されば義としてこれを頂くわけには参らぬ。よって貴下よりの書簡および進物の数々は、すべてこのたびの使者に托してお返しし、御蔵に返納申し上げる次第である。

しかるところ、外郎がまた貴下の御意志を伝えて、拙者に何事かについてお質《たず》ねになりたい、とのことであるが、拙者も、その初め、宋の時に於いては、愚言の一も述べたく思ったことがあったが、いま、元の世となっては、決していおうと思う気はござらぬ。その次第は、昔、魯に公甫文伯というものがあったが、彼が死んだ時、その母が泣かなかったので、家令が、子供が死んで泣かぬということはあるまいと怪しんだところ、その母は、「聖人孔子が二度も魯を放逐せられたのに、この子はそのお供をしなかった。いま死んだが、賢者といわれる人物は一人もその悔みに来ていない。しかも腰元どもはみな泣いて声も出なくなり、婦人のその後を追って自殺したものが二人もあった。これから見て、この子は、婦人どもとは仲がよく、賢者には冷たかったということができる。こんな男であったから、死んだとて別段哀しいと思わぬのである」との答えであった。君子がこのことを聞いて「このことばがその母の口から出たのであるから、賢母というに傷がつかぬ。もし婦人がいったのであるならば、妬《ねた》んでいったとの評を免れぬであろう」といったことである。同じことばであっても、立場が異なれば、いう際の心も変わって来るものである。拙者は、道義の上から、元に仕えぬものである。いま拙者に忠謀奇計があったとしても、もし敵である元に対してそれを説くならば、妬婦とそしらるると同じように、天下中の笑い物となってしまうであろう。

〔語釈〕

○忠臣二君に事へず云云　戦国時代の斉の王蠋の語。詳しくは一四八頁参看。○虞人の死に効ひて往かず　虞人は山沢をつかさどる役人。『孟子』万章篇に、「斉《せい》の景公が狩りに出た時、狩り場の責任者の虞人を旌《せい》という旗でさしまねいたところ、その役人は応じなかったので、これを殺そうとした。虞人を招くには皮冠という冠をもってすべきであるのに旌で招いたので死んでも行こうとしなかったのである」という話が出ている。名高い「志士は溝壑《こうがく》にあるを忘れず、勇士はその元《かうべ》を喪《うしな》ふを忘れず」、志士は正道を守るためには屍を谷間に棄てられることを覚悟しており、勇士は戦場に首を失うことを覚悟している、という語は、孔子がこの虞人の態度を讃えたものである。なお『孟子』の原文、「虞人死すとも敢へて往かず（虞人死不敢往）」とあるから、ここの「効虞人之死而不往（虞人の死に効ひて往かず）」は、「虞人の死して往かざるに効ひ」と訓むべきであろうか。○相公　宰相、大臣。ここは参知政事なる魏天祐をいう。○道院　道教の寺。前出の惘忠寺をいうか。○坊正・屋主　坊正は坊、即ち邑里の長、わが国の庄屋・名主の類、屋主《やぬし》は家主。○先民　程子。既出。○相公縲絏して大都に到る　縲絏は罪人をしばるなわ、転じて囚獄の意。天祐は枋得を大都まで護送したのである。○縗経　喪服。○且つ問ふ　マア一つたずねるが。「大元の治道に於いて何ぞ益せん」、大元の治道に何の益もないと思いますが、どうですか、という問いかけであり、次の「たゞ恐る」云云、諸公は天地の間に立つ面目がなくなるのではないかと拙者は諸公のことを心配しています、の言と対する。○礼経に拠るに云云　『礼《らい》記《き》』曲礼《きよくらい》篇に「苞屨《ひようく》・扱衽《そうじん》・厭冠《ようかん》にては公門に入らず」とあるを踏まえたもの。苞屨以下の三物は凶服（喪中に着る服）、公門は即ち君の門である。喪服をつけて諸公に面会することはよいが、君主にお目にかかることはできない、というのである。○江南　福建をいう。魏天祐が福建の参知政事であるから、暗にその政治の風をいう。○万年書　万言書の誤写であろうといわれる。長文の文書。○一に進退を聴く　進退は江南の官吏に対する処置処分をいう。それはすべて御判断におまかせ致す。**○人の粟を食むものは云云**　人の食べ物を食べているものは人の憂えを分けて自分も憂えるはずのこと、人の衣服をきているものは人のために骨を折るはず、人の車に乗っているものは、その人のために難儀を引き受けるはず、恵みを受ければ必ずその恩がえしをするはずのことである。『史記』淮陰侯列伝に見える、蒯通が韓信に叛を勧めたるに対し、信がそれを断った語。**○鈞輪台餽の事件**　鈞輪は大臣から来た書翰、『詩経』小雅・節南山篇に「尹氏大師、維《こ》れ周の氐《もと》、国の均を秉《と》る」云云とあるにより、宰相のことを鈞という。国の平らぎを取るの意。台餽は下役が持参した塩・味噌・薪炭の類のおくりもの。台は身分の低い役人、人の身分に十等あり、台はその最下なることが昭公七年の『左伝』に見える。餽は食べ物をおくること。『孟子』万章篇に「是れより台に餽《おく》ることなし」とあるより出づ。事件は事の件、ことがら。強斎・秦山ともに目録と解しているが、必ずしも目録に限らぬであろう。**○外郎**　意不明。強斎はただ「官名」とあり、秦山は「外ナ使ゾ」。中沼葵園『摘註』には「古へ貴人の子を称して郎君といへば、則ち是れ外郎は疑ふらくはその外甥・外孫の類を指してこれを言ふか」とあり、参看に供する。**○一得の愚**　愚者の言にも少しは益があるものの意。『史記』淮陰侯列伝に広武君（李左車）の言として「愚者も千慮すれば必ず一得あり」と見える。**○魯に公甫文伯死するあり云云**　『礼記』檀弓《だんぐう》篇に「文伯の喪に敬姜その牀に拠りて哭せず。いはく。昔、吾れのこの子あるや、吾れ以てまさに賢人たらんとすと為し、吾れ未だ嘗てともに公室に就かず、いまその死するに及ぶや、朋友諸臣未だ涕《なみだ》を出だすものあらざるに、内人皆行哭して声を失ふ、この子や、必ず多く礼に曠《うす》かりしならんかな、と」とある。この外、劉向《りゅうきょう》『古列女伝』（略して単に『列女伝』とも）、『孔子家語』にも敬姜が文伯の態度を歎いた話があるが、枋得引く所とは繁簡異同あり、枋得の何書によりしか詳《つまびら》かならず。但し、絅斎・強斎・秦山・墨山、みな『列女伝』に見ゆとしている。

又嘗て『東山書院の記』を著していはく。○○天子○○○○年、番陽の李栄庭、書辞を撰《せん》し、張国賢・彭汝翼《ほうじよよく》に託し、来りて謝枋得に告げていはく、「篤行先生趙公およびその子《こ》忠定福王、朱文公に厳事し、文公その廬に過《よぎ》る、忠定の長子崇憲これを師とす。忠定の従弟汝靚《じよせい》、東山書院雲風堂あり、乃ち篤行・忠定兄弟の子孫を教ふるの所、題は則ち文公の筆なり。天下大いに乱るるも、汝靚の後、寒飢死に浜《ひん》し、つひに非道を以て貧を去らず、書院遂に北胥徒《しよと》の有する所となる。栄庭見るに忍びず、常産を鬻《ひさ》ぎ、価《あたひ》を倍してこれを取る。敢へて吾が廬といはず、先聖燕居堂《えんきよどう》を設く。師友講習蔵脩、おの〳〵規矩《きく》する所ある国初四書院の如く、業を肄《なら》へば則ち体を明らかにし用に適《かな》へる湖学の如く、願はくは天下の英才とこれを共にし、文公の道をして大いに斯《こ》の世に明らかならしめ、篤行・忠定の家学も亦た絶えざらん。子《し》以て何如《いかん》とする」と。枋得いはく、「大なるかな李君の志や。亦た学の天地に功あるを知るか。古への大臣、能《よ》く道を以てその君民を覚《さと》すものは伊尹《いいん》より始まる。能く学を以てその君民を勉めしむるものは傅説《ふえつ》より始まる。国家に於いて軽重《けいちよう》する所なきがごとし。君不幸にして受《じゆ》の暴あり、臣不幸にして文王の聖あり、流風遺俗、猶ほ天人の心を繫《か》くるもの百余年、人紀絶えず、天地頼《よ》る。伊尹・傅説の教へ、隠然として人心にあるもの、未だ泯《ほろ》びざるなり。江沱《こうだ》・漢広《かんこう》の民、一変して鴃舌《げきぜつ》となる。文王・召公の道化、いづくにかある。後九百年、一夫忠懐潔操、楚人の声音を以て風雅の情性を失はず、天を指《さ》して正とし、殞《おと》すことありて他なし。楚亡ぶ。義陵の一邑、楚を思ひ秦を逃《のが》れ、桃源に隠居すること六百年、子孫猶ほ世と接《まじは》らず。召南の教へ・離騒の義、吾れ此《ここ》に於いてこれを見る。我が孔・孟、教へを斉《せい》・魯《ろ》に立つる時にいはく、吾れまさに三極を扶持せんとす、と。国人未だ必ずしも尽《ことごと》くは信ぜず。天下の精兵を合はせて敵へて一城の弦歌に加へず、穹爵《きゆうしやく》重禄を懸けて五百士の義に死するを奪ふことあたはず。漢の高帝、雄心覇気《はき》、一世人なしと謂ふ。此の二事を聞き、これが為めに駭愕《がいがく》し、これが為めに涕泗《ていし》す。孔・孟の教への天地と窮まりなしとするもの、固《もと》より此れに止まらず。此れも亦た以てその小験を見るべし。天地ありてより以来、儒道の立たざる、今日に至りて極まる。李君方《まさ》にまさに師を求め道を講じ、江左諸儒の倡《しよう》とならんとす。たれかこれを迂《う》とせざらん。然れども宇宙の間に此の迂士なくば、天地かつ立たず、況《いは》んや人をや。伊・傅《ふ》より孔・孟に至り、窮達同じからずと雖ども、その道皆天地に功ある、子《し》これを知らん。枋得切《せつ》に請ふことあり。今日、文公を師とし孔・孟を学ぶもの、必ず『四書』を読むより始むる、意の誠、家国天下、吾が心と一たり、誠の至り、天地人物、吾が性と一たる、かの人能《よ》くこれを言ふも、手指目視、常に人の見ざる所に在り、戒謹恐懼《きようく》、常に己れひとり知る所に在る、天下能く幾《いく》人ぞや。人の堪へざる所の憂へに心曠神怡《しんこうしんい》せず、視聴言動の隠に欲を去り理を存せず、人に語りていはく、舜《しゅん》の事、吾れ以て為《す》ることあるべし、四代の礼楽、吾れ以てみづから信ずべし、と。舜と跖《せき》と、鶏鳴《けいめい》の善利に分たず、人と禽獣と、昼夜の存亡に分たず、人に語りていはく、吾れ人心を正す、即ち周・孔と成るべし、吾れ性善を知る、即ち尭《ぎょう》・舜となるべし、と。孔・孟『六経《りくけい》』の万世を教ふる、文公『四書』の孔・孟を助くる、天下の英才に望む所のもの、果してかくの如くならんや。ああ、五帝・三王自立の中国、つひに諸儒道学大明の時に滅ぶ、此れ宇宙の大変なり。『四書』を読むもの愧《は》づることあり。然りと雖ども、達して道を行ふものの孔・孟に負《そむ》くことある、学者のまさに戒むべき所なり。窮して道を明らかにするもののつひに孔・孟に負くことなき、学者のまさに勉むべき所なり」。

〔訳文〕

右『東山書院の記』『畳山文集』十六巻本にては巻七、二巻本にては巻二に収む。朱子学者としての謝枋得の面目を最も明白に示す文。

謝枋得はまた『東山書院の記』を書いたことがあり、そのうちで次のようにいっている。〇〇の天子の〇〇〇〇年（上の〇〇は大元、下の〇〇〇〇は年号干支）、番陽（いまの江西省番陽県）の人なる李栄庭が、張国賢・彭《ほう》汝翼の二人に書簡を托して、わたくしに次のように告げて来た。「趙篤行先生とその子趙忠定公は、朱文公に師事したが、朱文公がその家をたずねられた際、忠定公の長子趙崇憲もその門人となった。さて忠定の従弟趙汝靚《じょせい》に東山書院雲風堂と名づける、篤行や忠定兄弟等が子孫を教えるための学堂があり、その標額は文公の揮毫するところであったが、その後、宋大いに乱れ、汝靚の子孫も極めて生活に苦しんだものの、道を曲げて貧より遁れようとしなかったために、結局、書院は北のものどものものとなってしまった。わたくしはこの有り様を見るに忍びず、田畑を売って倍の値段で買いもどしたことであるが、これを自分の住まいとせず、そこに先聖燕居堂を設け、あたかも国初の四書院のごとく、師弟相集うて学問修養するためにその規準を仰ぐところたらしめ、そこで修める学問は、あたかも湖南のそれのごとく、道義の根本の究明とその今日への実践を目標たらしめ、かくして天下の英才とこの書院を共有して、朱文公の道の大いに天下に明らかになり、篤行・忠定二公の家学も絶えることなきように致したいと念願している。この愚見に対する貴下のお考えを聴かせていただきたい」。

右の書簡に対して、わたくしは次のように答えたことである。「足下の理想、まことに大なりといわねばならないが、足下は、天地も学の一字にて立つものであるということは御存知であるか。古の大臣のうち、道義をもって君につかえ、道義をもって民衆を導いたのは、伊尹《いいん》を初めとする。学問をもって君と民とにそれぞれの任務を自覚させたるは、傅説《ふえつ》を初めとする。しかし道義といっても学問といっても、国家を治める上に於いて何ほどの役にも立っていないように見えるが、一旦、上に殷《いん》の紂《ちゅう》王のごとき暴君が現れ、下に周の文王のごとき聖人が現れ、不幸革命の惨事が生じても、なお伊尹・傅説の遺風遺訓が天意人心を維持し続けること百年余、人々殷を忘れることなく、人の道もこれによって絶えることなく、天地もこれによって立って来たのである。これによって見れば、伊尹・傅説の教えが、表向きでこそなけれ、人の心のうちにあって亡びぬものであったこと、明らかである。

文王・召公の教化が民にゆきわたり、『江沱』『漢江』の詩に唱われた長江中流の地帯も、周の末となると次第に風気衰えて未開の楚国となり、文王・召公の道義の遺風も地を払ったごとくであったが、その後九百年、屈原その地に現れて、その忠義の胸懐、潔白の節操なりに、楚人の音調をもって唱いながら『詩経』風・雅の情を失うことがなく、わが精神は天の照覧したまうところであると誓って君国を憂うる一念のまま、ついに一命を汨羅《べきら》に投じた。ついで楚国亡びるや、義陵の人々、楚を慕い秦の支配より逃げて桃源の地に隠れ住むこと六百年、その子孫に至るまで世の人々と交わることがなかった。文王・召公の召南の教えや、屈原『離騒』の道義が、天地に益あり人心を維持するものであること、以上の事実が何よりよき証拠である。

孔子・孟子が斉《せい》・魯《ろ》の地にその教えを立てられた時に、天地人の三才を扶持する決意であるといわれたが、国中の人々、その殆どはこれを信じなかった。しかるに天下の精兵を率いる漢王劉邦が、項羽のために節を守って降らずになおも弦歌を奏している魯の一城を屠ることができず、重位高禄をもってしても斉の士五百人が主人田横のあとを追って死なんとするを止めることができなかったことであって、雄心覇気、人を人とせぬ天下の不敵者といわれた彼ですら、この二つの事に対しては驚いて涙を流したのである。孔子・孟子の教えが天地とともに窮まりないというは、このようなことで語り切れるものでないこと勿論《もちろん》であるが、これによってその天地に功があるというの一端を見ることができよう。

そもそも天地が始まって以来、儒道の立たざること今日のごとき甚だしいことはなかった（宋亡び元が天下を支配したるをいう）。このような際に於いて、李君は東山書院を再興し、師を求め道義を講明し、もって江南地方の儒者の先導をなさんとするのである。人必ずこれを迂闊の行為とするであろう。しかしこの世にこのような迂闊の人物がおらなければ、天地も立たず、まして人の道が立つはずはないのである。伊尹・傅説より孔子・孟子に至るまでの聖賢を見るに、その志を得て道を行うを得ると、志を得ずして退居したとの違いはあるが、その人々が示した道がいずれも天地に功があったこと、右に述べたごとくであって、このことは足下既にご承知の通りであるが、さてここにわたくしに一つ希望がござる。今日、朱文公を師として孔・孟の学を修めんとするものは、必ず『四書』を読むことから始めるのである。すなわち『大学』に意誠にして云云とあり、されば意が誠であるならば家国・天下もわが心と一体となることであるとか、『中庸』にただ天下の至誠のみ云云とあり、されば誠の極に於いては天地人物のすべてがわが性と一体となることであるとかいうことを、人々は説くことができるが、しかも常に人の見ざるところに於いて十目の視るところ十指の指すところそれ厳なるかなという畏れを持って、常に己ひとり知るところに於いて戒謹恐懼している人物は、天下に何人いることであろうか。世人の堪えずとする憂患のうちにあって悠々自適することができず、視聴言動の働きとなって現れぬうちに克己復礼の涵養を積むことをせず、しかも人に向かって、われも同じ人であるから舜の通りにならぬはずはない、われも顔回と違わぬ人間である以上、回が孔子より伝えられた虞舜《ぐしゅん》・夏・殷・周四代の礼楽は、これを実施する自信があるといい、聖人の舜になるか盗賊の跖《せき》になるかの分かれは朝起きてより善に努めるか利に努めるかの違いによるのにその区別も知らず、人になるか禽獣になるかは昼夜この心を存するか放つかの違いによるのにその区別も知らず、しかも人に向かって、われは心を正しているから周公・孔子のごとき聖人になることができる、われは人の本性の善なることを知っているから尭・舜のごとき聖人になることができる、といっているものがいるが、孔子・孟子が『六経』によって万世に教えを示し、朱文公が『四書』に註解して孔子・孟子の教えを助け、もって天下の英才に期待したるところのものは、このような口先ばかりを巧みにするためのものではなかったはずである。まことに五帝・三王がみずからの力をもって独自の道を樹立されたこの中国が、諸儒出でて道学を大いに明らかにした宋朝に至って滅亡したことである。これ宇宙の大変であって、『四書』を読み孔子・孟子の教えを受けるもの、愧じざるを得ない。

しかしながら、志を得て学ぶところの道を天下に行う立場にあるものが、孔子・孟子の教えに負《そむ》くところあることこそ（宋に叛き元に降るをいう）、学徒の警戒すべき問題であり、困苦のうちにあって道義を明らかにしている人物が孔子・孟子の教えに忠実であることこそ（元に降らず宋の遺臣として節義を守っているをいう）、学徒の努力すべき問題である」。

〔語釈〕

○東山書院　朱子の門人趙東山の学堂。わが国では座敷を書院と称するがそれと異なり、本来、書院とは学問所のこと。唐の玄宗が麗正書院を設けて文学の士を集め学をその中に講じたるをその初めとする。宋初、廬山の白鹿書院、衡州の石鼓書院、応天の応天書院、長沙の岳麓書院等があって名高く、宋代の学術の振興、人物の養成に大いに力となり、それに倣って各地に書院が設けられた。○張国賢・彭汝翼　謝枋得の門人であろう。○篤行先生趙公・忠定福王　篤行先生趙公は趙善応、字は彦遠、性純孝にして父母の喪には哭泣毀瘠するに至った。卒するや丞相陳俊卿、その墓碣《ぼけつ》に題して「宋篤行趙公彦遠之墓」といった。その伝は『宋史』列伝第一百五十一・趙汝愚伝のうちに見える。忠定福王は、趙汝愚、字は子直、善応の子。吏部尚書・知枢密院事・右丞相等を歴任したが、韓侂冑《たくちゅう》に忌まれて寧遠軍副使に謫せられ、衡州に至りて急卒した。後、忠定と諡せられ福王に追封せられた。その伝は『宋史』に見える。○厳事　おごそかに師としてつかえる。『礼記』学記篇に「凡そ学の道は、師を厳にするを難しとなす。師厳にして然る後に道尊し」とある。○死に浜《ひん》す　〔秦山講義〕浜ノ字ハ、モチツトノコトデ、モチツトデ海ヘハマルト云フ心カラ此ノ字ヲ書イタモノゾ。『左伝』ニチカシト読ンデアル。○北胥徒《しょと》　北は蒙古、元。胥徒は小者《こもの》、官府につかえる走り使いのものの類。蒙古の下役どもの意。○先聖燕居堂　先聖は先聖先師、孔子をいう。燕居堂は『礼記』仲尼燕居篇に「仲尼（孔子の字）燕居す。子張・子貢・言游《げんゆう》侍す」云云とあるによったもの。燕は宴に通ず、安んずる。即ち燕居は朝より退いて家に安居するの意であるが、孔子の門人は、その燕居の時、教えを受けたので、師弟講習討論して互いに正しあうところの意からこの名を附したのである。○蔵脩云云　蔵は学問を身に蔵していること、脩は身を修めること。規矩する所ありは、標準依拠とするところがあるの意。この燕居堂を学問の依拠とし標準として互いに講習する。○国初四書院　宋初の四書院。但し、前記の四書院とする外に嵩陽・岳麓・睢陽および白鹿洞とするものもあり、その内容は必ずしも一定していない。○業を肄《なら》へば云云　肄は、『礼記』学記篇の「宵雅は三を肄はしむ」の鄭玄の註に「肄は習なり」とある、ならう。体を明らかにし用に適《かな》へるは、強斎の講義に「明体ハ義理ノ根本、道ノ本源カラ明スコト、適用ハ空理ヲ説カズ事実ノ上デ、百姓ハ百姓ノコト、町人ハ町人、武士ハ武士ト云フ様ニ、テシ〳〵ト実用ニ立チ今日ノ用ニタツコト」。○湖学　胡瑗（安定先生）が湖州（浙江省）に設けた学舎の名。同校は経義と治事の二斎より成っており、学生はその志によって分けていずれかに居らしめたが、ともに時務に任ずる人材の養成を目的としたので、同校の出身者は皆よく世用に適い吏事に練達であった。されば湖学はその後の諸学の標準となり、慶暦四年（一〇四四）、仁宗が京師に太学を設けんとした際にも、範を同学に取っている。詳しくは『宋名臣言行録』胡瑗の条に見える。**○天下の英才**　『孟子』尽心篇の「天下の英才を得てこれを教育するは三の楽しみなり」によったもの。**○伊《い》尹《いん》・傅《ふ》説《えつ》**　伊尹は殷の湯王を扶けた功臣。傅説は殷の高宗（武丁）を相《たす》けた賢臣。湯王崩じ太子太丁の子太甲が即位するや、伊尹は訓言を作ってこれに上《たてまつ》ったと『史記』殷本紀に見え、『書経』伊訓篇がそれであるという。「古への大臣、道を以てその君臣を覚す」とはこの伊訓を指していったもの。殷の高宗、殷を復興するの志あり、傅説を得て喜び、これを相《しょう》に任じて国大いに治まった。『書経』説命《えつめい》篇は、高宗の命により傅説が王に諭した言を録したものであるといい、そのうちに「これ教ふるは学ぶの半《なかば》、終始を念うて学に典《つね》にせば、その徳修まりて覚るなからん（自分の気づかぬ間に徳が修まる）」とある。「能く学を以てその君臣を勉めしむ」とはこの説命を指していったもの。**○受の暴**　受は殷の最後の王紂《ちゅう》の名。『書経』泰誓篇に「いま商王受《じゅ》、上天を敬せず、災ひを下民に降す」云云とある。ここに於いて周王発《はつ》（後の武王）大兵を率い、東して紂を伐ったのである。○**文王の聖**　文王は周の君昌《しょう》、文王は諡。上に紂王の暴あり、下に文王の徳があったので、天下の人心、文王に集まった。その子発が起って紂を伐ったのはその期待に答えたものである。枋得は文王がいなければ殷周の革命は起こらなかったとして、「臣不幸にして文王の聖あり」といったのである。**○江沱《こうだ》・漢広《かんこう》の民**　江沱は『詩経』召南・江有汜篇に「江に沱あり、この子帰《とつ》ぐ、我れに過《よぎ》らず、我れに過らず、その嘯《うそぶ》くや歌ふ」とあるより出た語。詩の意は、江には支流があるごとく、正夫人には伴ってゆくべき多くの副夫人がある、しかるに正夫人が初め副夫人を顧みずにひとりで嫁したことを悔い、歌をうたってその気持ちを晴らさんとしているというもの。漢広は同・周南・漢広篇に「漢の広き、泳ぐべからず」とあるより出た語。漢は長江の支流漢水。漢水は広いので泳いでもわたれない、同様にあの娘は貞潔なので、いどむことができないの意である。周南・召南とも、周初の感化が漢水・長江の流域にまで及び、その風俗が正しくなったことを詠じた詩が多く収められており、右の両詩もそれを示すものといわれている。**○一変して鴃舌《げきぜつ》となる云云**　かつての江沱・漢広の詩にうたわれていた長江流域の美風は一変して未開の風になり、文王や召公奭《せき》（周公旦とともに周初の功臣）の道義による感化のあとは、どこにも見られなくなった。鴃舌は『孟子』滕文公篇の「南蛮鴃舌の人、先王の道にあらず」より出た語。鴃はもず、もずの声は悪いのできづらい言語を卑しめていったもの。○一夫屈原をいう。○風雅の情性　『詩経』のこころ、いのち。『詩経』は各国の民謡を集めた風と、宮廷の歌である雅と、神楽歌である頌の三部より成る。風雅はその風・雅であって『詩経』の主要部である。○義陵の一邑既出。○召南　『詩経』国風の一、召は渭水の北、岐《き》山の南の地で、周の一族奭（召公奭）が封ぜられた。○離騒《りそう》の義　『離騒』は屈原が楚の運命を憂えて賦した長篇詩、君国を慕って已まぬ義烈の精神が貫いている。○三極を扶持　三極は三才、天・地・人をいう。天地の秩序を扶け、人道を維持すること。○敢へて一城の弦歌に加へず　『史記』項羽本紀に見える。項羽はかつて魯公に封ぜられたので、項羽が垓下に敗れ烏江に死んだ後も、魯の人々は主君への節を守って劉邦に降らず、劉邦がその頭を示すに及んで始めて降ったので、劉邦は羽を魯公の資格をもって鄭重に葬った。これは魯が孔子の祖国であったから、その道義の遺風が残っていたからである。○穹爵重禄を懸けて云云　『史記』田儋《でんたん》列伝に見える。劉邦既に天下を定め、斉《せい》の旧主田横がその旧臣五百人と海島に逃れているを召したところ、横は客二人と洛陽まで至ったが、劉邦とかつて同列であった身にてこれに臣事することを恥ずるといって自殺した。劉邦はこれを傷み、王の資格にて鄭重に葬った。なお二客と旧臣のことごとくも、横のあとを追って自殺した。韓退之『田横の墓を祭る文』（『文章軌範』所収）には、退之の横主従の義烈を慕う心が切々と述べられている。なお穹爵は、穹は大空、それより天にもとどくような高い位をいう。○天地ありてより以来云云　（強斎講義）宋亡ビテ元ニトラレ中国コト〴〵ク夷狄ノ風俗ニナツテ、今日ノ様ナ儒道ノ立タヌコトハ天地始ツテ以来、此様ナ大変ハナイ。○江左　江南をいう。○枋得切に請ふことあり　切、強斎は窃に通ずと説き、「ひそかに」の意と見るが、秦山は深切にの意と解し、「学問ト云フハ及第ヲ早フシタイノ、人ニ知ラレタイノト云フコトノミニナツテ、本法ノ我ガ心術ニ本ヅイテ道ノ通リニシタイト云フコトハナイ。夫レデハ何ノヤクニ立タヌ。夫ユヘ段々是カラアト、本法ノ学デナケレバナラヌト云フコトヲ語ラレタ」と説いている。○意の誠云云　『大学』に誠意（意を誠にす）が斉家・治国・平天下の根本であることを説いている。○誠の至り云云　『中庸』に「たゞ天下の至誠のみ能《よ》くその性を尽くすことをなす。能くその性を尽くせば、則ち人の性を尽くす。能く人の性を尽くせば、則ち能く物の性を尽くす。能く物の性を尽くせば、則ち以て天地の化育を賛《たす》くべし。以て天地の化育を賛くべくば、則ち以て天地と参《さん》ずべし」とあるを受ける。○手指目視云云　『大学』に「十目の視る所、十手の指さす所、それ厳なるかな」とある。○人の見ざる所に在り　『中庸』に「君子の及ぶべからざる所のものは、其れたゞ人の見ざる所か」とある。○戒謹恐懼　『中庸』に「道なるものは須臾《しゅゆ》も離るべからず、離るべきは道にあらず。この故に君子はその睹《み》ざる所に戒慎し、その聞かざる所に恐懼す。隠れたるより見《あらは》るるはなく、微《かすか》なるより顕《あきら》かなるはなし。故に君子はその独りを慎しむ」とある。○視聴言動云云　『論語』顔淵篇・顔淵問仁章に「非礼視ることなかれ、非礼聴くことなかれ、非礼言ふことなかれ、非礼動くことなかれ」とある。また「欲を去る」は同章にいう「克己（己に克つ）」であり、「理を存す」は「復礼（礼に復《もど》る）」である。朱子は礼を「天理の節文」と解している。○舜の事云云　『孟子』滕文公篇に「顔淵いはく、舜何人《なんぴと》ぞや、予《われ》何人ぞや、と。為すことあるものは、亦たかくのごとし」とある。○四代の礼楽云云　『論語』衛霊公篇に「夏《か》の時を行ひ、殷の輅《ろ》に乗り、周の冕《べん》を服し、楽《がく》は則ち韶舞《しょうぶ》」とある。韶舞は舜の楽であるから、虞舜・夏・殷・周を合わせて四代というのである。韶舞は音楽であり、時（暦を作って時節を明らかにする）・輅（大車、その作りが堅牢なれど質素）・冕（祭服の時の冠）は礼に属す。○舜と跖と、鶏鳴の善利に云云　『孟子』尽心篇に「鶏鳴きて起き、孳々《じじ》として善をなすものは、舜の徒なり。鶏鳴きて起き、孳々として利をなすものは、蹠《せき》の徒なり。舜と蹠との分を知らんと欲せば、他なし、利と善との間なり」とある。蹠は跖と同じ、大盗賊の名。○昼夜の存亡に分たず　『孟子』告子篇・牛山夜気章に「孔子いはく、操《と》れば則ち存し、舎《す》つれば則ち亡す。出入時《とき》なく、その郷を知るなしとは、たゞ心の謂ひか」とある。○吾れ人心を正す　『孟子』滕文公篇・予豈好弁哉章に「我れも亦た人心を正し邪説を息《や》め」云云とある。○吾れ性善を知る　『孟子』滕文公篇に「孟子、性善を道《い》ひ、言へば必ず尭・舜を称す」とある。○孔・孟『六経』の万世を教ふる云云　『六経』は易経・詩経・書経・礼記・春秋の五経に楽経を加えたもの。しかし楽経は伝わっていない。孔子・孟子の教えは『六経』という民族の古典に立脚したものであった。『四書』は大学・中庸・論語・孟子。朱子はこの四書を儒教の根本経典として最も重視し、その註を作った。即ち学・庸の章句、論・孟の集註である。枋得は、『四書』の眼目とすべきところを掲げながら、世の儒者がそれを自己の道として体察しようとせず、徒らに口舌の資とするのみであるを慨し、孔孟朱子の教えるところ、人々に望むところはそれと全く異なるというのである。○五帝・三王自立の中国　五帝・三王によって他国の力を借りることなく、みずから開き立って来たこの中国の意。五帝は少昊《しょうこう》・顓頊《せんぎょく》・帝嚳《ていこく》・帝尭・帝舜、三王は禹・湯・武、ともに古代の聖天子。中国は中華というに同じ、東夷・西戎・南蛮・北狄《てき》のなかにある文明開けたわが国の意。固有名詞でなく、自国に対する称呼である。○諸儒道学大明の時に滅ぶ　宋ほど道学の明らかな時代はかつてなく、儒者には程子・朱子があり、宰相には范文正公・司馬温公があった。しかるにこの宋朝が異国の元に滅ぼされ、しかも学者が相ついで彼に降ったのである。『四書』を読むものにとり、愧《は》ずべき限りのことである。○学者のまさに勉むべき所なり〔強斎講義〕コ、ヲ勉メイデハト云フコト。スレバ学ノ一字デ天地ヲ立テ綱常ヲ維《つな》グカラハ、所当勉ジヤト云フノ旨ゾ。極メテ学ヲ知ツタ云ヒ分ゾ。朱子『大学』ノ序ニ古今ノ治乱盛衰ガ説イテアル。学ガ起レバ治リ廃レバ乱ル、ト云フコトガ論ジテアル。其ノ学ト云フ正味ハ三綱五常ノ人倫ガ学ノ学タル所ノ根本ゾ。此ノ綱常ノ義理ヲ研クガ致知、其ノ心ノウカトセズ、義理ナリニ存スルガ正心、此ノ心ノ私シアルヲ克去ツテナイ様ニスルガ誠意。修身ト云フモ人倫五常ヲ修ムルコト、斉家ト云フモ修身ナリニ家ヲ修ムルコト。天下ト云フモ国ト云フモ家ト云フモ身ト云フモ、スキト人倫五常ノ義理デ此ノ綱常ノ義理ナリニ天下国家ノ治ツタデナフテハ、本方ノ治リタデハナイ。学ト云フ一字ハ天地人物ヲ貫キ、綱常ノ道モ是ニ頼ツテ立ツ。是有ツテ本方ノ天地、是有ツテ真実ノ人道ニナル故、学ノ一字ノ極メテ大切ナト云フ旨ヲ知ルベシ。畳山ハ能ク学ヲ知ラレタ人ユヘ、箇様ニ明キラカナ説ヲ云ハレタ。カウシタ人ユヘ、アノ様ナ大変ニアフテ、サウ云フタ詞ヲ変ゼズ身ヲマモリテ、三綱五常ノ大義ナリニ身ヲ終ハラレタ。又学ノ天地ヲ維持シ人道ヲ立ツルト云フ証拠ト云フモノゾ。

許浩《きょこう》いはく。ああ、精忠勁節《けいせつ》、文山前《まへ》に倡《とな》へ、畳山後《あと》に継ぐ。その行ふ所を質《ただ》すに、一轍《いってつ》に出づるが如く、綱常を夷狄華《か》を乱すの時に扶《たす》け、風化を宋祚《そうそ》傾頽《けいたい》の際に振ふ。身死すと雖ども、いまに至りて英気凜凜《りんりん》として猶ほ存す。身を殺して仁を成し、生を舎《す》てて義を取る。二公能《よ》く孔・孟の訓《をし》へに遵《したが》ふと謂ふべし。

〔訳文〕

『歴史綱鑑補』巻三十八・至元二十六年「四月、故《もと》の宋の江西の招諭使・知信州謝枋得、燕に至りてこれに死す」云云の後に収めている諸家の評語のうちに見える。〔強斎講義〕サテコレデ文山・畳山ノ始終ハ許浩ガ論デ結ビテ、コレカラアトハ徽宗・欽宗以来ノ、宋ノ亡ビタコトヲ記シテ、其ノ間ニ色々則《のり》ニナル忠義ノコトガアルユヘ、ソレヲ附録セラレタゾ。

許浩は次のようにいっている。ああ、精忠勁節《けいせつ》を守って文文山は前に倒れ謝枋得は後に死んだのであるが、二人の行動を深く考察して見る時、その精神全く等しいものであって、二人は、禽獣同様の夷狄が中華文明の地を乱した時に三綱五常を扶《たす》け、宋の国運が倒れようとした際に忠義の感化を振るったことであった。されば文山は刑せられ畳山は絶食して死んだが、その英気は凜々として今日に存しておるものといってよく、孔子は「身を殺して仁を成す」（『論語』衛霊公篇）といわれ、孟子は「生を舎てて義を取る」（『孟子』告子篇）といわれたが、二人はまことによくこの訓えに従われたといわねばならない。

〔語釈〕
○許浩　明の学者、字は復斎、弘治中、貢生をもって桐城県の教諭となり、『有斎日記』『宋史闡幽』『元史闡幽』の著があるというが、詳細不明。○質す〔強斎講義〕行フ処ガ正シイカ違ヘタカ違ヘヌカトアテ、見レバ。○綱常を夷狄云云〔秦山講義〕此ノ衆ガヲラレズバ、三綱五常ハドコニ有ルヤラ知レヌデアロフ。○風化を宋祚云云〔秦山講義〕風化ハ風儀ノ義理ニ化スルコト。宋ガツブレ口ニナッテハ、何ガ義理ヤラ忠義ヤラ知レヌヤウニナッテヲル。此ノ二人ノ衆ガ忠義ヲ尽シテ死ナレタデ、人ノ風儀モ忠義ニ化スルヤウニナッタ。

初め徽宗《きそう》宣和の末、已に金《きん》と釁端《きんたん》を啓《ひら》く。金遂《つひ》に諸将を遣はし、道を分つて入寇《にゅうこう》す。州県累陥《るいかん》し、勢ひ甚だ猖獗《しょうけつ》。徽宗乃ち位を太子桓《かん》に伝ふ、是れを欽宗《きんそう》とす。靖康と改元す。ついで金の兵、河を渡り、道君帝出奔す。宰執《さいしつ》又議して欽宗出幸して以て敵鋒を避けよと請ふ。行営参謀官李綱いはく、「道君皇帝、宗社を挈《ひっさ》げて以て陛下に授く。委《す》ててこれを去る、可ならんや」と。力《つと》めて去るべからざるの意を陳《の》べ、かつ言ふ、「明皇、潼関《とうかん》守りを失ふと聞き、即時蜀《しょく》に幸し、宗廟・朝廷、賊手に毀《こぼ》たる。いかんぞ軽挙して以て明皇の覆轍《ふくてつ》を蹈《ふ》まんや」と。泣拝し死を以てこれを邀《さへぎ》るに至る。欽宗乃ち止《とどま》り、綱に行営使を命ず。綱、守禦の具を治め、数日ならずして畢《をは》りて、金の兵既に京師《けいし》を囲む。綱力《つと》め戦つてこれを禦《ふせ》ぐ。金、備へあるを知り、乃ち来りて和を議し、謂ふ、「宋もし和を欲せば、まさに金銀各ゝ若干万両を輸《いた》し、中山・太原・河間三鎮の地を割《さ》きて、宰相・親王を以て質《ち》とすべし」と。李邦彦等力《つと》めて金の議に従へと勧む。乃ち都城士民の金銀、および倡優《しょうゆう》の家財を括借《かっしゃく》してこれを与ふ。綱是れよりさき召対し、謂ふ、「祖宗の疆土、まさに死を以て守るべし、尺寸《せきすん》を以て人に与ふべからず」と。ここに至りて又言ふ、「金人の需《もと》むる所、天下を竭《つ》しかつ足らず、況んや都城をや。三鎮は国の屏蔽《へいへい》、これを割かば何を以て国を立てん」と。欽宗、綱に出でて兵を治めよと諭《さと》す。綱退けば則ち誓書已に成り、金幣・割地等一《いっ》に金の言に依り、遂に綱を罷《や》めて以て金人に謝す。金乃ち兵を引きて北に去る。京師これより上下恬然《てんぜん》とし、辺事を問はざるに置く。綱ひとり以て憂へとし、しば〳〵辺に備へ敵を禦ぐの策を上《たてまつ》るも聴用せられず、謀議あるごとに、又、耿南仲《こうなんちゅう》等これを沮《はば》みて、金果《はた》して復た入寇して日に逼《せま》る。南仲等、専ら和議を主《つかさど》り、勤王の兵を罷め、使を遣はし和を請ふ。金人佯《あざむ》き許して攻略自如《じじょ》たり。諸将、和議の故を以て、皆《みな》壁を閉ぢて出でず。金の兵、遂に復た京城を囲む。四方の援兵、一人の至るものなし。城遂に陥る。金人尚《な》ほ宣言す、和を議し兵を退けん、と。欽宗これを聞き、遂に金の軍に如《ゆ》きて降を請ふ。宮に還るに及びて、両河の地を割きて以て金に畀《あた》へて、金更に欽宗および道君帝を邀《むか》へてその軍に至らしめ、幷せて廃して庶人とし、宋の宰相張邦昌を立て

て楚帝とし、二帝および后妃・太子・宗戚三千人を以て北に去つて、

〔訳文〕

以下、謝枋得章の附載として、宋・金交渉の始終を述べる。『続通鑑綱目』『宋史』を主たる依拠としている。右の文は、『続綱目』巻十・巻十一によってそれに取捨を加えた。〔秦山講義〕是カラアトハ、前ノ謝枋得ニ預ルコトデモ、先キノ方孝孺ニ預ルコトデモナイ。是ヲコ、へ載セラレタハ、乱世ニナルト互ニ偽ヲ云ヒ、色々テダテヲメグラシテ国ヲ奪ヒ取ラフトスルコトヲ主ニスル。和漢トモニ一方強ヒ方カラ和談ヲ云ヒ出スト、弱ヒ方ニハ、ソレヲヨイコトニシテ当分ノガレニ和談ヲスル。ソレガ畢竟義理ニクラヒカラヅ。何デ有ラフト先祖代々ノ敵、中国カラ夷狄ノ者ト取合フヤウナコトナレバ、タトへ国ヲ亡スマデモ張合フテ軍ヲセネバナラヌ。和談ト云フモノガ皆敵カラノ謀デ、油断ヲサセテヲイテ討取ル為ゾ。夫ガ此方ガ義理ニ委《くはし》フナケレバ、民百姓ノ為ジヤノ、大勢人ヲ殺スガ難義ナノト云フコトヲ云ヒワケニシテ、ツイ和談ヲスルヤウニナル。何デ有ラフト先祖へ対シテノ仇ナレバ、和談ト云フコトハナイコトゾ。親ノ敵ヲ討ツホド、向カラ機嫌ヲトツテ降参シテモユルスト云フコトハナイ。一国ノ政ヲモ取ル者ハ、カヤウナ処ニ工夫ヲ致サイデハジヤ。宋ノ徽宗・欽宗モ是ニ闇フテ、金カラ色々ト偽リヲ云ヒテ、トウ〳〵末ハ宋ガ亡ンダ。其ノコトヲ是カラアト、段々上ゲラレタゾ。

宋の徽《き》宗皇帝の宣和の末年には、早くも金との間に不和が生じ、金は諸将を遣《つかわ》して各方面

から侵攻して来り、宋の州県を次々に奪ってその勢い頗《すこぶ》る盛んであった。ここに於いて徽宗は位を太子の桓《かん》に譲った。即ちこれが欽宗《きんそう》皇帝である。欽宗は年号を靖康と改めた。ついで金軍が黄河を越えたとの報を聞き、徽宗、いまは名を改めて道君太上皇帝は都を出奔する。すると大臣どもも欽宗に、陛下もまた出幸せられて敵の勢いをお避けになられよと勧めた。しかるに行営参謀官なる李綱は、「道君皇帝は宋の国家をすべて陛下に授けられたのでありますから、これを棄てて去るという法はござりますまい」といって、去るべからざる意を力陳し、かつ「昔、唐の玄宗皇帝は、潼関《とうかん》の守りが敗れたと聞いて即時蜀《しょく》に出幸せられ、そのために宗廟も朝廷も賊の手に破壊されたことでありました。軽挙妄動されて、この玄宗の二の舞をされてはなりませぬ」と泣拝し、一命を賭してこれを止めたので、欽宗も踏み留まることとなり、李綱に行営使を命じた。李綱は防禦の兵具を用意し、数日ならぬうちにそれを終えたが、その時、金兵来りて都を取り囲んだ。李綱は力戦してこれを禦いだので、金は宋に備えあることを知り、これでは勝利を得がたしと考えて和議を提示し、「宋がもし講和することを願うならば、金銀それぞれいくばく万両を差し出し、中山・太原・河間の三鎮の地を割いてよこし、大臣・親王を人質として送って来い」といって来た。大臣李邦彦等、卑怯にも彼の提示に従って講和することを帝に勧めたので、帝はこれを容れ、都の住民から俳優に至るまでの金銀財物を借り上げてこれを金に与えた。

これよりさき、李綱は欽宗に直奏して「御先祖よりお預りしたる国土でありますからは、生命を賭してこれを守らねばならぬことと存じます。わずかなりとも人に与えてはなりませぬ」と申し上げていたが、ここに至りまた上奏して「金の要求は天下中の金銀を差し出しても満足するものではありませぬ。まして都内の金銀では問題にもなりませぬ。また中山以下の三鎮はわが宋国の桓根《かきね》というべき地でありますれば、これを割いて彼に与えますれば国を守ることができませぬ」と申し上げた。欽宗は綱があくまで講和を承知せぬことを知って、「その方のいう通りである」といつわって「城外に出て戦の準備をせよ」と諭しておき、綱が御前を退くと、早くも金に送る和談の誓書ができ上がり、金銀や割譲する土地等のこと、すべて金のいいなりであり、さらに李綱を罷免して金に謝意を示した。ここに於いて金は兵を引き上げて北に去り、都の人々はこれより安心し切って国防を問題とするものなき有り様となった。しかるに綱のみは金の意をもって油断ならぬとし、しばしば防禦の策を奏上したが取り上げられず、その上、会議の行われるたびに大臣耿《こう》南仲等の邪魔にあったが、その後、果たして金は再び侵攻し来りて都に迫った。しかるに南仲等はもっぱら和議を主張し、金の意を迎うべく勤王の軍兵を集めることを中止し、使者を送って和談を願った。金はそれに対し、講和を認める風をよそおいながら、攻略の態度を改めようとしなかった。しかも宋の諸将は、和議のためにみな城壁のうちに立て籠もって出撃しようとせず、金兵来りて再び都を囲むや、援兵一人として至るものなく、都は遂に陥落したことであった。しかも金はなお、講和が成れば軍を引くであろうと宣言したので、欽宗はこれを聞いて遂にみずから金の軍に赴いて降服を請い、宮中に帰るや、両河の地を金に割譲したが、金はさらに欽宗・道君帝を呼んで軍に至らしめ、二人から天子の地位を取り上げて庶人の身分に落とし、宋の大臣なる張邦昌を立てて新たに楚帝に任命し、二帝および后妃・太子・宗戚三千人を引きつれて北に去った。

〔語釈〕

○**初め徽宗宣和の末云云**　宣和二年（一一二〇）、宋金の間に連盟して遼を夾攻するの約成り、宋はこの機会に契丹に奪われていた十六州の回復を企てたが（十六州については『劉因』の巻を参看されたい）、金が遼に連戦連勝したるに反し宋は進撃意のごとくならず、宣和四年五月、一時詔して師を班《かえ》さしめるに至った。この後、燕地の帰属をめぐりいく度か宋金の間に交渉があったが決定せぬままに宣和七年三月、金将婁室が遼主（天祚帝）の西夏に奔《はし》らんとするを捕らえ、ここに遼遂に亡ぶや、金は同年十月、粘没喝《ネメガ》・斡離不《オリブ》の両将に命じ道を分かって南侵せしめた。宋は大いに驚惶し、十二月、皇太子を以て都開封の牧とし、天下に詔して勤王せしめ、臣庶の直言極諫を許し、ついで帝は位を太子に伝えたのである。○**猖獗**　勢いの盛んであること。○**金の兵、河を渡り**　『続通鑑綱目』欽宗靖康元年（一一二六）正月の「梁方平が師、黎陽に潰《つひ》へぬ。金人遂に河を渡る」の目に、「金の斡离不《オリブ》、相・濬二州を陥る。時に方平、禁旅（近衛兵）を帥《ひき》ゐて黎陽の河の北岸に屯す。金の将迪古補たちまちに至りて方平奔潰す。河南の橋を守るもの金の兵の旗幟《きし》を望見し、橋を焼きて遁る……官軍の河南にあるもの、一人として敵を禦ぐなし。金人遂に小舟を取りて以て済《わた》る……金人笑つていはく、南朝に人なしと謂ふべし、もし一二千人を以て河を守らば、我れ豈渡るを得んや、と。遂に滑州を陥る」とある。黎陽は河南省濬県の附近、旧黄河の渡河地にして都開封の北の防禦地である。滑州は黎陽より旧黄河を南に渡った地。○**道君帝出奔す**　『続綱目』靖康元年正月の条に「太上皇、亳州《はくしゅう》に出奔し、遂に鎮江に如《ゆ》く」とあり、その目に、「帝、斡离不が河を済《わた》ると聞き、即ち詔を下して親征し、蔡攸を以て太上皇帝の行宮使とし、宇文粋中をして副使として、上皇を奉じて東行して以て敵を避けしむ。庚午、上皇、亳州に如く」云云とある。亳州はいま安徽省の西北隅なる亳県の地。○**行営参謀官李綱**　行営参謀官は軍官、戦場に於ける相談役。李綱は宣和七年、兵部侍郎に任ぜられたが、靖康元年正月、改めて尚書右丞・東京留守、兼親征行営使に任ぜられた。なお李綱については本条に詳述されている。○**明皇云云**　明皇は唐の玄宗皇帝。潼関守を失うは、天宝十一載（七五二）十一月、安禄山叛し、ついで翌至徳元年潼関を陥れたことを指す。玄宗はこれを聞き、太子以下を引き連れて都長安を落ち蜀に向かった。○**宋もし和を欲せば云云**　この時、金より宋に示された条件は、(一) 金五百万両・銀五千万両・牛馬万頭・表段（帛）百万匹を輸《おく》ること、(二) 金帝を尊んで伯父とすること、(三) 燕・雲の人々の漢にあるものを帰すこと、(四) 中山（河北省定県）・太原・河間（河北省河間県）の三鎮を割くこと、(五) 宰相・親王を質とすること、という苛刻のものであった。欽宗は李邦彦等の勧めに従ってこれを容れたが、都城の金銀を括借して金二十万両・銀四百万両を得たに過ぎず、金はそれを少なしとして、殺掠をほしいままにした。○**括借**　誰のということなくすべてを引きくるめて借り上げる。○**遂に綱を罷めて云云**　〔強斎講義〕此度軍《いくさ》ヲシタハ李綱ガワザデ、此方ハ相手ニナラヌ、存ゼヌコトジヤ、コラヘテ下サレトコトワリ云ツテ、李綱ヲ罷メタゾ。○**勤王の兵を罷め**　勤王の兵は天下に詔して集めた防禦軍、これがあると金が宋の態度を信用せぬとしてそれを解散したのである。○**諸将、和議の故を以て云云**〔秦山講義〕宋ノ諸大将ハ皆軍《いくさ》ヲシタガルケレドモ、和議ノ邪魔ニナルト云ツテ軍ヲサセヌニヨツテ、銘々ノ城ヲ守ツテ出ヌ。壁ト云フハ要害ノコトゾ。○**城遂に陥る**　『続通鑑綱目』靖康元年十一月の条に「郭京出でて金の軍を禦ぎ敗走す。京城陥る。帝、金の営に如《ゆ》きて降らんと請ふ」、同十二月の条に「帝、金の営より至る。使を遣して両河に如きて地を割きて以て金に畀《あた》へしむ」とある。両河は河北・河東両路の地をいう。○**金更に欽宗および云云**　『続通鑑綱目』靖康二年正月「帝、太子に命じて国を監せしめ、復《ま》た金の軍に如く」の目に「金人、金銀を索《もと》むること急なり。かつ再び帝の営に至らんことを邀《もと》む。帝、難《かた》んずる色あり。何栗・李若水、以て虞《おそ》れなしとして、帝に勧めて行かしむ。帝乃ち孫傅に命じ太子を輔けて国を監せしめ、栗・若水等と復た青城に如く」云云と見える。○**廃して庶人とし**　『続綱目』靖康二年三月「金、上皇および后妃・太子・宗戚を劫《おびや》かしてその軍に至らしむ」の目に、「帝の青城に如きしより、都人日々出でて駕を迎へんとす。しかるに粘没喝留めて遣《や》らず。……呉乞買、帝の降表を得て、遂に帝および太上皇帝を廃して庶人とす」とある。○**宋の宰相張邦昌を立てて楚帝とし**　『続綱目』靖康二年三月の条に「金、張邦昌を立てて楚帝とす」とある。これよりさき邦昌は質として金に赴いていたが、靖康二年三月七日、大楚皇帝に冊立されて黄河以南の地を与えられ、金陵（いまの南京）を都として世々金室を助けて長く藩屛《はんぺい》たることを命ぜられた。〔強斎講義〕張邦昌ハ大奸悪ナヤツデ、畢竟コレガ宋ヲ亡シテヤル分別ユヘ、気ニ入ツテ楚帝ニ取立テラレタゾ。宋ノ江南ノ都ハ古ノ楚ノ地ユヘ、宋ト云フ名ヲケヅリテ楚ト云ツタ。〇二帝および后妃・太子云云『続綱目』靖康二年四月の条に「金人、二帝および后妃・太子・宗戚三千人を以て北に去る」とある。

徽宗の第九子康王構、留まりて済州《せいしゆう》にあり。副元帥宗沢《そうたく》いふ、「いま二聖諸王ことごとく河を渡りて北し、たゞ大王の済にあるのみ。宜《よろ》しく亟《すみや》かに天討《てんとう》を行ひ、社稷《しやしよく》を興復すべし。断ぜざるべからず」と。王遂に壇《だん》に登りて慟哭《どうこく》し、遥かに二帝に謝し、位に南京に即《つ》き、建炎《けんえん》と改元す。是れを高宗とす。首《はじめ》に李綱を召して相とす。綱至りて奏す、「天命未だ改まらず、陛下、天下の推戴《すいたい》する所となる。内脩外攘、二聖を還《かへ》し万邦を撫《な》づる、責め陛下と宰相とにあり」と。かつ首に国是《こくぜ》を議す。いはく、「古へより夷狄の中国に禍ひする、未だ靖康の甚しきがごときものあらず。陛下入りて大統を継ぐは国論の従ふ所。窃《ひそ》かに恐る、猶ほ和議を以て然りとせん。豈《あに》二聖の虜廷《りよてい》に沈むを以て、議者必ずまさに和にあらざれば則ち二聖の患を速《まね》きて陛下孝友の徳を虧《か》く、故に和せざるを得ずといはんとするにあらずや。臣請ふ、古人の事を以てこれを明《あか》さん。昔、漢の高祖、項羽と戦ひ、太公、羽が軍の得る所となり、その危きしばしばなり。高祖顧《かへり》みず戦ひいよ〳〵励む。羽敢へて害せずしてつひに太公を帰す。然らば則ち顧みずして戦ふものは、乃ち太公を帰す所以なり。晋《しん》の恵公《けいこう》、秦の執《とら》ふる所となる、呂《りよ》・郤《げき》、子圉《しぎよ》を立つることを謀りて、以て国人に請ひていはく、君を失ひて君あり、庶《こひねが》はくは益あらんか、と。秦も亦た敢へて害せずして、つひに恵公を帰す。然らば則ち敵国を恤《うれ》へずしてみづから治むるものは、乃ち恵公を帰す所以なり。いま二聖の虜廷にある、安否を知ることとなし。もとより臣子の言ふに忍びざる所。然れども吾れその意を逆《むか》へ折《くじ》くことあたはず、和議を以て信然とす。彼れ必ずいはん、某の地を割《さ》きて以て我れに遺《おく》り、金幣若干を得ば、則ち可、然らずんば二聖の禍、まさに測られざらんとす、と。これを予《あた》ふれば則ち求むる所、厭《あ》くことなく、日に天下の山河を割き、天下の財用を竭《つく》し取ると雖ども、山河財用尽《つ》くることとあつて、金人の欲窮《きは》まりなし。臣窃《ひそ》かに以て過てりとす。いまの計をなすに、一切和議を罷《や》め、専ら自守の策を務め、天声を振ひて以てこれを討《とう》じ、以て共に天を戴かざるの讎《あだ》を報い、以て振古《しんこ》無き所の恥を雪《すす》ぐに若《し》くはなし。彼れ中国のかくの如きを知らば、二聖、万寿の休《きゆう》を保ちて鑾輿《らんよ》還るべきの理あり。古語にいはく、願はくは諸君と国是《こくぜ》を定めん、と。靖康の間、たゞそれ国是定まらずして今日の禍あるを致せば、則ち今日のまさに監《かんが》むべき所のもの、靖康にあらずや」と。綱既に相《しよう》たり、政を脩め夷を攘《はら》ふを以て己れが任とす。朝綱・兵防、皆既に振整して、黄潜善・汪伯彦力《つと》めて和議退避を主《つかさど》りてこれを沮《はば》む。高宗これに惑ひて綱つひに位を去る。

〔訳文〕

靖康元年十一月、徽宗の第九子、即ち欽宗の弟なる康王構は、金に使いすべく北行し、途中これを危ぶむ民衆に遮られて相州（いまの河南省安陽県）に止まっていたが、天下兵馬大元帥に任ぜられ、同時に老将宗沢も副元帥に任ぜられて、ことごとく河北の兵を起こし、速やかに入りて衛たることを命ぜられた。十二月、康王は兵を率いて大名県（いまの河北省大名県）に陣し、宗沢は力戦してしばしば金軍を撃破した。翌二年二月、康王河を越えて済州（いまの山東省済寧県）に移った。以上のごときことから、康王は皇子でありながら、ただ一人、二帝の北去に従うことなく、やがて宗沢の勧めにより帝位に即き、宋を再興するのである。南宋第一代高宗皇帝即ち是れである。

徽宗の第九子康王構は、二帝の北去に従わず、留まって済州にあったが、副元帥宗沢、王に申していう、「いま二聖および諸王、ことごとく河を渡って北去せられ、ただ大王のみが済の地に残っておられることであります。されば大王は、速やかに金を討伐し、わが宋の国家を興復すべきことであります。なにとぞ御決断下されたい」。ここに於いて康王は即位の礼を挙げ、慟哭して遥かに徽宗・欽宗に御断り申し上げて南京（商邱）を都とし、年号を建炎と改めた。これ、高宗皇帝である。

高宗は為政の初めに当たり、李綱を召して大臣にした。李綱、都に至って奏上していう、「宋の天命いまだ改まらず、陛下に於かせられましては、天下の人々の推戴により天子の位に即かれたことであります。されば内は善政を脩め、外は夷狄を攘い、北去せられたる二聖を取りもどされ、諸国を愛撫せられるの責務は、実に陛下と大臣との肩にかかっていることであります」。李綱はさらに、国政の根本方針を提議して次のように奏上した、「昔から夷狄が中国に禍いをなしたことはしばしばありますが、靖康の変事に二帝が北に連れ去られたるがごとき甚だしき禍いは、嘗てないことでありました。このたび陛下が宋国の大統を継いで帝位に即かれましたのは全国の世論の支持するところでありまするが、しかもなお臣がひそかに憂慮仕りまするは、このように期待せられた御身でありながら、金と講和せんとの議を至当とされはせぬかということであります。それは、二聖が北に囚えられたまうが故に、講和するのでなければ二聖の御身に禍いをまねくこととなり、陛下の父兄に対する御徳を虧《か》くことになるでありましょうと考えるものがあるからに外なりませぬ。しかしながら、そのことの誤りなることを臣は史実によって明らかに致したいと存じます。漢の高祖（劉邦）が楚の項羽と戦いました際、父太公が羽のために捕らえられ、その危うきことしばしばでありました。しかるに高祖はそれを問題とせずいよいよ戦闘に努力いたしましたので、羽は太公を害せんとすることなく、結局高祖のもとにこれを帰したのであります。これから見まするに、問題とせずに戦ったからこそ、太公を帰すこととなったのであります。また晋の恵公が秦に執《とら》えられました際、瑕呂飴甥《かりよいそう》・郤乞《げきこつ》の二人が相談して公子子圉《しぎよ》を取り立てることとし、国の人々に、君は捕らえられたがその代わりの君がおられることであるから、前よりも強くなるであろうと賛成を求めたところ、秦も恵公に害を加えることなく、結局帰したことでありました。これから見まするに、相手のことにかまうことなく自国内を堅く治めたからこそ、秦が恵公をもどすこととなったのであります。いま囚えられておられる二聖の安否につきましては全くわからぬことでありまして、是れ臣子として言うに忍びぬことでありますが、もし我が方に於きまして彼の意を打ち砕くことができず、そのために和議をもって至当の道とするようなことになりますれば、彼は必ず、どこどこの地を我に割譲し、金幣いくばくを差し出すならばよし、さなくば二聖の禍い測りがたきことであろう、というでありましょう。しかもこれを与えますならば、彼の要求は果《は》てなきに至り、毎日、天下の山河を割きて与え、天下の金銀をすべて取り集めて送るとも、その望みを満たし得ぬことでありましょう。臣はひそかに和議をもって過りと考えます。今日のための計といたしましては、一切和議を取り止め、もっぱら国を強くしてみずから守るの策を務め、名分を正して彼を討伐し、これによってともに天を戴かぬ讎《あだ》に報い、これによって古来嘗てなかった恥辱を雪《すす》ぐことこそ、第一であると存じます。金もわが国の決意がこのようであることを知りますならば、二聖が無事天寿を保って帰国せられる道もあることと存じます。古人の語に、願わくは諸君とともに国家の根本方針を定めようと思う、とありますが、靖康の際には、この根本方針が定まっておりませんでしたために今日の禍いを招くこととなったのでありますれば、今日よくよく手本とすべきは、靖康の際であると愚考仕ります」。

李綱は大臣となり、以上のごとく内政を修め外夷を攘うことをもって自己の任としたので、朝廷の紀綱、兵備防衛、みな振るい整ったことであったが、黄潜善・汪伯彦の両人が、高宗に都を退いて金と講和するようにと勧めて彼の邪魔をしたため、高宗も動揺してついに綱はその地位を去ることとなった。

〔語釈〕

○天討　天子が天の命を受けて従わぬものを討伐すること。○壇に登る　壇は土を盛って高くしたところ、祭神の場である。ここは天子に成る時、壇を設けて即位の礼を行うをいう。○首に李綱を召して相とす　『続通鑑綱目』建炎元年五月の条に、「李綱を召して尚書右僕射《ぼくや》兼中書侍郎とす」、六月の条に「李綱、行在《あんざい》に至りて固く相位を辞す。許さず」とある。○天命未だ改まらず云云　前記「李綱、行在に至りて固く相位を辞す」云云の目に見える。○国是　絅斎の講義に「一国ノ極リタル施為ノ体ヲ云フ」とある。なお同講義に「此ノ二字ハ本ト『国語』ニ出タリ。楚ノ王孫賈ガ語也」同講説に「国是ノ論ト云フハ『戦国策』ニ出テヲル」とあり、秦山講義もそれによって「国是ト云フハ『国語』『戦国策』ニ出テヲッテ、上下万民、総々一マイニナッテ、カフヨリ外ハナイ、是大義ジヤト云フコトノ一統ニ極マルコトヲ国是ノ論ト云フゾ」とあるが、管見にては、国是という語は『国語』『戦国策』には見出だし得ず、けだし劉向『新序』雑事第二に見える楚の荘王が孫叔敖に「寡人未だ国是とする所以を得ず」というに対する孫叔敖の奉答に、王がさらに「善いかな。願はくは相国と諸侯士大夫と、共に国是を定めんことを」といえるを初出とすべきであろう。なお『後漢書』桓譚伝にも同じ問答が引かれているが、それには諸侯士大夫を諸大夫に作っている。〔強斎講義〕国是ハカフ云フコトガ今天下ノ肝要ノスベキ所、今日ノ政務ハコ、ヲセヌト天下ノ立ツコトハナイト云フ、天下全体ヲナラシテミテ、是ガツマル所ジヤト云フ政務ノ至善ヲ指シテ国是ト云フ。コ、ヲ知ラヌユヘニ、政ノ変リヤスフ綱紀ノ立ツコトハナイ。ソレヲ明ラカニセフ為ニ、李綱ノマヅ首ニコレヲ議セラレタ。○古へより夷狄の中国に禍ひする云云　『議国是（国是を議す）』と題する文の抄録。この奏議は『続綱目』『宋史』『宋史新編』『歴史綱鑑補』のいずれにも引かれていないが、その内容極めて重大であるので、絅斎はこれを明版の『李忠定公文集選』（明・李嗣玄編）か『李忠定公奏議』等によって直接抄録したものと思われる。なお安政四年新刻・頼山陽先生選と冠する『李忠定公奏議選』が刊せられており、その全文を容易に見ることができる。○陛下孝友云云　徽宗は高宗の父、欽宗は高宗の兄である。孝は父につかえる道、友は兄弟の間の道。○太公、羽が軍の得る所となり云云　太公は父をいう。事は『史記』項羽本紀に見える。〔秦山講義〕項羽ガ太公ヲ大キナ末那板《まないた》ニノセテ高祖ノ城ノ前ヘ以テマイツテ、降参セヌト唯今料理ヲシテ羹《あつもの》ニスルト云ツタ。高祖ガアザ笑ツテ、其方ハ軍ヲ起ストキニ、拙者ト兄弟ノ約束ヲシタ、スレバ太公ハ其方ノ為ニモ親ジヤ、殺サバ殺セ、羹ニシタラバヲレモ一盃ス丶ラント云ツタ。アマリ手強ヒコトヲ云ツタニヨツテ、殺シタラバイヨ〳〵憤ツテドノヤウニ強クナラウモ知レヌト存ジテ、助ケテ戻シタ。ドフヤラ高祖ガ不孝ナヤウナガ、項羽ガ太公ヲムゴヒメニアハシタラバ、定メテ高祖ガキケルデ有ラフト内冑《うちかぶと》ヲミテシタ。高祖ハ利害ノツヨイ人デ有ツタユヘ、ソコヲ見テ取テ強ク出タモノゾ。コ丶デ弱ミヲ見セテ降参スルト、向ニイヨ〳〵募ツテクルコトガミヘテヲル。○晋の恵公、秦の執ふる所となる云云　呂・郤は瑕《か》呂飴《りよい》甥《そう》と郤乞《げきこつ》。〔秦山講義〕是モ秦カラ恵公ヲ生捕ツテヲイテ、夫《それ》ヲ人質ニシテ一廉《ひとかど》金銀デモシテヤル合点ゾ。夫ガミヘテヲルニヨツテ、両人相談シテ恵公ヲバカマハズ、其ノ子ノ子圉ヲ取立テフトシタ。ソレニキケテ恵公ヲモ無事デモドシタ。○信然　至極尤《もつとも》と思うこと。○天声を振ひて　〔強斎講義〕親ノ敵《かたき》、主ノ敵、天下ノ讎《あだ》ヲウツト云フ、アレガ罪ヲ名指シテ、天討ト云フ様ナ明白ナ義理ノ通リノ罪ヲトナヘ、天下押シナラシテ夷狄ヲウツト云フ名分大義ヲ立テテ、天命ヲ受ケテ討タレタラバヨカロウズトアルコト。是ガ国是ゾ。宋ノ国是ト云フハ是レ一ツゾ。○共に天を戴かざるの讎　親の敵をいう。『礼記』曲礼篇に「父の讎は、与《とも》に共に天を戴かず」とある。○振古　古《いにしえ》より。『詩経』周頌・載芟《さいさん》篇に「振古玆《かく》の如し」とあり、毛伝は「振は自《より》なり」、鄭箋は「振も亦た古なり」、朱子『集伝』は「振は極なり」と説いている。○万寿の休　休は美善、慶の意。命長くめでたいこと。○鑾輿還るべきの理あり　鑾輿は天子の乗る車。二帝が無事に御帰りなさる道理がある。○古語にいはく云云　前記の楚の荘王の語「願はくは相国」云云を指すものであろう。○今日のまさに監むべき所のもの云云　鑑《かがみ》とすべきものは遠くに求める必要はない、靖康の時がよい手本だ。『詩経』大雅・文王篇に「宜しく殷に鑒《かんがみ》るべし、駿命易《やす》からず」、同・蕩篇に

「殷鑒遠からず、夏后の世にあり」とある。○黄潜善・汪伯彦〔秦山講義〕此ノ二人ハ、高宗ノ部屋住デヲラル、内ニ側デ仕ハレタ者デ、高宗ガ位ニツカレテ宰相ニセラレタ。コイツラガワルヒヤツデ、トカク李綱ノ云ハル、コトヲ邪魔ヲ入ルル。高宗ヘ都ヲ退ヒテ和談ヲナサル、ヤウニト進メタ。高宗モウロタヘガツイテ李綱ヲ退ケラレタ。

宗沢《そうたく》襄陽《じようよう》にあるや、潜善復《ま》た和議を倡《とな》ふと聞き、上疏していはく、「金人再び至りしより、朝廷未だ嘗て一将に命じ一師を出《いだ》さず、たゞ聞く、姦邪の臣、朝《あした》に一言を進めて以て和を告げ、暮《くれ》に一説を入れて以て盟《ちか》ひを乞ふのみを。つひに二聖北遷《ほくせん》し宗社恥を蒙むるに至る。臣意《おも》ふ、陛下赫然《かくぜん》震怒し、大いに黜陟《ちゆつちよく》を明かにして以て王室を再造せんと。いま位に即《つ》くこと四十日。未だ大号令あるを聞かず、たゞ指揮し赦文を河の東西、陝《せん》の蒲解《ほかい》に謄播《とうは》することを得ずといふを見るのみ。是れ天下忠義の心を褫《うば》つてみづからその民を絶つなり。臣まさに躬《み》矢石《しせき》を冒《かふ》ぶり諸将の先となるべし。軀《み》を捐《す》てて国恩に報ずることを得ば足る」と。開封の尹闕《いんか》くるに及びて、綱言ふ、「旧都を綏復《すいふく》する、沢にあらずんば不可」と。乃ち以て東京《とうけい》の留守・知開封府とす。時に敵騎留屯《りゆうとん》し、金鼓の声日夕相聞えて、盗賊縦横、人情洶洶《きようきよう》たり。沢の威望素《もと》より著《あらは》る。盗賊屛息《へいそく》す。よりてしば〱師を出《いだ》して以て敵を挫《くじ》き、上疏して言ふ、「将士・農旅・士大夫の忠義を懐《いだ》くもの、陛下亟《すみや》かに京師に帰りて以て人心を慰むるを願はざるなし。その倡《とな》へて異議をなすものは、陰《ひそか》に金人と地をなすに過ぎざるのみ」と。既にして金人、使ひを遣はす。偽楚《ぎそ》に使ひするを以て名とし、開封に至る。沢、その人を拘《とら》へ、これを斬らんと乞ふ。詔して別館に延置す。沢又奏していはく、「我が国家、承平二百年、上下恬嬉《てんき》して日を度《わた》り、おほむね跡を斂《をさ》めて逃避し、曲辱《きよくじよく》して恥ぢざるを以て、智とし勇とす。万一、慷慨論列するあれば、則ち耳を掩《おほ》ひて聴かず、別に伝説を造りて以て相浮動す。これ他なし、大抵たゞ賊を助け声勢を張皇せんと欲し、直ちに我が祖宗一統の基業の為めに、更にまさに顧藉《こせき》すべからず、直ちに両手分付して賊虜に与ふるのみ。ああ、なんぞ不忠不義の甚しきや。臣、思念するごとに、涕泗《ていし》こも〴〵下り、これに継ぐに血を以てす。此れ天地神明の昭鑒《しようかん》するところ。淵聖皇帝この和議を信じ、賊虜猖獗《しようけつ》する、大臣柔邪諛佞畜縮《ゆねいちくしゆく》畏避するもの、敢へてほゞ拒抗の語あらず、たゞ詭譎《ききつ》を誠実とし、包蔵を智謀とし、緘黙《かんもく》を沈鷙《ちんし》とし、遂に二聖塵《ちり》を蒙り、后妃・親王、辜《つみ》なきの人と、流離北去するを致す。陛下入りて大統を継ぐ、即ち前《さき》に和を主とするものをもつてこれを嶺外に竄《ざん》す。自後復《ま》た姦邪の語を聴き、又浸漸《しんぜん》に和を望み、迂回曲折、退走の計をす。試みに一たびこれを思へ。初め位に陟《のぼ》る、何故に講和を以て非とし、当時の議臣を逐《お》ひ、近日又何故にたゞ姦邪を信憑《しんぴよう》し、賊虜と他日の画をし、千百万の生霊を棄つること糞壌《ふんじょう》草芥《そうかい》の如く、ほゞ顧恤《こじゅつ》せざる。比《この》ごろ賊虜仮《かり》に偽楚に使ひすとなし、我が虚実を来り覘《うかが》ふ。臣、その人を収《とら》へ、これを牢狴《ろうへい》に置く。庶《こひねが》はくは軍民懐冤《かいえん》の心を激し、仰いで陛下王室を再造し大宋の基業を中興するの意を賛《たす》けんと。いま却《かへっ》て遷置《せんち》し、優に待遇を加へしむ。臣、この詔命を奉じ、心、折れ死なんと欲す。知らず二三の大臣、なんすれぞ賊虜の情款《じょうかん》に於いて、かくの如くの厚くして、我が国家の訏謨《うぼ》に於いて、かくの如くの薄き。京師、人情物価、漸く我が祖宗の時の如し。もし鑾駕《らんが》一たび帰らば、則ち再造の功と中興の烈と、必ず商・周に跨《また》りて漢・唐に越えん。臣敢へて詔を奉じて以て国弱を彰《あらは》さず。これ我が大宋興衰治乱の機なり」と。用ひず、虜使を縦遣《しょうけん》して、意を決して東南、楊州に幸す。金これを聞き、大いに兵を挙げて入寇し、東京を犯す。沢撃ちてこれを敗り、遂に大挙の計を決す。諸将皆泣《なみだ》を掩《おほ》ひて命を聴く。沢復《ま》た上疏し、京に還るを請ひていはく、「陛下早く回《かへ》らざれば、則ち天下の民、何をか依戴《いたい》せん」と。かつ言ふ、「祖宗の基業、惜しむべし。陛下の父母・兄弟、塵《ちり》を沙漠に蒙り、日に救兵を望む。西京の陵寝、賊の占《し》むるところとなる。今年寒食の節、未だ祭享《さいきょう》の地あらず。望むらくは陛下、万民敵愾《てきがい》の気を沮《はば》みて、東晋既覆《きふく》の轍《てつ》に循《したが》ふことなかれ」と。沢、前後、京に還るを請ふこと二十余奏、つねに黄・汪が抑ふるところとなり、憂憤して卒す。ここに於いて金の兵、日に急にして、高宗更に潜善・伯彦を以て相とし、使ひを遣はし、和を乞ひて已まず。奔播《ほんぱ》狼狽《ろうばい》の間、諸京および建康・臨安相継ぎて淪陥《りんかん》して、高宗遂に海に航す。金人乃ち臨安を焚掠《ふんりやく》して北に去り、宋の叛臣劉予を以て斉帝《せいてい》とし、悉《ことごと》く取るところの河南・陝西《せんせい》の地を以てこれを封じ、かつ秦檜先《しんかい》に二帝に随ひて北にあり、首《はじめ》に和議を唱ふるを以て、陰《ひそか》にこれを縦《はな》し還《かへ》して、以て宋の謀を撓《たわ》めて、高宗、檜を得、喜びて寐《い》ねず、遂にその姦計を済《な》すことを得て、異日の禍ひ、これより始まる。

〔訳文〕

前条に引き続き、高宗の朝、国是なく、そのため金の一言一行に畏懼《いく》し動揺し、ただ彼の歓心を得ることのみに始終し、李綱・宗沢上書するもこれを顧みず、ついに国家の威信と民族の矜持とを失い、もって亡国の道を開くに至ったことを述べる。宗沢の二上書は『続綱目』『歴史綱鑑補』になく、『宋史』本伝に引かれているので、絅斎はこれを本伝によって見たことであろう。なお宗沢の文集『宋宗忠簡公集』があり、わが国に於いては文久辛酉新鐫に係る『宗忠簡文鈔』が『李忠定公奏議選』と同体裁にて刊せられており、江戸時代後期、有志の人々、これらの人物を尊崇してその遺文を求めていたことを知らしむるとともに、『靖献遺言』の浸透がこれを促したであろうことを推察せしめる。

宗沢が襄陽に居た際、汪潜善がまた講和を主張していると聞き、次のごとく上書を行った。

「金人が再度来攻しましてから、朝廷に於かれましては、一将に命じ一軍を出してその討伐に向かわせておりませず、ただ姦邪の臣が、一言を進めては和すべきであると申し上げ、一説をお耳に入れては盟《ちか》いを結ぶべくお願いしているとのことを聞くのみでありましたが、その結果としてついに二聖が北に連れ去られ、国家恥辱を蒙るに至りました。それにつけましても、臣は陛下に於かれましては、赫然《かくぜん》として怒りを発せられ、大いに黜陟《ちゅっちょく》を明らかにせられて、わが宋室を再興せられることと拝察したことであります。しかるに陛下には、即位せられて四十日になりますのに、いまだ討伐の大号令を下されたということを承っておりませず、ただ指図されまして即位の大赦の文を、河の東西、陝《せん》の蒲解の地に廻してはならぬといわれたるを見たのみであります。これにては、天下の忠義の士の心をはぎとって御自身から民を棄絶することとなりましょう。臣は真っ先かけて戦い、諸将の魁《さきがけ》たらんとしているものであります。討死致して国の御恩に報いることができましたら本望であります」

開封が金に占領され、その長官が欠けるや、李綱は、「旧都たる開封を回復することは、宗沢でなければ不可能であります」と上書したので、宗沢を東京（宋の東京は開封）の留守兼知開封府に任命した。この時、開封には金の兵が駐屯しており、金鼓の声が一日中響いていて盗賊は横行し、住民は恐れおののいていた。しかるに沢の威望は日頃から盛んであったので、彼が任命されるや、盗賊どもは息をひそめた。かくして宗沢はしばしば軍を出して敵を破り、かつ上書して次のごとく申し上げた。

「将士・農夫・旅人・士大夫等、すべての忠義を抱いている人々は、陛下がすみやかに京師

（みやこ、開封を指す）に還幸せられて人心を安堵させられますようにと願っております。もしこれと異なることを主張するものがありますならば、それはひそかに金人が攻めて来やすいように下準備をしているものに過ぎませぬ」

かくのごとくしているうちに、金より偽楚、即ち張邦昌のもとに遣わすとの名目をもって送られた使者が開封に至った。宗沢はそれを捕らえて、成敗せんことを乞うたが、高宗は詔をもってこれを別館に移してご馳走しておけと命じた。

ここに於いて沢は、また上奏して次のごとく申し上げた。

「わが宋国は太平が続くこと二百年、その結果、上も下もただ安楽のみに暮らして、やりそこなわぬようにと逃げかくれ、わが心を曲げて辱めを受けてもそれを恥と思わぬようなものを、智者であるの勇者であるのといい、その間に一人でも慨然として論を立てるものがあると、むつかしいことをいう男だといってそれを聞かぬようにし、その上、よい加減の説をいいふらして人々の心を動揺させていることであります。このようにすることは、賊を助けてその威勢が強いことを宣伝し、御先祖以来二百年築き上げて来た天下を少しも心に掛けず、諸手《もろて》を挙げてこれを賊に与えようと思っているからに外なりませぬ。さてさて不忠不義極まれりといわねばなりませぬ。このことを思うごとに、流涕の極、血を流す次第であります。このように申し上げることは決して偽りでなく、天地の神々が御照覧せられるところであります。淵聖皇帝、即ち欽宗に於かれましては、かくのごとき頼むべからざる和議を信用せられ、その結果、金を存分にのさばらせることになってしまいました。しかも国政に任ずる大臣どもがみな惰弱《だじゃく》であって、ただ君の御顔の色をうかがうばかりにて、何か事があれば尻ごみし責任を回避し、敢えて反対の論を立てるものなく、君に於かれましては、ただ表面を飾るのみの人物を誠実と思し召し、内に私心を抱きながら尤もらしくいう人物を智謀と思し召し、黙っているものを勇者と思し召し、その結果、二聖北去せられ、后妃・親王と罪なき人々も他郷に囚われてゆくこととなりました。されば陛下が帝位に即かせられまするや、直ちに、さきに講和を主張したるものを嶺外に追放せられたことでありましたが、その後また黄・汪のごとき姦邪の人物のいうところに耳を向けられ、さらに次第に講和を望まれるようになり、いろいろ曲折はありましたが、結局、都を退くことを計られることになりました。しかし、よくよくお考えいただきたきことであります。陛下が初めて帝位に即かれました際、何故に講和を誤りであるとして当時の和議を唱える諸臣を追放され、近頃、また何故にただ和議を唱える姦邪のものどもを信頼して金のために後々の都合よきように計り、千百万の民衆をごみあくたのごとく棄てて、これを哀れまれる御心を持たれぬのでありまするか。このごろ金にては、偽楚に使いするという口実のもとに、わが方の虚実をうかがいに使者を送って参りました。臣はこれを捕らえて牢《ろう》に入れておきました。これは一に軍兵民衆の無念と思う心をかき立て、仰いではわが陛下が宋室を再興し宋の天下を元にもどさんとしておられる御心をお助け申し上げようと願うものであります。しかるに彼等を別館に移し、十分に優遇せよという詔命であります。臣はこの御ことばを奉じ、心もくだけて死ぬばかりの思いであります。執政の大臣には、賊に対しては何故にこのように懇切であり、わが国家の百年の大計に於いては、何故にこのように刻薄なのでありましょうか。都の人情物価は、漸く御先祖の時代のように安定して参りました。もしいま陛下が還幸せられますならば、宋室再造の功績と中興の偉烈とは、必ず商・周や漢・唐のそれを超ゆることでありましょう。臣は、不遜ながら、詔命を奉じて宋国の弱味を外に知らせることは致しませぬ。いまいかに対処せられるかこそ、わが大宋にとりまして興衰治乱の分岐点に外なりませぬ」

宗沢の上書は用いられず、虜使を放ち、高宗は決意して東南なる揚州に移った。金はこれを聞き、大軍を集めて攻め来り、東京開封を犯したが、沢はこれを撃ち破り、そのまま金に進攻すべく計を立て、諸将も感慨して涙を押さえてその命に従ったことであった。ここに於いて彼は、再び上書し、高宗が都に還られることを請うて、「陛下が早く還幸されませぬと、天下の民は何を頼りとして生活しましょうぞ」と申し上げ、さらに「このままにては太祖以来築かれて参りました宋国の基業があたらごとになりましょう。その上、陛下の父母・兄弟に於かれましては、北方沙漠の地に囚えられて難儀しておられることでありますれば、さぞ毎日救援軍の至ることを望んでおられましょう。かつ西京、即ち洛陽にある代々の陵墓寝廟は賊に占領せられておりますので、今年の寒食の節にはそのお祭りをする土地がありませんでした。何とぞ陛下に於かせられましては、万民の恨みを霽《は》らさんとする気概を抑えられて、東晋が滅亡したるの二の舞をなさらぬようにしていただきたきことであります」。以上のごとく沢が京に還ることを請う上書を奉ること前後二十余度であったが、つねに黄潜善・汪伯彦に握りつぶされてその意を通ずることができず、憂憤して卒した。

さて宗沢の卒去を聞いた金は、いまは恐るるものなしと、日に激しく迫って来たので、高宗はまた佞臣の潜善・伯彦を大臣に任じ、使者を遣わして講和を乞うて已まなかった。かくして逃げまわり、うろたえまわるうちに、諸京および建康・臨安が相ついで奪われ、高宗はついに船で海上に遁《のが》れた。ここに於いて金は臨安を焼きたて掠奪して北に去り、宋の叛臣劉予を取り立てて斉《せい》の天子とし、占領した河南・陝西《せんせい》の地のすべてをその領土として与え、かつ先に二帝に随って北にいた秦檜が、和議を首唱したので、ひそかにこれを放ち還して、宋の主戦論を抑えしめんとした。しかるに高宗は檜がもどって来たことに喜んで寐《ね》られぬほどであって、ついに檜はその姦計を遂《と》げることができ、それが結局、宋滅亡の因となるのである。

〔語釈〕

○宗社　宗廟社稷。先祖の霊廟と土地の神を祀った社。これを要するに宋室。**○赫然震怒**　『詩経』大雅・皇矣篇に「王赫《かく》として斯れ怒り、ここにその旅を整へ」云云とあるによったもの。その意は、周の文王が不法の国の態度を怒り、ここにその討伐の軍勢を整備した、というものである。**○黜陟**　有功者を陟《のぼ》せ無功者を黜《しりぞ》ける。**○赦文を云云**〔秦山講義〕天子ガ始メテ位ニ即カル、ト天下ヘ大赦ト云フモノガ行ハル、。ソレヲ触状ノヤウニシテ廻ス。ソレガ赦文ゾ。謄播《とうは》ハソレヲ書キウツシテ方々ヘ触廻スコトゾ。河ノ東西、陝ノ蒲解ト云フヤウナ、一カドナカフ立ツタ処ヲバ、金ヘヤル約束ニシテアル。ソレデ此所ヘハ触レヌガヨカロウト指図ガアル。中国ノ者ハ残ラズ天子ノ号令ヲ待ツテヲルニ、何ノ御触モナイト云フコトナレバ、其処ノ者ハモウ中国ノ民デハナイト思フ。スレバ忠義ノ心ヲ褫《うば》フト云フモノゾ。**○開封の尹**　尹は長官。宋は開封（汴《べん》京）を東京、商邱を南京、洛陽を西京、大名を北京とした。**○綏復**　安んじ復する。民心を安んじ秩序を回復する。**○金鼓**　どらと太鼓。古代の戦は、鼓の音をもって軍を進め、どらの音をもって軍を止めた。**○地をなす**　下地を作る。下準備をする。**○曲辱して恥ぢず**　わが良心を曲げて辱めを蒙るようなことをしても、平然としていてこれを恥と思わない。**○声勢を張皇す**　敵の威勢がいやが上にも大きくなるべく宣伝する。**○祖宗一統の基**

業　太祖以来二百年、一貫して築かれて来た基業。基業は後の土台となる業績をいう。○顧藉　顧はそれを大事であるとしてふりかえること、藉はそれを大事として踏みかためること。○詭譎を誠実とし　詭譎はいつわる、たくらむ。和議を主とすることが君のためであるようにいって君の心を引くものを誠実の人物と思う。○緘黙を沈鷙とす　沈鷙は落ちついて猛きこと、大将がみだりに戦わず、ジッと機を見ているにいう。実は腰がぬけて何もいえぬものを勇者であると思い違いする。○これを嶺外に竄す　『続通鑑綱目』建炎元年（一一二七）五月の条に「李邦彦・呉敏・蔡楙《ぼう》・李梲・宇文虚中・耿南仲・鄭望之・李鄴等を遠州に竄す」、その目に「和を主として国を誤り地を割くの罪を論じてなり。邦彦は潯州、敏は柳州、楙は英州、梲・虚中・南仲・望之・鄴は広南の諸州なり」とある。潯州・柳州はいまの広西省内、英州は広東省内、すべて五嶺以南の地である。○他日の画をす　秦山は「後々敵ノ勝手ノヨフナルコトゾ」、即ち後日、金のために有利になるごとき計画を立てるとするが、強斎は「他日ノ画ハイツモノ様ナ計ト云フコト。ダン〳〵前カラ和議デシソコナフタニ、ソレニコリズ例ノ和ヲシヤフトナサル、ハ、ドフ云フコトゾ。初手カラ和ガヨイト思召スナラバ和ヲナサレフニ、即位ノ初メハ非ジヤトアツテ和ヲ主ル者ドモヲ追放ナサレテ、今ニナツテ和セウトナサル、ハ、アトサキソロハヌコト。トカクツマル所、金ガコハイ故、ニゲテナリトモドウシテナリトモ、当坐安イ様ニナサル、ツモリゾ」と解している。○千百万の生霊を棄つ〔秦山講義〕夷狄へ地ヲサイテヤラル、ニヨツテ、中国大勢ノ民百姓ガ皆夷狄ヘスダツタト云フモノジヤ。生霊ハ民百姓ノコトゾ。○偽楚　劉予をいう。金より楚帝に任ぜられたので偽と冠した。詳しくは後に出づ。○訏謨　大いに計る。訏は大、謨は計る。○虜使を縦遣し　縦遣ははなちやる。○東南、楊州に幸す　楊州は揚州が正しい。いま江蘇省内の地、大運河の南の起点に近く、古来の要地。『続綱目』建炎元年の条に「冬十一月、帝、揚州に如《ゆ》く」と見える。○陵寝　陵はみささぎ、寝は寝廟にて、みささぎの祭祀をなすところ。○寒食　冬至後一百五日の節にて、この頃、強風が吹くため禁火冷食する風習があったので寒食という。この節は漢土人が墓祭りをする清明節の直前に当たっている。ここに「今年寒食の節、未だ祭享の地あらず」といっているのは、そのためである。なおこの上奏は建炎二年三月になされたものであるから、正しくは「……祭享の地あらざりき」と訓むべきである。○敵愾　敵は当たる、愾は恨怒の意。王の恨み怒るところに当たるをいう。文公四年の『左伝』に「諸侯、王の愾する所に敵してその功を献ず」とある。○東晋既覆の轍に循ふ　東晋は晋（西晋）が匈奴《きょうど》・羯《けつ》・鮮卑等のいわゆる五胡に侵され、帝は執えられ都は陥れられたため、瑯邪《ろうや》王睿《えい》が都を洛陽より東なる建康に移して再興した王朝。既覆の轍に循ふは同じ失敗を重ねること。すなわち晋が失敗して東遷したことの二の舞をするの意。○憂憤して卒す　疾に伏した宗沢は「師を出して未だ捷《か》たず身先づ死す、長く英雄をして涙襟に満たしむ」という杜甫『蜀相』の詩を朗詠し、「過河」（黄河を北に渡って金を討て、の意）と連呼すること三度にして卒した。年七十。○高宗更に潜善・伯彦を以て云云　『続綱目』建炎二年十二月の条に「黄潜善・汪伯彦を以て尚書・左右の僕射《ぼくや》、兼門下中書侍郎とす」、その目に「潜善・伯彦入りて謝す。帝いはく、潜善左相となり、伯彦右相となる、朕なんぞ国事の済《な》らざるを患《うれ》へんや、と。時に金の兵横行して山東の群盗蠭起《ほうき》す。しかるに潜善・伯彦既に謀略なく、権を専らにしてみづから恣《ほしいまま》にし、東京はこれを御史に委《まか》せ、南京はこれを留台に委せ、四州はこれを郡守に委せ、事を言ふものはその説を納《い》れず、兵を請ふものは以て上聞せず、金の兵、日に南するも、潜善等以為《おもへ》らく、李成が余党、慮るに足るものなし」とある。実に南宋の傾覆は、高宗がその初めに於いて黄・汪を、後に於いて秦檜を信任し、その人事を最も誤ったことによるといわねばならない。○宋の叛臣劉予を以て斉帝とす　『続綱目』建炎二年十二月の条に「劉予叛きて金に降る」、同四年九月の条に「金、劉予を立てて斉帝とす」とある。金はさきに張邦昌を立てたが失敗したので、新たに劉予を立てて斉帝とし、占領地域の統治に当たらしめたのである。○秦檜先に二帝に随ひて云云　『続綱目』建炎四年十月の条に「金人、秦檜を縦《はな》して還《かへ》す」、その目に「……帝、輔臣に謂ひていはく、檜が朴忠人《ひと》に過ぎたり。朕これを得、喜んで寐《い》ねられず、既に二帝・母后の消息を聞き、また一佳士を得たり、と。遂に礼部尚書に拝す。これより先き朝廷しばしば使ひを金に遣はすと雖ども、かつ守りかつ和するのみ。而して意を専らにして敵と仇を解き兵を息むるは、則ち檜より始まる。けだし檜首《はじ》めに和議を倡ふ。故に撻懶（金の将）ひそかにこれを縦して還らしめしなり」とある。

使者王倫金にあり、久しく困《くる》しみて帰るを思ひ、乃ち亦た倡《とな》へて和議をなすに会ふ。金又これを縦《はな》す。ついで劉予、金を邀《むか》へて南侵す。高宗、張浚《ちょうしゅん》・趙鼎《ちょうてい》の言を用ひ、みづから将としてこれを禦《ふせ》ぐ。浚に命じて師を江上に視しむ。将士勇気十倍す。金人引き還る。ここに於いて李綱又上疏していはく、「陛下、敵退くを以て喜ぶべしとすることなくして、仇敵未だ報ぜざるを以て憤《いきどほ》るべしとなせ。東南を以て安んずべしとすることなくして、中原未だ復せざるを以て恥づべしとせよ。大槩《たいがい》、近年、間暇には則ち和議を以て得計として治兵を以て失策とし、倉卒《そうそつ》には則ち退避を以て君を愛すとして進禦を以て国を誤るとす。国勢ます〳〵弱き、職《もと》として此れにこれ由る。いまみづから大敵に臨み、北軍をして師を潜《ひそ》めて霄《よひ》に奔《はし》らしむれば、則ち和議の治兵と、退避の進禦と、その効、槩《おほむ》ね見るべし。古へは敵国善隣は則ち和親あり、仇《きゅう》讎《しゅう》の邦《くに》、復《ま》た使ひを遣はす鮮《すくな》し。なんぞ道を僭偽の国に仮りてみづから辱しめを取るべけん。此れ古人のいはゆる幾何《いくばく》か僥倖《ぎょうこう》して人の国を喪《うしな》はざるものなり」と。高宗これを褒諭《ほうゆ》して、未だいくばくならず、又、何蘚《かせん》を遣はして金に使ひす。中書舎人胡寅《こいん》上疏していはく、「女真は乃ち陛下の大讎なり。建炎より紹興に至り、辞を卑《ひく》うし礼を厚うし、問安迎請《げいせい》を以て名として使ひを遣はすもの、幾人を知らず。二帝のある所を知り、二帝の面を見、よりて講和して兵を息《や》むるもの、誰ぞや。それ女真は、中国の重んずる所は二帝にあり、恨む所は劫質《ごうち》にあり、畏《おそ》るる所は用兵にあるを知れば、則ち常に和せんと欲するの端を示し、吾が重んずる所を増し、吾が恨む所を平らげ、吾が畏るる所を匿《かく》して、中国坐《ゐ》ながらこの餌《じ》を受く。既に久しくして後に悟る。天下それ是れより図《と》を改めんと謂《い》ふ。なんすれぞ復たこの謬計《びゆうけい》を出だすか。いやしくも姑《しばら》く是れをすといはば、豈《あに》書を脩めて臣と称し、厚く金帛《きんぱく》を費して、一姑息《こそく》の事を成就することあらんや。まさに何蘚の事を観るに、恐らくは和説復《ま》た行はれ、国論傾危《けいき》し、士気沮喪《そそう》せん。繫《かか》る所、細ならず」と。つひに用ふることあたはず、更に王倫を遣はし、反覆数回して以て和を請ひ地を求めて、遂に秦檜を以て相とす。劉予再寇《さいこう》し、大いに敗れ、金よりて予を執《とら》へてこれを廃するに会ふ。岳飛・韓世忠、機に乗じて北討して以て中原を取らんと奏す。亦た報ぜられずして、倫をして首《はじめ》に予を廃するを謝せしむ。

〔訳文〕

『続通鑑綱目』巻十三・紹興二年九月より同七年閏十月までの記事より抄録。

折しも、宋より金に遣わした使者王倫は、久しく金に逗留して困苦したがために、金の意を得ようとして和議を唱えたので、金は王倫をも宋に帰らしめた。ついで逆賊劉予、金軍を迎えこれを先導して南侵し来った。これに対して、高宗は張浚・趙鼎の進言に従い、自身、大将となって防禦に当たるとともに、張浚に命じて江上の軍を監督させたので、宋軍の勇気大いに熾《さかん》となり、金軍はそのため引き退いた。ここに於いて李綱はまた次のごとく上書したのである。

「陛下に於かれましては、金が退いたので、これでよいとお喜びなされることなく、金は仇敵でありますから、まだその讎《あだ》を報じていないことにお憤りいただきたきことであります。金が攻めて参りませぬことを恥とお考えいただきたきことであります。大体、この頃は、中原がまだ回復されておりませぬ時は、和議を計を得たるものと讃え、軍備を策を失ったものであると否定し、東南、即ち臨安（南宋の都、杭州）をもって安住の地とされることなく、進んで禦ごうとするものがあればこれを国を誤るといって罵《ののし》ることでありますが、宋の国勢がますます弱くなります原因は、主としてここにあることであります。しかるにいま陛下に於かせられましては、一旦戦いが始まりまするとと、都を避けることを君の御為であるとし、進んで禦ごうとするも御自身大将として大敵に当たられ、金軍をしてひそかに夜陰に乗じて退却せしめられたことでありますから、和議と軍備と、退避と進撃と、そのいずれが効あるかは、ほぼ御承知になられたことと存じます。昔は善隣の国の間にては和親を結びましたが、仇讎の国の間にては使者を遣わすこと、ほとんどございませんでした。ましてや、金に使者を遣わすといって、謀叛人の国、即ち劉予の領内を通してくれと頭をさげ、御みずから恥辱を招くようなことは、なすべきではございませぬ。これこそ古人のいう、こぼれ幸《さいわ》いを頼みにしながら国を亡ぼさずに何とか保っている、というもの。いずれは亡びざるを得ぬこととなりましょう」

高宗はこれを至当であるとして褒めたが、いくばくもなくまた何蘚《かせん》を金に遣わして和談を計らしめた。ここに於いて中書舎人胡寅《こいん》は、次のごとく奏上したのである。

「女真、即ち金こそは陛下の大讎《たいしゅう》であります。陛下即位せられまして以来、ことばを卑下《ひげ》し贈り物を鄭重にし、徽・欽両帝の御見舞いとか御迎えとかの名のもとに使者を遣わしたこと夥《おびただ》しいことでありましたが、誰一人として二帝のどこに居らるるかを確かめ、二帝に御目にかかり、その上にて講和停戦を計りましたものは、おりませんでした。そもそも女真は、わが中国が最も心にかけておりますることが二帝の御身の上であり、口惜しく思っておりますことが人々の捕らわれておることであり、恐れておりますことが金から攻めて来られることであることを知っておりますので、講和の姿勢を示して二帝の御身の上をいよいよ心もとなからしめ、人質のうちの肝要ならぬものを帰してわが口惜しく思っている心を柔らげ、さらに侵攻の意志を匿《かく》してわが恐れているところを和らげていることであります。しかるにわが中国に於きましては、この金から示された餌《え》を無分別にも受けてしまい、久しくしてその誤りに気づいたことでありました。されば天下の人々、これより御態度一変せられるであろうと考えたことでありまするに、何故に再びこの講和という誤った致し方をされるのでありましょうか。もしも、当分の間、マアこうしておくのだといわれることでありますならば、国書を書するに当たって金を主人あつかいにして御自身を臣と称せられたり、莫大《ばくだい》な進物を贈って一時しのぎをせられたりするべきではありませぬ。このたび何蘚が金に遣わされることになりましたるにより、和談が再び起こることであろうと存じますが、その結果として、国論は傾き、士気は衰えることとなりましょう。問題は実に重大であります」

以上の上書も結局用いられず、さらに王倫を遣わし、かくして反覆談合して、講和を請い返地を求め、ついに和談の元凶秦檜をもって大臣に任ずるに至った。折しも劉予が再び侵攻し来ったが大敗し、金これを立腹し執《と》らえてその斉帝《せいてい》の地位を取り上げたので、将軍岳飛・韓世忠は、この機に乗じて北に討って出て、中原を回復せんと奏上したことであったが、これもまた取り上げられず、かえって高宗は王倫を金に遣わし、金が劉予を廃して下されて忝《かたじけな》いと先ず謝意を表したことであった。

〔語釈〕

○劉予、金を邀へて南侵云云　『続通鑑綱目』紹興四年（一一三四）九月の条に「劉予、その子麟《りん》をして金の兵を以て入寇せしむ」、十月の条に「帝みづから将として金を禦ぐ。平江に次す」とあり、詳しくはその目に見える。○張浚　字は徳遠、志、恢復にあって終身和議を否定し、その功は成らざりしが、人、その忠を称した。諡は忠献。その子が朱子の親友張栻《しょく》（南軒先生）である。○趙鼎　字は元鎮、崇寧の進士、高宗に随って南渡し、殿中御史・御史中丞・尚書右僕射・同中書門下平章事を累官、枢密使を兼ぬ。張浚と並んで相となり、協心、興復を図るも、秦檜に合わず嶺南に謫せられ、吉陽軍に移されたが、食わずして卒した。諡は忠簡。○倉卒　にわか、あわただしい。ここは戦端が開かれるとの意。○敵国善隣は云云　肩を並べる勢力の諸侯間に於いては和親を通じあったことがある。敵国の敵はかたきではなく匹敵の意。『孟子』尽心篇に「敵国は相征せず」という例がある。○幾何か僥倖して人の国を喪はざるもの　『荘子』在宥篇に「幾何か僥倖して人の国を喪はざらんや」とある。絅斎の講説に「『史記』ニアル。トコロヲワスレタゾ。僥倖、不慮ナ仕合ヲ心ガケテ昼夜モノ拾ヒアリクヨフナモノ」とあり、強斎の講義に「『史記』ニアルコト。僥倖ハ義理ノヨシアシニカマハズ、ソレヲカヘリ見ズ勝手ノヨイヤフニ当坐マカナイニスルコト」と祖述されている。○中書舎人

胡寅　中書は中書省、行政上の最高機関、即ち内閣に当たる。舎人はその属官の一、詔勅の草稿をつかさどる。胡寅は胡安国の弟の子、字は明仲、安国の養子となる。講和を否定し、秦檜の悪《にく》むところとなって新州に謫せられたが、檜の死後、旧官に復した。諡は文忠、致道先生と称せられた。○**建炎より紹興に至り**　建炎・紹興、いずれも高宗の年号。陛下が即位して宋を再興されましてより今日までの意。○**劫質**　おびやかして人質にとる。○**更に王倫を遣はし云云**　『続綱目』紹興七年二月の条に「王倫を遣はして金に如《ゆ》かしむ」、その目に「詔して倫を以て奉迎梓宮使とす」云云、十二月の条に「王倫、金より還る。ついで復《ま》たこれを遣はす」とあり、同八年七月にも「王倫復た金に如く」、その目に「秦檜復た倫を遣はして金に如き和議を定めしめんと請ふ」云云とある。○**遂に秦檜を以て相とす**　『続綱目』紹興八年三月の条に「秦檜を以て尚書右僕射・同平章事、兼枢密使とす」とある。同平章事は中書省の長官、即ち首相であり、枢密使は軍事の最高機関なる枢密院の長官である。○**金より予を執へてこれを廃す云云**　『続綱目』紹興七年閏十月の条に「金人、汴《べん》を襲ひて劉予を執へて、廃して蜀王とす。……韓世忠・岳飛、金を伐ちて中原を収復せんと請ふ。報せず」とある。岳飛・韓世忠は宋第一の名将にして忠臣。韓世忠は字は良臣、建炎中に金兵が劉予と入侵するや、伏を二十余所に設け、金兵ために大敗、これをもって中興の武功の第一と称せられている。後、秦檜に遠ざけられて醴泉《れいせん》観使となるや、これより門を杜《と》じ客を謝し、西湖に遊ぶを楽しみとなし、みずから清涼居士と号した。諡は忠武。岳飛については後文に見える。

紹興八年戊午、金乃ちその臣張通古を以て江南詔諭使とし、倫と来りて、廃斉《はいせい》・河南・陝西《せんせい》の地を帰すを許すと言はしむ。ここに於いて朝論籍籍《せきせき》たり。礼部侍郎兼直学士院曾開《そうかい》、国書を草するに当り、体制を弁視《べんし》するに、是にあらず。これを論ずるも聴かず、遂に罷《や》めんと請ふ。檜、温言を以てこれを慰めていはく、「主上、執政を虚《むなし》くして以て待つ」と。開いはく、「儒者の争ふ所は義にあり、いやしくも非義をせば、高爵厚禄、顧みざるなり。願はくは敵に事《つか》ふる所以の礼を聞かん」と。檜いはく、「高麗《こうらい》の本朝に於けるがごときのみ」と。開いはく、「主上、盛徳を以て大位に登る。公、まさに兵を彊《つよ》くし国を富まし、主を尊び民を庇《かば》ふべし。いかんぞみづから卑辱《ひじょく》すること、ここに至る。開が敢へて聞く所にあらざるなり」と。復《ま》た古誼《こぎ》を引きてこれを折《くじ》く。檜大いに怒りていはく、「侍郎、故事を知る。檜ひとり知らざらんや」と。然るに猶ほ群言を慮《おもんぱか》り、在朝の侍従・台諫に詔《みことのり》して和好の得失を条奏せしむ。ここに於いて開、張燾《ちょうじゅ》・晏敦復《あんとんふく》・魏矼《ぎこう》・李弥遜《りびそん》・尹焞《いんじゅん》・梁汝嘉・楼炤《ろうしょう》・蘇符・薛徽言《せつきげん》・方廷実・胡珵《こてい》・朱松・張拡・凌景・夏常明・范如圭・馮《ひょう》時中・許忻《きょきん》・趙雍《ちょうよう》と、皆《みな》極めて和すべからずと言ふ。韓世忠四たび上疏して言ふ、「従ふべからず、願はくは兵を挙げて決戦し、兵勢最も重き処、臣請ふこれに当らん」と。李綱も亦た上疏して言ふ、「朝廷、王倫を遣はし、往返しば〱なり。いま倫の帰る、虜使と偕《とも》にす。乃ち国号を著《あらは》さずして江南といひ、通問といはずして詔諭といふ。此れ何の礼ぞや。宋、天下を有《たも》つほとんど二百年。炎運中微《ちゅうび》す。頼《さいはひ》に陛下入りて大統を継ぎ、臣民万物の主となる、ここに一紀なり。敵人乃ち敢へて名を命ずることかくの如し。皆、吾れみづから治めみづから強くすることあたはず、安を朝夕に偸《ぬす》み、群臣陛下を誤るの致す所なり。伝にいはく、その賊たるを名づけ、敵乃ち服すべし、と。仇讎の名を正して以て恢復の本を張らんと欲する、まさにこの時にありて、虜使しきりに至り、乃ち詔諭の号を建て、公肆《こうし》に陵侮す。知らずまさに何を以てこれに応ぜんとする。いま土宇《どう》猶ほ天下を半ばし、民心宋を戴きて忘れず。豈《あに》祖宗の大業、生民の属望《しょくぼう》を忘れて慮らず図《はか》らず、にはかにみづから屈服し、哀を祈り憐を乞ひ、旦夕の命を延ぶるを冀《こひねが》ふべけんや。陛下たとひみづから軽んずとも、宗社をいかん、天下の臣民をいかん、後世の史冊をいかん。此れ臣の夙夜《しゅくや》痛憤して寒心する所以なり。伝にいはく、日中《ちゅう》すれば必ず熭《かは》かす、刀を操《と》れば必ず割く、時なるかな時、再び来らず、と。臣が言採るべくんば、陛下断じてこれを行へ。以て今日の至計に害すとせば、願はくは斧鉞《ふえつ》の戮《りく》に先だちて以て妄発を懲《こら》さん。それ主憂ふれば臣辱《はづか》しめられ、主辱しめらるれば臣死す。国家の事勢ここに至る。死、なんぞ惜しむに足らん。いま使事まさに亟《すみや》かなり。国体に係《かか》る所、ひとり安危のみにあらず」と。疏入る、省《かへり》みず。

〔訳文〕

秦檜の講和工作に反対する正議の人々の立言、いわゆる「戊午讜議」についての第一段。右は『続通鑑綱目』紹興八年十月および十一月の該条の目により、『宋史』『宋史新編』を参用している。但し、李綱の上書は、目の文、節略に係るをもって、『李忠定公奏議』より直接抄録している。

紹興八年戊午の歳、金はその臣張通古を江南詔諭使に任じ、宋よりの使者王倫とともに宋に遣わし、劉予を廃した後の斉《せい》の地や、河南・陝西《せんせい》の地を宋に帰すことを許すといわしめた。そこでこの申し出を受けてよいかよくないかをめぐり、朝廷に論議が紛糾した。礼部侍郎兼直学士院であった曾開は、金への返書を起草するに当たり、その書き様を検討したところ、余りにも鄭重に過ぎているので、その誤りを問題にしたが聴き入れられず、辞任を願い出た。秦檜、これに対し、ことばを柔らげて「御上《おかみ》に於かれては、宰相の地位をあけて、これに足下を任じようと思し召しておられるのであるから、ここは曲げて承知するように」と慰諭した。開はこれに対して「儒者たるものが争うのは、それが義か不義かという判断についてである。かりにも不義をするというならば、いかなるよき位官俸給を与えるといわれようとも問題にしないのである。そもそも讎敵につかえるという礼があるのであるか、あるなら承りたい」と断った。檜いう、「高麗（朝鮮）がわが宋朝に対する態度のようにするのがよかろう」。開これを「御上が盛徳によって天子の御位に登っておられる。されば公は宰相として、軍備を強くし、国家を豊かにし、主上を尊び、民衆を安んずるべきはずであるのに、何故に我を我が手に卑しくし辱めて、高麗の真似《まね》をするに至るのか。これは拙者の知ったことでない」と駁した上、史上の例を挙げて檜を言いまかした。秦檜大いに腹を立てて、「侍郎よ、足下は学者であるから故事をよく知っているが、わしとてそれを知らぬわけではない」といったが、反対するものの多きことを考慮し、在朝の諸臣に詔命をもって和好の可否を条奏させることとした。ここに於いて、曾開は、張燾・晏敦復等の諸臣と、講和すべからざることを極言したことであった。目ざましきは韓世忠であって、彼は四度上書し、「和議には従ってはなりませぬ。願わくは兵を挙げて決戦せられよ。その最も激しきところへは、臣が参りましょう」とあった。李綱もまた上書して次のごとく申し上げている。

「朝廷に於かれましては王倫をしばしば金に使者として遣わされましたが、このたび倫は金の使者と同道にて帰って来ました。しかるにその使者の名称、宋という国号を明示せずにただ江南といってわが国を諸侯あしらいに致し、国際間に於いては通問というべきところを詔諭といって、これまたわが国を臣下あしらいに致しております。これはいかなる礼でありましょうぞ。わが宋が天下を統治することほとんど二百年、中頃、国運衰えは致しましたが、幸いに陛下が即位して中国万物の主となられましてから十二年になります。しかるに金より臣下同様にあしらわれますこと以上のごとくでありますが、これはみな、わが国みずから自国を治め強くしようと努力することなく、群臣一日でも安居して戦いをせずにすまそうと考え、陛下の御考えを曇らせました結果に外なりませぬ。古人の言に、敵は盗賊であるとの名分を正しくすることにより、初めて屈服せしめることができる、とありまするごとく、いまこそ金のわが宋にとって仇讎であるという名分を明確にして中国恢復の根本を樹立すべき好機であります。しかるに金の使者しきりに参り、しかもその使者を詔諭使と称してわが国を公然と侮っております。わが君に於かれましては、これに対しどのように対処せられる御考えでありましょうか。現在に於きましても、わが宋の領土は天下の半ばを有しており、万民も宋の民であるとしてわが君を戴く心を忘れておりませぬ。さればわが君に於かれまして、御先祖の大業を棄て、万民の期待を忘れ、何の考慮もせられず、にわかに御みずから腰をかがめて憐れみを乞い、わずかの命を延ばさんとせられることは、あるべきことでございませぬ。たとえ陛下御自身に於かれましてはその地位を何とも思し召されずとも、宋の国家と臣民とをどうせられる思し召しでありましょうか。後世の記録に対し、どう思し召されますか。このことこそ、臣が昼も夜も痛心憂憤して恐れておるところであります。古人の言に、日が高くなれば必ず乾かす、刀を取れば必ず斬る、されば時を失ってはならぬ、といい、時、即ち機会というものはまことに重大にて、好機は再び来るものでない、ともいっておりまする。今日こそ、宋国再興の好機会と存じまするが、この臣の言を至当と思し召されますならば、何とぞこれを断行していただきとう存じます。もし今日の御処置の上に害ありと思し召されますならば、何とぞ御成敗せられまするに先だって臣の妄言を申し上げましたことを御《お》叱《しか》り給わりたく存じます。主人が心配せられます時には、臣たるもの恥を受けてよい、主人が恥を受けられた時には、臣たるもの死んでよい、と申します。ただいま宋国の運命、金より臣下のあつかいをせられるというところまで窮困しております。臣の生命など問題でございませぬ。ただいま彼よりの使者が参っており、事態極めて切迫しております。これは、国家の安危のみの問題ではありませぬ。実に国家の根本に関係する問題であります」

　しかしこの上書に対しても、高宗は考慮するところがなかった。

〔語釈〕

○江南詔諭使　〔絅斎講説未訂本〕江南。唐デハ大キナ使ニハ名ヲ付ケテヤル。宋ガ江南ノカタスミニヲルユへ。詔諭使。天下ノ下々へ命ズルヲ詔諭ト云フ。モハヤトント宋ヲ家来ニアシラフテクスル。○籍籍　かまびすしいさま。又、紛々のさま。○礼部侍郎兼直学士院曾開　礼部侍郎は礼部の次官、礼部は礼式・祭儀・学校・選挙をつかさどる官署。直学士院は官名、学士院に侍するもの。学士院は翰林学士が待詔するところ。曾開は字は天游、崇寧の進士、建炎中、礼部侍郎となるも秦檜に忤《さから》いて任を奪われたが、後、秘閣修撰に復した。○古誼　絅斎講説は「古ノ大義」、強斎講義は「古ノ礼義ノ故事ドモ」、秦山講義は「古ノ証文」、これを要するに歴史に示されている道義によって対処した先例をいう。○檜ひとり知らざらんや　原文「檜独不知耶」は『宋史』および『宋史新編』の本伝による。『続綱目』は「檜ひとり知らざるなり（檜独不知也）」に作っている。思うに『続綱目』は胡銓の上書（後出）に「我独不知」とあるによったものであろうが、ここは拙者とて知らぬものではないの意であって反語に解すべきである。○朱松　朱子の父、字は喬年、号は韋斎。尤渓県の尉に在任中、羅従彦（予章）に従って程子の統に接し、かつ同門の李侗（延平）と交わりを結ぶ。朱松が同志と和議反対の上奏をなしたことは、朱子に大きな影響を与えている（後出の『戊午讜議の序』参看）。○炎運　火の燃えること。宋は五行のうちの火徳をもって天下を保ったと信ぜられたので、宋の天下を炎運といった。○一紀　十二年、十二支の一めぐりをいう。建炎元年（一一二七）より紹興八年（一一三八）まで、まさしく一紀である。○伝にいはく、その賊たるを云云　『漢書』高帝紀に、三老董公の劉邦にいえる言として見える。「賊たるを名づけ」はもと項羽がその主義帝を弑したるを賊として明白にすべしとの意。○まさにこの時にありて　原文「正在此時」は上文の「……恢復の本を張らんと欲する」を受けて、その機はまさしくいまであるといったもの。されば「この時にあり。」と切りたし。○陵侮　しのぎあなどる。陵は、おかす、軽んずる。○伝にいはく、日中すれば云云　『六韜《りくとう》』守土篇に「日中すれば必ず彗《かはか》し、刀を操れば必ず割き、斧を執れば必ず伐《き》る。日中して彗さざる、是れを時を失すと謂ひ、刀を操つて割かざれば、利の期を失ひ、斧を執つて伐らざれば、賊人まさに来らんとす」とある。○時なるかな時、再び来らず　『国語』越語に「范蠡《はんれい》諫を進めていはく、……臣これを聞く、時を得て怠るなし、時再び来らず、天の予《あた》ふるを取らざれば、かへつてこれが災ひをなす」とあり、『史記』淮陰《わいいん》侯列伝には蒯通《かいつう》が韓信に説いた言として「それ功は成りがたくして敗れやすく、時は得がたくして失ひやすし。時なるかな時、再び来らず。願はくは足下、これを詳察せよ」とある。○斧鉞の戮に先だちて云云　臣を死刑に処せられる前に、臣が妄言したことを懲らしていただきたいの意。○主憂ふれば臣辱しめられ云云『国語』越語に范蠡が越王勾践に対《こた》えた言として、「臣これを聞く、人の臣たるものは、君憂ふれば臣労し、君辱めらるれば臣死す、と。昔、君主、会稽《かいけい》に辱めらるるも臣の死せざりし所以のものは、この事の為めなり」云云とある。これによったものであろう。○国体　国家の根本体制。『漢書』文帝紀に「国家の体に明らか」とあり。同成帝紀の陽朔二年八月の詔のうちに「国体に通達す」と見える。

枢密院編脩官胡銓《こせん》、抗疏していはく。「臣謹みて按ずるに、王倫はもと一狎邪《こうじゃ》の小人、市井《しせい》の無頼《ぶらい》、このごろ宰相《さいしょう》識なきによりて、遂に挙げて以て虜に使ひす。専ら詐誕《さたん》を務め、天聴を欺罔《ぎもう》し、にはかに美官を得。天下の人、切歯唾罵《だば》す。いま故《ゆゑ》なく虜使を誘致し、江南に詔諭するを以て名とす。是れ我れを臣妾にせんと欲するなり、是れ我れを劉予にせんと欲するなり。劉予、醜虜に臣事し、南面して王と称す。みづから以為《おも》へらく、子孫帝王、万世不抜の業、と。一旦《いったん》豺狼《さいろう》慮を改め、捽《と》りてこれを縛り、父子虜《りょ》となる。商鑒《しょうかん》遠からず、倫又陛下のこれに効《なら》はんことを欲す。それ天下は祖宗の天下なり、陛下居る所の位は祖宗の位なり。いかんぞ祖宗の天下を以て金虜の天下とし、祖宗の位を以て金虜藩臣の位とする。陛下一たび膝を屈《かが》めば、則ち祖宗廟社の霊、ことごとく夷狄に汙《けが》れ、祖宗数百年の赤子、ことごとく左衽《さじん》となり、朝廷の宰執《さいしつ》、ことごとく陪臣となり、天下の士大夫、皆まさに冠を裂《さ》き冕《べん》を毀《こぼ》ち、変じて胡服となるべし。異時豺狼厭《あ》くことなきの求め、いづくんぞ、我れに加ふるに無礼を以てする劉予が如くならざるを知らんや。それ三尺《さんせき》の童子、至つて識なし。犬豕《けんし》を指してこれに拝せしめば、則ち怫然《ふつぜん》として怒らん。いま醜虜は則ち犬豕なり。堂堂たる大国、相率《あひひき》ゐて犬豕を拝す。曾《すなは》ち童孺《どうじゆ》の羞《は》づる所にして、陛下これをするに忍ぶるか。倫の議に乃ちいはく、我れ一たび膝を屈《かが》めば、則ち梓宮《しきゆう》還るべく、太后復すべく、淵聖帰るべく、中原得べし、と。ああ、変故より以来、和議を主とするもの、誰かこれを以て陛下に啗《くら》はしめざるや。然れどもつひに一験なければ、則ち虜の情偽《じようぎ》已に知るべし。而《しか》して陛下尚ほ覚悟せず、民の膏血《こうけつ》を竭《つく》して恤《うれ》へず、国の大讎を忘れて報いず、垢《あか》を含み恥を忍び、天下を挙げてこれに臣として甘心す。たとひ虜をして決して和すべき、ことごとく倫が議の如くならしむとも、天下後世、陛下をいかなる主と謂はん。況んや醜虜、変詐《へんさ》百出して、倫又姦邪を以てこれを済《な》すをや。梓宮決して還るべからず、太后決して復すべからず、淵聖決して帰るべからず、中原決して得べからずして、この膝一たび屈み、復た伸ぶべからず、国勢陵夷し、復た振ふべからず。為めに痛哭流涕、長く太息すべし。さきに陛下、海道に間関し、危ふきこと纍卵《るいらん》の如し。当時尚ほ北面し虜に臣たるを肯《がへん》ぜず。況んやいま国勢やゝ張り、諸将鋭《えい》を尽し、士卒奮《ふん》を思ふをや。たゞ頃者《このごろ》醜虜陸梁し、偽予入寇《にゅうこう》するが如き、もとより嘗てこれを襄陽に敗り、これを淮上《わいじょう》に敗り、これを渦口《かこう》に敗り、これを淮陰に敗る。これを前日海を蹈むの危きに較《くら》ぶるに、もとより已に万万なり、もし已むことを得ずして兵を用ふるに至らば、則ち我れ豈遽《にはか》に虜人の下に出でんや。いま故なくしてかへってこれに臣とし、万乗の尊を屈し、穹廬《きゅうりょ》の拝に下らんと欲す。三軍の士、戦はずして気已に索《つ》く。これ魯仲連の義、秦を帝とせざる所以。かの秦を帝とするの虚名を惜しむにあらず、天下の大勢、可ならざる所あるを惜しみてなり。いま、内にして百官、外にして軍民、万口一談、皆、倫の肉を食はんと欲し、謗議《ぼうぎ》洶洶《きょうきょう》たり。陛下聞かざれば、まさに恐る、一旦変作《おこ》り、禍かつ測られざるを。臣窃《ひそ》かに謂《おも》へらく、王倫を斬らずんば、国の存亡、未だ知るべからざるなり、と。然りと雖ども、倫道《い》ふに足らず。秦檜、腹心の大臣を以てこれをす。陛下尭舜の資あり、檜、君を致すこと唐虞《とうぐ》の如くすることあたはずして、陛下を導き石晋《せきしん》の如くせんと欲す。近者《ちかごろ》礼部侍郎曾開等、古誼を引きて以てこれを折《くじ》く。檜乃ち声を厲《はげま》し、責めていはく、侍郎故事を知る、我れひとり知らざらん、と。則ち檜の非を遂《と》げ諫に愎《もと》る、已におのづから見るべくして、乃ち建白し、台諫・侍臣に可否を僉議《せんぎ》せしむ。是れけだし天下の己れを議せんことを畏れて、台諫・侍臣をして共に謗《そし》りを分たしむるのみ。有識の士、皆以為《おも》へらく、朝廷、人なし、と。ああ、惜しむべきかな。孔子いはく、管仲なかりせば、吾れそれ髪を被《かうむ》り衽《えり》を左にせん、と。それ管仲は覇者の佐のみ、尚ほ能く左衽《さじん》の区を変じて衣裳の会をなす。秦檜は大国の相なり、かへって衣冠の俗を駆《か》りて左衽の郷に帰すれば、則ち檜や、たゞに陛下の罪人のみならず、実に管仲の罪人なり。孫近、檜が議に傅会《ふかい》し、遂に参知政事を得。天下、治を望む饑渇《きかつ》の如きことありて、近、中書に伴食《ばんしょく》し漫《まん》に敢へて事を可否せず。檜いはく、虜、講和すべし、と。近も亦たいはく、和すべし、と。檜いはく、天子まさに拝すべし、と。近も亦たいはく、まさに拝すべし、と。臣嘗て政事堂に至り、三たび問ひを発して近答へず、但《ただ》いはく、已に台諫・侍従に議せしむ、と。ああ、大政を参賛し、いたづらに位に充つるを取ることかくの如し。虜騎長駆するが如きことあらば、それ尚ほ能く衝《しょう》を折《くじ》き侮りを禦がんや。臣窃かに謂《おも》へらく、秦檜・孫近も亦た斬るべし、と。臣、員に枢属《すうぞく》に備はる、義、檜等と共に天を戴かず。区区《くく》の心、願はくは三人の頭を断《き》り、これを藁街《こうがい》に竿《かん》にし、然る後、虜使を羈留《きりゅう》し、責むるに無礼を以てし、徐《おもむろ》に罪を問ふの師を興さば、則ち三軍の士、戦はずして気おのづから倍せん。然らずんば、臣、東海に赴きて死することあらんのみ。むしろ能《よ》く小朝廷に処《を》りて活《い》くるを求めんや」と。書上《たてまつ》る。檜大いに怒り、銓が名を除きて昭州に編管す。

〔訳文〕

「戊午讜議」の第二段、胡銓の上奏の全文を掲げている。讜議の大要は、『続通鑑綱目』紹興八年十一月「直学士院曾開を罷め、群臣に詔して金に和するの得失を議せしむ」云云の目に詳しいが、それに引かれている右の上奏は抄録であって全文でない。絅斎はこの文を極めて重要であるとし、全文を収めた。そもそもこの文は、『高宗に上《たてまつ》る封事』と題して『文章軌範』巻四に収められており、有志者につとに愛誦されて来たものであるが、『文章軌範』所収の文と、『宋史』『宋史新編』に収められているもの、および『続綱目』『歴史綱鑑補』に抄録されているもの（抄録に出入あり）の間には文字に異同があるので、絅斎はこれらの文を比較校合し、その二、三の個所に於いては独自の取捨を加えて本条に収めている。

枢密院編修官たる胡銓《こせん》は、講和に反対する上書を行い、次のごとくいっている。

臣が謹んで考えますするに、王倫はもともと太鼓持ちや街のごろつきというべきものでありまして、このごろ宰相秦檜が人を見る眼がないために登用せられて、金に使者として遣わされたことであります。さればその発言はもっぱらうそいつわりばかりにて、陛下を欺き奉り、それによって高位に就いたことであり、天下の人々、これを歯をくいしばってくやしがり、唾《つば》をはいて罵《ののし》っております。その彼が、このたび何の理由もございませんのに金の使者を誘って参りまして、しかもその使者たる、「江南を詔諭する」という名目、即ちわが国を属国として扱っているのであります。これはまさしく、わが宋国を金の臣妾にしようとするもの、劉予同様に見ようとするものに外なりませぬ。そもそも劉予は金につかえて斉帝《せいてい》に任ぜられ、みずからはこの地位、子孫に永く継承せられて万古不変であると信じていたことでありますが、豺狼《さいろう》の金がにわかに考えを変えるや、つかまえて縛りあげ、彼父子はその執《と》られものとなってしまったことでありました。身近にこのようなよい手本があるにかかわらず、王倫は、陛下がまたこの劉予の真似《まね》をされますことを望んでいるのであります。一体、天下も天子という御位も陛下御自身のものではなく、御先祖代々の天下であり御位でありのではございませぬ。その上、もしも陛下が一たび金の臣下となられましたならば、御歴代の霊はすべて夷狄にけがされ、御歴代愛撫して来られた万民はすべて夷狄の風俗となり、朝廷の大臣はすべて陪臣となり、天下の士大夫はすべて礼服を棄てて夷狄の服を著《つ》けることとなるでありましょう。そのようになりましたならば、後日、かの豺狼の飽くことなき欲求より、わが国に対し、劉予に加えたるがごとき無礼を加え来ることがないとは、いい切れぬものがあります。一体、二、三歳の童子は極めて無知でありますが、犬や豚を指してこれに敬礼せよといいますならば腹を立てるに違いありませぬ。いまかの金の野蛮なる、まさに犬や豚でありますのに、堂々たる大国宋の君臣、連れだってこれに敬礼している始末であります。これまことに童子さえも羞《は》ずる態度でありまして、しかも陛下に於かせられましては、これをされて何とも思し召されぬことでありまするか。王倫の和議を見まするに、彼は、もし陛下が金に臣下となられますならば、徽宗、鄭后の棺《ひつぎ》も還って参りましょうし、太后も御もどり遊ばされましょうし、欽宗も御帰りになられましょうし、中原も手に入りましょう、といっております。しかし金との問題が起こりましてよりこのかた和議を唱えるもの、みなこのことを陛下に申し上げたことであり、しかも結局一度もそのしるしを見なかったことでありますれば、金の誠意の有無は十分にわかっているはずのことであります。しかも陛下に於かせられましては、なおお気づきになられず、講和のためには民衆の貨財を取りつくされても何とも思うことなく、国の大きな讎《あだ》を忘れてこれを討とうともせられず、恥をこらえて天下を引き連れて金につかえ、それにて満足しておられまする。よし金が講和すべきであることすべて王倫のいう通りであると致しましても、一たび膝を屈しましたならば、天下後世、陛下をいかなる君主であるというでありましょうか。まして金はいうことすべていつわりである上に、王倫も姦邪の心から講和を計っているものであります。王倫のいうこと、すべて成るはずのことでなく、その上、一たび屈しますならば、二度と元にもどることはありませず、国勢次第に衰えて、再び振るうことなきに至りましょう。これを思えば、痛哭流涕して長く太息するの外ありませぬ。さきに陛下に於かせられましては、海辺に金の侵攻を避けられ、頗る苦辛せられたことでありましたが、その時すら金に臣事するを承知せられなかったことであります。まして今日に於きましては国勢次第に強くなり、諸将も力を尽くし、士卒も戦わんものと奮い起っております。但し、このごろ金が暴威を肆《ほしいまま》にし劉予が侵し来ることもありましたが、もとよりこれを襄陽・淮上・渦口・淮陰の各地にて撃破いたしまして、先般の海上に遁れた危うき際に比べて見ますれば、国勢の差違、万々であります。さればもし已むなく戦をせねばならぬこととなりましょうとも、容易に負けることはありませぬ。しかるにいま、何の理由もなくしてかえって金に臣事し、天子たるの尊い御身をもって夷狄の首《かしら》に頭を下げようとしておられることであります。これにては諸軍勢は戦わぬさきに気落ちしてしまいましょう。昔、魯仲連が秦を帝とするを承知いたしませんでしたのは、帝という名目を与えるを惜しんだものでなく、一たびこれを帝とすれば、天下のなりゆき、真に秦を帝とすることになるであろうことを惜しんだものに外なりませぬ。いま、朝廷内にては百官、朝廷外にては軍士万民、万口一同に倫を食い尽くしたいと憎《にく》んでおり、非難の声、忽《にわ》か湧き立つばかりであります。さればもし陛下がその声に御耳を傾けられることなくして、忽かに変事生起し、その禍い測るべからざるの恐れがありましょう。王倫を斬らねば、宋国の存亡知るべからずと愚考仕ることであります。しかしながら王倫のごときはわずかに使者というに過ぎませず、問題の中心は秦檜に外なりませぬ。檜は陛下の腹心の大臣たる身でありながら和議の計を専らにしております。即ち陛下には、古の尭・舜のごとき名君の資質を御《お》稟《う》けでありますれば、秦檜の任務まさに陛下をお輔けして唐・虞の世を実現することにありますのに、それを成すことあたわずして、かえって陛下を導いて金に臣事すること、あたかも石敬瑭《せきけいとう》のごとくならしめんとしておりまする。近ごろ、礼部侍郎曾開等が、歴史の先例を挙げて檜をくじきましたるところ、彼はかえって大声をもって「侍郎は故事を知っておるが、拙者とて知らぬことはない」とどなりつけたことでありまして、檜のその非を押し通し忠告を顧みぬ人物であること、この一事に明白であります。しかるに彼は陛下に建白して、台諫・侍従の諸臣に、和議の可否を評議せしめたことでありますが、これは天下の人々の非難が己一人に集まるを恐れて、その攻撃を人々に分担せしめようとしたものであると考えます。されば有識の人物は、みな「朝廷に人なし」と申しており、まことに歎息すべき姿であります。孔子は「管仲がいなかったならば、我等は被髪左衽——夷狄の風俗になってしまったであろう」といっております。その管仲は覇者斉の桓公《かんこう》の大臣に過ぎませんのに、夷狄の風俗を改めて中国の会盟をさせ得たのであります。しかるに秦檜はわが宋という大国の大臣でありながら、中国の風俗を駆《か》りたてて夷狄の郷にしようとしているのでありますから、この男は、陛下の罪人であるのみならず、実に管仲の罪人と申さねばなりませぬ。さらに問題のものに孫近がありまする。孫近は檜の意見に迎合し、そのお蔭にて副総理の地位に就きました。いま天下の人々、饑渇《きかつ》のものが食物を欲しがるごとく、よき政治を望んでおります。しかるに近は、中書省に寄生しているのみにて何ごとをも決裁しようとせず、檜が講和すべしといえば、それに合わせて和すべしといい、檜が天子は金の君主に敬礼すべきであるといえば、それに合わせて敬礼すべきであるというばかりでありまする。臣が政事堂に参りまして三たび質問したことがありましたが、近はそれに答えず、ただ、「その問題は台諫・侍従の諸臣に相談させておる」というのみでありました。まことに彼が天下の大政に参画する身でありながら、何もせずその地位に寄生していること、以上の通りでありまする。さればもし金軍、遠く侵攻し来ることとあれば、このさまにて果たしてその鋭鋒を折き、侮りを防ぐことができるでありましょうか。されば臣は、秦檜、孫近をも斬るべきであると愚考するものであります。臣は枢密院に所属するものでありますれば、国家防衛の任からも、秦檜等とともに生きていることはできぬものでありまする。されば臣の区々たる心の願いでありますが、何とぞ三人の頭を斬り、これを竿《さお》にさして夷人街《まち》に曝《さら》し首《くび》にし、その上にて金の使者を引きくくりましてその無礼を責め、おもむろにその罪を問うの討伐軍をお興しいただきたく、然らば諸軍の将士の意気は、戦わずして倍することでありましょう。さもなくして臣の言を御採り下さらぬということでありますならば、臣は魯仲連の跡に倣い、東海に赴いて死することとあるのみでありまする。金に屈して恥じぬような小朝廷につかえて生きえることを望むものではございませぬ。

以上の上書が上《たてまつ》られるや、秦檜は大いに怒り、銓の官位を奪い昭州の戸籍に編入したことであった。

〔語釈〕

○枢密院編脩官　枢密院は軍の最高官署、編脩官はその記録をつかさどる官。○狎邪の小人、市井の無頼　狎邪は、なれなれしく人の顔色をうかがい、心はよこしまなの意。市井は街中、道路が井の字のごとく交わっているからいう。『宋史』本伝に「王倫……家貧しくして行なし、任侠をなして京洛の間を往来し、しば〳〵法を犯し幸ひに免かる。汴京《べんけい》守りを失し、欽宗の宣徳門に御するや、都人喧呼して已まず。倫、勢ひに乗じてたゞちに御前にいたり、いはく、臣能くこれを弾圧せん、と。欽宗、佩《お》ぶる所の夏国の宝剣を解きて以て賜ふ。倫いはく、臣未だ官あらず、豈能く弾圧せんや、と。遂にみづからその才を薦む。欽宗、紙片を取りて書していはく、王倫、兵部侍郎に除すべし、と。倫、楼を下り、悪小の数人を挟み、旨を伝へて撫定す。都人乃ち息む」と見える。○捽りて　捽は頭髪をつかむの意。つかむ、とらえる。○商鑒遠からず　『詩経』大雅・蕩篇に「殷鑒《いんかん》遠からず、夏后の世にあり」とある。宋建国の天子趙匡胤《ちょうきょういん》の胤と殷と音が通ずるため、これを避けて殷の別名なる商にした。手本とすべきものが目の前にあるの意。○左衽　『論語』憲問篇に見える孔子の言、「管仲なかりせば、吾れそれ髪を被《かうむ》り衽を左にせん」より出た語。管仲は春秋時代の賢相、斉の桓公を輔けて覇者たらしめた。髪を被るは髪を結ばずのばしたままのこと、衽を左にすは、えりを左前に合わせることと、ともに夷狄の風俗。○陪臣　家来の家来。陪は重ねるの意。○冠を裂き冕を毀ち　先王の定められた礼式を破り棄ての意。昭公九年の『左伝』に「伯父もし冠を裂き冕を毀ち」云云とあるによったもの。冕も冠の一種。○三尺の童子　『孟子』滕文公篇に「五尺の童」という語があり、その朱子の註に「幼小にして知なきをいふ」とある。従って三尺の童子は、ごく幼い子供の意。○梓宮　天子の棺をいう。この時、徽宗は既に金にて崩じていた。○海道に間関　間関は困難にあって苦労すること。建炎三年、金の南侵のため、高宗が海に沿って南に遁れたことをいう。○襄陽に敗り云云　襄陽に敗りは紹興四年、岳飛が劉予の将李成を破ったことを、淮上に敗りは同六年、韓世忠が金の侵攻を破ったことを、渦口に敗りは同年、楊沂中等が劉予の将劉猊を破ったことをいう。淮陰に敗るは、建炎三年、趙立が金軍を破ったことをいうものか。○穹廬の拝に下る　穹は夷狄人の家とするテント。そのテントの中で天子たるものが夷狄の主に対し敬礼するの意。○魯仲連　戦国時代、斉《せい》の人。二四一頁参看。○禍かつ測られざるを　原文「禍且不測」、且は、「まさに……す」の意があり、ここも「禍まさに測られざらんとするを」と訓みたい。○諫に愎る　愎は戻る、素直に聞き入れぬ。僖公十五年の『左伝』に「諫に愎り卜に違《たが》ひ、もとより敗るることを是れ求む」とある。○伴食　官にありながらその職責を行わぬものを冷評した語。唐の盧懐慎が大臣でありながら政務を決するあたわず、時人これを伴食宰相といったという故事から出た。○区区の心　区々は小さいさま。つまらぬ心ながら、念願とするところは、これ以外にはありません、の意。○藁街　長安城の南門内にあった蛮夷の居住区。○むしろ能く云云　原文「寧能……」、寧は何と同じく反語の副詞に用いられることがあり、ここも「なんぞ能く」云云と反語に訓みたい。○昭州　いまの広西省平楽県。○編管　宋代、官吏を遷謫する時、その謫地に編置し、その地の役人をして管束させたことから出た語。〔秦山講義〕浪人帳ニ付ケテ外ヘ動カサヌヤウニスルコト。

遂に和議を定め、倫をして地界を交割せしめ、河南・陝西の地を得て、未だいくばくならず、金、地を帰すを以て計にあらずとし、倫を執《とら》へ、道を分ちて入寇し、復《ま》た得る所の州郡を陥る。遠近震恐して、諸将力《ちから》を尽してこれを禦ぐ。劉錡《りゅうき》大いに金の元帥兀朮《こつじゅつ》を順昌に敗り、韓世忠等も亦た諸州を復して、岳飛の至る所、皆捷《か》つ。遂に兀朮を追ひ、朱仙鎮に至りて大いにこれを破り、使ひを遣はし諸陵を脩治す。中原大いに震ひ、燕《えん》より以南、金人の号令行はれず。飛まさに日を指して河を渡りて、檜更に淮《わい》以北を画《かく》し金と和せんと欲し、台臣に諷して師を班《かへ》さんと請ふ。飛奏す、「時、再び来らず、機、軽〻しく失しがたし」と。檜、飛死せずば、つひに和議を梗《ふさ》ぎ、己れ必ず禍ひに及ぶを知る。故に力《つと》めてこれを殺すことを謀り、乃ち諸将の兵権を奪ひ、連詔し飛を還さんと乞ふ。飛、一日に十二の金字牌《はい》を奉じ、乃ち憤惋《ふんえん》し、泣《なみだ》下りていはく、「十年の力、一旦に廃す」と。乃ち兵を引きて還る。檜つひに詔を矯《た》めて飛を殺す。ここに於いて河南新たに復する府州、皆復《ま》た金の有《ゆう》となりて、宋吏に使ひを遣はし、金に通問稟議《ひんぎ》して以て和を求む。和議成る。高宗乃ち誓表を奉じ、金に臣と称し、地を割き幣を増す、たゞ金人の欲する所にして以てこれを畀《あた》ふ。金遂に人をして袞冕《こんべん》を以て来りて高宗に冊《さく》せしむ。継いで金の完顔亮復た盟を敗りて南侵す。

〔訳文〕

『続通鑑綱目』紹興九年三月「王倫汴《べん》に至る。金人、河南・陝西の地を帰す」より、同三十一年九月「（金主亮）遂に大挙して入寇す」に至るまでの目の記事を依拠としている。なお夾註は忠臣にして名将であった岳飛の人物を詳らかにし、并せて姦臣秦檜の暴戻の状を明らかにしているが、省略に従った。

ついに和議に決定し、王倫を遣わして国境を定めさせ、その結果、河南・陝西の地を回復することができたが、いくばくもせぬうちに金は地を帰すことを得策でないと考え、倫を拘留し、各方面から侵攻し来って、また手に入れた各地を奪い返された。そのため遠近震《ふる》いおののいたが、諸将全力を出してこれを防ぎ、なかでも劉錡《りゅうき》は大いに金の総大将兀朮《ウジュ》を順昌に破り、韓世忠等も諸州を恢復し、殊に岳飛は、その至るところ、すべて勝利を挙げ、ついに兀朮を追って朱仙鎮（都開封の西南の地）に至って大いにこれを撃破し、使いを遣わして都郊外の諸陵を修理させた。ここに於いて中原の人々大いに奮い起ち、燕より以南、金に占領されていた地にても、金の号令が行われなくなった。かくして岳飛は、予定を定めて黄河を渡りて北進せんとしたことであったが、秦檜が改めて淮水を境とし、それ以北を金に譲って講和しようと希望し、目付役に耳うちして諸軍を引き上げるように奏請せしめた。ここに於いて岳飛は、「よい時運は二度と来ることなく、さればこの好機はムザムザと失うべきでありませぬ（いまこそこの勢いに乗じて故地を取りかえす絶好の機会、もしこの機を失ったら最早その時はありませぬ）」と奏上したことであったが、秦檜は岳飛が生きているならば結局和議をくい止め、そのために己れの野心が露見してどのようなことになるかわからぬと考え、いろいろと岳飛を殺す手段を講じ、ここに於いて諸将の軍事の権限を取り上げ、そうしておいてから「飛は敵中に孤立しておりますので、永く留まっておることができませぬ」と奏上して、いく度も詔勅を発せられて是非とも飛を引き上げさせますようにと願い出た。そのため岳飛は一日に十二回も召還の金字牌を奉受することとなり、憤りもだえて涙を流しつつ、「十年の努力がただ一日の間に亡びた」といい、軍を率いて帰還したことであった。檜は結局、天子の御意といつわり、飛を殺した。飛の死により、折角回復することができた河南の各地もまた金のものとなり、しかも宋から更に使者を遣わして金の意向のままに講和を請うこととなった。かくして和議成るや、高宗は誓約書を呈上し、金に対してはみずから臣と称し、土地を割譲し貢物を増額すること、ただ彼のいうなりにしたことであった。金よりは使者を送り来って、高宗に天子の服を与え、大宋皇帝に任命するに至った。しかも金の完顔亮がその主熙宗《きそう》を弑して自立するや、その盟約をやぶって再び南侵を始めたのである。

〔語釈〕

○遂に和議を定め云云　紹興九年三月、王倫が汴《べん》（開封）に至って地界を協議したことは既に記した。交割は、ここからここまでは宋の地、ここからここまでは金の地と相談してきめること。○倫を執へ、道を分ちて入寇　『続綱目』紹興十年五月の条に、「金の兀朮《こつじゅつ》・撒离《さんり》喝《かつ》、道を分ちて入寇し、復た河南・陝西の州郡を陥る」とある。○諸将力を尽し云云　『続綱目』の同年六月より閏六月を経て七月に至る条に詳述されている。

○中原　天下の中央の地の意にて、主として黄河中流の古代より文化の中心であった地をいう。当時、金に占領されていた。○飛死せずば云云　原文「知飛不死終梗和議己必及禍故力謀殺之乃奪諸将兵権」、『続綱目』は

「飛が志鋭くして回すべからざるを知りて、乃ち先づ張俊・楊沂中等を請うて帰し、しかる後に上言す、飛孤軍にて久しく留まるべからず、乞ふ通りに詔して還したまへ」に作る。絅斎は「知飛不死梗和議己必及禍故力謀殺之」を『宋史』岳飛伝に、「乃奪諸将兵権」を『宋史』秦檜伝に（原文「尽収諸将兵権」に作る）採って『続綱目』の文を改めている。〇金字牌　『宋史』輿服志六に「金字牌は日に行くこと四百里、郵置の最も速逓《そくてい》なるものなり。凡そ赦書および軍機の要切なるに則ちこれを用ふ。内侍省より発遣す」云云とある。絅斎講説に「『宋史』ニ出ル。牌ト云フハ、柄ヲツケテ関札《せきふだ》ノヤウニシテ、ソレヲ金デ字ヲカイテ、天下一大事ノ急ナコトニコレデヨバル、ト」とある。〇檜つひに詔を矯めて飛を殺す　『続綱目』紹興十一年十月の条に「秦檜、詔を矯めて岳飛を大理の獄に下す」、十一月の条に「秦檜、故の少保枢密副使武昌公岳飛を殺す」とある。大理は刑法をつかさどる官。〇通問稟議　（秦山講義）通問ハ問ヒニヤルコト、稟議ハアノ方ノ御意ヲ受ケテイカヤウトモイタサフト云フコトゾ。〇金遂に人をして袞冕を以て云云　『続通鑑』紹興十二年四月の条に「金、人をして袞冕《こんべん》を以て来りて帝に冊せしむ」、その目に「金、左宣徽使劉筈《りゅうかつ》を遣はして、袞冕圭冊を以て、帝を冊して大宋皇帝とせしむ」とある。袞は天子の礼服、冕は天子の冠。（絅斎講説）高宗ヲアリツケテヤルトテ、アチカラ衣冠ヲコシラヱテヨコス。冊ハ漢以来スルコト。太子ヲ立テルカ、何ゾ目出度イコトアルトキ、天子ヨリ出スモノナリ。〇継いで金の完顔亮云云　『続通鑑』紹興三十一年の条に「（八月）金主亮、その太后徒単氏を弑す。九月、遂に大挙入寇す」とある。金第三代熙宗、酒に耽って行い乱れ、暴政に陥ったので、紹興十九年十二月、一族の完顔《ワンエン》亮これを弑して自立、二十年四月、亮はさらに大いに宗室の諸人を殺し、かつ宋への南侵を起こした。しかしながら亮は暴逆を肆《ほしいまま》にすること十二年にて諸将より殺された。

高宗、位を太子昚《しん》に伝ふ。是れを孝宗とす。孝宗位に即き、意を恢復に鋭くし、手書して張浚を召す。浚力《つと》めて和議の非を陳《の》べ、意を堅くして以て恢復を図《はか》ることを勧む。時に完顔亮已にその下の殺す所となり、金主雍《よう》立つ。明年隆興元年癸未、又、十万衆を以て河南に屯《とん》し、書を以て海・泗・唐・鄧《とう》等の地および歳幣を来り求む。凡そ事、一に故約によらんと欲す、然らずんば兵を会して相見ん、と。孝宗遂に浚に命じ金を伐たしめて諸将協《かな》はず、師、符離に潰《つひ》ゆ。時に秦檜已に死して、湯思退は檜が党なり。檜によりて身を致し、為す所、多く檜に効《なら》ふ。檜死し久しく劾黜《がいちゅつ》せらる。符離の敗に至りて、孝宗も亦た和を議す。乃ち復《ま》た思退を用ひて相とす。金人復た書を以て来りていふ、「故疆《こきょう》・歳幣、旧《もと》の如く、および臣と称し、中原帰正の人を還さば、即ち兵を止めん。然らずんばまさに農隙を俟《ま》ちて往き戦ふべし」と。思退和を求むるに急なり。工部侍郎張闡《ちょうせん》ひとりいはく、「彼れ和を欲するは、我れを畏るるか、我れを愛するか。直《ただ》に我れを款《たた》くのみ」と。力《つと》めて六害許すべからざるを陳ぶ。又言ふ、「和を許せば、則ち祖宗の讎《あだ》を忘れ、四州を棄つれば、則ち中原の心を失ひ、帰正の人を遣はせば、則ち忠義の気を傷《やぶ》る」と。思退遂に奏して、王之望《しぼう》を以て金国通問使に充《あ》て、四州を割き棄つるを許す。張浚上疏し、力めてその失を弁じていはく、「秦檜の大罪、未だ朝《ちょう》に正さず、その党をして復た出でて悪をなさしむることを致す。臣聞く、大事を立つるものは、人心を以て本とす、と。いま内外の議未だ決せずして、使ひを遣はすの詔已に下り、中原の将士、四海傾慕の心を失ふ。他日誰か復た陛下の為めに命を用ひんや。人心既に失ふは、水の覆《くつが》へるが如し。以て復た収めがたくして、況んや天に於いては則ち順ならず、義に於いては則ち安からざるをや。窃《ひそ》かに陛下の為めにこれを憂ふ」と。聴かず、復た侍従・台諫に詔し、金に和する得失を集議す。群臣多く金人の請ふ所に従はんと欲す。浚および虞《ぐ》允文《いんぶん》・閻《えん》安中、力め争ひて以て与《とも》に和すべからずとす。胡銓時に起居郎たり。又、議を上《たてまつ》りていはく、「京師守りを失ふは、耿南仲《こうなんちゅう》和を主とするよりし、二聖播遷《はせん》するは何栗《かりつ》和を主とするよりし、維楊守りを失ふは、汪伯彦・黄潜善和を主とするよりし、完顔亮の変は秦檜和を主とするよりす。議者乃ちいはく、外《そと》和すと雖ども内《うち》戦ひを忘れず、と。これ向来、権臣国を誤まるの言なり。一たび和に溺れ、みづから振ふことあたはず、尚ほ能《よ》く戦はんや」と。思退怒りていはく、「これ皆、利害已れに切ならざるを以て、大言国を誤りて以て美名を邀《もと》む。宗祖の大事、豈戯劇《ぎげき》に同じからん」と。孝宗、意遂に定まる。時に金まさに重兵を屯《とん》し、虚声をなして和を脇《おびや》かし、日を刻して決戦せんの語あり。浚復た師を江淮《こうわい》に視る。金人すみやかに兵を撤し帰りて、思退その党に諷して浚を論ぜしむ。浚八たび上疏して致仕を乞ふ。孝宗つひに浚を罷《や》めて、地を棄て和を求むるの議を決す。

〔訳文〕

孝宗即位後の金との交渉、その一。『続通鑑綱目』紹興三十二年六月「帝、位を太子に伝へて、みづから太上皇帝と称し、皇后を太上皇后と称す。太子位に即きて大赦す」より、孝宗隆興二年四月「張浚を罷めて福州に判たらしむ」に至る目による。

高宗は位を太子眘に伝えた。即ち孝宗是である。孝宗は中原恢復に専念し、みずから詔を書して張浚を召した。浚は努めて和議の誤りであることを上陳し、孝宗が決意を堅くして恢復を計られることを勧めた。時に金主完顔亮はその部下に殺され、雍が新たに金主に即位し（金の世宗）、翌隆興元年、世宗は十万の軍勢を率いて河南に駐屯し、書簡を送り来って海・泗・唐・鄧等の地、および毎年の貢ぎ物を求め、「万事、昔の約束の通りにせよ。そうせぬなら軍を率いてお目にかかろう」といって来た。孝宗は浚に命じ金を討伐させたが、名将岳飛なき今日、諸将協力しようとせず、そのため符離に於いて大敗したことであった。さて秦檜の党に湯思退というものあり、檜の死後、弾劾されて退いていたが、符離の敗戦により孝宗も講和を計ることになり、また思退を登用して大臣に任命した。折しも金よりまた書簡をもって「国境、毎年の貢ぎ物、いずれも昔にもどし、宋の君は金に対して臣といい、中原帰正の人を帰すならば、戦を止めよう。そうせぬなら、農事の閑になるを待って攻めてゆくことにする」といい来たり、思退もまた講和を急いだのであったが、工部侍郎の張闡《ちようせん》ひとりそれに反対して、「彼が和談をせんとするは、わが宋を畏《おそ》れてするのであるか、それとも愛するからしようとするのであるか。そのいずれでもなく、こちらの底意をたたいて見ようがために外ならない」と上奏して、和談に伴う六種の害のあることを陳べ、また「講和を許せば、祖宗の讎に報いんとする心を忘れてしまい、海・泗等の四州を渡すならば、中原を回復しようとする心を失ってしまい、彼に帰正の人をもどすならば、忠義を尽くそうとする気概を傷つけることになる」とも上奏した。しかしながら思退はあくまで講和を遂げんとして、王之望を金国通問使に任命し、四州を割譲することを承知することにより、和議を推進させようとした。ここに於いて張浚は上書し、講和の欠陥を力弁《りよくべん》して次のごとく陳述した。

「秦檜の大罪につきまして、朝廷に於かれましては、未だそれを正して成敗なされることがございませんでしたので、そのため檜の徒党をして再び世に出て悪事をなさしめることとなりました。臣は、大きな謀《はかりごと》を出そうとする時には、人々が承服協力することが根本であって、人が承服せぬようならば成就するはずはない、と聞いております。いま、朝廷の内外に於ける和議に対する見解、決定いたしませぬのに、講和の使者を派遣するとの詔命が已に下りましたが、これでは中原の将士を始め、天下の民衆の、わが宋を傾慕する心を失うことになってしまいます。人の心というものは、一旦失ってしまえば、水を覆したと同様、二度ともどるものでございませぬ。まして講和は、天理から見ても道に反したことであり、道義から見ても落ちつかぬことでありますれば、これは陛下のために憂慮に堪えぬことであると愚考いたします」

しかるに孝宗はこの諫言を聴き入れず、また侍従・台諫に詔を下して金に和することの利・不利を討議せしめた。これに対し群臣の多くは、金の要求に従うことを希望したが、張浚、および虞允文《ぐいんぶん》・閻《えん》安中のみ、あくまで反対し、協力して、講和してはならぬと論じた。

この時、胡銓は起居郎として朝に復していたが、また次のごとく意見を奏上したことであった。

「都汴京《べんけい》（開封）が降りましたのは耿南仲《こうなんちゅう》が講和を主張したことが本をなしており、徽・欽二宗が北行せられましたのは何栗《かりつ》が講和を主張したことが本をなしており、維楊（揚州、高宗の初めの都）が降りましたのは、汪伯彦・黄潜善が講和を主張したことが本をなしており、完顔亮の南侵し来ったのは、秦檜が講和を主張したことが本となっております。表面は講和を計るものの、内実は戦いを忘れるものでない、と議するものがありますが、これこそ従来、権勢の座を占める姦臣どもが国家を誤らしめたことばであります。一たび講和を主張して腰がぬけたものは、最早《もはや》二度と奮起し得るものでなく、まして戦い得るものではございませぬ」

これに対し、思退は、「これらの議論は、彼等が国政の要路に居るものでないため、どうなろうと利害が己の身に痛切でないので、大口をたたいて国の運命を誤るをも問題とせず、忠臣の美名を得ようとするものに過ぎぬ。御先祖代々継承して来られたこの国家の大問題が、芝居《しばい》と同じに論ぜられようか」と怒り、ここに於いて孝宗もついに講和を決意することとなった。折しも金は重装備の軍を国境に駐屯せしめ、講和せぬというならば、いついつの日に決戦すべしと宣伝して宋を脅《おびや》かした。しかるに張浚再び江淮に赴いてその軍を督するや、金はこれを恐れて直ちに兵を撤退帰国したことであった。しかも思退は、浚の行動、講和に害ありと考え、その徒党に耳うちして浚を失脚せしむべく弾劾させた。その意の到底行われることなきを知った浚は、八度も上書して辞任を請うたので、孝宗は結局それを許し、ここに土地を割いて講和を進めることに議決したのである。

〔語釈〕

○高宗、位を太子眘に伝ふ　『続通鑑綱目』紹興三十二年六月の条に「帝、位を太子に伝ふ」とあり、眘は慎の古字、音シン。○完顔亮已に云云　『続綱目』紹興三十一年十一月の条に「金主亮、その下の殺す所となる」とある。新王雍は金五代の世宗である。○明年隆興元年云云　『続綱目』隆興元年（一一六三）三月の条に見える。河南は洛陽。海はいまの江蘇省東海県、泗は安徽省盱眙《くい》県、唐は河南省泌陽県、鄧は河南省鄧県。海・泗は江蘇・安徽の要地にてこれを失えば揚州・建康（いまの南京）等の防禦が困難となる。唐・鄧は襄陽北方の要地にて、これを失えば湖北省を守り得なくなる。故約はもとの約束、高宗は紹興十一年十一月、金に与えた誓表に、毎年銀絹二十五万両匹を貢すと記している。○符離　いまの安徽省宿県。○劾黜　弾劾黜斥。罪を申し上げて退ける。○中原帰正の人　夷狄に執《とら》えられてその民となったものにて、また中国へ帰って来たるをいう。○工部侍郎張闡　工部は六部の一、営造をつかさどる官署、侍郎はその次官。張闡は永嘉の人、字は大猷、宣和の進士、秦檜および湯思退の講和を唱えるに反対し、その態度、胡銓とともに一貫して変わることなかった。○復た侍従・台諫に詔し　復たとは、紹興八年戊午、侍従・台諫に詔して和好の得失を条奏せしめているので、それに対していったもの。なお前者を戊午讜議といい、この度のものを癸未集議と呼んでいる。○維楊　揚州。○浚復た師を江淮に視る　紹興四年九月、劉予金とともに南侵し、張浚命を奉じて師を江上に視た（本書三三七頁）ので、その文を受けて「復た」といっている。○その党　『続綱目』隆興二年四月「張浚を罷めて福州に判たらしむ」の目に「湯思退、右正言尹穡《いんしょう》に諷して浚が跋扈しかつ国を費すこと不貲《ふし》なることを論ぜしむ」とある。そのは思退を受ける。○孝宗つひに浚を罷め　右の目のうちに「帝、浚が忠を察してその去るを全うせしめんと欲し、乃ち命じて少師・保信節度使を以て福州に判たらしむ」とある。孝宗も浚の忠誠を知ってはいたが、何としても講和せんとして、浚を退かしめたのである。浚は、その後もなお上疏して孝宗の感悟を望んだが、ついに疾を得、中原を恢復するまでは我を先人の墓に葬るべからず、と二子栻・栒に手書を遺して卒した。

ここに於いて思退奏して、魏杞《ぎき》を遣はし金に如《ゆ》かしむ。銓復《ま》た議していはく、「靖康よりいまに迄《いた》るまで四十年、三たび大変に遭ふ、皆、和議にあり。肉食鄙《ひ》夫、万口一談、牢《ろう》として破るべからず。和議の害を知らざるにあらずして、争つて和をせんと言ふものは、三説あり。いはく偸懦《とうだ》、いはく苟安《こうあん》、いはく附会。小人の情状、これに具《そな》はる。側聞す、虜人、御名を嫚書《まんしよ》し、国号の大の字を去らんと欲し、再拝を用ひんと欲すと。議者以為《おも》へらく繁文小節、必ずしも計較《けいこう》せず、と。それ四郊塁《るい》多き、卿大夫の辱、楚子鼎《かなへ》を問ふ、義士の深く恥づる所、献・納の二字、富弼《ふひつ》死を以てこれを争ふ。いま臣子、君父の己れを屈《かが》めて以てこれに従ふを欲す。則ち是れ塁多き辱づるに足らず、鼎を問ふ必ずしも恥ぢず、献・納必ずしも争はず。臣恐らくは再拝して已《や》まず必ず臣を称するに至らん、臣を称して已まず必ず降を請ふに至らん、降を請ひて已まずまず必ず土を納るるに至らん、土を納れて已まず必ず璧《へき》を銜《ふく》むに至らん、璧を銜みて已まず必ず櫬《しん》を輿《お》ふに至らん、櫬を輿ひて已まず必ず晋帝青衣して酒を行《つ》ぐが如きに至りて、然る後に快とせん。事、ここに至り、匹夫たらんと求むるも、尚ほ得べけんや。『春秋左氏』に勇なきものを謂ひて婦人とす。今日、挙朝の士、皆婦人なり」と。聴かず。遂に杞《き》を遣はして以て和を成さしむ。是れより以後、累世権姦踵用《しょうよう》し、国体ます〳〵削弱《しょうじゃく》、理宗の朝に至りて、蒙古又強熾《きょうし》、来りて金を伐たんと議す。宋遂にこれと金を攻め滅ぼして、蒙古復《ま》た南侵して已まず、宋の方疆いよ〳〵蹙《ちぢま》りて、つひに国を献じてこれに降る。景炎・祥興の、区区の孱幼《せんよう》を以て、猶ほ数年の国統を南滋《なんせい》に延ぶることを得たるものに至りては、そも〳〵文天祥・張世傑の諸人の忠奮戦禦の力なり。

〔訳文〕

宋・金国家交渉の終段。魏杞を金に遣わすのことは、『続通鑑綱目』隆興二年八月「宗正少卿魏杞を遣はして金に使ひせしむ」の目による。但し、胡銓の上書は、目に載するところ節略に過ぐるをもって、『宋史』『宋史新編』の胡銓伝によりて抄録す。

宋朝の朝議は講和と定まったので、湯思退は、魏杞を使者として金に往き和を議せしめんと上奏した。ここに於いて胡銓はまた次のごとく和議の誤りなることを上書した。「徽宗の靖康年間に金との間の問題が起こりましてから、今日に至るまで四十年になりますが、その間に、両帝が北行せられる、維楊（揚州）が陥る、さらに完顔亮が南侵し来るという三度の大変がありましたが、これみな和議から生じたものであります。しかもその和議を唱えるものは、いずれも高官の無識ものばかりにて、彼等は口を揃《そろ》えて和議々々といい、その多数なるがためにこれを打ち破ることができませぬ。彼等とて和議の害を知らぬわけではありませぬが、しかもそのわれ勝ちにこれを唱える理由は、偸懦《とうだ》、即ち意気地《いくじ》ない怠けもの、苟安《こうあん》、即ち先はどうあれ、いまよければよい、附会、即ち権力者に調子を合わせる、の三種にて、小人どもの実情はこのいずれかに過ぎませぬ。ほのかにうかがっているところでは、金は、陛下の御名をなぶり書きにいたし、国号なる大宋の大の字を去るを希望し、こちらよりの国書に再拝を書すことを求めているということであり、朝議に於きましては、これを繁文小節、いわば儀礼の末端のこと、あれこれと理窟をいわず、いう通りにしてやるがよいといっているとのことであります。しかしながら、都城の郊外に陣小屋が多きことは、敵が城下まで攻めこんで来る恐れがあるを示すことで、大臣たるものの辱《はじ》とすべきところであり、楚侯が天子の鼎《かなえ》の軽重をたずねたことは、下克上の世風を示すものとして義士が深く恥じたところであり、されば名相富弼《ふひつ》は契丹《きったん》に使いした時、彼の要求なる、われよりの国書に献・納の二字を用いることを、生命を賭してくい止めたことであります。しかるに今日の朝廷の有り様は、臣子たるものが、わが君父に、膝をかがめて金に従わしめることを願っているというものであります。これは、城外に陣小屋が多くとも辱ずるに足らぬ、鼎の軽重を問われても恥ずる必要がない、献・納の二字を用いることも、くい止めようとする必要がない、とするものであります。臣はこれを、再拝の文字を用いることを止めぬならば必ず臣と書くに至るであろう、臣と書くを止めぬならば必ず降参するを望むに至るであろう、降参を望むを止めぬならば必ず土地を差し出すに至るであろう、土地を差し出すを止めぬならば璧《へき》を口にくわえるに至るであろう、璧を口にくわえるを止めぬならば、必ず棺を背に負うに至るであろう、棺を背に負うを止めぬならば必ず晋の懐帝が賤者の衣をまとって敵のために酌をしたごとくにして、初めて満足することになるであろうと恐れるものであります。しかもわが君がここに至りましては、最早《もはや》匹夫になりたいと希望されましてもかなわず、殺される外はありませぬ。『春秋左氏伝』に、勇気なきものを婦人とする、とありますが、今日、朝廷中の人物、すべて勇気なく、婦人というものであります」

しかしながらこの上書も聴かれることなく、ついに杞を金に遣わして和議を完成せしめたことであった。これより以後、宋にては代々奸邪の人物が権勢を占め、そのために国家の根本次第に弱化し、理宗の代になっては、蒙古、即ち後の元《げん》が盛んになって使者を送り来り、協力して金を討とうといい、宋がそれを容《い》れてともに金を攻め滅ぼすや、蒙古が金に代わってしきりに南侵し来り、かくして宋の領土はいよいよ狭《せば》まって、結局、徳祐帝の時、国を彼に献じて降参することとなった。景炎・祥興両帝が、幼弱ながらなお数年も国家を南海の果てに保持することができたのは、それこそ文天祥・張世傑等の忠奮戦禦の力によるものであった。

〔語釈〕

○魏杞を遣はし金に如かしむ　『続綱目』隆興二年八月、「宗正少卿魏杞を遣はして金に使ひせしむ」の目に、講和の条件として「書には姪《てつ》大宋皇帝某再拝して叔大金皇帝に奉ると称し、歳幣二十万」とある。○肉食鄙夫　荘公十年の『左伝』に「肉食の者これを謀る、又なんぞ間せん」とあり、その杜預註に「肉食は位に在るもの」とある。また『論語』陽貨篇に「鄙夫は与《とも》に君に事《つか》ふべけんや」とあり、その朱子註に「鄙夫は庸悪陋劣の称」とある。ここは「肉食の鄙夫」の意にて飽肉暖居して何の役にも立たぬ義理知らずの高位者と解すべきであろう。○**御名を嫚書し**　原文「嫚書御名」、但し、『宋史』『宋史新編』ともに「虜人嫚書、欲書御名」とあり、然らば「虜人嫚書し、御名を書せんことを欲し」の欲書二字を脱したもので、下文に「去らんと欲し」「用ひんと欲し」とあることから見ても、二字があるべきであろう。名は君父師に対しての外には書かぬもの、まして天子の御名であるから、これを書せというは、金が宋を属国視せんとするものである。○**再拝を用ひんと欲す**　再拝も長上者に対する卑下の語である。○**必ずしも計較せず**　原文「不必計較」、古来慣用の訓みであるが、正しくは「計較するを必せず」。○**四郊塁多き云云**　『礼記《らいき》』曲礼篇に見える語。鄭玄《じょうげん》註に「塁は軍壁なり、しば〳〵侵伐せらるれば則ち塁多し」とある。○**楚子鼎を問ふ云云**　鼎は天子伝世の宝物、わが国の三種の神器のごとし。その大小軽重を問うべきものでなく、これを問うたのは帝位を奪わんとするの意があったからである。○**献・納の二字云云**　献も納も長上者に物を贈ること。されば宋より契丹に贈るにこの字を用うるは、宋みずから契丹に属隷するものであると意思表示することになる。○**臣恐らくは再拝して已まず云云**　再拝して已まぬは、前文に「臣子、君父の己れを屈めて」云云とあるを受けて、臣子たるものが君父の再拝することを欲して已まずんばというのであり、以下の臣を称して已まず、降を請いて已まずも同じ。金が宋にかくせよといって已まぬというのではない。従って「快とせん」も、臣子がそこまで至って初めて落ちつくというのである。されば秦山は「丁ド此ノヤウナ目ニアハセテ、其ノ後デナクバ、総タイノ者ガクツログマイ」と説いている。○**璧を銜む**　璧は玉を平円にし、その中央に直径の三分の一の孔《あな》を穿ったもの。君主がその証として所持した。これを贈るは降参の表示である。みずからその手を縛っているので、これを口にくわえるのである。僖公六年の『左伝』に「許男は面縛して璧を銜み、大夫は衰絰《さいてつ》し、士は櫬を輿《お》ふ」とある。一説に古代、死者の口に玉を含ませたので、璧を銜むは殺される覚悟を示すものという。○**櫬を輿ふ**　櫬は棺。降参するに棺を負うとは、成敗されることを辞せぬの意思表示。○**晋帝青衣して酒を行ぐ**　晋は西晋、その恵帝の永興元年（三〇四）、劉淵、左国城（いまの山西省永寧県）に起って漢王（後に皇帝）と称し、その子劉聡は永嘉五年（三一一）、懐帝（恵帝の弟）を執《と》えて長安を陥れた。晋は愍帝を擁立して宗社の維持を図ったが、淵の族劉曜、愍帝を執えて、ここに西晋は滅びた。青衣は古の賤者の衣服の色、『通鑑綱目』晋愍帝建興元年（三一三）三月「漢主劉聡、帝を平陽に弑《し》す」の目に「正月朔、漢主聡、群臣を光極殿に宴し、帝（懐帝）をして青衣を著《き》て酒を行《つ》がしむ。庾珉《ゆみん》・王雋《おうしゅん》等、悲憤に勝《た》へず、よりて号哭す」云云とある。○匹夫　身分なき一人の男。○『春秋左氏』に勇なきものを云云　哀公二年の『左伝』に、衛の太子、鄭との戦いに敵の多きを見て恐れて車より飛び降りたので、郵無恤、これを評して「婦人なり」といった。その杜預註に「その怯を言ふなり」とある。○景炎・祥興　景炎は宋最後より二代の天子帝昰《し》（端宗）の年号、祥興は最後の天子帝昺《へい》（衛王）の年号。文天祥の巻に詳しい。

○初め癸未《きび》の年、朱子召しに応じ行宮《あんぐう》に至り、奏して言ふ。「今日の国計を論ずるもの、大槩《たいがい》三あり、いはく戦ひ、いはく守り、いはく和のみ。然れども天下の事、利は必ず害あり、得は必ず失あり。ここを以て三つのものの中、又おの〳〵両端あり。蓋《けだ》し戦ひは誠に進取の勢にして、亦た軽く挙ぐるの失あり、守りはもとより自治の術にして、亦た久しきを持するの難あり。和の策に至りては、則ち下なり。しかるにその計を主《つかさど》るもの、亦た以為《おも》へらく、己れを屈《かが》め民を愛し、力を蓄へ釁《すき》を観、敵を疑はし師を緩《ゆる》ぶ、未だ失計とせず、と。多事以来、この三説六端のもの、冥冥の中に是非《ぜひ》相攻め可否相奪ひ、談ずる者はおの〳〵その私を飾りて、聴く者はその眩《げん》に勝《た》へず。これその然る所以のものは、義理の根本に折衷せずして、利害の末流に馳騖《ちぶ》するの故によるなり。故に臣嘗て謂《い》ふ、人主の学、まさに理を明らかにするを以て先とすべし、と。この理既に明らかなれば、則ち凡そまさにすべき所にして必ずし、まさにすべからざる所にして必ず止《や》むは、天の理に循《したが》ふにあらざることなくして、意《い》必《ひつ》固《こ》我《が》の私あるにあらざるなり。請ふ復たその実を指してこれを明さん。天高く地下《ひく》く、人、中に位す。天の道、陰陽に出でず、地の道、柔剛に出でず、是れ則ち仁と義とを舎《す》てて、亦た以て人の道を立つることなし。然れども仁は父子より大なるなく、義は君臣より大なるなし。是れを三綱の要・五常の本と謂ふ。人倫・天理の至り、天地の間に逃るる所なし。その君父の讎《かたき》、与共《とも》に天を戴かずといふものは、乃ち天の覆《おほ》ふ所、地の載する所、凡そ君臣・父子の性あるもの、至痛みづから已むあたはざるの同情に発して、専ら一己の私に出づるにあらざるなり。国家の北虜と、乃ち陵廟の深讎、その与共に天を戴くべからざること明らかなり。然らば則ち今日まさにすべき所のもの、戦ひにあらざれば以て讎を復することなく、守りにあらざれば以て勝ちを制することなし。是れ皆、天理の自然、人欲の私《し》忿《ふん》にあらざるなり。陛下既に必為に意あり。このごろ知らず、何人《なんぴと》か輒《たやす》く復た唱へて邪議をして以て聖聴を熒惑《けいわく》し、朝臣を遣はし書を持して以て虜帥《りよすい》に復して講和の計をするに至る。臣恨むらくは陛下のまさにすべからざる所のものに於いて必ず止むことあたはずして、重ねてこの挙を失ふことを。夫《ふう》子《し》の政をなす、名を正すを以て先とす。蓋し名正しからざれば則ち言順《ことしたが》はず事《こと》成らずして、民その手足を措《お》く所なし。いま乃ち讎を復するの名を舍《す》てて、講好を以て釁《すき》を観《み》、師を緩くするの計とせんと欲す。蓋したゞに上下離心し中外解体せしめ、緩急の間に以て敵に応ずることなきのみならずして、吾れの君臣上下、為めに夙興夜寐《しゅくこうやび》して以て自治の政を脩むる所のものも、亦たまさに因循隳《き》弛《し》して復《ま》た振はざらんとす。かつ宣和・靖康より以来、和を請ふの効も、亦た槩見《がいけん》すべくして、小人の好んで是の説をなす所以のものは、蓋したゞ君子にして然る後に義理の必ずまさにすべき所と、義理の必ず恃《たの》むべきとを知り、利害得失既にその心に入る所なくして、その学又以て事物の変に応ずるに足り、ここを以て気勇に謀明らかに、慴憚《しょうたん》する所なく、不幸に蹉跌《さてつ》する、死生これを以てすればなり。小人の心は、一切これに反す。その専ら講和の説をする所以のものは、特に以てその私に便するのみ。而《しか》して国を謀るもの、過つて聴く。豈《あに》誤らずや。願はくは陛下、姑《しばら》く利害交至の説を置きて、窮理を以て先とし、仁義の道・三綱の本に於いて少しく意を加へ、亟《すみや》かに講和の議を罷《や》め大いに黜陟《ちゅっちょく》を明らかにして以て天下に示し、讎を復し恥を雪《すす》ぐの本意、未だ嘗て少しも衰へざるを知らしめ、必ず中原を復し、必ず胡虜を滅すを以て期として後に已まんことを。その成敗利鈍、逆《あらかじ》め睹《み》るべからずと雖ども、吾れ君臣・父子の間に於いて既に憾《うら》みなければ、則ちその屈辱して苟《いやし》くも存するに賢《まさ》る、もとより已に遠し。願はくは陛下、これを以て心を処《お》き、これを以て志を立てられんことを。則ち仁義の道、上に明らかにして、忠孝の俗、下に成り、天地の和気おのづからまさに忻合《きんごう》間なかるべくして、夷狄禽獣も亦たまさに久しくその毒を肆《ほしいまま》にすることを得ざらんとすれば、則ち何の事の成るべからず、何の功の立つべからざらんや」と。ついで武学博士待次《たいじ》に除す。命を拝して遂に帰る。

〔訳文〕

右は『朱子文集』巻十三に『癸未垂拱奏劄《すいきょうそうさつ》』と題して収めている三篇の第二である。郷里に退いて老母の孝養につとめていた朱子は、紹興三十二年（三十三歳）、高宗の譲りを受けて孝宗が即位するや、その年八月、直言を求むとの詔に応じ、封事を上《たてまつ》った。『壬午《じんご》応詔封事』と題して『朱子文集』巻十一に収めているもの是である。それは『大学』格物致知の説によって、事物の変を極め義理の存するところを明らかにし、もって意誠に心正しくして天下の務めに応ずべきことを陳《の》べ、ついで今日の計は政事を修め夷狄を攘《はら》うにあり、そのために賢に任じ能を使い、紀綱を立て風俗を厲《はげ》まし、われをして政を修め夷を攘うの外は恃《たの》みとすべきものなく、されぱしばしもみずから安んずるの意を懐《いだ》くなからしめねばならぬ、と説いたものであったが、改革の意気に燃える当時の孝宗の心を、この封事は強く打ったものと思われ、翌、改元して隆興元年、朱子は朝廷よりお召しがあり、辞退したが許されず、ここに於いてその十一月、行都臨安（杭州）に赴き、宮中の垂拱殿に於いて入対したのであった。『癸未垂拱奏劄』がすなわちそれである。同奏劄は内容、三篇に分かれており、その第一は『大学』格物致知の道を述べて、孝宗が生知の性、高世の行あるものの、「未だ嘗て事に随つて以て理を観ざる」が故に、天下の事に於いて未だ察せざるところ多くして理に即して以て事に応じておらず、ために挙措の間にややもすれば疑惑に渉り、聴納の際に蔽欺せられるを免れぬところがあるを諫め、その第二は即ち右の文、その眼目とするは、君父の讎はともに天を戴かず、されば今日の当為は戦いにあらざれば讎を復し得ず、守りにあらざれば勝を制するあたわず、というにあり、そして第三は、古聖王の夷狄を制御したるの道は、その本、威強にあらずして徳業にあり、その任、辺境にあらずして朝廷にあり、その具は兵食にあらずして紀綱にあり、しかも今日の朝廷、諫言の道ふさがり、佞幸《ねいこう》者の勢い強く、褒賞行われやすく威罪行われず、民力すでに尽くるも国用未だ節せられていないから、帝徳修まれりというべからず、朝廷正しいというべからず、と陳べたものであって、まことに面を干《おか》しての極諫というべきものであった。しかし孝宗はこれを咎めることなく、やがて朱子を武学博士待次にしている。武学博士とは武学、即ち防衛大学の教授であるが、それは正員でなく、待次、即ち欠員待ちであったため、朱子は一まず帰郷したのであった。

前に遡って隆興元年癸未の歳、朱子は召命に応じて行宮に赴き、次のごとく奏上したことであった。

「今日の国家の計を論ずるものを見まするに、およそ、進んで戦う、退いて守る、講和するの三論があります。しかしながら何事によらず、ものには必ず長所と短所があるものでありますれば、この三者にもそれぞれ善いところと悪いところがあります。すなわち何でも進み取らずにはおかぬというは戦いの長所でありますが、軽挙に陥りやすいことはその短所であり、自分を治めて相手が攻めて来る隙なからしめるは守りの長所でありますが、いつまでも守っておらねばならぬということはその短所であります。講和を計ることは下策に外なりませんが、しかもそれを主張するものは、敵に頭をさげることによって民衆を難儀から救い、力を蓄えておいて敵の隙のできるのを待ち、講和を掲げて敵の判断を迷わせてその鋒先をゆるめさせるのであるから、悪い考えではない、と釈明しております。かくして金との問題が多事になりましてから、この三説の長所、短所の論争が、義理の筋の立たぬなかで行われておりまして、それを説くものは自説に勝手な理窟をつけ、それを聴くものはその可否をつけかねてうろたえるのみの有り様であります。義理の根本に立って考えようとせず、利害の末に馳せて計ることが、これを致した理由であります。されば臣は、君主たるものは、先ず理を明らかにせねばならぬ、と考えたことであります。すなわち理が明らかになりますれば、必ずすべきことをなし、すべからざることをしないようになりますが、これは天の道理に循《したが》うものでありまして、わが我意我見から起こるものではありませぬ。以下これを君臣の道の実際について明らかにいたしたいと存じます。そもそも天下のこと、天・地・人の三者にはずれたことはなく、天は上に位し地は下に位し、人はその間におるものでありまして、されば天の道でいえば陰・陽の二つをはずれることなく、地の道でいえば柔・剛の二つをはずれることなく、人でいえば仁・義の二つを棄てて人たる道が立たぬのであります。しかもその仁・義のうちに於きまして、父子の道こそ仁の最大なるもの、君臣の道こそ義の最大なるものでありまして、君臣・父子の道をもって道徳の根本といわねばなりませず、これ人倫の上からも天理の上からも至上のものでありまして、天地の間、どこに参りましてもこの道から逃れるところはありませぬ。されば、君父の讐《かたき》はともに天を戴かずと申しまするは、この世に生まれ、君臣・父子の本性を有するものならば、誰にても已むに已まれぬその本心から発するものでありまして、自己一人の私心から出るものではありませぬ。金はわが宋にとりまして一代・二代に止まらぬ祖宗以来の讐でありますから、彼と同じ天を戴くことができぬは、明瞭なることでありまして、されば今日、わたくしどもの致さねばならぬところは、戦って讐をうつと、守って勝利の鍵を握ることであり、これは天理の自然であり、個人の憤りからいうものではありませぬ。陛下に於かせられましても、即位の初めに於かれては是非とも讐をうとうと思し召しておられたことでありましたのに、誰がまた講和の邪説を唱えて御耳を惑わし、朝臣を遣わして金へ返事を与え、講和を進めるべく計ったのでありましょうか。陛下がしてはならぬことに於いて必ずこれを止めることをせられず、この誤りを重ねられましたことを、臣は遺憾に存ずるものであります。孔子は政治を行うに当たり、名分を正すことを第一とされました。それは名分がそこなわれると、言うところみな悖《もと》り、その業も成就せず、そのため民は安住の場所もなくなるからであります。しかるに今日、讐をうつという名分を棄てて、講和をして敵の隙をうかがうの、金の鋒先をゆるめさせようと計るのといっております。これにては、上下の間の心が離れ、中外（朝廷内と朝廷外、廷臣と武官）をして解体せしめ、一旦大事が起こりました際、直ちに敵に応ずることができぬのみならず、わが君臣が一体となり、努力して国家の再建を計って参りましたるものも、活気を失い崩れ去ることになりましょう。さらに考えまするに、徽宗・欽宗の時から講和々々といわれて来ましたが、その効なきことは、ほぼ知られていることであります。しかるに小人《しょうじん》どもが好んでこれを唱えまするは、君子のみが義理の上からなすべきことと、義理こそ恃みとすべきこととを理解し、利害損得の念は持たず、その学ぶところまた変に応じて正しく処してゆくことができ、そのために勇気に満ち計画は明らかにして、恐れ憚《はばか》ることなく、不幸にしてもし失敗すれば、道義のままにわが生死をかけるからでありまして、小人の考えはすべてこの反対であります。彼等がもっぱら講和を唱えるは、己に好都合であることを計るからに外なりませず、しかも国家の大事を計る大臣も過ってその言に動かされておりますことは、誤りも甚だしいところであります。願わくは陛下、利の害のという議論はしばらく中止せられて、道理の根本を窮められることを第一とされ、仁義の道・三綱の本について少しく御心を留められ、速やかに講和の説を止め、和談を主張するものを大いに罰せられてそのことを天下に明らかにされ、讎をうち恥を雪《すす》がんとせられる本意が少しも衰えていないことを天下に知らしめ、必ず中原を回復し金を討滅するを目標として進まれまするることを。しかしながらその結果のいかんにつきましては、到底予測し得るものではありませぬが、わが方に君臣・父子の道に於いて少しも遺憾なきことでありましたならば、よしそれが成らずとも、辱めを受けて何とか生きておりますより、遥かにまさることといわねばなりませぬ。願わくは陛下、以上申し上げましたことをもって御心を処せられ、御志を立てられますことを。然らば上《かみ》朝廷に於きまして仁義の道が明らかになり、下万民も忠孝の風俗成就し、天地の気もおのずから和して、へだてなかるべく、夷狄・禽獣も永くその毒をほしいままにすることを得ざるに至りましょう。ここに至りますれば、何事も成就せざることなく、どのような功業も立たざることないでありましょう」

朱子はやがて武学博士待次を拝命したが、命を御請《おう》けしたものの、郷里に帰ったことであった。

〔語釈〕

○意必固我　『論語』子罕《しかん》篇の「子、四を絶つ。意なく必なく固なく我なし」に本づいた語。〔秦山講義〕意ハ自分ノ勝手ノヨイヤウニ了簡《りょうけん》スルコト。必ハ是非トモカフトカタギルコト。固ハイジケタセマイコト。我ハワガマヽナコト。此ガ我ガ私カラ起ツタモノゾ。○陰陽・柔剛・仁義　本来は『易』の理論の土台となっている概念である。天地が陰陽・剛柔の道で立っているから、人も仁義を棄てては人たるの道が立たぬ。○夫子の政をなす云云　『論語』子路篇に見える孔子の語、「名正しからざれば則ち言順ならず、言順ならざれば則ち事成らず」云云によっている。○隳弛　やぶれたるむ。おこたって用に立たぬようになるをいう。○かつ宣和・靖康より以来云云　宣和は徽宗、靖康は欽宗の年号。〔強斎講義〕其ノ上、和議デシソコナフタコトハ大カタミヘタコトジヤニ、箇様ニ和議々々ト申スハ、何ゾナレバ、君子ナレバ義理ノ当然セデ叶《かな》ハヌトコロヲ知ツテ、義理デナケレバ身モ立タズ頼ミニモナラヌト云フコトヲ合点デ、利害得失ノアタリヘハ心モナク、其ノ上、学ノ力ガアルニヨツテ事物ノ変ニ応ズルニ何ノヲヅ〳〵ト憚ル処トテミヘヌ、義理ナリニヅカ〳〵トシテユキテ、モシ其ノ間ニツマヅキガアルト、ソノ義理ナリニ死生ヲカケル分別。小人ノ心ハトントウラハラデ、義理ヲ知ラヌ故、イカヌ段ニナルト、降シツ和シツシテ、畢竟手前ノ勝手ニヨイ様ニスルツモリジヤ。ソレヲ知ラヌ国ノ大事ヲ謀ルモノドモガ、ヨイト思ツテ其ノ説ヲ用ヒテ和セフ〳〵トスルハ、何ト誤デハナイカト、ウラヲカヘシテ云ハレタゾ。○その成敗利鈍云云　『後出師表』の最後の語。本書七三頁参看。○天地の和気おのづからまさに忻合云云　忻合はにっこりとして寄り合う。〔秦山講義〕君臣心ガ一致ニナツテ天下ヲ治ムルト云フコトニナレバ、自然ト天地ノ気モ和イデ、天地人ノ三ツノモノモウツクシウ和ギ合ツテ、ヘダテノナイヤウニナル。カヤウニアレバ夷狄ノ禽獣同前ナ者モ、自然ト其ノ毒ヲ肆ニスルコトハナラヌ。自然ト天地カライレヌヤウニナツテクル。ソコデイカヤウナコトモ成就シ、ドノヤウナ功モ立ツコトゾ。

乾道《けんどう》元年乙酉《いつゆう》、趣《うなが》して職に就く。既に至り、時相まさに和議を主《つかさど》るを以て、五月、祠《し》を請ひて以て帰る。六月、『戊午讜議《とうぎ》の序』を著していはく。君臣・父子の大倫は、天の経、地の義にして、いはゆる民彝《みんい》なり。故に臣の君に於ける、子の父に於ける、生くれば則ちこれを敬養し、没すれば則ちこれを哀送し、その忠孝の誠を致す所以のもの、その極を用ひざる所なくして、虚《むな》しくこれに加ふるにあらざるなり。以為《おも》へらく、かくの如くならざれば、則ち以て吾が心に尽くすことなしと云爾《しかいふ》。然らば則ちその君父の不幸にして横逆の故《こ》に罹《かか》ることあらば、則ちかの臣子たるものの、痛憤怨疾してこれが為めに必ずその讎《かたき》を報ゆることを求むる所以のもの、その志豈窮《あにきは》まりあらんや。故に礼を記するものいはく、君父の讎、与共《とも》に天を戴かず、苫《せん》に寝《い》ね干《たて》を枕にし、与《とも》に天下を共にせざるなり、と。而《しかう》してこれが説をなすもの、讎を復するもの、五世に尽くべしといふは、則ち又以てかのその臣子の身に当らずと雖ども、いやしくも未だ五世の外に及ばざれば、則ち猶ほ必報の域にあるを明らかにするなり。然りと雖どもこれ特に庶民の事のみ。かの天下を有するもののごとき、万世無彊《むきよう》の統を承くれば、則ち亦た万世必報の讎あり。庶民五世なれば則ち高祖より以て玄孫に至り、親《しん》尽き服窮《きは》まりて遂に已《や》むがごときにあらざるなり。国家靖康の禍ひ、二帝北狩して還らず。臣子の痛憤怨疾、万世と雖ども必ずその讎を報ゆる所のもの、蓋《けだ》しあることあり。太上皇帝、命を受けて中興し、誓つて父兄の辱めを雪《すす》ぐ。その間、亦た或ひは姦謀の前卻《ぜんきやく》する所となると雖ども、聖志ます〳〵堅し。紹興の初めに至りて、賢才並び用ひられ、綱紀復《ま》た張り、諸将の兵しば〳〵捷《か》ちを以て告げ、恢復の勢ひ、蓋し已に什《じゆう》に八九成る。虜人ここに於いて始めて和親の議を露《あら》はして以て吾が計を沮《はば》みて、宰相秦檜、虜庭より帰り、力《つと》めてその事を主《つかさど》る。この時に当りて、人倫尚ほ明らかに、人心尚ほ正しく、天下の人、賢愚となく貴賤となく、口を交《まじ》へ辞《ことば》を合せて以て不可とす。ひとり士大夫の頑鈍利を嗜《たしな》みて恥なきもの、数輩起《た》つてこれに和す。清議容《い》れられず、詬詈唾斥《こうりだせき》、その肉を食《くら》ひてその皮に寝処せんと欲すれば、則ちその檜に於ける知るべし。而して檜乃ちひとり梓宮《しきゆう》・長楽を以て口に藉《し》き、衆謀を攘却《じようきやく》し、主聴を熒惑《けいわく》す。然る後にいはゆる和議なるもの、翕然《きゆうぜん》として以て定まりて、破るべからず。是れより以来二十余年、国家、仇敵の虜を忘れて宴安の楽しみを懐《いだ》き、檜も亦た是れに因り外権によりて以て寵利を専らにし、主柄を窃《ぬす》みて以て姦謀を遂げて、向者《さき》に清議を冒犯し、意を希《こひねが》ひ迎合するの人、夤縁《いんねん》し驟《にはか》に通顕に至らざるなし。或ひは乃ち檜に踵《つ》ぎて事を用ひて、君臣・父子の大倫、天の経・地の義、いはゆる民彝なるもの、復た縉紳《しんしん》の間に聞かず。士大夫は積衰の俗に狃《な》れ、いたづらに当時国家事《こと》なくして、檜とその徒と皆成功を享《う》けて後患なきを見、顧みて讎を亡《わす》れ辱めを忍ぶを以て事理の当然とし、議を主るものは檜たるを慕ひ、遊談する者はその徒を慕ひ、一雄これを唱へ百雌《し》これに和す。癸未の議、言を発して庭《てい》に盈《み》つ。その、虜は世讎、和すべからずといへるものは、尚書張公闡《せん》・左史胡公銓《せん》にして止む。自余は蓋し亦た和すべからずと謂ふ者ありて、その説をなす所以、利害の間に出でず。又その余は則ち平時賢士大夫と号し、慨然として六千里、讎人の役《えき》となるの歎あるものと雖ども、一旦進みて廟堂の上に立つや、顧みて乃ち惘然《もうぜん》として酔ふ如く幻の如くにして、その疇昔《ちゆうせき》の言を忘れ、その或ひはこれに告ぐれば、則ちいはく、これ処士の大言のみ、と。ああ、秦檜の罪、上、天に通じ、万死して以て贖《つぐな》ふに足らざる所以のもの、まさにその始めは則ち邪謀を唱へて以て国を誤り、中は則ち虜勢を挟《さしはさ》みて以て君を要し、人倫明らかならず人心正しからざらしめて、末流の弊、君を遺《わす》れ親を後にする、かくの如きの極に至るを以てなり。それたゞ三綱立たず、ここを以て衆志、統繋する所なくして、上の人も亦た憑藉《ひようしや》して以て安しとする所なし。これ乃ち有識の士、為めに長慮却顧《きやくこ》して凜然《りんぜん》として以て寒心する所のものにして、説者猶ほいはく、姑《しばら》く衆論の従違を以て事理の可否を卜《うらな》へば、則ち今日の士大夫の和を是《ぜ》とするものの多き、蓋し前日の和を非《ひ》とするものの衆《おほ》きに下らざるなり、ひとりいづくんぞ前日の不可を以て今日の可を害することを得んや、と。あゝ、是れ未だ前日人倫の明らかにして今日の明らかならず、前日人心の正しくして今日の正しからざるを知らざるなり。かつもし必ず人の衆寡を以て勝負をせば、則ちかのいはゆる士大夫の和を是とするの多きもの、又六軍《りくぐん》万姓の多しとするに孰若《いづれ》ぞや。いま六軍万姓の言は、則ち是れ二公の言のみ。蓋し君臣・父子の大倫、天の経・地の義にして、いはゆる民彝なるもの、その世に於いてや明晦《めいかい》あり、その人にあるや存亡なし。ここを以て頽壊廃弛の余、邪議四起し、復た忌憚《きたん》することなきに当ると雖ども、亦た斬伐銷鑠《しようしやく》、これをして無からしむるあたはざるなり。いかんぞこれに聴かず、かへつて得失を前日のいはゆる頑鈍利を嗜み恥なき者の余謀に決する。これ已に墜《お》つるの三綱、未だ復た振ふことあたはざる所以、已に隳《やぶ》るるの万事、未だ復た理《をさ》むることあたはざる所以にして、上の人、つひに亦た未だ憑藉する所ありて以て安彊の勢ひを成すことあたはざるなり。いま南北再び懽《よろこ》び、中外事《こと》なし。迂愚の左見に、いはゆる万世必報の讎なるもの、もとより已に復たその口に発する所なし。窃かに田間に伏し、憤歎に勝《た》へず。よりて魏元《ぎげん》履叙次《りじょじ》する所の『戊午讜議』を読み、これが為めに慨然として涕《なみだ》を流す。蓋しその禍《か》殃《おう》のこれより始まるを傷むなり。懐《かい》已むことあたはず、姑《しばら》くその始終の梗槩《こうがい》を論ずることかくの如くにして、以て元履為めに叙次する所の意を発明し、幷せて以て草野の孤臣、義を畢へ忠を願ふの誠を致す。国を謀る者、もし取ることあらば、則ち猶ほ以て廟謀の万一を裨《たす》くるに足りて、区区の敢へて望む所にあらざるなり。

〔訳文〕

右は『朱子文集』巻七十五に収めている『戊午讜議の序』の全文である。但し、原文は末に「乾道改元六月戊戌、新安の朱熹序す」という年紀・署名がある。乾道元年（一一六五）には朱子三十六歳、それは垂拱殿に入対した翌々年に当たる。黄榦《こうかん》の撰に係る『朱子行状』を見ると、

「乾道改元、促《うなが》して職に就かしむ。既に至る。時相まさに和議を主《つかさど》るを以て、監南岳廟を請ひて以て帰る。三年、差して枢密院編脩官待次に充てらる。五年、三たび促して職に就かしむ。魏掞之《ぎえんし》の布衣を以て召されて国子録となり、曾覿《そうてき》を論ずるによりて去るに会ひ、遂に力辞す」

とあるが、これは本序執筆の動機を知るため重要である。促して職に就かしめたというは、さきに武学博士待次に任ぜられていたので、この年、本官として召され武学博士に就任したのである。しかしながら時の宰相が講和を主張しているために、五月、辞して帰郷したので

ある。しかし朝では朱子の隠棲を許さず、乾道三年に改めて枢密院編脩官待次を命ぜられ、その後、三たび就任を促されたが、たまたま親友魏掞之（字《あざな》は元履）が寵臣曾覿を弾劾して罷免せられたために、彼もまた辞任したのであった。本序を深く読むためには、以上のごとき背景を知っていることを必要とする。すなわち『戊午讜議』を編したのは魏掞之その人であり、朱子は武学博士の官を時相と合わざるがために退き、その翌月、感慨がおのずからこの一文として凝結したのである。

〔絅斎講説〕此レハ朱子ノ友魏元履ガ胡銓・張闡ナドノヤウナ衆ノ云ハレタ言ヲアミツイデヲカレタゾ。序ヲ朱子ノカヽレタ。前ニアルアチカラ江南ノ詔論使ト云ツテヲコシタトキ、大ナ吟味ノアル、胡澹庵ナドノ様ナ直言ヲ云ハレタトキノコト。名ノ高キ書ニテ世上ニモテハヤスガ、コヽノ五月カヘラレテ六月ニハヤコレヲツクリテアゲラル、ト云フ。コノツヾキノ朱子ノヤムニヤマレヌ心アルヲ、ドレモシラヌ。

〔強斎講義〕讜議ハ義理ヲ立テテ正シフ云フコト。義理ナリニマッスグニ云フコト。ソレガ戊午ノ歳ジヤホドニカフアルゾ。胡澹菴・李綱・張浚ナドノ様ナ忠義ノ衆ノ敵討ヲセフト云ツテ上ラレタ奏状ノ類ヒゾ。朱子ノ門人ナミニシテヲラレタ魏元履ガ集メラレテ朱子ヘ序ヲ請ハレタ。アノ方ニモ此ノ書ガ稀ナ様、日本ヘモ終ニ渡ラズ、何ノ書ニモ見及バヌ。残リ多イコトゾ。魏元履ノコトハ『朱子行状』ニモアリ、出処モ余程見事ナ人ゾ。

乾道元年、朝廷より催促され、武学博士に就任したが、当時の宰相が和議を主張していたので、五月監南岳廟となるを請うて辞職し、故郷に帰り、翌六月、『戊午讜議の序』を著した。その文、次のごとくである。

「君臣・父子という人間関係は天地自然の道理であり、人の根本である。されば臣は君に対し、子は父に対し、生きておられる時はこれを敬《うやま》って養い、亡くなられた時は哀しんで送葬し、忠孝の誠を尽くすのであるが、それは自然に臣子の心に全力を尽くさなければ已められぬからであって、しきたりだからといって心ならずもするものではない。臣子の心として、このようにしなければ安んぜられぬからである。それ故にもし君父が不幸にして殺されるの辱められるのという大きな事故にあった場合には、臣子たるもの痛みに堪えられず、何としてもその讐をとりたいという心がどこまでも已まぬのである。『礼記』の曲礼篇《きよくらいへん》に「君父の讐はともに天を戴かぬ」、こちらが死ぬか、向こうを斃《たお》すかしかない、とあり、同じく檀弓《だんぐう》篇に「苫《こも》の上に寝、干《たて》を枕にし、天下をともにせぬ」、喪があけても、讐をうたぬ間は喪中と同じで、心安んじない、とあるはこの故であり、これを説くものが、讐うちは自分より五代め、即ち高祖の讐までで終わりになる、といっているのは、相手が直接自分の身の讐でなくとも、五代めまでは必ずうたねばならぬことを明らかにしたものである。しかし五代めまで終わるというは一般庶民に於ける問題であって、天下を有する天子の身に於いては、永遠に絶えることない帝統を承けているのであるから、万世の後までも必ず讐はうたねばならぬ責任を負うものである。庶民の、五代め、即ち上は高祖、下は玄孫に至ると、親しみの情もなくなり、喪にも服さなくなるので、讐うちもしないでよくなるのとは、問題が違うのである。わが宋は靖康の禍いに於いて徽宗・欽宗の二帝、北に連れ去られて還りたまわず、これ臣子たるものの憤然、永久に消えることなき怒りである。されば高宗皇帝、天命を受けて宋を中興せらるるや、この父兄（徽宗は父、欽宗は兄）の受けた辱めを雪《すす》ぐことを誓われ、時には講和を唱える奸謀の徒に妨《さまた》げられて一直線に進まれなかったものの、讎うちの御志はいよいよ堅く、これを変えられることはなかった。かくして紹興の初年になると、賢才一斉に登用せられ、国家の秩序も回復し、諸将の軍もしばしば勝利を告げ、中原を取りもどさんとする勢いもほとんど成就したことであった。しかるに金はここに於いて初めて和親の態度を示してわが計を沮むべく方針を改め、秦檜が金より帰り来って、もっぱらその実現に努力することとなった。当時、わが国は、道義なお明らかに人心も正しく、されば天下の人々、異口同音にこれに反対したことであったが、ただ官僚の頑鈍にして自己の利のみを考えて恥を知らぬもの数輩がこれに同調し、そのために正論は容れられず、されば同調する官僚、その肉を食らいその皮に寝ようとまで憎まれたことであったから、秦檜が人々からどのように批判されたかはいうまでもなかろう。しかるに秦檜はそのうちにあってただ一人、亡き方々の棺《ひつぎ》をお迎えするを口実として衆謀を却《しりぞ》け、高宗の御判断を惑わしたことであって、ここに初めて、講和すべしという論が一斉に起こり、定着して破ることができぬものとなり、それより二十年、わが国は、ともに天を戴かぬはずの讎を忘れ、その日暮らしの娯しみに明け暮れし、檜もこれより外交の権を独占して寵利を専らにし、天下の権勢を手に収めて野心を遂げ、さきに正論を抑えて檜に迎合した人々は、その縁によって急に高官に昇り、なかには檜についで政権を握った湯思退のごときものもあり、かくして君臣・父子の間の道義、即ち天地の道理であり人たるの根本であるものは、朝臣の間にこれを知ったものなき有り様となり、官僚はこの衰退した風俗に狃《な》れて、当時の国家にこれという大事もなく、その上、和議を唱えた檜とその徒とが、みな功労者として讃えられて難儀な目にもあわなかったのを見、讎を忘れ辱めに堪えるこそ当然なのだと考えるようになり、和議を主張するものは檜のもとに集まり、説き廻るものは檜の徒のもとに集まって、一雄唱えれば百雌これに和するという世相になってしまい、さる隆興元年、孝宗がまた講和を議した際には、発言するもの多かったにもかかわらず、金は祖先以来の讎なれば和してはならぬと論じたるは、張公と胡公の二人のみであり、他には和してはならぬというものがあっても、その立論の根拠、利害の打算の域を超えるものでなかった。そのほかは平生すぐれた官僚と呼ばれ、六千里四方の国土を有する宋国が、讎仇《あだかたき》の属国となることは我慢ならぬと歎いていた人物も、一旦、立身して政務に携わる身になると、ぼけてしまって、まるで酔ったよう、夢かまぼろしかというさまになり、かつて唱えたことばを忘れ、たまたま人から平生いっておられたことと違うと咎《とが》められると、あれは浪人時代の大口でと釈明する始末である。秦檜の罪、千度も万度も殺してもなお慊《あきた》らぬというは、以上のごとく、その初めに於いては和議の邪謀を唱えて国を誤り、中に於いては金の威勢を背にして君に強請し、道義を暗くし人心を正しからざらしめ、その末は忠孝を亡ぼして人々に君を遺《わす》れ親を後にせしめるに至ったことにほかならぬのである。かくしてわが国は、道義の根本が失われたので、人々の目標を一ならしめるものなく、上に立つものも、拠りどころとして安んずるものがなくなってしまったが、これこそ有識の人物が、顧みて身の毛のよだつ思いを抱くところである。しかもなお、これに対し、世論の趨勢によって道理のよしあしを考えてみるならば、今日の官僚の講和に賛成するものの数は、過去の講和に反対したものの数に下るものでないから、過去に否定された論であるからといって今日肯定される論を傷つけることはできぬ、と説くものがある。しかしこれは全く、過去には道義明らかであって今日は道義暗く、過去には人心正しくして今日は人心不正となったことを知らぬ立論である。さらにもし、賛成者の数の多いか少ないかによって勝負をつけようというのであれば、官僚の講和を肯定するものの数が多いというが、その数、軍隊、民衆の数に比べて多いとはいわれまい。しかも軍隊や民衆のいうところは、二公のいわれると同じなのである。そもそも君臣・父子の間の道、即ち天地自然の道理、人間根本の道というものは、時代によって消長あるを免れぬが、人そのものについて見れば一日もこれを離れることなく、さればその頽《くず》れた後にあっては邪議一斉に起こって憚るところなく騒ぎ立てるが、それを亡ぼすことはできないのである。しかるに廟議は二公の言に耳を傾けようとせず、かえって可否を過日の頑鈍にして利を好み恥を知らぬもののいい残した謀によって決定しようとするのであるか。これこそ、すでに衰えた道義を再興することができぬ理由であり、すでに破れた国家の人事を修復することができぬ理由であって、上に立つ人々が最後の拠りどころを持ち、心の安らぎを持つ力が出て来ないわけでもある。今日、南北（宋と金）の間に講和が結ばれ、双方の間に軍事も収まっていることとて、わたくしの耳には、かの金は永遠にうつべき讎であるという声を聞くことがない。片田舎《かたいなか》に隠棲の身であるが、これを思って憤歎に耐えず、よって魏元履の編に係る『戊午讜議』を読み、感慨して涙を流した。思うにそれは、わが国家の禍いがここに始まっていることを傷んだからである。心中の感慨已むことができぬため、宋金講和の始終の大体を概論すること、以上の通りであり、これをもって元履が本書を編した意志を明らかにするとともに、野人たるわたくしの、どこまでも忠義を尽くしたいと願う至誠を表した。国政に当たる人物が、もしこの文を読んで取るところありとされるならば、それは国政の万分の一を助けることになるのであるが、そのことは望みがたいことである。

〔語釈〕

○時相　誰か不明、湯思退とするものもあるが、思退は前年竄死《ざんし》している（『朱子行状』李滉註）。○祠を請ひて云云　『朱子行状』には「監南岳廟を請ひて帰る」とある。朱子は紹興二十一年（一一五一、二十二歳）同安県主簿に任ぜられたが、同二十七年、任期満つるや「親を奉じ学を講ずるをもつて急」となし、翌二十八年、奉祠を請うて潭《たん》州南岳廟の監となった。奉祠とは宋朝特有の官にて、道観もしくは岳廟を監理するを職とするものであるが、実は学者・功労者を優遇する処置にて、禄が給せられるも実務はなかった。○君臣・父子の大倫云云　〔強斎講義〕天之経ハ、是ガタテト成リテ、何モカモ引ツハル故、経ト云ツタモノゾ。地之義ハ、地道ノ宜シイサウ有ラウハズノ筋目ノコト。仁義忠孝ノ道ハ天地ヲ貫ヌイタノツヒキ成ラヌ人ノ本心ニ根ザシタ義理ノ大根本ジヤ。人ノ上デ見タ時ハ、他人ドシノ寄合ツテ忠ガアリ、親子集ツテカラ孝アル様ナニヨテ、シテモセデモノコトノ様ナガ、義理ニ根ザシテ天地ノ経緯ト成ツテ、ソノナリガ人ト生レ得タレバ、ウブノマ、ニ君ニ忠ヲ尽クサデナラズ親ニ孝ヲセネバ止メラレヌ、根ヌケ自然ノノツヒキ成ラヌ義理ノ当然デ、アトカラシタリ、キドクナコトデスルデハナイ。ソレ故、臣之於君、子之於父、ドコ迄モ十分ツマル所マデデナケレバヤメラレズ、親ジヤニヨテ孝ヲスル、君トタノンダニヨテカウスル作法ジヤト、実ノナイモテ来タ加ヘタモノデハナイ。是デナケレバコチノ心ニ十分セヌ。○横逆の故　横逆は非道、故は事故。○礼を記するものいはく云云　『礼記』曲礼篇には「父（君の字なし）の讎は、与共《とも》に天を戴かず」、同・檀弓《だんぐう》篇には「夫子いはく、苫に寝《い》ね干《たて》を枕にし、仕へず、与に天下を共にせず」とある。○これが説をなすもの云云　『周礼《しゅらい》』地官司徒篇の調人の条の疏に「古への周礼の説に、復讎は五世の内に尽くべし」とあるを指すか。絅斎講説に「鄭玄ガ説」とあるが、『礼記』鄭玄註に未だそれに当たる語を見出し得ぬ。○万世無彊　絅斎校刊の『朱子文集』は、彊を疆に作る。彊は強と同じ、疆はさかい。けだし誤刻であろう。強斎講義に「万世無窮」とあり、秦山講義に「イツ迄モ天下サヘツヾケバ」とあれば、ともに無疆として説いていること明らかである。○服窮まる　高祖父から玄孫まで上下各四代には服喪の義務があるが、それより先はその義務がなくなることをいう。○あることあり　原文「有在矣」、秦山講義に「カツキリトシテアルコト」。○太上皇帝　高宗をいう。○姦謀の前郤する所となる　前はすすむ、郤はしりぞく、和議を唱えるものに惑わされて一進一退のさまであったの意。○聖志ます〱堅し　〔秦山講義〕高宗ノ時代ハ此ノヤウニハナカツタケレドモ、主人ノコトユヘ、忌ンデカフ書カレタモノゾ。○諸将　韓世忠・岳飛等を指す。○什　十に同じ。十分の一を什一、十分の二を什二という。什に八九は八、九割である。○人倫尚ほ明らかに云云　〔絅斎講説〕此ノ句ガ檜ヲツミスルモコノ目アテゾ。有無ニ聖賢ハ風俗ヲミルコトヲ大事ニシラル、。コノトキハマダ宋ノ三百年以来ノ風俗ガノコツテアルユヘ、イカニシテモ主ノカタキナレバ、和談ドコロデアルマイト云ツテイキドヲル。○長楽　韋太后（徽宗の妃、高宗の母）。長楽は漢の宮中にあった御殿の名。母后の住まいであったので、後世、皇太后の称となった。○口に藉き　わが論の種子にする。○攘却　はらいしりぞける。○宴安　宴はたのしむの意、閔《びん》公元年の『左伝』に「宴安は酖毒《ちんどく》なり、懐《おも》ふべからず」とある。○外権によりて　原文「藉外権」。意味不明、絅斎講説は「檜ガアチコチシテ和談スルユヘ、アレデナフテハ和談ノ主ハナイト外ノ権ヲトル」、強斎講義は「外権ハ大将役ノコト」。墨山講義は「外エビスト入懇シテ、今ノ騒動ヲ鎮メル者ハ檜ナラデハナイト云フ様ニアガマヘ用ヒラル、様ニ成ツタ。ソレヲ下藉《シタジキ》ニシテテト云フコトデ藉外権ゾ」とあるによって、金との外交の権を独占することによってと見ておく。○夤縁　夤はまつわる、すがる、縁《よ》り連なるの意。檜を力づなにして。○檜に踵ぎて事を用ふ　湯思退をいう。○讎を亡れ　亡は忘の意。○六千里、讎人の役となる　楚の懐王が執えられて秦に死し、その子襄王も秦に制せられて使役せられたるを荀子が評した語。『荀子』仲尼篇に「これを善用すれば、則ち百里の国、以て独立するに足り、これを善用せざれば、則ち楚六千里にして讎人の役となる」とある。この語により宋が江南を領有していながら金に制せられていることを慨《なげ》くというのである。なお『史記』楚世家には「いま楚の地、方五千里、帯甲百万、猶ほ以て中野に踊躍《ようやく》するに足る」と見えるので、楚の領土は五、六千里四方とされていたのであろう。○**あゝ、秦檜の罪云云**〔絅斎講説〕コフ衰ヘテクルモ全クコノ人一人ニキスルユヘ、アゲタモノ。コレホドニ天下ノ歴々官人ニ、和談シテ苦シフナイト云フヤウニ、人心風俗ヲソコナフタ。コヽガ大ナニクイヤツ。聖賢ノセメヤウハチガフタモノニテ、末々ノコトハ云ハヌ。世ノ者ガ云ヲフナレバ、飛ヲコロスヤウナコトヲ云ヒタテルデアロフニ、ソレハ末々ノコト。コノヤウニ浅マシイ、君父ハヨソノモノノヤウニ思フヤウナ風俗ニシナスハ、ドフモナラヌニクイヤツ。上通於天ハ『漢書』蘇武ガ伝ニアル。○**それたゞ三綱立たず云云**〔秦山講義〕畢竟三綱ガ立タズニイルニヨッテ、大勢ノ志モ銘々ニナッテ一致シタコトハナイ。天子モ誰ヲ憑《たの》ミニシテ一日モ安堵セラルヽヤウナコトガナイ。統繫ハスベクヽルコト、憑藉《ひょうしゃ》ハソレヲタノミニシテ、ヨリカヽツテヲルコト。○**六軍**　一軍は古代の兵制にて一万二千五百人。天子の軍は六軍であったことから、転じて天子の統率する軍団の称となる。ここは六軍万姓にて大勢の軍隊や民衆というほどの意。○**未だ憑藉する所ありて云々**　上文の「上の人も亦た憑藉して以て安しとす」に対する語。〔絅斎講義〕コレデラクナト思ハレウケレドモ、天下ノ人ニ君父ヲ何トモ思ハセヌハ、ラクニハアルマイ。〔強斎講義〕何モカモワケモナウ乱レテ、上下トモニ何ヲ頼ミニセフ様ナイゾ。安彊ハサカイヲ安ンズルト云コト、安堵ト云様ナモノ。〔墨山講義〕安彊ハヤスクツヨイデ、安穏丈夫ノ勢ト云コト。○**迂愚の左見**　迂愚は廻り遠いおろかな。左見は誤った見解。人は一般に右を便利とするので、僻なるを左という。左言・左計・左物・左道等の左はその意である。迂愚の左見とは、愚かなわたくしの考え違いであろうがということで、朱子が自分を謙退しての辞。○**魏元履叙次する所云云**〔絅斎講説〕タヾナグサミモノニハ編マヌ、文章ガヨイト云ツテ集メタデハナイ。何トゾ人ニ大義ヲ知ラセタサニアツメタリ。○**義を畢へ**　畢に送りがなを欠いているが、絅斎刊『朱子文集』に「へ」と送りがなしているによって「をへ」と訓んだ。「つくし」と訓むことも可能であろう。強斎講義には「ドコ迄モ畢竟スル所マデツメテユクコト」とある。○**廟謀**　朝廷での評定。もと君主が大事をなすに当たっては、必ず先ず宗廟に告げて後に明堂にて議したことから出た語。○**敢へて望む所にあらざるなり**　もし採用してくれるならば有難く思うの意を寓している。

古へより国家敗亡、その失、講和より甚だしきはなくして、和を以て亡を致す、未だ趙宋《ちょうそう》の乖《そむ》けるがごときものあらず。実に万世の殷鑑《いんかん》なり。よりてほゞその本末を陳《の》べ、幷せて当時の正議の尤も的確なるものを採ること右の如くして、『戊午讜議の序』を以てこれを結ぶ。

〔訳文〕

宋金交渉の始末の結語であり、同時に絅斎みずからのそれに対する評価感慨である。

昔からの国家が亡びた跡を考察してみると、講和が最も大きな失策となっている。しかも講和によって亡びた国少なくないなかにて、宋ほど道理にそむいたものはなかった。これは実に万世の手本である。さればその講和の始終を略述し、合わせて当時、講和に反対した正しい議論のうちからもっとも的確なるものを選んで掲げたこと、以上の通りであり、朱子の『戊午讜議の序』をもってその結びとした。

〔語釈〕

○**趙宋**　宋は趙匡胤《きょういん》によって建国されたので、春秋時代の宋や、南北朝時代南朝の宋と区別するため、姓の趙を冠して呼ぶことがある。○**殷鑑**　手本。既出（三五八頁）。○**尤も的確なるもの**　尤は、最上・第一を意味する最と異なり、そのうちで一番すぐれているという語意。的確は強斎講義に「カツキリトイチジルシフ、義理ノスワリタ、ウゴカヌコト」とある。李綱・宗沢・胡寅・曾開・胡銓・張闡等の言を指す。

〔補説〕

以下は本文を省略するが、この後、さらに本章の附録として、宋より金に使いし、金の迫害に苦しみながらついに節を変えることなく道義を全うした、朱弁《しゅべん》・洪皓《こうこう》・張邵《ちょうしょう》の三人の事跡が述べられ、絅斎はこれを「使臣の標儀盛事と謂ふべし」と評している。

さらに、宋の理宗即位の経緯と、道義上からのそれに対する批判、并せて大儒として尊ばれている真徳秀（西山）の失節が論ぜられる。即ち寧宗崩御の時、権臣の史弥遠《しびえん》が、その遺詔を矯め、自分を忌んでいた太子竑《こう》を廃して昀《いん》（太祖の子・燕王懿《い》の後）を立てた。これが理宗である。こうした経緯にて位に即いた理宗の召しに応じた真徳秀を、絅斎は批判したのである。これに対し、朱子の門人で潭州《たんしゅう》の通判であった李燔《りはん》は、竑が廃せられたことを聞き、辞してまた出でなかった。燔は「心事、秋月の如きことあり」と評され、絅斎も「天地の間に愧《は》づることなきものと謂ふべきかな」とその出処を賛えている。

解説

一　本巻の依拠

本書巻六は謝枋得を主題とするが、その内容、枋得が北送せられるに当たって妻子朋友に遺した訣別の詩、「雪中の松柏いよ〳〵青青」云云を中心に、その前に枋得の伝を置き、その後に枋得の文三篇と許浩の評言を収めた前半（原本にて一葉表より二十四葉表一行まで）と、宋滅亡の主因となった対金政策の失計の本末、および理宗の即位をめぐる君臣の倫理を無視した態度を記述した後半（二十四表二行めより終わりまで）の二部より成っている。

本題に関連のある記事を後に附載して、本題の主旨を一段と明瞭にしようとすることは、他の諸巻に於いても行われているが、本巻に於いては、本論ほぼ二十四葉、それに対し附載がほぼ四十二葉と、後者が遥かに多く不釣り合いの感を免れぬ。しかしそれは絅斎が宋金国交の本末に重大なる問題があることを思い、これを文天祥・謝枋得の記事の後に収めて、さらにはこの二人の人物学問識見を考えるために備えようとしたものであった。

本巻の構成、以上のごとくであれば、次に主題である謝枋得その人を記述するに当たっての依拠を考えよう。絅斎が枋得の集、即ち『畳山謝先生文集』を見ていたことは、「『遺言』八人ノ内、劉因ノ集ヲ詮議セシニ、終ニナシ。……謝枋得ノ集ハ、ナバモクアン（那波木庵）ガ子所持ユヱ、手ヲマハシ借リ出シタゾ。雪中松柏ノ詩、其集ニアリ。外ノ書ニハアノ詩ハナニニモノラヌゾ」（『常話箚記』）の言があることによって、明らかである。そしてこの枋得の集は、明刊の『畳山謝先生文集』であったと考えられるが、そのことについては後に改めて述べる。

絅斎が枋得の伝を草するに当たり、『続綱目』巻二十二、二十三に見えるその記事が第一の依拠となったであろうことは、従前の諸巻の例から見ても疑うことができない。しかし右の記事は、さすがに枋得を記すこと厳格であるが、伝として見るならば詳を尽くしたものとはいいがたい。

枋得の伝としては、『宋史』列伝第一百八十四に収めている本伝を先ず挙げねばならないが、『靖献遺言講義』の「且首議国是（かつ首に国是を議す）」の条の末に、

「……今『続綱目』『宋史新編』（明柯維騏《かいき》著ス）『伊洛淵源録』『名臣言行録』等ニ詳也。学者考焉可也」

という語があることによって、柯維騏の著すところの『宋史新編』に収むる枋得の伝を見ていることも誤りない。『畳山文集』には、周応極撰『畳山公行実』、李源道撰『文節先生謝公神道碑』をも録しているので、この二文も当然経眼したはずである。勿論、『歴史綱鑑補』にも枋得の記事がある。そして『靖献遺言』に収められている伝を以上の諸伝および記事と比較して見るならば、絅斎はその大綱を『神道碑』にとり、これに『綱目』『綱

鑑補』『宋史』の文を参酌してこれを成していることが知られる。遺言たる「雪中の松柏」の詩、および『劉忠斎に遺《おく》るの書』『魏容斎に与ふるの書』『東山書院の記』の三文は『畳山集』より採って収めた。また許浩の評語は、『綱鑑補』巻三十八、枋得自決の記事の後に収めている諸家の語のうちより採った。

附載の記述は、その殆どが『続綱目』よりの抄録であるが、重要な個所に於いては、『朱子文集』その他の原書に遡って引用している。

二　師承道統

絅斎執筆の苦辛の大要は、以上によって明らかにし得たと思う。しかしながら、絅斎の文に於いてのみでなく、その依拠とした諸文に於いても、明確にしていないものは、枋得の師承道統の問題である。枋得が先学に於いて朱子を最も慕うものであったことは、本書に引く『東山書院の記』に、

「篤行先生趙公およびその子忠定福王、朱文公に厳事し、文公その廬に過《よぎ》る、忠定の長子崇憲これを師とす」云云

と書し、

「今日、文公を師とし孔・孟を学ぶもの、必ず『四書』を読むより始むる」云云

と書し、

「孔・孟『六経《りくけい》』の万世を教ふる、文公『四書』の孔・孟を助くる、天下の英才に望む所

のもの、果してかくの如くならんや」と書しているその態度におのずから表れているが、さらに『畳山文集』にそれを検することにしよう。

「公、英雄の才、忠義の心、剛大の気あり、学ぶ所は皆聖賢の事。朱文公に敬愛せられ、つねに王室に股肱となり、天下を経綸するを以てこれを奇とせらる」

右は南宋の初めの功臣辛棄疾《しんきしつ》の墓表に記した『辛稼軒先生の墓の記』の一節であるが、ここにも朱子に対する敬仰の念、おのずから表れている。

枋得が古の義烈の人物を慕い、これに学ばんとするものであったことは、その魏天祐に答うるに程嬰《ていえい》・公孫杵臼《こうそんしょきゅう》をもってし、龔勝《きょうしょう》を以てしており、よく論ずるところは楽毅《がくき》・申包胥《しんぽうしょ》・張良・諸葛亮のことであって、千古の憤りあるもののごとくであったといい、劉忠斎に遺る書に掲げるは殷の頑民であり義陵の邑人であれば、魏天祐（容斎）に与ふる書に引くところは楽毅の言であり公甫文伯の母敬姜の言であったことで知られる。以上は『靖献遺言』に見えるところであるが、この外、『畳山文集』を繙けば、田横や陶淵明の名がある。そしてこれらの人物は、朱子がまた『通鑑綱目』に顕彰し特筆しているところでもあるのである。然らばこの古人義烈の跡に学ばんとする態度は、朱子より出づるものであった。

李養吾という人物についてわたくしは全く知るところがないが、学才ありながら時を得ず深山密林の間に身を潔くし節を全うしていた人物と思われる。枋得がこの人に送った書簡、『李養吾に与ふるの書』と題して『畳山文集』に収められているが、その文、張良・

孔明を説き、愚公・精衛を語り、程嬰・杵臼・楽毅・申包胥をしのんで「天地間の大事は決して天地間の常人の能く弁ずる所にあらず、もし常人の皆能く大事を弁ずるならば、天亦た必ずしも英雄を産せず、夷狄は諸夏の王とすべからず。古今未だ正統を絶つの時あらず……人力はつひに窮まることあるも、天道はつひに定まることあり。壮老一節を堅くし、終始一心を持する、吾れひとり養吾に於いて望むあり」というのであるから、この書簡の筆を執った理由、おのずから明らかといってよいが、これを結ぶところの言は、

「大丈夫の行事は、是非を論じて利害を論ぜず、逆順を論じて成敗を論ぜず、万世を論じて一生を論ぜず、志のある所、気も亦たこれに随ひ、気のある所、天地鬼神も亦たこれに随ふ。願はくは養吾亦たみづから珍重せよ。儒者の常談、いはゆる天地の為めに心を立て、生民の為めに極を立て、去聖の為めに絶学を継ぎ、万世の為めに太平を開くは、まさに我輩人の承当にあり。天下後世をして、程文の士、皆大言して当るなしと謂はしむべからざるなり」

であった。朱子を継ぐ学者の面目、まさに躍如たるものといってよい。なお程文とは試験の答案に必要な一定のきまりの意、程文の士云云は、進士の試験を受けるもの、その答案に大言壮語するばかりで、その地位につくと一向にそれを実行せぬという批判を、世人にいわせてはならぬ、の意である。

『建寧路の母府判に与へて朱を山長に薦むるの書』は、朱子の曾孫朱泳道を武夷書院の山長、即ち校長か、もしくは提督官にしてほしいと、建寧路（福建省の北部）の要路に頼んだ書状である。母府判は難解であるが、宋に毋《ぶ》守素・毋制機、明に毋思義・毋恩など、毋《ぶ》

姓の人がいるので、あるいは母でなく毋という姓の府判、即ち府の裁判官の意であろう。文尾に「願はくは梅庵、駕を枉《ま》げてこれを訪《と》ひ」云云と見えるので、その人、梅庵と号したのであろう。枋得は癸未の年、即ち至元二十年（一二八三）、旅館にその状貌の朱子と異なるなき人物に遇い、揖《ゆう》してその姓名をたずねて朱子の後たることを知り、爾来莫逆の交わりを結んだ。もとより泳道の識見、古今の人物の高下、国家の興廃等を論ずればその華葉を棄てて根株を存するものであり、かつ父祖の蔭をもって職を得、世道に補うことなくして家声を辱めることあるを深く愧ずる人物であったことに、枋得が彼を推挙した根本の理由があったのであるが、また朱子の子孫、その時と処を得ぬことに、深い同情を抱いて、この書をなしたものであることも、疑いない。

蔡西山（元定）は多年、朱子に師事し、朱子はこれを友として遇した人物であって、偽学の禁起こるや、いわば朱子の身代わりとして流謫《るたく》せられたが、その苦難のうちにあって、師への態度、少しも変えることがなかった。しかるにその子孫に世に沈淪《ちんりん》したものがあったので、枋得はまた、当局にその人を優遇する道を立てんことを具申して、『蔡文節公の子孫の為めに差科を免ずるの書』を草している。このことはさきの朱泳道の推挙と幷せ見ることによって、枋得の志尚と学問の淵源を、いよいよ明らかにするものといってよい。

しかるに不思議なることは、世には、宋に朱・陸の二大学派がありて、宋末に至り、前者より文天祥が、後者より謝枋得が出たとする説があることである。この説は思うに『宋元学案』巻八十四の「存斎・晦静・息庵学案」に、湯巾（晦静）の門下に徐霖があり、徐霖の門下に枋得があるとするに出づるものであって、巾は一族の湯千（存斎）・湯中（息庵）等とともに初め柴中行に、ついで真徳秀に朱子学を学び、そして千・中の二人が生涯その学を改めなかったのに対し、巾は晩にさらに陸氏の学をも并せ修めたとある。しかし湯巾が朱・陸両学を兼修したことを認めても、徐霖の学がどのようであったかについては『宋元学案』にいうところがなく、枋得がその門に従ったとは、同書の徐霖の条下に「謝文節公畳山はその門人なり」との記述があるのみであって、外にそれを証するものを見ることがない。但し、『宋史』枋得の本伝に、霖が枋得を評して「驚鶴霄《しょう》を摩して籠縶《ろうちゅう》すべからざるが如し」といったとあるから、この二人の間に相識る縁があったと考えられるが、それが果たして師弟という関係であったか否かは未詳である。

しかしここに注意しておくべきは、霖の人物のことである。霖は初め沅州教授を授けられたが、時に宰相の史嵩之、辺功を挟んで君を要し、党を植《た》て国を専らにしていたるを慨し、上疏してその姦の深き状を歴言し、疏奏せられるや、見るもの舌を吐き、霖のためにこれを危ぶんだという。その言に「さきに身死するが為めにして敢へてその君父を欺かざりしに、いま官の高きを以て平生に眩《まど》ひてその本心を失はば、何をもつてその忠を暴《あらは》さん」「志は潔を貴び、忠は精を尚《たつと》ぶ。もし取るあらば則ちみづから垢汙《こうお》を踏まん」があった。枋得にその剛毅にして清潔なる人物が深く影響していることは、疑い得ないであろう（『宋史』列伝巻一百八十四、徐霖伝）。

以上の事実から、枋得の学問は朱子の学を継承するものであったと断じてよく、古人が「けだし先生は朱子に淵源し」「生きては朱子の私淑をなし、祠は朱子と鄰近」（陳世瑠

『謝文節先生の祠を移建するの記』）といい、「二先生（文天祥・謝枋得）の学は、皆、朱を宗とす」（楊時喬『謝畳山先生祠堂記』）といえるは、易《か》うべからざる言といわねばならない。

三　遺著遺文

「著す所、『詩伝注疏』『易説十三卦取象』『批点陸宣公奏議』幷びに『文章軌範』あり、世に行はる」

とは、周応極撰『畳山公行実』にいうところであり、

「平日著す所の『易』『書』『詩』の三伝、世に行はる。雑著・詩文六十四巻は、翰林学士盧公摯《こうし》これが序引をつくり、深く推激する所」

とは、李源道撰『文節先生謝公神道碑』にいうところである。応極は元の仁宗が太子であった時に召見せられ、仁宗即位するや集賢待制に任ぜられ、池州路同知総管府事をもって終わったといい、源道は四川省員外郎より延祐中に雲南行省参知政事に至ったというから、ともに元のほぼ中頃の人物といってよい。そして、『神道碑』の文は『行実』を意識してそのいわざるを補わんとするところがあるので、右の両文を合わせ見ることによって、当時知られていた枋得の遺著遺文の概要を知ることができる。

右のうち『詩伝注疏』というは、枋得の著した『詩経』の註解であるが、成書としては亡び、ただ『永楽大典』や元人の『詩経』纂註諸書のうちに引用せられているもの等、約

三百条を集録して三巻としたものが、鮑廷博所編『知不足斎叢書』に収められており、後、咸豊刊『畳山文集』に合刻せられた。

『批点陸宣公奏議』は、元の至正甲午（十四年・一三五四）仲夏、翠巌精舎謹誌と署する刊行の由来を附した本が内閣文庫に蔵せられており、その文によれば、本書の旧刊は世に盛行したが、火災によってその板木を失ったものの、幸いにして謝畳山先生批点の正本がなお存しているので、これによって重ねて新たに梓行したのであるという。本文の眼目となる言には圏点または傍線を施して読者の注意を促し、上欄に「至論」「善回護」「見其情」「婉曲」のごとき簡明な評語が記されているが、これらがいわゆる畳山批点であろう。『陸宣公奏議』は、唐の陸贄《りくし》が徳宗に献じた諸奏草・諸奏議を集録したもの。朱泚《しゅせい》の乱を始めとして天下極めて多事であった際、帝を輔けて国を亡わしめざりしは、実に贄の力によるものであり、されば本『奏議』は、国家の運命を考えるものに深く愛読されて来た。

『易説十三卦取象』は果たしてこの七字にて一書の名であるのか、『易説』と『十三卦取象』の二書とすべきであるか、明らかにしがたいが、しばらく一書の名としておく。わたくしは同書が現存しているを知らない。枋得の著書として最も名高いものは『文章軌範』であるが、本書については項を改めて見ることとしよう。残るは『雑著・詩文』六十四巻である。しかしこれは編纂浄写されて謝家に存したもので、刊行されていたものでなかったため、その後、次第に散逸して、明代に入ると泯滅《びんめつ》の恐れが生じて来た。ここに於いてその存するものを編集して詩文十六巻となし、景泰年間、これを上梓したるは黄溥であった。すなわち同本が『畳山文集』刊行の嚆矢であって、その経緯は、同書の初めに冠している劉僎《りゅうしゅん》の序に詳《つまびら》かである。

しかしながらこの景泰年間所刊本『畳山文集』も、次第に存するもの減少し、板木も残毀磨滅して識りがたきに至ったので、弋陽《よくよう》の学徒涂動・福応璧・穆旺《ぼくおう》の三人、協力してこれを参伍校讐し、再刻して世に布いた。もとより同書も十六巻であり、これを嘉靖所刊本『畳山文集』と呼んでおく。『四部叢刊』に影印をもって収められているは、この本である。

しかるに同じく嘉靖年間に刊せられた『畳山文集』に、『新刻重訂畳山謝先生文集』と題し、二巻本にして編次をやや異にし、しかもやはり黄溥編輯と称しながら並べて林光祖校刊と記している別本があり、内閣文庫・静嘉堂文庫に、それぞれその一本を蔵している。これは黄溥の原刻本が、刊行より数十年を経て存するもの稀になったため、黄斉賢後叙十六巻本とは別に、林光祖がその存するものに変改を加え、しかも原編者の名を残して上梓したものと考えられ、いまその両書を比較すると、収録するもの、十六巻本の巻一に収めるところの『謝送夏衣』より『絶粒偶書』に至る詩十五首を二巻本に載せていないことなど、異同が多く存する。

これより以後、『畳山文集』は、十六巻本と二巻本との二系統の本が存することとなる。しかし十六巻本は万暦年間にも重刻されたごとくであるが、その後は刻せられず、そして専ら二巻本がさらに増補せられて、しばしば重刻せられている。

謝枋得の詩文集が右のごとくいく度も重刻せられ、かつ後学によって増補せられたことは、枋得の精忠至誠、殊にその義烈の最期が、後人を動かすことといかに深刻であったかを明示するものである。

四　文章軌範

以上述べ来った枋得の編書のことは知らずとも、『文章軌範』が彼の著に係るものであることは、いやしくも漢文に心を寄せるもの、一人として知らぬものはあるまい。まことに枋得の名を不朽ならしめたものは本書である。

しかしながら通行本の本書には、枋得の自序自跋があるわけでなく、後人がただ謝畳山撰と冠しているだけであって、それを証するに足るものがないが、その原輯の体裁を忠実に伝える門人王淵済所識本が、官板のうちに二本、一は朝鮮本によって文政元年に、一は元刊本によって嘉永壬子（五年）に翻刻されており、殊に後者がその由緒正しいので、以下、同書によって枋得の本書編纂の意を考えたいと思う。

淵済は、枋得が北に強致せらるるに当たり、

夷を希《ねが》ひ何ぞ意《おも》はん山中を出づるを
心事は当年の漢の臥竜
行止ただ天の主となるに憑《よ》る
別離初めより涙胸を沾《うるほ》さず
定めて知る晩菊の能く節を存するを

未だ必らずしも寒松の封を受くるを肯んぜず
大義昭明なり千載の事
前程儘《まか》す更に従容たる好《べ》きを

という七言律詩を賦しており、この詩は『畳山文集』の『初めて建寧に到りて賦する詩』、いわゆる「雪中の松柏いよ〳〵青青」の後に附載されているから、枋得辛苦のうちにあって最後まで離れなかった人物であることが知られる。
淵済の語は、『文章軌範』目録のうちに三条見えており、いずれも師の志意を伝えるものであるから、左にそのすべてを掲げておこう。
「此の篇、点抹の先生の親筆に係るものを除くの外は、全篇却って一字の批注なし」(第五巻・欧陽公『読李翺文』の後)
「此の一篇、先生の親筆は、ただ圏点ありて批注なし。『前出師表』の如きは、則ち圏点を併せて亦たこれ無し。敢へて妄りに己れの意を以て増益せず、姑《しば》らくその旧に仍《よ》る。淵済謹識」(第六巻・范文正公『岳陽楼記』の後)
「右、此の集、ただ『送孟東野序』『前赤壁賦』のみ先生親筆の批点に係る。その他の篇は僅かに圏点あるのみにして批注なし。若《も》し夫《そ》れ『帰去来辞』は則ち種字集の『出師表』と一同に圏点を併せて亦たこれ無し。蓋し漢丞相・晋処士の大義清節は、乃ち先生の深く意を致せし所のものなり。いま敢へて妄りにみづから増益せず、姑らくこれを闕きて以て来者を俟つ。門人王淵済謹識」(第七巻・陶靖節『帰去来辞』の後)
右の三条、ひたすらに師説を誤りなく伝えようとする淵済の真摯篤実の人物を隠すところなく示すものであるが、同時にこの言あることによって、枋得がどのような文を名文としたかを極めて明らかにするものである。『文章軌範』に選録した古今の文章すべて六十九篇、そのうち採録数最も多きは三十二篇の韓愈《かんゆ》であり、次は十二篇の蘇軾《そしょく》、次は各五篇の柳宗元と欧陽脩、次は四篇の蘇洵《そじゅん》、次は二篇の范仲淹であり、外に諸葛亮・陶潜・元結・杜牧・李覯《りこう》・王安石・李格非・胡銓・辛棄疾の文が一篇ずつ収められている。このことはおのずから枋得が韓愈の文をもって文章の基準とし軌範としたことを示すものに外ならず、柳宗元はその同志であり、欧陽脩・蘇軾はそれを景仰継述するものであったから、これらの人々の文章も韓愈一類の作と見得るであろう。

然らば枋得は文章に何を重要なりとしたのであるか。それは何よりも先ず気力であり光焔であった。そしてそのことは韓愈『送温処士赴河陽軍序』の評に、

「文に気力あり光焔あり、頓挫豪宕《ごうとう》、これを読めば人意を快くし、以て人の才思を発すべし」

とあり、欧陽脩『縦囚論』の評に、

「文に気力あり光焔あり、これを熟読すれば人の才気を発すべく、論を立つるに善し」

といい、蘇軾『潮州韓文公廟碑』の評に、

「後生、此等の文章を熟読して筆を下せば、便《すなわ》ち気力あり光彩あり」

といっていることによって知られる。

しかし枋得が気力・光焔を重んじたのは、文の剛爽なるのみをよしとしたからではない。高き識見、深き思想が全篇を貫き、かつ構想の精密なることは勿論文章の最も重要な

りとするところであって、されば彼はまた蘇洵『春秋論』を評しては、

「此の文、法度あり気力あり精神あり光焰あり、謹厳にして華藻なるものなり。『孟子』を読み得て熟し、方《はじめ》て此の文章あり」

といい、韓愈『与孟簡尚書書』を評しては、

「此の書、多く巧心妙手あり、批して尽くさず、須《すべか》らく是れ面説すべし」

といい、胡銓『上高宗封事』を評しては、

「肝胆忠義、心術明白、思慮深長、その文を読みてその人を想見するに、真に三代以上の人物。宋文公いふ、日月と光を争ふべし、中興の奏議は、此れを第一とす、と」

といっているのである。これを要するに、文は気力あり光焰あり剛爽ならざるべからざるも、同時に高き識見、深き思想に貫かれかつ構想精密でなければならぬ。しかしこのような文章を作るためには、初めは束縛されることなく拘泥することなく存分に筆を振るうことに心がけ、それに慣れて次第に緻密なる文を作るべく心掛けねばならないというのも枋得の主張であった。されば『文章軌範』の体裁そのものが、全八巻、その巻一・巻二を「放胆文」、巻三以下を「小心文」とし、諸文をこの順によって編集配列して、

「およそ文を学ぶには、初めは胆の大なるを要し、終りは心の小なるを要す。麁《そ》より細に入り、俗より雅に入り、繁より簡に入り、豪蕩より純粋に人る」云云
と説いているのである。

しかしながら文章の問題は以上のみで尽くるものでない。何よりも、文は何のために作るものであるかを考えねばならぬ。枋得はこれを一言にして「世教」のためと断ずる。す

なわち巻六の初めにその巻の特質を総説しては、

「此の集、才・学・識の三高く、議論、世教に関す。古への立言不朽なるもの、かくの如きかな。葉《しょう》水心いはく、文章、世教に関するに足らずんば、工と雖ども益なきなり、と。人能く此の集に熟せば、学進み識進みて才も亦た進まん」

といい、さらに同巻中の范仲淹『厳先生祠堂記』に於いては、

「字少く意多く、文簡にして理詳なり。世教に関することあり、ただに文のみにあらざるなり」

といっているのである。

　枋得の『文章軌範』編纂に当たっての、文章選択の基準、配列の次第、以上のごとくにして、それに本づいて本書には諸葛亮以下諸人の名文が集められている。しかもそのうちに於いて彼が最高至上の名文としたものが諸葛亮『前出師表』、陶潜『帰去来辞』であったことは、さきに引いた門人王淵済の言に、この二文に対しては圏点・批註をともに加えずとあることによって知られる。枋得はこの二文に畏敬する余り、みだりに評価を下すことができなかったのである。

『文章軌範』が明代に流行したことは、王陽明の序を冠し、詳細な註を施し、諸人評語を加えた通行本が各種刊行されていることによって明らかであり、わが国に於いても、江戸時代、いやしくも文に志すものは先ず本書を熟読して名文の名文たる所以を知り、かつ作文の法を学んだことであった。然らば枋得は、いつ本書を編したのであったか。

　このことについて明説したるもの、管見の未だ知らざるところであるが、愚見では理宗

の景定五年（一二六四）九月、策十問を発して権臣賈似道の姦を極言し、ために興国軍、即ちいまの湖北省陽新県の地に竄《ざん》せられてより（時に三十九歳）、徳祐元年（五十歳）起って江西招諭使・知信州となりしまでの十年の間に於いてであると考えている。思うに彼が『陸宣公奏議』を愛読してこれに批点を加えたのもこの時代のことであったであろうが、また将来の家国を担うべき人物の養成にも志したことであって、そのことは『神道碑』に見え、本巻にも、

「謫所の山門によりてみづから畳山と命じ、門を閉ぢ道を講ず。守令以下、皆門に及び、弟子の礼を執りて翕如《きゅうじょ》たり」云云

とある。

しかし宋代の国家制度として国家を担う地位に立つためには、嘗て枋得自身も通った道であった、科挙の試験に合格しなければならない。されば『文章軌範』は単に名文集というに止まらず、科場に応ずるもののためにその程文、即ち応試の文章の書き方を学ぶための指導書でもあったのであり、このことは随所に、

「初学、此れに熟せば、必ず文に確に、千万人の場屋（科挙の試験場）中、有司も亦たまさに刮目《かつもく》すべし」

「場屋中にては、日晷《にっき》に限りあり、巧遅は拙速に如かず。論策の結尾にほゞ此の法度を用ひば、主司も亦た必ず異人を以てこれを待たん」

等の文字が見えることによっても察せられる。文は世教に関するものでなければならない。かつ単に巧みであるよりも、気力あり光彩あるを尊しとする。それは文章に対する基

準であるのみでなく、君国の運命を担うべき人材に枋得が求むる、人間像でもあったのである。

閑地にありて『陸宣公奏議』に無限の感慨を寄せるとともに、『文章軌範』の編纂に宋国の将来を担う人材の育成を托す、ここに枋得のありし日の姿をわたくしは想見するのである。人もしこの枋得の姿をもって迂と思うならば、本巻に引く彼の『東山書院の記』のうちの次の一節を見るがよい。

「天地ありてより以来、儒道の立たざる、今日に至りて極まる。李君まさに師を求め道を講じ江左諸儒の倡《しょう》とならんとす。たれかこれを迂とせざらん。然れども宇宙の間、此の迂士なくば、天地すらかつ立たず。況んや人をや」

まことに国家の復興は人物の養成により、人物の養成は道義の確立の外に道がない、これが枋得の信念であったのである。

巻の七　劉因

燕歌行

処士劉因

〔語釈〕

○燕歌行　『元文類』巻四所収。『燕歌行』という題名は既に楽府《がふ》のうちにあり、夫が燕の地に行役して帰らざるを怨む妻の心を詠んだ詩であるが、劉因はその題名を用いながら内容を一変させ、燕が古来漢土九州の一として民族の歴史の上に由緒多き地であるにかかわらず、久しく夷狄《いてき》に占領されたままになっていることを慨《なげ》いたものとした。歌行とは、歌謡であることを意味する楽府体の詩に属するをいう語。「燕のうた」の意となる。〔絅斎講説〕歌ト云フ体ハ、抑ヘタリ揚ゲタリ、フシ有リテウタフ体ナリ。行ト云フハ叙事ニシテ韻ヲフミテ作。歌行ト云ハ其二ツノ体ヲ兼ネテ、叙事ナリニ感慨アツテウタフモノ。日本デ長歌《ウタ》ト云フヤウナモノデ、六朝《りくちょう》ノ時分ヨリ始ル。日本ノ朗詠ノゴトク叙事ナリデウタフベキモノヲ云フ。燕ト云フ一字ガ劉因ノ一大事ノ心アルコトゾ。ソノ分ハサキデ知レル。天地ノ間一マイナレバ、コレヨリサキハタレガ天地ト云フコトモ天地カライヘバナケレドモ、血脈カライヘバ同ジ地ノ内デモ、一家一郡ソレ〳〵ニ分チテアル。コレ自然ノ根バヘノ理ノ中国ノ夷狄ノト云ウテ、ソレ〳〵ニ分レテ風土モ違ウテアルゾ。日本ノヤウニ一本立ニ島ノ様ニアルハ各別、西土《カラ》ハ方々土地ガカハリテアルケレドモ、堯舜以来九州ヲ分チ、コレヲ中国トシテ、燕ト云フモ九州ノ中ナリ。然ルニ五代以来、燕ガ夷狄ヘトラレテ、周モ宋モ何トシテ此国ヲ取リカヘシタイトシラルレドモ、夷狄ガ強ウテ取リカヘサレヌ。然ルニ劉因ハ此ノ燕ノ国ニ生レタ人ユヘ、夷狄ノ国トナルヲ殊ノ外口惜ク思ウテ、中国ヲ忘レズシテ歌行ヲ作ルナリ。○処士　処士という語の意義については陶潜の下に記した（八八頁）。

因、字《あざな》は夢吉《ぼうきつ》、保定容城《ようじょう》の人。天資人に絶し、三歳にして書を識り、日に千百言を記し、目を過ぎて即ち誦を成す。甫《はじ》めて弱冠、才器超邁《ちょうまい》、日に方冊《ほうさつ》を閲《けみ》し、古人の如きものを得てこれを友とせんことを思ひ、『希聖の解』を作る。初め経学をなし、訓《くん》詁《こ》・註釈の説を究《きは》め、輒《すなは》ち嘆じていはく、「聖人の精義、ほとんど此《ここ》に止まらず」と。周・程・張・邵・朱・呂《りょ》の書を得るに及びて、一見し、能《よ》くその微《び》を発していはく、「我れ固《もと》より謂《おも》ふ、まさに是れあるべし」と。はやく父を喪《うしな》ふ。継母に事《つか》へて孝なり。性、苟《いやし》くも合はず、妄《みだ》りに交接せず。家、甚だ貧しと雖ども、その義にあらざる、一介《かい》も取らず。家居教授し、師道尊厳、弟子のその門に造《いた》るもの、材器に随ひてこれを教へ、皆成就することあり。公卿の保定を過ぐるもの、因が名を聞き、往往来《らい》謁《えつ》す。因、多く遜避し、ともに相見ず。知らざるもの、或《ある》ひは以て傲《ごう》とす、恤《うれ》へざるなり。嘗て諸葛孔明の「静以て身を脩《をさ》む」の語を愛し、居る所を表《ひょう》して静脩といふ。元の世祖、薦を以てこれを徴《め》し、右賛善大夫とす。ついで継母老いたるを以て辞し帰る、俸給一《いっ》も受くるところなし。後、世祖復《ま》た使者を遣《つか》はし、徴《め》して集賢学士とす。疾を以て固く辞す。世祖これを聞きて、いはく、「古へいはゆる召さざるの臣あり、それ斯《こ》の人の徒か」と。遂に彊《し》ひてこれを致さず。至元三十年に卒す。年四十五。聞くもの嗟悼《さとう》す。

〔訳文〕

本巻の本文の依拠については、解説に所見を掲げておいたので省略する。

劉因は字《あざな》を夢吉《ぼうきつ》といった。保定路の容城の人である。生まれつき才能人にすぐれており、三歳にして書を読むことを識り、日に千字余りをも覚え、読んだものは直ぐ暗誦するという有り様であった。されば二十歳になったばかりの頃には才能器量、人々を超え、毎日、書籍を閲し、古《いにしえ》の賢者のごとき人物を得てこれを友人にしようと思い、『希聖の解』を書いた。

劉因は初め、経学を修めるに当たって訓詁・註釈の説を考究したことであったが、やがて嘆息していうには、「聖人の精細なる義理はここに止まるものではないであろう」と。後、宋の周・程・張・邵・朱・呂《りよ》諸子の書を得てこれを読むや、一見してよくその微旨を明らかにして「正しい学問はきっとこのようにあることと思っていた」といったことであった。

劉因は早く父を亡《うしな》い、継母につかえて孝行であった。その性格、道理をわきまえずに世に調子を合わせたり人と交際したりせず、家は非常に貧乏ではあったが、道義に反したものは、少しも受けることをしなかった。家にあって子弟に教え、その態度は尊厳であった。弟子に対しては、その才能器量に応じて教えたので、いずれも相応に学業を遂げることができた。このようであったから、歴々の地位にある人物には、保定を過ぎる時、因の名声を聞いてたずねて来るものがあったが、彼は謙遜して面会を避けることが多かったため、その意を知らぬもののうちには、傲慢だと罵《ののし》るものもあったが、少しも苦にしなかった。かつて諸葛孔明の「静もつて身を脩《をさ》む」という語を愛してその家を「静脩」と号した。元の世祖が、因を推薦するものがあったので、徴《め》して右賛善大夫に任じたが、やがて継母が老いたことを理由にして辞し帰り、その俸給は全く受けようとしなかった。その後、世祖はまた使者を派遣して徴し、集賢学士に任じたが、疾《やま》いを理由に固く辞退した。世祖はそれを聞き、「昔、召さざるの臣というものがあったが、劉因はその仲間というべきであろう」といい、その後は無理に招致することがなかった。至元三十年、四十五歳にて長逝した。そのことを聞いたもの、みな悼み歎いたことであった。

〔語釈〕

○保定容城　いま河北省容城県。保定は元代に保定路が置かれ、明代は保定府に改められ、いまの清苑県がその治所であった。河北省のほぼ中央の地域。○方冊　方策に通ずる。古代、紙のなかった時代に文字を記した木のふだ。木簡。ここでは書籍の意。○『希聖の解』　三十巻本『静修文集』の「拾遺」の部に収められており、二十二巻本および『元文類』は不録。明河皎潔、天高く気清く、万動倶に息《や》んだ秋夜、「士は賢を希《こひねが》ひ賢は聖を希ひ聖は天を希ふ」（周濂渓『通書』のうちの語）を疑ったところ、庭に訪れた三人の老人の語るところを聞いて自己の至らぬことを悔いたが、三人より激励を受けたところで夢から醒め、三人の姿は見えなかったという構成である。冒頭に歳丁卯とあるから宋の度宗の咸淳三年（一二六七）、因十九歳の時の作ということになる。○訓詁・註釈の説　漢唐時代の経学の主流であった、『五経正義』に代表される経書の文字の註解を主とする学風。○周・程・張・邵・朱・呂の書　北宋の学者周敦頤《とんい》（濂渓）、程顥《ていこう》（明道）・程頤《ていい》（伊川）

兄弟、張載（横渠）、邵雍《しょうよう》（康節）、南宋の学者朱熹、呂祖謙《りょきけん》（東萊）。いわゆる宋学の主流をなす諸学者であり、その学問は朱熹（朱子）によって統合集成された。○その微を発す　文の表面には十分に書き記されていない奥にかくれた深い精神を掘り起こして明らかにする。○一介　介は芥（あくた、ごみ）の意にて、一介にて微小、ごくわずかの意。○静以て身を脩む　諸葛孔明の『子を戒む』の書に「君子の行は、静以て身を脩め、倹以て徳を養ふ。澹泊にあらざれば以て志を明らかにするなく、寧静にあらざれば以て遠きを致すことなし」云云とあり、『小学』嘉言篇にも引かれている。○薦を以てこれを徴す　『元史』本伝には「不忽木、因の学行を以て朝に薦む」とある。○賛善大夫　賛善は善をたすくの意、太子の守り役、左右両官がある。因の賛善大夫就任と辞任とについては絅斎の講説があり、それは先学の理のみの上で責めると頗る異なるところがあるので、注意しておかねばならぬ。〔絅斎講説〕初メヨリ仕ヘヌ合点ナレバコトハリヲ云テヌルナレドモ、賛善大夫ト一タンナツタガ疵ト通鑑ノ評ナドニ云ヘドモ、コレハ事体ト云フモノデ、同ジクハヨフナイコトナレドモ、元ガ天下ヲマルメテ是非ニ召出ス、ソノ上、禄ヲモ受ケヌヤウニシテ母ヲカコツケテカヘルナレバ、疵ハツカヌ。ハジメヨリツカヘヌ合点ユヘ禄ハウケヌ。ソノ上、元ガ主ノカタキト云フデナシ、タヾ夷狄ユヘソレヲナゲカル丶。蔡虚斎モコレガ疵トイロ〳〵云フタケレドモ、イマ云フ通リニチツトモ疵ニナラヌ。○集賢学士　『元史』百官志に「集賢院……学校を提調し隠逸を徴求し賢良を召集することを掌る。……初め集賢と翰林国史院と同一官署たりしが、至元二十二年（一二八五）、両院を分置し、大学士三員・学士一員・直学士二員……を置く」とあるので、その大要が知られる。○召さざるの臣　相談すべき時には君が出かけ、君のところに召すことをしない臣。『孟子』公孫丑篇に「故にまさに大いに為すことあらんとするの君は、必ず召さざる所の臣あり、謀ることあらんと欲すれば、則ちこれに就く」云云とあるを受ける。

欧陽玄いはく。処士に貴ぶ所のものは、能く一己の守る所を以て、一国の慕ふ所となり、当世の英君・誼辟《ぎへき》、その豪傑を総攬《そうらん》し宇内《うだい》を包挙するの柄《へい》を操《と》ると雖ども、一旦かの爵禄慶賞致すべからざる所の人に遇ひ、ここに於いて悄然《しょうぜん》として先王道徳の懿《い》を企《くはだ》て、真に己れの負挟《ふきょう》する所のものより貴きことありて、後、上《かみ》の趣向定まり、下の習俗成る。元、国を有して以来、処士を言ふ、必ず劉静脩を宗《そう》とす。又、その画像に賛《さん》していはく。裕皇《ゆうこう》の仁に於いて留むべからざるの四皓《しこう》を見、世祖の略を以て致すことあたはざるの両生に遇ふ。

〔訳文〕

欧陽玄は次のようにいっている。処士が尊ばれる理由は、その人が守るところの道義をもって国中の人々の慕うところとなり、同時代の、一騎当千の豪傑を己のもとに寄せ集め、天下を掌《てのひら》に握る権柄を有している英君義主であっても、一たびこの、爵禄慶賞をもってするとも己のもとに招致することができぬ人物に出合い、ここに於いて気落ちして先王の道徳の偉大なるに気づき、それまで己が気負っていたものよりも尊きものがあることを知って、かくして上に立つものの志向確立し、下の人々の習俗成就するという、実にこの一点に存しているのである。されば元の建国以来、処士という時、必ず劉静脩を第一に挙げるのである。

また劉因の画像に賛して次のようにいっている。太子裕皇の仁心をもってしても、引き留め得なかったかの四皓のごとき人物がおり、世祖忽必烈《フビライ》の武略をもってしても招致し得なかったかの両生のごとき人物に出合った。

〔語釈〕

○欧陽玄　元人、字《あざな》は原功、博覧、しかも伊洛の学に深く、官は翰林学士承旨に至り、宗廟朝廷の文書は多くその手に出で、海内の名山大川、王公貴人の墓隧《ぼすい》等の碑は、その文を得ることを栄としたという。『元史』列伝六十九にその伝を収めている。○処士に貴ぶ所のものは云云　ただ退居しているから処士といわれるのでなく、その人物の守るところの精神、よく一国を教化する、それをもって処士の眼目とするのであるという論。〔強斎講義〕処士ト云フテ匿レテ義ヲ全フシテ居ルト云ヘバ、則《ノリ》ニモ成ラズ事業ニモ成ラヌ様ナレドモ、ソレガスグニ則ゾ。義ナリニ身ヲ立テテ、義ヲ枉《ま》ゲテ事業ニ及ボサヌト云フガ則ニ成ルコト。義ナリニ己ヲ立テテ守ルガ則ゾ。○誼辟　誼は義、辟は君。義ばった男気を尚《たっと》ぶ君主。〔強斎講義〕戦国ノ気象ゾ。○悍然　がっかりするさま。また、あきれるさま。○己れの負挟する所　前の「その豪傑を総攬し宇内を包挙するの柄を操る」を受ける。○宗　宗主、本家。根本とか中心の意。○裕皇　世祖の太子。絅斎は裕皇に作っているが、訂した。○四皓・両生　いずれも劉因にたとえる。四皓は本書二八〇頁に既出。両生も漢の高祖の徴に応じなかった守操の学者。

薛瑄《せっせん》いはく。劉静脩、鳳凰千仞《ほうおうせんじん》に翔《かけ》るの気象あり。

又いはく。静脩、就《つ》くを屑《いさぎよし》とせず、その意微《び》なり。

〔訳文〕

薛瑄は次のようにいっている。劉静脩は、鳳凰が千仞の高い空を自由に飛翔し、誰もこれを捕らえることができぬのにも似た気象がある。

又次のようにもいっている。静脩は官途に就くことを屑しとしなかったが、その行為の奥に微妙なる思い入れがある。

〔語釈〕

○薛瑄　本書二一〇頁参看。○鳳凰千仞に翔る云云　仞は高さや深さを計る単位、本来は両手をのばした長さで、周尺の七、八尺ほど。千仞は非常に高いところの意。なおこの語は賈誼《かぎ》『屈原を弔ふの賦』に「鳳縹々《ひょうひょう》としてそれ高く逝《ゆ》く」によったもの。〔絅斎講説〕名鳥ニテ、カツヘテモケガレタモノハ食ハズ、ムサイ処ニヲラヌ。千仞云云、コレモ天子ノ召シニモユカヌコトニヒク。高イト云フテ出家ノヤウニムナシクタカイデナイ。○就くを屑とせず云云〔絅斎講説〕世祖ガヨベド出ヌ。其意微矣。イハズシテ底意ノアルコト、夷狄ニツカヘヌ。〔墨山講義〕就ハツカヘル、微ハ底意ニ甚ダ思ヒ入ノアルコト。ソレガ隠レテ表ニアラワレヌカラシテ微ト云フ。アノ様ニ引退イテ守リヌカレル処ガ忠義ノ為ト云フデモナク、何タルワケト云フコト人ニ語ラレタコトモナイ。思ヒ入ハ奥ニ隠レテ甚ダ微ナ。此レ薛文清ガ劉因ノ五臓六腑ヲ知リ抜イテ居ラル、評判。此人ノ思ヒ入、別シテ燕歌行ニ見ヘルカラ、次ニ燕歌行ヲアゲテ本文トハ立テラレタゾ。

薊門《けいもん》悲風来る。易水《えきすい》寒波を生ず。雲物なんぞ色を改むる。游子《ゆうし》燕歌《えんか》を唱ふ。燕歌いづれの処にある。盤欝《ばんうつ》たる西山の阿《くま》。武陽燕《えん》の下都。歳晩ひとり経過す。青丘遥かに相連なり。風雨嵯峩《さが》を隳《やぶ》る。七十斉《せい》の都邑《とゆう》。百二秦《しん》の山河。学術管楽《かんがく》あり。道義丘軻《きゅうか》なし。蚩蚩《しし》たる魚肉の民。誰とともに干戈《かんか》を休《や》めん。往時已にかくの如し。後来復《ま》た如何《いかん》。地を割《さ》く更《さら》に石郎。曲終りて哀思多し。

〔訳文〕

漢詩は極めて特別の例を除けば、一・二、三・四、五・六というように、奇数句と偶数句とが一組になっているので、本詩もそのことに留意して訓《よ》むことが必要である。すなわち本詩は二十句十組より成っている。〔墨山講義〕コレガ所謂燕歌行デ、モト中国ノ地ナルニ、夷狄ニ取ラレテ扨《さて》モ〳〵口惜シヤト云フ感慨カラノ作。劉因ハ詩モ殊ノ外ノ上手デ有ツタガ、全体ノ気象ガアノ様ニ高クカケツテヲルカラシテ、ドノ詩モ詞ガハゼテヲル故、処ニヨツテ解シニクイ様ナ辞ドモモアル。

薊門といい易水といい、いずれも古《いにしえ》の冀州《きしゅう》のうち、即ち歴々とした中国の地であるのに、久しく他国に奪われたままのこととて、吹く風の声も物悲しく、生ずる波も寒々として、感慨にむせばざるを得ない。見はるかす空の色、風景のさま、何故にこのように変わったのであるか。さすらいの人たる拙者は、おのずから燕歌を口ずさまざるを得なかった。されば燕歌はいずこにあって唱うことか。それは樹々深く茂った丘のとりまいている西山の隈《くま》、すなわちその昔の燕の下都であった武陽に於いてである。この地は都として栄えていたが、いまはその影もなく荒れ果てている。そこを拙者はこの歳の暮れにただひとり通り過ぎたが、目に入ったものはただ遥かに連なる青い丘、そしてその高く峻《けわ》しいところも、多年の風雨に崩れてしまっている。思えばこの燕のみでなく、その東に連なる斉《せい》の国には七十の郡邑が栄えており、西に連なる秦の国には百二の山河があってその守りを固くしていたということであるが、いまはそのいずれも燕と同じように他国のものとなり、かつての学術を誇った管仲・楽毅のごとき人物、その道義を仰がれた孔子・孟子のごとき聖賢も現れることなく、そのため愚かな民衆は、戦《いくさ》よりのがれて平和を楽しむ希望も持てない。これまでのさまがこのようであったが、この後も果たしていかになりゆくことであろうか。そもそも中国がこの悲しい姿になってしまったのは、経緯あることではあるが、かの石郎が地を割いて契丹に与えたことによって決定的となったのである。それを思えば歎息は深く、されば一曲を唱い終わったものの、悲哀の心はいよいよ増したことであった。

〔語釈〕

○薊門・易水　薊門は薊州の城門の意であろう。武王が帝尭の子孫を封じたのが薊であり、秦に刺客として入らんとする荊軻《けいか》が、生きて還らぬ決意を「風蕭々として易水寒し、壮士一たび去りて復た還らず」と詠じたのが易水《えきすい》である。古の歴史を回想しての感慨と今の世への感慨とが二重写しとなって、おのずからこの『燕歌行』の一首に凝結したのである。○盤欝たる西山の阿　盤欝は盤旋欝葱《うつそう》、丘がめぐり、樹木が生え茂っていること。阿はくま、山の入りあいの曲がったところ。即ち燕の都武陽のある場所。いまの河北省易県の東南が故城である。○嵯峩　山の突き立ってけわしいさま。○管楽　斉《せい》の名相管仲と燕の名将楽毅。楽毅のことは本書一四七頁参看。〇丘軻　丘は孔子の、軻《か》は孟子の名。〇蚩蚩たる魚肉の民　蚩々は無知のさま、愚か。魚肉の民は、魚や肉を切り割るように勝手にあつかわれる無力の民衆。〇更に石郎　石郎は五代後晋の高祖・石敬瑭《せきけいとう》のこと。劉因の故地である幽燕の地が夷狄に占領せられたのは一朝一夕のことでなく、既に後唐の将・周徳威の油断から楡関《ゆかん》を契丹に奪われることに始まるが、更に敬瑭が十六州を割譲するに至り、問題は決定的となったのである。

按ずるに。劉因、元に仕へず、先輩既にその意を発して、この行の結末の如きもの、尤も的然《てきぜん》として因、身、幽燕故地の気類生族たるを以て、高陵《こうりよう》逸挙《いつきよ》、戎虜《じゆうりよ》異属に汚《お》染《せん》せらるるを肯《がへん》ぜざるの本心を見るべし。特《ただ》に濁世を傲睨《ごうげい》し禄爵を涕唾《ていだ》するのみならざるなり。薛氏《せつし》のいはゆる微意は、それ此れなるか。因りて特にこれを表出す。それ此れを以てこれを律すれば、則ち許衡・呉澄等、大義を失するの罪、逃るる所なし。

〔訳文〕

右は、絅斎が劉因の人物を断ずるために掲げた『燕歌行』についてみずからの意見を記したものである。

按ずるに、劉因が元に仕えなかったことについては、上記のごとく、先輩がその微意を明らかにしているが、この『燕歌行』の結末の二句「地を割く更に石郎。曲終りて哀思多し」

のごときは、取り分け明確に、彼が幽燕という漢民族の由緒ある土地に漢民族として生まれた身である故に、その志行を高くし、夷狄に汚されることを許さなかった本心を見ることができる。それは彼が、この世を濁世であるといって見下し、禄爵を汚らわしいといって嫌ったというのみの理由によるものではないのである。薛瑄がいう「その意微なり」も、このことを指したものであろう。されば特にこの詩を表出したのであって、これを基準として判断を下すならば、世に敬仰されている許衡や呉澄等が、実は漢民族の出でありながら、その大義を失って夷狄に節を売ったという罪、逃れることができぬのである。

〔語釈〕

○按ずるに　絅斎自身の按語である。○幽燕故地の気類生族　幽燕は禹の九州の一なる冀州《きしゅう》のうちの地。気類生族はその地に気を受け生命を稟《う》けた人の意。よし外国人の支配する地に生まれかつ育ったとはいえ、本を正せば、中国の地に中国人として生まれたものであるということ。○高陵逸挙　陵は超越の意、世俗を高く抜け出すというのが高陵。逸はのがれるの意、塵をのがれ上へあがるというのが逸挙。○濁世を傲睨し禄爵を涕唾す　劉因の進退をその志の根源に於いて見ず、単に塵世を憤り利禄を嫌ったものとして皮相的に解するをいう。絅斎講説の未訂本に「先輩、薛文清ノコト。……是ハ明ノ儒者ガ劉ノ賛ニ書イタコトナリ。コウ云ヘドモ夫レハ外テイノ処士ノコトヨ。劉ハコウシタワケデナイ。尭舜以来ノ地ノヒツハリカラノ名分ニテ仕ヘヌ。ソレヲ劉ノ言ニメツタニ元ヲキタナイヤツトシカルコトハナイ。兎角地ノヒツハリカラノ吟味ゾ」と説いていることから見て、絅斎は、前記の欧陽玄・薛瑄二儒の劉因論のうち、薛の説に賛同し、欧陽の説を未だ因の真意を得ぬものとしていることが、うかがい得る。〔墨山講義〕此二句ハ訳ガアル。劉因ノ本心ヲ察セズシテ、明儒者ガ劉因ノ賛ニ爵禄云云トホメ置イタ、ソコニアタツタ。此人ハミサホガ正シイノ富貴ニツナガレヌノト云フ見事斗《バカ》リデナイ、中国ノ気類故、夷狄ニ汚サレヌト云フガ此人ノ本心。天下全体ノ大義ヲ守リヌイタ劉因、此ニアツテ別シテ尊ブ所ハソコニアル……。サレバ此ノ人ノ元ニ仕ヘザル其意微也ト薛文清ノ申シヲカレタ処ガ、ドウ云フテモコ、ノコトソウナト云フコトデ、歟ノ字ハソレニ違ヒハナケレドモ、ワザトソウナトサシ付ケテ云ハズニヒカヘテ云フ詞ゾ。○許衡・呉澄　許衡は字を仲平、号を魯斎という。程朱の学を奉じ、呉澄とともに元代の二大家と称せられているが、山崎闇斎が『魯斎考』を著してその出処を批判していることは解説に記した。呉澄は字を幼清といい、草廬先生と称せられた。元に仕え、国子監丞・集賢直学・翰林学士等を歴任、老をもって致仕し、資善大夫を加えられ、卒して文正と諡《おくりな》された。『呉文正公集』『易纂言』『春秋纂言』『書纂言』等がある。

〔補説〕
この後、丘濬《きゅうしゅん》（明の学者、字は仲深、号は瓊山《けいざん》）、臨江の梁氏（明の梁寅か）、許浩（明の学者、号は復斎）による許衡への批判を列挙し、さらに衡の語を引いて、彼自身も元に仕えることが誤りであることを自覚していたこと、劉因の『退斎の記』によって、因も衡の態度を道に反するものと判断していたことが示される。
また、呉澄に対する丘濬の批判と、書画に名高い趙孟頫《ちょうもうふ》（字は子昂《すごう》）が、宋室の一門でありながら元に仕えたことを道義に外れるものと述べた張時泰（『続綱目広義』の著者）の文とを加え、劉因の出処と対比してあるが、いま省略に従う。

方孝孺《ほうこうじゅ》いはく。予《よ》嘗《かつ》て夷狄の正統に与《あづか》ることを得ざるを論ず。夷狄の全く四海を有《たも》つ、近世に創見す。故に学者多く疑ふ。蓋《けだ》し聞見に蔽《おほ》はれて遐思《かし》遠覧するに暇《いとま》あらず。なんぞその末の熾《さか》んなるを怪しまんや。宋の徳祐・景炎の後、縉紳《しんしん》先生、往往山谷に竄匿《ざんとく》し、或ひは衰麻《さいま》してその身を終へ、或ひは荒江断壟《だんろう》の間に慟哭《どうこく》し、考妣《こうひ》を失ふが如くして、復《ま》た栄達の願ひあらざるもの多くこれあり。その世久しく俗変はるに及びて、然る後、競ひ出でてその朝に立つことを願ふ。蓋し宋の遺沢《いたく》既に尽きて然り。富貴の貧賤に過ぐるや遠し。義以てこれに処して愧《はぢ》なかるべからしめば、なんすれぞ区区《くく》としてその難き所を践《ふ》みて顧みざるか。蓋し必ず甚だ不可なるものありて、道を知るものにあらざれば識ることあたはざるなり。ああ、この理や、孔子の『易』『春秋』に見るもの、詳かなり。学者深考せず、君を棄て父に背き、夷狄に陥りてみづから知らざるに至る。道の明らかならざる、その禍ひかくの如くそれ烈《はげ》し。畏るべきかな。

〔訳文〕

方孝孺は次のように語っている。予《よ》はかつて正統について論じ、そのうちに夷狄は正統に与《あずか》ることができぬことを述べておいた。そもそも夷狄が中国全土を領有したという事実は近世に至って初めて出現したことであるので、学者は多く、予のこの論を疑ったことであったが、それは思うに元の勢力を眼にし耳にして圧倒され、この問題について深く思索する余裕がなかったからであって、その風、当時のみでなく後に至るにつれてますます強くなったことは、怪しむに足りない。

宋朝垂亡の時に於いて、高官や学者のうちには遠く深山幽谷に逃げ隠れ、あるいは宋朝に対し終生喪に服し、あるいは地方にさすらって慟哭し、その悲しみ父母を失ったもののごとくであって、再び世に出て栄達する望みを持たぬものが多かったが、年を経、世情も一変してくると、その人々、争って出て来て、夷狄の元朝に仕えることを願ったのである。これは思うに、人々の心のうちに残っていた宋の恩恵が既に尽きたためであろう。

人にとって、富貴は貧賤に比べ、遥かに望ましいものである。しかしながら、義によって行動し、心中に愧ずるところがなかったならば、心を砕いてその難きところ——貧賤となる道を実践し、そのための苦辛を問題としないのであるが、これは何故であろうか。思うに是、必ず何としてもしてならぬことがあるからであって、しかもこのこと、道を知ったものでなければ、到底理解することができぬのである。

ああこの道理は、孔子の説かれた『易』や『春秋』に詳細に見えている。しかるに学者、これについて深く思索することをせぬので、君を棄て父に背き夷狄に平然と仕えてその誤りに気づかぬに至るのである。道に明らかならざることより生ずる禍害、その烈しきこと以上のごとくであるから、よくよく戒めねばならない。

〔語釈〕

○予嘗て夷狄の云云　方孝孺がかつて正統について論じたことがあるといっているのは『釈統』『後正統論』（いずれも『遜志斎集』巻二所収）を草していることをいう。そもそも「正統の論は欧陽子に起る」（蘇軾『正統論』）とあるごとく、この論を史学上の重要課題として取り上げたのは北宋の欧陽脩であり、それより正統論は宋学の一眼目となった。しかしその論の内容に変遷があり、北宋の正統論は、三国・五代のごとき混乱期の諸国幷立時に於いていずれの国を正統と認めるかに主眼があり、それが南宋に至ると、江南を領有するのみとなった自国の中国王朝としての正統性を主張せんとする理論としてこれが展開され、その論者を代表するものが朱子である。しかるに、夷狄なる蒙古人による中国全土のしかも長期にわたる領有、即ち元王朝の出現という初めての問題に当面し、正統論はさらに、現実に存在した王朝であっても、異民族によるものはそれを正統として認めるか否かという論に飛躍せざるを得なくなった。方孝孺の正統論はここに生まれたものであって、『桐廬の二孫先生の墓文の後に題す』の冒頭には、その正統論の趣旨を要約し、「予、嘗て正統を論じ、以て天下を有して正統とすべからざるもの三、簒臣・女主・夷狄なりとす」と記している。ここに引用した方孝孺の文は、その後に続くものである。本書四八一頁参看。○遐思遠覧　遐ははるか。時間的にも空間的にもひろく事実を見、それについて深く考えるをいう。○その末の熾んなるを　「其末之熾」。『遜志斎集』の諸本、いずれも「其末之識」に作る。それならば、彼等学者がまだ正統について理解していないことを怪しむに足らぬ、の意となる。○徳祐・景炎　帝㬎・帝昰の年号、詳しくは文天祥の巻に見える。○縉紳先生　縉紳は、縉は搢、さしはさむ、紳は大帯。礼服には笏《こつ》を紳にはさむということからできた語、朝廷の高官をいう。先生は学者のこと。○衰麻　衰は縗の意、喪服。麻は喪中に首と腰とにつける麻。○荒江断壟　壟はおか、丘岡《きゅうこう》。〔墨山講義〕ハレガマシイ場ニスムコトヲ嫌フテ、荒江ト云ツテ荒タ浦半ヤ、扨ハ断壟ハキット立ツタ様ナ丘ノコトデ、人ノ往キ来モナイ位ノ所ヲ云フ。隠家ノコト。○その世久しく俗変はる　〔秦山講義〕イツガイツマデモ家来ノ者ハ右ノ通リアルハヅジヤガ、年久シフ元ノ世ニナツテ風俗モ元ノ風俗ニナルト、以前ハ宋ノ亡ビタコトヲ二親ヲ喪フタヤウニ思フタ者モ、マカリ出テ奉公スルヤウニナル。○宋の遺沢云云　〔秦山講義〕畢竟義理カラ根ザシテドコマデモ夷狄ニハ仕ヘヌハヅジヤト云フ存念ナレバ、ドコマデモ仕ヘヌハヅゾ。只宋ノ御恩ガ忘レガタイト云フバカリデ義理カラネザ、ヌコトユヘ、宋ノ御恩ガウスウナルト、ツイ宋ヲ忘ル、ヤウニナル。遺沢ハ御恩ノ遺ツテヲルコトゾ。○富貴の貧賤に過ぐるや遠し　『孟子』告子篇・魚我所欲章および『論語』里仁篇・富与貴章によって論を立てている。「生も亦た我が欲する所なり、義も亦た我が欲する所なり、二者兼ぬるを得べからざれば、生を舎《す》てて義を取るものなり。生も亦た我が欲する所なれども、欲する所、生より甚だしきものあり、故に苟《いやし》くも得るをせざるなり」というが『孟子』の語の眼目。方孝孺はその生というを『論語』によって富貴としたのである。〔墨山講義〕時ニ富貴貧賤ニモカヘラレヌト云フモノアルハ義ノ一字。人ハ此ノ一字デ立ツタモノ……此義デ愧ヅルト云フモノアレバコソ、人ノ命脈ガカ、ツテヲル。○なんすれぞ区区として云云　区々は小さいさま。ここでは細かいことにまで心を砕くこと。難きところは孔子のいう「その道を以てせざれば、これを得とも去らざるなり」の去らざるもの、即ち貧賤、孟子のいう「患も辟《さ》けざる所あり」の患、即ち義を行った結果の不幸不遇をいう。されば顧みずはその苦辛を顧みぬの意となる。絅斎はこの句の末を「顧みざらんや」と訓み、強斎もそれによっているが、それにては反語となって意が通じがたい。ここは「顧みざるか」と疑問によみ、次句をそれに対する答語と見たい。〔強斎講義〕義ナリニ愧カシイコトサヘナクバ、何ノ荒江断壟ノ艱難ナ所ニ引込ンデ居テ富貴ヲ顧ミマイ。○甚だ不可なるもの　義からいって為してはならぬもの。それは富貴のみを目的と考えてその方法を顧みず、夷狄の朝であっても仕える、ということを指す。○孔子の『易』『春秋』に云云　〔強斎講義〕『易』ハ陰ヲ退ケ陽ヲ進メ、小人ヲ退ケ君子ヲ尊ブノ道、『春秋』ハ勿論、名義ヲ正シテ夷狄ヲ退ケ中国ヲ尊ビ、貴王賤覇ノ教ユヘ、カウ云ハレタゾ。

〔補説〕

次に、劉因『馮瀛《ひょうえい》王吟詩台』の詩が引かれるが、掲出は略する。この詩は、馮道（五代の諸国興亡の際、唐・晋・漢・周の四朝、唐の荘宗以下の十君に仕えて常に高官の座を占め、その節なきを恥じなかった）の態度を退けたもので、これを引いて、因の人物学問を明白にしている。さらに、馮道は礼・義・廉・恥の「四維」を破った人物とする欧陽脩、「姦臣の尤《ゆう》」と評する司馬光の論が附されてあるが、これも略する。

『孝子田君の墓表』にいはく。ああ、天地至大、万物至衆にして、人、一物にその間に与《あづか》る。その形たる至微なり。天地未生の初めより、天地既壊《きかい》の後を極め、前瞻《ぜんせん》後察、浩乎《こうこ》としてそれ窮まりなし。人、百年にその間に与る。その時たる、いくばくきなり。その形微《び》と雖ども、以て天地に参すべきものありて存す。その時いくばくなしと雖ども、以て天地と相終始すべきものありて存す。故に君子、平居無事の時に当りて、その一身の微・百年の頃《けい》に於いて必ず慎み守りて深く惜しみ、たゞその或ひは傷つけてこれを失はんを恐る。実は以てかの生を貪ることあるにあらざるなり。亦たまさに以てかの此れを全うせんとするのみ。その大変に当り大節に処するに及びて、その天地に参する所以のもの、これを以て立ち、その天地と相終始する所以のもの、これを以て行はれて、かの百年の頃・一身の微を回視するに、曾《かつ》てなんぞ軽重をその間になすに足らんや。然るにその天地に参してこれと相終始する所以のもの、皆天理人心の已《や》むべからざる所にして、人の生くる所以のものなり。ここに於いて全くす、一死の余、その生気、天地万物の間に流行するもの、千載に凜《りん》として自若《じじやく》なり。それをして此れを舎《す》てて区区たる歳月、筋骸《きんがい》の計をして、天地の間に禽視《きんし》鳥息せしめて、その心もとより已に死す。而《しかう》してその已むべからざる所のもの、或ひは時に発すれば、則ちみづからその身を視る、亦た死の愈《まさ》るとするにしかざるものあり。是れその生を全くせんと欲して、実は未だ嘗て生きず、一死を免かれんと欲して、継ぐに百千万死を以てす。ああ、勝《あ》げて哀《かな》しむべけんや。

〔訳文〕

右は『孝子田君の墓表』の前半。同文は両『静修先生文集』所収。しかし絅斎は『元文類』（巻五十六）より採ったものであること、既掲の諸詩と同じである。但し、原文には、「ああ、此れその孝子とする所以のものか」の後に、因が田孝子の子道章の請いによってこの文を撰したこと、孝子の諱は喜、世ゝ保の清苑の人であり、四十三歳にて乙未閏七月に卒したこと、およびその家族の概要を記した二百十一字があるが、略されている。

『金史』巻十四・宣宗本紀を見るに、その即位の年である貞祐元年（一二一三）、元兵の来攻いよいよ急に、十月涿州を下し、十一月観州を陥し（刺史高守約これに死す）また河間府滄州を陥したとあるが、『続通鑑綱目』巻十六・宋寧宗嘉定六年、即ち金の真《ママ》祐元年を見ると、さらに明細に蒙古軍侵略の経過が記されており、特にこの『墓表』に関係のあるは、「十二月、蒙古、兵を分って金の河北・河東の諸州郡を抜く」の目に見える、「蒙古王、怯台および哈台を留めて燕城（金の中京、即ちいまの北京）の北に屯《とん》せしむ。……その子朮赤・

察合台・窩闊台の三人に命じて右軍とし、太行に循《したが》つて南せしむ。保州・中山・邢洛・磁相・衛輝・懐孟の諸郡を破つて径《ただ》ちに黄河にいたり、大いに平陽・太原の間を掠む」云云の記事である。この年十二月、蒙古の一軍は進んで金都の北に迫り、一軍は山西の北部から太行山脈に沿うて南下し、金都西方の一帯を抑えたのである。そして蒙古軍の後者が保州（保定、いまの清苑）を屠掠《とりやく》した際に発揮せられた田氏の悲痛なる孝道の事実が、本『墓表』の内容をなしている。

本『墓表』に於いて留意すべきことが二つある。その一は、君国の大事に際して靖献の道を守った先学義烈の態度を表顕して精神練磨の資たらしめんとする本書に、孝子の伝を取り上げていることである。その理由は、強斎の講義に「此ノ辞ハ孝ノコトヲ云ハレテ、『遺言』ハ忠義ノ書ナレドモ、畢竟忠孝ノ二ツハ相離レヌモノ。其上、劉因ノ筆ユヘ附セラレタゾ」とあるによって明白である。いま一は、劉因がこの文に於いて示したる学問をもって、絅斎が朱子以後の一人、薛瑄・丘濬に勝ると評していることである。すなわちその講説に「劉因ハ極メテ名分ノ学、大義大節ノ学ガ明カナリ。朱子以後、薛文清・丘瓊山ヨリハゼテミユル」と語っている。訳出に先だち以上のことを述べておく。

『孝子田君の墓表』に、次のように記している。ああ、天地は極めて大きく、万物は極めて多い。人はその万物の一つで、天地から見れば、その形、極《ご》く小さなものに過ぎない。その上、天地のまだ分かれぬ初めから、これから幾千万年後、天地が壊れてしまう時までの窮まりなき時間に比べると、人は生きのびたといってもわずかに百年、従ってその命、極くはかないといってよい。しかるにその極く小さくはかない人でありながら、天地と並び立ち、かつ天地とともに終始する、偉大なるものを我が身に有している。その故に君子が、日頃の平穏の時に於いて、この小さいからだ、はかない命を大切に守って疵《きず》つけ失わぬように努力しているのは、命を貪《むさぼ》ってそれを少しでも長く持ちたいと思うからでない。我が身に有するその偉大なるものを全うしたいと願うからである。されば一たび、君国の大事、道義の大変に及ぶや、我が身に有するその偉大なるものが、天地と並び立つ力として立ち、天地とともに続く働きとして行われることとなって、このことに比べれば、小さな我がからだ、はかない我が命の軽重など、問題でなくなってしまうのである。

しかしながら、天地と並び立ち、天地とともに続くこの偉大なるものの働きは、天理の上からも人心の上からも、止むに止まれぬところに発することであって、人が生きているというは、このことに外ならない。さればこれをこそ全うし得るならば、たとえこの身は死すとも、我が生気は天地万物の間に流行して、千年の後までも亡びることはなく、人をして凛然と魂震う思いを抱かしめるのである。しかるに人もしこれを捨て、わずかの歳月この身を長らえようと考えて、天地の間に鳥獣に異ならぬ生き方をするならば、たとえ身は保ち得ても心ははや死んだものとなってしまう。されば、かの心に止むに止まれぬものが発した時、空しく長らえている我が身に対し、死んだがましであったという慚愧の思いの生ずるを免れぬであろう。これは、いのちを全うせんと願って実は生きることができず、一たびの死を免れようとして、そのために止むに止まれぬ心が発するたびごとに死ねばよかったと悔い、即ち百千万たびの死を繰り返すこととなるのである。まことに歎ずべきことといわねばならない。

〔語釈〕

○墓表　墓石の表に記した墓標《はかじるし》の文字。単に「何某之墓」とのみ記すこともあり、その人の事績・人物等を墓石に刻すこともある。ここはその後者。○前瞻後察　天地未生の初めを瞻《み》、天地既壊の後を察する。天地の始終、即ち、永遠といってよい長久の時間に比べて。○天地に参する　天地と並び立って人として立ち得る。天・地・人を三才といい、人は天地と並んでその化育を輔けるものと考えるのが儒教の基本思想である。『中庸』第二十二章「……能く人の性を尽くせば則ち能く物の性を尽くす。能く物の性を尽くせば則ち以て天地の化育を賛《たす》くべし。以て天地の化育を賛くべければ則ち以て天地と参《まじ》はるべし」。〔絅斎講説〕人ノ心ト云モノハ、義理一ハイキハムルト、三才トキハマルモノ身ニアル。○……ありて存す〔秦山講義〕形ハヤウヤク五尺ノカラダデチイサイケレドモ、天地ト人ト相並ンデ、天地ノタスケニモナル者ジヤ。是ハ何ガ天地ノタスケニナルゾト云ハバ、義理ト云フ者ガ有ツテ存シテヲルコトゾ。存スルト云フハ、カツキリト目ノ前ニアルコトゾ。○かの此れを全うせんとするのみ「夫此」、かのこれとは、前文に見える天地に参し天地と終始するもの、即ち自己のうちに存する偉大にして永遠のもの、自己自身をいう。〔強斎講義〕コノ身ヲ大事ニカケテ守リ身ニ疵ガ付カフカトテ戦々兢々トシテ身ヲ守ルハ、実ハ生ヲ貪ルデハナイ。天地ニ参リ天地ト終始スルモノヲ全フソコネヌ様ニスルトテノコトゾ。此ハ常デ云ハレタモノ。○その大変に当り大節に処するに云云〔強斎講義〕常ニ身ヲ慎シミ守ルモ畢竟ニ此場ヲソコネマイ為ジヤニヨツテ、大変ナル場ノ、君臣ノ変トカ父子ノ変トカ云フ様ナ場ニ成リテハ、身ヲ粉ニハタカレ骨ヲ剉《きざ》マレ舌ヲヌカレテモ塵芥ヨリ軽イコト。人ノ身ハワヅカナモノナレドモ、義理ト云フデ、此ノワヅカナモノガヲビタヾシイ天地ト並ビ立ツ。コノ人生ハワヅカ百年ノ内ナレドモ、此ノ大節デ古今天地ト終始スル。カウ云フ義理ノ眼カラワヅカナ此ノ身、ワヅカナ百年ノ生ヲ見タ時ハ、此大節ニ臨ンデハ、其ノ場デ軽イノ重イノト云フ詮議ハナイゾ。○一死の余云云〔強斎講義〕此ノ身ハ死シテモ、義理ナリニ全フ死ンダト云フ余風ガイツマデモ消エズ、天地万物ノ間ニ流行シテ千載ノ後マデモカハラズニ居ルゾ。〇継ぐに百千万死を以てす〔秦山講義〕僅ニ只一度ノ死ヲ免レウトシテ義理ヲカクト、毎度々々義理ノ本心ノ発スルタビニ死スレバヨカツタニト存ズル。スレバ百千万死ヲスルヤウナ者ゾ。至ツテナゲカシイ事ジヤ。〔強斎講義〕一生ヲ何ホド全フセフトシテモ、義ヲ離レテ生キテ居ル分デハ実ニ生キテ居ルデナイ。義理ナリニ死セネバ一生全フイキタデナイ。曾子ノ身体髪膚ヲ毀ヒ傷ルマイ為ニ常ニ戦々兢々トシテ深淵ニ臨ミ薄氷ヲフム様ニ身ヲ大事々々ト守リテ、サテ亦戦陣無キハレ勇非レ孝ト云ハレタ、此旨ゾ。此ノ身ヲソコネヌ様ニトスルハ、義理ヲ全フシタサノコト。無用ノコトデ身ニ疵ヲ付ケルハ元ヨリ不孝ナリ。疵ヲ付ケヌ様ニスルハ義理ヲソコネマイタメジヤニヨツテ、『孝経』ニ不レ虧二其体一、不レ辱二其身一、ト並ベテ云ツテ、此ノ二ツデ孝ノ語リテアル旨ヲシルベシ。

先人嘗《かつ》て金源貞祐以来、死をその所天に致すもの十余人を手録して、武臣戦卒、および閭巷《りよこう》草野の人、多しとして、予これを覧《み》るごとに、未だ嘗て始焉《しえん》にして慚惕《ざんてき》しみづから容《い》れざるがごとく、中焉にして感激しこれが為めに泣《なみだ》下り、終りは則ち毛骨竦然《しようぜん》として振励する所あるもののごとくならずんばあらず。故にこれが為めにこれを故老に訪《と》ひ、これを小説に揆《はか》り、その姓里を攷《かんが》へ、増補してこれを詳記し、たゞその事の伝はらざるを恐るるのみ。近ごろ清苑の孝子田君を得。貞祐元年十二月十有《ゆう》七日、保州陥る。尽《ことごと》く居民を駆《か》り出《い》だして、君およびその父与《あづか》る。是の夕《ゆふべ》、令《れい》を下す、老者殺せ、と。卒命《そつめい》を聞き、殺を以て嬉《よろこ》びとし、未だ君の父に及ばざるもの十余人にして、君則ち惻然《そくぜん》としてその父の死に代らんと伏《ほっ》し、遂に潜往し、その父を下に伏《ふ》せ、両手を以て地に拠り、俛《ふ》して頭《くび》を延べて以てこれを待つ。卒、火を挙げ未だ省閲《せいえつ》するに暇《いとま》あらず、君の項脳《こうのう》両刀に中《あた》りて死す。夜半《なかば》に及びて幸ひに復た蘇《よみがへ》る。後二日、令再び下る。老幼となく尽《ことごと》く殺せ、と。時に君已に芸を以て選ばれて行きて安粛《あんしゅく》に次《やど》る。その父の死を聞き、人に謂ひていはく、「我れまさに逃げ帰りて吾が父を葬るべし」と。遂に帰り、父の尸《しかばね》を求めてこれを得、負ひて以て河を渉《わた》り、水脛《はぎ》を傷《やぶ》り、血出づるに至る。母の冢《つか》を発《あば》き、尸を下してこれを塞《ふさ》ぎて、乃ち還りて、衆これを覚《さと》らざるなり。ああ、此れをその孝子とする所以《ゆゑん》のものか。銘《めい》にいはく。ああ、斧《ふ》鉞《ゑつ》を蹈《ふ》みて死を致す、猶ほ淵氷の全きを帰すがごとし、その死するものは藐焉《ばくえん》たる此の身の微、その全きものは浩乎たる此の心の天、累《るい》たることあるは丘と雖ども、丘にあらざるもの存す、円《まどか》なることあるは石と雖ども、石にあらざる維《こ》れ文、百世の下、古へを旌《あらは》して俗を励《はげ》ますものあらば、必ず此れを名づけて孝子の原《げん》といはん、過ぐるものそれこれに式《しょく》せよ、たれかひとり人にあらざる。

〔訳文〕

『孝子田君の墓表』の後半。この悲悽激烈なる文をもって、劉因の巻を終える。

亡き父、嘗《かつ》て金の貞祐以来のその天とするところのために生命を抛《なげう》った人物十余人を記録しておかれたが、武将兵卒および浪人農夫がその大部分を占めており、わたくしはこれを読むごとに、つねにその始めは慚《は》じ惕《おそ》れて身のおきどころもなき思いがし、中頃には感激して涙を流し、最後には身の毛のよだつ思いにて人はかくあらねばならぬと奮起したことであった。そこでこれがためにその事実を明確ならしむべくこれを故老にたずね、雑記に照らして、その人物の姓名郷里を究《きわ》め、父の手録に増補してさらにその事実を詳記し、これが永く世に伝わるを願ったのである。然るところ、この頃さらに清苑の孝子田君のことを知ったので、これを記すこととする。

貞祐元年十二月十七日、保州が陥った。蒙古兵はその地の住民をことごとく城より駆り出し、君および君の父もそのうちにあった。その日の夕、蒙古の将より老人は殺せという命令が下ったので、その兵卒これを聞き、殺すことを嬉びとし、次々と殺して君の父の十余人前まで来た。この時、田君は胸つぶれる思いがして父に代わって死なんと思い、ついに忍び往きて父を自分の下にかくし、自分は両手でからだを支え、俯して頭《くび》をさし伸べて切られるのを待った。蒙古の兵卒は火を挙げて見たが、大勢のことなので十分に調べることなく刃を下し、君は項《うなじ》にその二刀を受けて死んだことであった。しかるに夜半になって幸いに蘇生したのであるが、その後二日めにまた老幼の別なくことごとく殺せという命令が下り、君の父もついに殺されてしまった。その時、君は一芸あるものとして選ばれて安粛《あんしゅく》に出かけていたが、父の死を聞くや、傍輩に「わたしは逃げ帰って父を葬らねばならぬ」と語り、ついに引き返して父の尸《しかばね》を探し出し、これを背負って母の墓所に行き、途中、河を渡るとき、水流に脛《すね》を傷つけて血を出すに至るも屈せず、ついに母の墓に合葬して還り、しかも人々これに気づいたものがなかった。墓表の文字に孝子と冠した理由は、実に君の以上の行いによるものである。銘にいう。

ああ大変に臨んで一身を抛つことは、我がうちなる永遠を全うする所以であるから、平生我が身を壊《やぶ》らざるごとく懼《おそ》れ慎み、これを無傷のままに親にお返しすると同一であるということができる。

その死するというものは、わずかに六尺のこの小さきからだ、死によって全うし得るは、天地に並び立ち、かつ天地と終始するこの偉大なる真の自己である。

高く積み上げたものはまさしく丘であるが、そこには丘でない孝子の心が存している。円《まる》い姿をしているものは石であるが、それは単なる石でなく、君について記した文が刻してある。

百世の後、その昔のことを顕彰して風俗を励まさんとするものがあるならば、必ずここを名づけて孝子の原というであろう。この墓を通り過ぎるものは、敬礼して過ぎねばならぬ。それは禽獣ならば知らぬことだが、人と生まれたからには、誰もみなこのような孝子でなければならぬからである。

〔語釈〕

○先人　亡き父。劉因の父は名は述といい、問学に刻意し、性理の学に邃《ふか》かったと『元史』劉因伝に見える。

○所天　父は子の天とするところ、君は臣の天とするところ、夫は婦の天とするところ、それからして親君夫をいう。○閭巷　むらざと。閭巷草野の人は、仕官せずにいる人、浪人。○小説　雑記、異聞の記録、事物の考証の類の総称。いまいう小説とは全く別。○清苑　河北省内の地、即ち保州。劉因の出身地容城の西南、ともに保定府のうちである。○代らんと伏し　伏字の夾註に「恐らくは欲の字」とある。元刊『国朝文類』は正しく欲に作っているが、恐らく絅斎の見た明刊本が誤って伏と刻していたため、この夾註を加えたものであろう。絅斎が一字といえども肆意によって本文を改めていないことを、この註は示している。○芸を以て選ばれて〔墨山講義〕コレハ何芸デ有ツタカ。武芸デモ長ジタ処有ツテ、公儀ノ人指ニ出合ツテ行カネバナラヌ処トミヘル。爰ニ定メテ色々事体ガ有ツタデアラウ。コウバカリデハ聞ヘヌ。時ニ疵ノ養生スラマダ出来ヌ内ニ出立致サイデ叶ハヌ事体トミヘテ、在所ヲタツテ行カイデ叶ハヌトミヘテ、在所ヲタツテ安粛マデユカレタ。○安粛　いまの河北省徐水。清苑の東北方に当たる。○銘　ここは墓銘をいう。韻文の体をもって死者の人物・功績等を記して後に伝えんとするもの。○斧鉞を踏みて云云　斧鉞はおのの類。刑具。刑死をも避けず道を守って死ぬこと。○淵氷　曾子が死に臨み門人に語った「予が足を啓《ひら》け、予が手を啓け、詩にいふ、戦々兢々として深淵に臨むが如く、薄氷を履《ふ》むが如し、と。而今而後、吾れ免《まぬ》かるることを知るかな、小子」（『論語』泰伯篇）によった語。深い淵に臨み薄い氷をふむ思いでからだを傷つけまいと慎むことをいう。○藐焉　小さいさま。○累たることあるは丘と雖ども云云　累は段々に重ね上げること。丘は墓のこと、土を高く積み上げて土饅頭型にするからいう。〔強斎講義〕カサナリテ居ルカラハ丘ナレドモ、親ノ為ニ身ヲコロシ顧ミラレヌト、孝子ノ心ガ丘デナシニ存シテ居ル。○円なることあるは石と雖ども　強斎は円なることを石がまるい形をした墓の意とし、維文を田君のことを記している文と解し、「円ハ石ノマルイコト、匪石維文ハ孝子ノ事実ガ記シテアルゾ」と説いている。訳文はそれによった。しかし絅斎は「田君ニハ石デナイ文章ガアルゾ、石立テテ文トスルヤウナレドモ石デナイ文章ガアル」と説き、文を人格から発する光彩の意と見たごとくであり、秦山もそれに従って「ソノ丸イ物ハ石ジヤガ、イツ迄モ存シテ田君ノ朽チヌト云フモノハ石デハナイ。孝ト云フ文ガ有ルカラゾ」と説いている。○旌す　〔秦山講義〕アノ方デハ、何ゾ目ダツコトガアルト、其処ニ旌《はた》ヲタテ、シルシニシテヲクコトゾ。アレデアラハスト云フ字ニ旌ト云フ字ヲカク。〔強斎講義〕是ハ楠正成ノ墓ジヤト云フ様ニ、ノボリ出シテ惣々ノ知ル様ニスルヲ旌表ト云フ。○孝子の原　原は墓所のこと、『礼記』檀弓《だんぐう》篇に九京の語あり、その鄭玄註に京を原の誤りとし、「晋の卿大夫の墓地、九原にあり」とある。〔絅斎講説〕原ト云フ、『礼記』ニ九原ト云ツテアルカラゾ。コ、デ鳥部山《とりべやま》ノヤウナトコロヲ文章ニ原トカク。○式す　式は軾、車上で礼すること。

解説

一

『靖献遺言』に収められた八人のうち、屈平・諸葛亮・陶潜・顔真卿・文天祥・謝枋得・方孝孺の七人については、その行蔵が時に応じて異なっているとはいえ、処しがたき君国の大事に当たって、よく道義をもって進退し死生をもって一貫し、靖献の語に恥じぬ人々であったことについて世に異論はない。

しかるに劉因に対しては問題が存し、従って絅斎がこの人を本書に収めたことに反対する言もあって、今田主税《ちから》氏が、

「劉因全集に渡江賦あり、以て元主に勧めて江南を平らげしむ。文・畳二山これを見れば、必ずその面に唾し、その肉を食はん。絅斎先生は蓋し未だ全集を見るに及ばずして遺言を纂し、遂に千古の疑団を醸《かも》す。欧陽玄・薛瑄《せつせん》の徒、浅陋にして共に論ずるに足らざるなり」（『靖献遺言摘註』）

と評しているのはその一例である。そして楠本碩水《せきすい》翁が、同じく『渡江賦』を取り上げて論じた後に、

「靖献遺言は一語も及ばず、蓋し未だその全集を見ざるなり」（『随得録』）

といっているのも、今田氏と見を同じくするものである。

さらに漢土の学者の劉因論を見ると、そのことは一段と紛々たるものがあって、因の全集なる『静修先生文集』を校定重刊した崔暠《さいこう》がみずからそれに跋した一文のうちには、因の作品は、

「亦た多少、時に為めにして発するものあり。渡江賦の如きものは、豈《あに》亦た先生の年少の筆するところか」

といって、時として慊《あきた》らざるものがあることを述べておれば、同じく『渡江賦』によって、因は宋の亡ぶことを欣幸したのであると論難さらに深刻の度を加えているは丘濬《きゅうしゅん》であるが、これに対し羅欽順は同じく『渡江賦』を取り上げながら、その心「たゞ元あるを知るのみ。元の為めに計る所以のもの、かくの如くそれ悉《つく》せり」、その元に仕えなかったのは、仕えることを欲しなかったからでなく、病のために阻《そ》せられたのであろうと述べておれば、清の全祖望は、因は元の世に生まれたのであるから元人というべきであって、元に仕えて不可という理はなく、仕えなかったのは建国の規模が取るべきもののなきを見、退いて身を潔くしたからであり、従って『渡江賦』は、宋が奸臣に誤られて行人（郝経《かくけい》を指す）を留め戦いを挑んだことを傷んで作ったものであると論じている（書文靖渡江賦後。『鮚埼《きつき》亭《てい》集外編』所収）。この外、崔銑《さいせん》・孫奇逢も『渡江賦』によって因の論を立てているが（ともに『理学宗伝』十九の劉文靖公因の項に見える）その引用は省略する。

但し、以上の諸説に共通する問題は、すべて『渡江賦』を根拠として因の人物を論じて

いることであって、もし同賦が彼の作品でなければ、その説は成立しがたくなるであろう。そしてこの賦を因の作にあらずとし、されば因を説くにこれを用うべきでないとするは舞田敦氏であって、氏の見解は、その師秋山罷斎《ひさい》の批答とともに氏の著『靖献遺言釈義』に収められているので、その要点を左に抄出しておく。

「敦初めて渡江賦を読み、直ちに謂ふ、此賦、静修の気象と相似ず、恐らくは是れ他人の作ならん、編者或は他人の文字を混入せるならんと。然れども前人茲に言及するなし。故に仮に姑く斯賦は静修の作と為して之を論ずれば、渡江賦は敦の推算に拠れば十二歳の時の作なるが如し。十二歳の童子にして此の如き佶屈聱牙《きつくつごうが》の文章を作り得ざるべし。故に静修の作にあらず。（中略）

　罷斎先生の批答に曰く、渡江賦、北燕処士を以て主とし、淮南剣客を以て客として立言す。主は元の勢を張り客は宋の運を支へんとす。而して主奮ふて客を屈するに終る。一篇の文字全く是れ元人の口吻意気のみ、絶えて劉静修の気象なし。然るに之を劉静修の作と云ふ、我之を信ずる能はず。一筆勾断《こうだん》して曰く、是れ劉静修の作に非ざるなりと。之を静修の作とする者何ぞ。蓋し其賦北燕処士とあるを以て之を静修の作と誤認し、之を其集中に混入したる者か。抑《そもそも》静修門人蘇天爵が書きたる静修墓表中に、王師伐㆑宋、先生作㆓渡江賦㆒以哀㆑之、とありといへば、静修別に渡江賦ありしを、後之を佚《いつ》して或は静修に托して此偽作を為したるを、後人察せずして之を其集中に混ぜしやも知るべからず」（五九三～六〇〇頁）

秋山・舞田師弟の論は大要右のごとくであって頗る注目すべきものであるが、この賦を偽作とするならば何故に十二歳の作となるのか、その推算の根拠を示しておらず、また偽作とすれば何故に現行『静修集』に収められたかの理由も述べておらない等、いまだ説いて詳らかならざるところ、少しとしない。

二

以上のごとく、劉因の人物については未だ定説が現れていないのであるから、これを決定せねばならぬのであるが、それを考える前に先ず絅斎が何によって劉因を知ったかを明らかにしておかねばならない。そしてそれを明らかにするために知っておかねばならないのは、その師山崎闇斎の劉因観である。しかし管見の限りでは直接これを述べているものはなく、ただその『魯斎考』(『垂加草』附録)のうちに、丘濬の『世史正綱』六条を引いているうちの二条が因に関する語であるを見出だし得るのみである。同考は、元に仕えて大儒と称せられた許衡(魯斎)の出処の可否を断ぜんとしたものであるから、これに闇斎が、元に肯《あえ》て仕えなかった劉因の記事を掲げていることは、許・劉両者に対する見解をおのずから明示していることとなるが、進んで自己の意見を述べているものでないことは、いささか残念に思われる。

しかし『魯斎考』を収めている『垂加草全集』が完成したのは享保辛丑、即ち六年であり(巻末の植田玄節跋)、この年は絅斎の没した正徳元年から数えて十年、『遺言』の完成上梓された貞享四年からは実に三十三年を距《へだ》てていることから、絅斎は『靖献遺言』編纂の際に本考を見るを得なかったと考えられ、さらに元禄十二年、江戸より上京して絅斎に従学した多田亀運の筆記に係る『浅見先生学談』に、

「問、山崎先生ノ魯斎考ヲ著シ玉フ、板本ニコレアリヤ。曰、板本ニハナキゾ、先生ノ存生ノウチニイヅ方ヘユキタヤラ失ウテナイゾ。コレハ薛文清ト丘瓊山トノ説ヲノセタモノゾ。丘瓊山ノ説ハ正史世綱《（マヽ）》ト云モノニ詳シクアルゾ」

とあることは、一層この推察を確かにする。

しかし絅斎が『魯斎考』を見るを得なかったであろうということは、劉因についてその師闇斎より聞くところがなかったということではない。思うに絅斎は闇斎より劉因のことを、そしてそれは許衡と対比しての形に於いて聞いていたことであろうし、あるいは『魯斎考』の内容についても聞くところあったかとも思われる。そしてこれがやがて『靖献遺言』に劉因の一項を立てる由縁となったことであろうと考えられる。

尤も絅斎が因を屈原・諸葛亮以下の人々と並べて一項とするからには、自身の研究とそれより来る信念とがあったはずである。然らば絅斎は、何を資料として因を研究しその信念に到達したのであるか。次にこのことについて考えたいと思う。

絅斎は『靖献遺言』の執筆に当たって、引用の語を誰々いわくとは冠しているが、これを何書より採ったかという典拠は示さぬを例としている。従って本巻に於いても、これを草するに用いた資料を悉知《しっち》することは困難という外ないが、私はその各条の依拠をほぼ左のごとくであると考える。

初めの「因、字は夢吉」以下の略伝は、『元史』本伝を経とし、『通鑑綱目続編』（以下

『続綱目』と称す）巻二十三、および袁黄編『歴史綱鑑補』の至元十八年（一二八一）より同二十年の間に見える因の記事を緯として成したものであろう。

劉因の遺言として掲げてある『燕歌行』（薊門来悲風……）は『元文類』に収めており、これより採ったものであろう。この外に本項に引く因の作品もみな『元文類』に収められているものである。

以下、他の語を検すると、絅斎は本項を執筆するに当たって『元史』『続綱目』『綱鑑補』『読書録』『元文類』を重なる資料とし、それに『遜志斎集』『一統志』『唐鑑』等を援引していることが明らかとなる。然らばこれらの諸書に於いては、因はどのように評価されているであろうか。

先ず『続綱目』を見るに、同書に因の記事は三出しているが、いずれも特筆したものであって、至元十九年には、

(綱) 処士劉因を徴して右賛善大夫とす。尋《つ》いで辞して帰る。

(目) ……不忽朮これを薦む。詔してこれを徴し至らしめ、右賛善大夫に擢《ぬき》んづ。尋いで継母の老いたるを以て辞し帰り、俸給一も受くる所なし。

同二十八年には、

(綱) 復《ま》た劉因を徴して集賢学士とす。辞して至らず。

(目) 因、疾を以て固く辞す。帝これを聞きていはく、古へいはゆる召さざるの臣ありとは、其れ斯の人の徒か、と。遂に彊《し》ひてこれを致さず。

同三十年には、

（綱）夏四月、劉因卒す。

と記されている。書法の厳格を生命とする『綱目』にあって、処士の二字をその名に冠したことは重大であり、これ遠く南北朝宋の文帝元嘉四年の下に「昔の徴士陶潜卒す」とあるに相応じているものに外ならぬ。

次に『綱鑑補』を見るに、同書は『続綱目』をそのままに受けてさらに因と許衡とをきびしく対比しており、二人にわたる諸先学の説を各条下に載せていて、『靖献遺言』がこれを多く転載している。

次に『元文類』を見よう。同書は蘇天爵が、元初より延祐までの間の元人の詩文を四十三類に分かって選録したものであるが、考うべきは編者の学統である。すなわち天爵の師安熙《あんき》は、因の学を聞いて心に向慕し、まさにその門に至らんとして因の歿したがために門人烏仲に従ったという(『宋元学案』静修学案)。天爵はこの人に学んだのであるから、その因の作品を選定するに当たっては、慎重を極めたことが推察される。収むるところの因の作品は、騒一篇・詩五十二首・銘一章・賛二章・文十六篇。そして絅斎が劉因の集を見るを得なかったことはみずから語っているところであり、絅斎が本書を重要な資料として用いていること明らかである。

三

以上、絅斎が本項の執筆に依拠としたと考えられる資料について一覧したのであるが、そこに既に一定の劉因観が示されていたことが知られる。そして絅斎はこの劉因観を土台としながら実はさらにこれに取捨を加えているのであって、そのことは絅斎の記述と以上の諸書とを比較する時、おのずから見出だされるが、いまそのうちの重大な問題として丘濬の語のうちの『退斎記』云云の条（本書では割愛）を考えよう。この語は、『正綱』『綱鑑補』に於いて見ると、もと『退斎記』によって劉因は許衡が元に仕えたことを然りとしなかったであろうと推定している前段と、『渡江賦』によって因にも見聞習染に局せられたところがあったと歎じている後段とより成っているのであるが、絅斎はこの語の後段を棄てて、『靖献遺言』には前段のみを採録しているのである。このことは絅斎が、今田氏や碩水翁のいわれるごとき、その全集を見るを得なかったために『渡江賦』の存在を知らなかったとの言を否定するとともに、『渡江賦』に触れることが自己の立言に都合悪きが故に、敢えてそれに関連している後段を棄て去ったものとすることもできない。すなわち絅斎は、同賦を取り上げぬことによってこの賦に対する見解を示したものとせねばならず、そのことは『靖献遺言』本項の記述のうちにみずからの按語を加えて、

「按ずるに劉因元に仕へず、先輩既にその意を発して、この行の結末の如きもの、尤も的然として因の身、幽燕故地の気類生族たるを以て、高陵逸挙、戎虜異属に汚染せらるるを肯《がへん》ぜざるの本心を見るべし」云云

といい、

「……因もと世を遺《わす》れてみづから逸するものにあらず。その仕ふべくして仕ふる、又何ぞ疑はん。いはく、因、幽燕に生る、その夷に仕へざるは固よりなり。もし不幸に祖父以

来、劫駆するところとなり、彼れの域中に生育せば、則ちいかん。いはく、流移転没、もとより乱世の常、但《ただ》生族本系、つひにその種にあらざれば、則ち変ずべきの理なし。因の見るところの本末、灼然として験すべし。必ず仕へず」

とあることは、これを明示している。すなわち絅斎は『渡江賦』の全文を見ることはできなかったが、そのいうところの眼目は知っており、そしてそれが、因の他の作品と全く性格を異にしているものなるによって、因の作にあらずと断じ、敢えてこれを棄てたのである。しかしながら絅斎のこの態度の可否を定めるために、我等は『渡江賦』を見ておかねばならないので、次にその大旨を記しておく。

同賦は先ず、

「郝《かく》翰林、使ひを南朝に奉じ、九年還らず。いま国家大挙して方《まさ》に宋君と江東に会猟し、これによりて以て罪を問はんとす」

に筆を起こす。郝翰林は郝経。宋の理宗の景定元年（一二六〇）、蒙古の忽必烈《フビライ》は翰林侍読学士郝経を南宋に遣わして好を修めようとしたが、宋はこれを拘すること十六年、恭宗の徳祐元年（元の至元十二年）に至って漸く帰国せしめた。ここに郝経九年還らずとあるから、この賦の撰せられたのは景定元年から九年の後、即ち宋の度宗《たくそう》の咸淳五年のはずであり、このことはこの賦を考える上に極めて重要であるが、その詳細は後に譲る。さて賦は右の文に続いて主・客を登場せしめ、

「北燕処士、慨然としてその事を壮とし、乃《すなは》ち地勢を計り攻守を審《つまびら》かにし、まさに渡江の策を草して以てこれを助けんとす。淮南剣客、聞きてこれに過《よぎ》りていはく、今茲《ことし》大

挙、長江必ず渡るべきか、江東必ず克つべきか、君それ我が為めにその勢を言へ」

と問答の口火が切られる。かくしてここに処士滔々の言が始まる。すなわち処士は、

「むかし我が国家、基を初め元を創《はじ》め、斗極に順ひ天関を運《めぐ》らし、雄図を握り雪壇を祭り、神人赫爾《かくじ》、箭《や》を折りて以てこれを首とし、遂に大河を超え八荒に横はり、北岳に跨《また》がり九陽に漂ひ、南極破れて朔風《さくふう》烈しく、長星滅して北辰張る。継々承々、万方を臣僕とし、その威ます〳〵振ひ、その武ます〳〵揚る。中原を卵圧し、勢ひ混茫を開く。

……いま乃ち天綱を提《ひっさ》げ地統を頓《た》て、冀北《きほく》の馬を竭《つ》くし、天下の兵を会し、枚を銜《ふく》んで疾走し、号を摂して南行し、然る後に部曲を駢《なら》べ校隊を列べ、元戎を惣《す》べ将帥に誓ひ、堅陣を高岡に横たへ、勝風を大旆《たいはい》に招き、鼓角地中に鳴り、旌麾《せいき》天外に払はん……」

と元の威容を誇り、ついで、

「……遂に乃ち楚泗《そし》に進み江都を抜き、丹陽を撃ち南徐を取り、浙西の津《しん》破れん。廬寿を擁し烏江《うこう》に跨がり、蕪海《ぶかい》を済《わた》り建康を攻め、淮南の戍潰《じゅつひ》えん。舒を平げ蘄《き》を翦《き》り、流れに順つて下り、径《ただ》ちに潯陽《じんよう》に入り、江東の渡り得られん。荊州を掠《かす》め黄岡を掩《おほ》ひ、江陵を下り武昌を困《くる》しめ、湖北京西の虞《おそ》れ通ぜん。時に六師檝《かぢ》を奮ひ、万馬舟を呑み、黄竜の雲艑に駕し、五牙の蜺幬《げいちゅう》に御し、横江の鉄鎖《てっさ》を断ち、柵岸の河楼を焚かん。その勢ひや、人々清河公、一々韓擒虎、王濬の楼船を小とし、伏波の銅柱を凌がん。朝に舳艫を発し、夕に南陽に会し、百越を嚢括《のうかつ》し、五湖を杯観せん。霊旗の指すところ、席巻五駆せん」

と、四軍四道より並び進まんとその進撃の道を具体的に叙し、さらに、

「哀しいかな宋君、憐れむべきなり。戦へば則ち黄泉の土となり、降れば則ち青衣の奴となる。上は奎宮の運を絶ち、下は皇祐の区を失はん。草は金陵に満ち、鹿は姑蘇《こそ》に走らん。五渓は焦土となり、七沢は邱墟とならん。何ぞそれ痛ましきや」

と、元軍の絶対的勝利を予言するのである。そしてこれに対し客は笑って地理と歴史に照らしつつ、江南の天険なることと、宋の人材あることを述べて駁するのであるが、主はそれに対し再び言を立てて、勢を以て勢を禦《ふせ》ぐならばそのいずれが利なるかを知らぬが、これに応ずるに大機をもってし、これを昭らかにするに大義をもってするならば、禦ぐべからざるものがあるといって宋の敗れざるを得ぬ理由五ヵ条を挙げる。そしてその最後の、

「いま天まさに啓《ひら》かんとし、宋まさに危からんとす。我が中国まさに合せんとし、我が信使まさに帰らんとす。天に応じ人に順ひ、征するありて戦ふことなけん」

という条をもって、その理由の眼目とすべきであろう。なお、客はこれを聞き、ここに於いて怗然《ちょうぜん》として気を失い、牆《かき》にしたがって匍匐《ほふく》し、口怯心砕、対《こた》うる所以を知らず、かくして主は全く客を屈したとして篇を結んでいる。

『渡江賦』の内容、以上の通りであるから、もしこれを因の作とするならば、彼はまさしくその「たゞ元あるを知るのみ」の人物となって、その態度、到底、その名に処士の二字を冠するに資格なきものとならざるを得ないであろう。

しかしながら問題はさきにも触れた「九年還らず」の一語である。もしこの九の字に誤りなしとするならば、この賦の撰せられた咸淳五年に、因が何歳であったかを考えるに、杜蕭の『静修先生壙記』に、

「(至元)三十年四月十有六日終る。二十日、県の溝市里先塋に葬る。時に年四十五」とあるより逆算し、その二十一歳ということになる（この点、舞田氏が同賦を十二歳の時の作としているは納得できない。十二歳は景定元年であって、即ちこの年は郝経が宋に使いした年に外ならぬ）。さて『渡江賦』を因の二十一歳の時の作と仮定して、いま一度読みかえして見るならば、奇異の感を覚えるものがある。第一に「郝翰林」云云という書き出しである。『元史』本伝によれば、三歳にして書を識り、日に記すること千百言、目を過ぐれば即ち誦を成し、七歳にてはよく文を属し落筆人を驚かしたということであるから、その夙成《しゅくせい》の器であったことは十分に察せられるが、何分、経が出発した年に十二歳であり、いままた二十一歳に過ぎない。一体このような書きかたは、親しく出発のことを知り、そしてその後の経過に注意しているものにして言い得るところであって、当時の因の書き様とは考えがたい。第二に、「いま国家大挙して方に宋君と江東に会猟し、これによりて以て罪を問はんとす」の語であるが、このような語は、当時蒙古の動きを知り、かつこれを助くる立場にあるものに於いてのみいい得るところであろう。しかるに因が当時このような立場にあり、そしてこのような意見を有していたことは、その伝はもとより、彼の作に係る詩文を通看しても、遂に見出だすことを得ない。さらにこの賦が咸淳五年に作られたとすると、蒙古は前々年なる咸淳三年、大軍を発して南侵を開始しているのであるから一応矛盾なきごとくであるが、その侵攻の経路と右の言との間には違いが著しく、当時の実際のうちから出たものとしては落ちつかぬ思いがする。

以上から見て、本賦をもって因の作とすることはできない。思うにこの賦を因の集に収めているのは、その初めに「北燕処士」の字があるのを見て、これを因のことと即断し、その真贋を見定めることなく採ったからであろう。もしそれ蘇天爵の撰する『墓表』に、「先生、渡江賦を作りて以てこれを哀れむ」とあるは、同文が至正八年、即ち因の歿後五十五年にして成ったものであることを考えれば、またこれを以て直ちに同賦を因の作とする証拠たらしめ得ざるものたること、明らかである。

四

しかし『渡江賦』が劉因の作でなく、誤ってその『文集』中に収められたというからには、次にこの『文集』に収められた過程を考えなければならない。『四庫全書総目』巻百六十六・別集十九『静修集』の提要を見ると、

「元の劉因撰……その早歳の詩文、才情馳騁す。既に乃ちみづから丁亥詩集五巻を訂し、尽く他文を取りてこれを焚く。卒後、門人故友、その軼稾《いっこう》を裒《あつ》めて樵菴詞集一巻・遺文六巻・拾遺七巻を得、最後に楊俊民又、続集二巻を得、残賸《ざんよう》を捃拾《くんしゅう》して一字も遺さず。その中にはまさに必ず因のみづから焚く所のものあるべきも、一例に編輯す。未だ必ずしも因の本意ならざるなり。後、房山の賈彝復《ま》た附録二巻を増入し、合せて三十巻を成す。至正中に至り、官、刊行をなす、即ちいま伝ふるところの本」

とある。そしてこの三十巻本『静修集』を内閣文庫に於いて三部、静嘉堂文庫に於いて一部閲することができたが、その四部はいずれも提要にいう元の至正中に刊行したという原

本ではなく、明の弘治中に崔暠が校定重刊した本乃至その補修本であって、そのうちでは内閣文庫本のうちの八冊本が崔氏の原刊本であろうと思われ、同文庫の他の二部は、一は崔本の嘉靖十六年の汪堅重修本であり、他の一本はそれを忠実に謄写した写本であり、静嘉堂文庫本は嘉靖本と同種の後刷りであるが、始めに永楽二十一年陳立『静修劉先生文集序』、成化己亥『劉文靖文集序』および「至正九年九月牒」を加えていることを、内閣文庫諸本と異にしている。そして『渡江賦』は、最後に楊俊民が得たという『続集』のうちに見える。

通常世に存している『静修集』といえば、右の三十巻本をいうのである。しかるに因歿後八年なる大徳五年清明前一日に門生杜蕭が誌《しる》したという因の『壙記』(三十巻本静修先生文集の附録に収む)に、

「文集あり、二十二巻、世に行はる」

とあるから、因の歿後すぐその文集が編纂されていること明らかであって、『四部叢刊』集部に収めている『静修先生文集』は全二十二巻であれば、『壙記』にいうところのものが即ち是であると考えられ、かつその巻一の尾に加えられている「至順庚午孟秋宗文堂刊」の木記《もっき》により、同書の原本は歿後三十八年なる至順元年(一三三〇)に刊行されたことが知られる。

但し、『四部叢刊』本は、初めに目録十七葉、次に直ちに本文となって詩・文の順に収めているのみで序跋等がないが、幸い静嘉堂文庫には陸封声《りくじゅせい》旧蔵に係る二十二巻本の写本二冊を蔵しており、これを『四部叢刊』本と比べると、目録・本文の丁数、行格等すべて

一致することから、原本の忠実な謄写写本であることが知られ、しかも同書はその目録の前に東平の李謙の撰に係る『静修先生文集序』を有している。李謙は字《あざな》を受益といい、至元十八年、直学士に陞《のぼ》り、太史左諭徳として裕宗（世祖の嫡子、立って太子となったが至元二十二年、父に先だって薨じた）に東宮に侍した人であるから、至元十九年に賛善太夫として裕宗に召された因とは（『元史』裕宗列伝）世を等しゅうしているといってよく、されば右の序のうちに、

「裕宗皇帝、徳を春宮に毓《いく》するに方《あた》り、その賢を聞き、賛善太夫を以て召すや、京師に至り、未だいくばくならず、辞するに親の老ゆるを以てし、帰養す。居ること数歳、朝廷、徳誼を尊仰し、集賢学士に拝するも、又疾を以て辞し、年を踰《こ》えて遂に起たず。春秋わづかに四十有二。縉紳これを惜しむ。門生、詩文を裒集《ほうしゅう》して数百篇を得。右轄《ゆうかつ》張公子、篤故旧義あり、かつその後なきを哀れみ、まさに木に鋟《きざ》みて伝へんとし、僕に需《もと》めて序をつくらしむ」

とあるは真を伝えるものと思われるが、因の歿年を四十有二としているは失考であろう。そしてこの序が存することにより、二十二巻本が門生によって集められ、右轄張公子が刊したものであることが知られるのである。しかしながら二十二巻本に収めている因の作品、辞一章・詩七百七十首・楽府《がふ》三十二首・文九十篇、そのうちに『渡江賦』は収められていない。

二十二巻本の成立刊行は右によって明らかとなったが、三十巻本も、楊俊民の得た『続集』を最後とするというのであるから、その成立は随分早かったとせねばならない。楊俊

民は蘇天爵と同じく安熙に学んだ人物であり、蘇氏が因の『墓表』を誌《しる》せば、楊氏はまた因の『祠堂記』を撰している（ともに『静修文集』附録に収む）。然らば両者相助けて因の顕彰に当たったことが考えられる。しかるに不思議なることは、蘇氏に『国朝文類』（『元文類』）の編があって因の作品を多く採録しているが、その作品と、両『静修文集』に収めている同じ作品とを採ってその文字を比較して見ると、『文類』の文字はほとんど二十二巻本に等しく、そして三十巻本との間には頗る異同があるのである。『文類』の成立は、その陳旅の序に元統二年（一三三四）の、王守誠の跋に同三年の年紀があることから、この頃のことと考えられ、勿論、二十二巻本より後出である。そしてこのことは、蘇氏が『文類』を編した当時にあっては、専ら二十二巻本のみが行われており、従って『渡江賦』も世に現れていなかったことを示すものであろう。そして『渡江賦』の名は蘇氏撰の『墓表』に初めて現れるのであるから、その出現は、『文類』成立以降、『墓表』が撰せられるまでの間のことであったと考えられる。すなわち『文類』成立の元統二年が因の歿後四十一年であり、『墓表』成立の至正八年がその五十五年に当たるものであることは、本賦が因歿して半世紀を経て世に現れたということであって、このことはこれが後人の偽撰に係るものであることを十分に推察せしめる。

但し、ここに問題として残ることは、二十二巻本既に存しているのに、あらためて三十巻本が、同じく門流の手によって作られているということであるが、それは両者を比較して見て、直ちに理解せられる。

二十二巻本はその収録している詩文を、詩は五言古詩・七言古詩・五言律詩・七言律詩・五言絶句・七言絶句・楽府に、文は碑・墓表・墓銘・記・序・説・銘・賛・祝文・祭文・哀辞・書・疏・雑著・題跋に分けているが、さらにそれを採録の次第によって分かつことをしていない。しかるに三十巻本は、その体裁、『丁亥集』『樵菴詩集』『遺詩』『拾遺』『続集』に分かち、採録の次第を明らかにしていること、既に『四庫全書総目』の提要に見た通りである。そして両者の内容を比較すると、二十二巻本は、三十巻本のうちの『丁亥集』の五言絶句一首を除く全部と『樵菴詩集』の全部、『遺詩』のほとんど全部、および『拾遺』の半ばより成っていることが知られる。このことは二十二巻本が、因自撰の『丁亥集』を基本とし、それに当時集めることができた作品を加えてその両者を合したものであることを示しているとともに、三十巻本がその体裁を不満とし、改めて原稿に照らして校正し、かつ収集の次第を分かって、その真偽を確かめる用意に備えたものと考えることができよう。文字に異同があり、さらに同じ詩文でありながらその題名を異にしているものがあることは、この推測を確かにする。そして三十巻本出でてより、二十二巻本は次第にその姿を消し、後世、因の集を挙げて二十二巻と記しているものは、管見の限りではわずかに『大明一統志』巻二・保定府の人物の項に収めている劉因条下に「著すところ四善精要三十巻・詩文二十二巻あり」とあるに止まり、『四庫全書総目』にさえ、その名を見ること能わざるに至ったのである。

五

以上、『渡江賦』が因の作にあらざることを弁じ、幷せてそれが因の集に収録せられるに至った次第について明らかにした。同賦を因の作とするところから生じた後世の、因の進退に関する紛々の説が、根拠なきこと、ここに明確となった。そしてこれが全文を見ることなくしてしかもこれを因の作にあらずと判断し、『靖献遺言』に疑うことなくこの人物を収めた絅斎の識見を、ここに改めて知るのである。次に『遺言』に収めていない因の詩文の幾篇かを紹介して、さらにこの人を考える資たらしめておきたい。

その第一に挙ぐべきは詩の『西山』『翟《さい》節婦詩』の両首である。前者は、

紛々たり後来の人　暮死、朝妍を争ふ
勲名　史一策　学術　文千篇
古人豈然らざらんや　後に無窮の年あり
たゞ方寸の心を余し　天地と相後先せん

と精神の自由無限なることを唱ったもの、後者はその序に、

「昔、金源氏の南遷するや、河朔土崩し天理蕩然、人紀これが為めに大擾《たいじよう》す。誰れかまたこれを維持するものぞ。而して易《い》の西山に乃ち婦人あり、翟氏といふ。年二十余、その夫の軍に従ひて事《つか》ふるところに死するや、兵刃に出入し、往復すること数百里、昼伏し夜行き、その尸《しかばね》を以て帰り、土を負ひてこれを葬る。既に葬り、みづからおもへらく、早く寡となりて子なく、時に遭ふことかくの如し、と。義を以てみづから完《まつた》うせんことを思ひ、乃ち墓側に自決す。隣里救ひてまた蘇《よみがへ》る。始終一節、いま八十余年なり。それ人心の極は、世変の奪ふ能はざるところのものあること、ここに於いて亦た以

てこれを見るべし。予これを聞きて為めに是の詩を作り、その外孫田磐をしてこれを石に刻ましむ。あるひは百世の下、燕山を望みて予が詩を歌ふものあらん。翟の風節凛然たること在るが如くならしめば、亦た県人河女の章に庶幾《ちか》からんか」

とあり、老婦人翟氏の貞節を不朽ならしめることによって、永く道義を維持せんとしたものであって、これ『孝子田君の墓表』を撰したると同じ精神に出づるもの、しかもこれによって因が、時運に乗り世潮に浮かび上がるものよりも、名もなき庶民の間に道義の存していることに驚き、これに感動し、これに奮う人物であったことを知るのである。

次には文の『懐素の蔵信・律公二帖の後に跋す』を紹介しよう。これは唐の書家懐素の書するところの蔵信・律公二帖の墨本に跋したものであって、本文二百四十字に満たぬ短篇であるが、そのうちに二つの重要な問題が寓されている。すなわちその一は、蔵信帖が顔真卿のことを述べていることによっての言であって、因はかねて真卿の「孤城を守り、大義を倡《とな》へ、忠誠一世を蓋《おお》ひ、遺烈万古に振ふ」(『輞川図記』)ことを欽慕していたが、いまここにその人物が書に於いても辛苦已まなかった迹に深き感慨を催して、

「顔魯公、その九世の祖騰之より公に至るまで、能書を以て天下に名あるものおよそ十人、而して頵頍《きんき》は与《あづか》らず。その淵源已にかくの如し。而してその父已に法を殷仲容より伝へられ、而して公又意を張長史に会す。いま懐素のこの帖にいふところを見れば、則ち公の師友に講習するもの又かくの如くなるを知る。ああ、書は一芸なり、必ずその精を欲すること猶ほかくの如し。いはんやその大なるものをや」

と記している。即ち以上がこの文の前半である。

ついで因は、この二帖の後に、北宋の名臣文彦博・呂公著・趙瞻《ちようせん》・劉摯《りゆうし》諸公の跋文があるによって感慨を催し、

「帖の後に、文潞公・呂汲公・趙懿簡・劉忠粛諸公の元祐四年の跋語あり。この年、潞公、元老を以て軍国の事を平章す。方《まさ》に辞し去らんとして得ず。而して汲公は宰相たり、懿簡公は枢密たり、忠粛公は御史たり。ああ、亦た盛んなるかな。後、游師雄この帖を長安に刻するは則ち八年九月なり。宣仁后実にこの月を以て崩じ、而して明年は已に元祐にあらず。宋の治乱ここに於いて分る。又予の歎を発する所以なり」

と記している。すなわち元豊八年に王安石を信任してその新法を行わしめた神宗皇帝が崩じ、ここに哲宗が即位して元祐と改元したのであるが、帝は当時十歳の少年であったために高太后政を摂し、新法施行によって行きづまった局面を打開すべく、司馬光を先頭に呂公著・呂大防・范純仁・劉摯・蘇頌等、あるいは剛直、あるいは謹厳の人物が次々に登庸せられて政府の要職につく。そしてそれは元祐三、四年のことであった。しかるに八年八月、高太后崩じ哲宗の親政に帰すると、時局は一変して翌紹聖元年の章惇の復官を皮切りに新法派の復職となり、司馬光以下の人々は次々に官を褫《うば》われ、あるいは貶謫《へんたく》される。かくして哲宗についで立った徽宗になると、いわゆる姦党碑の建立となってここに宋初以来の道義尊重の風は一掃され、政事は蔡京これを専断し、天子は風流のみに耽って、やがて靖康の大変を惹起することとなるのである。因が元祐四年に於いて「亦た盛んなるかな」といい、宣仁后即ち高太后の崩に於いて「宋の治乱ここに於いて分る」といっているは、このために外ならない。以上がその二であり、かつ本跋の後半である。そしてこの後半

は、因が宋朝に対していかなる感を有していたかを示すものともいうことができる。すなわち彼は、宋の朝廷に道義を振起するの気魄なく民庶を哀恤《あいじゅつ》するの恩情なく、いたずらに芸術に耽り奢侈を肆《ほしいまま》にし、もってみずから亡国の運命を招いたことを強く批判して已まないのである。

しかるに金に対する時は、因の態度いささか趣を異にする。それは例えば、金の遺臣元遺山の墨蹟に跋して、

晩生恨むらくは遺山を識らざるを
つねに歌詩を誦して必ず慨然
遺墨数篇　君惜取せよ
注家参校　他年あり

と詠んでいることによっても、思い半ばに過ぎるであろう。思うに因の生まれた北燕の地は、長き金の治下にあり、かつ因の先世は金に臣事したのである。彼が生まれたのは金滅亡の十五年後であったとはいえ、金源に深き感懐を有したということは情よりして当然であったというべく、それによって因を軽重すべきではない。問題は彼が、金に対して情に於いてはこのような感懐を有しながら、義に於いてはついにこれを超えていたということである。

当時一たび楡関の路を失ひしより
すなはち覚ゆ　燕雲　我が土にあらざるを（『渡白溝』）

と歌うその詩句に溢れる民族の悲歎は、よくこのことを示している。

因の先世が金に臣事したということは、裏をかえせば、因の家は父祖以来、宋朝とは何ら相関するところがなかったということである。従って因の進退を宋朝に対する彼の態度によって批判してはならない。彼の進退は、あくまで漢民族の一人という自覚の上に立つもので、一王朝の臣というものではない。そしてこのことを深く道破しているのも絅斎であった。すなわちその『靖献遺言講義』に次のごとく説いている。

「惣ジテ処士ト云フコト、事ノ外重キコト也。……サテ残リ七人ニハ国ノ名カ世ノ名ヲ書カヌハ無シ。ソレハソレデ皆其国・其世ニ対シテ忠義ヲ尽クスホドニ、固ヨリ国・世ノ名ヲソレ〴〵ニ名ノルデスグニヨシ。何トテ劉因計リニハ何トモ書カヌゾ。サレバソレニコソ大議論ガアルゾ。此人、戦ヲシタルニテモ無シ、何レヲ君トシテ忠ヲ尽スニテモナシ。宋ノ人カトイヘバ劉因ガ生国ハ宋以前ヨリ夷狄ノ地ト成リテアリ。金人カトイヘバ幼少ヨリ仕ヘタルコトモナシ。元ハ勿論其通リ也。サラバ何トシテ仕ヘヌゾトイヘバ、因ガ生レタル地ハ伏羲以来極リタル中国ノ地ナルヲ、石晋ヨリ以来三百余年夷狄ニヲチイリテ、因ハ則チ先祖以来中国ノ民ニテ名氏ヲツリタル人ナレバ、ドコガドコラデモ夷狄ノ筋ナル者ニハ仕ヘヌゾ。ソレデ上ニ可レ冠ス名ガナシ。是非トモ言ヘトイハヾ、中国ノ処士ト可レ言。ソレデ是ニハ名ヲ何トモ挙ゲヌデ大義ガ別シテ明カナゾ」（処士劉因）

巻の八　方孝孺

絶命の辞

明の建文帝の侍講・直文淵閣方孝孺

〔語釈〕

○絶命の辞〔絅斎講説〕一生ノ息引キトルトキハ、誰トテモ死ナヌモノハナイガ、ワケガアッテ義ニ死ヌルトキノ書捨テノヤフニイフテヲク辞ナリ。コノ絶命ノ辞ト云フハ、後漢ノ息夫躬ガ始メテ書イタコトバナリ。コノモノハ悪人デアルガ、コレガ書イタカラ、書捨テノ書ヲ絶命辞ト云フ（近藤註。『漢書』息夫躬伝に見ゆ）。〔強斎講義〕死ニ臨ンデ辞世ノ様ニ作ルヲ絶命辞ト云フ。是モ漢以来アルゾ。漢ノ息夫躬ガ作リタ絶命辞ガ『楚辞後語』ニ載セテアリ。是ガ始リゾ。サレドモ息夫躬ハカタノ如ク奸悪ナ者デ、己ガ悪ヲ掩フ為メニ作ツタ云ヒ分ケデ、カイシキソデナイコト。方孝孺ノ此辞ハ其名コソ一ツナレ、忠義ノナリニ終ルヌシノ存念ヲ云ハレテ、大キニチガヒノアルコト。死ニ臨ンデ辞世ヲ作ルハ皆名聞デ、畢竟見事死ンダト云ハレフ為メ、気丈ナト誉メラレフ為メデ、何ノ役ニ立タヌコトジヤガ、文山ノ衣帯中賛ヤ此辞ハ、忠義ノ心ヲカヾヤカシ、死ニ臨ンデ微塵モメラヌ忠義ノ心ノヤムヲ得ヌガ辞トナリテ出タ、中々尊ヒコトゾ。○**直文淵閣**　文淵閣は宮中の書庫。そこに宿直する儒官をいう。

孝孺、字《あざな》は希直、洪武中に薦《せん》を以て召見す。太祖その挙動端整なるを喜び、太子標《ひょう》に謂ひていはく、「これ荘士なり。まさにその才を老《ろう》して以て汝を輔《たす》くべし」と。諭《ゆ》して郷に還らしむ。孝孺帰りて門を杜《とざ》して著述し、まさに身を終へんとするがごとし。これを久しくして復《ま》た徴《め》し至り、漢中府の教授とす。太祖崩ず。太子先きに卒《しゅっ》す、是れを懿文《いぶん》帝とす。太孫允炆《いんぶん》位に即き、建文と改元す。よりて建文帝と称す。孝孺を召して翰林博士とす。ついで侍講に陞《のぼ》し、直文淵閣とす。太祖の先命に従ふなり。孝孺徳望素《も》と隆《たか》し。建文帝礼遇甚だ重く、一時重きに倚《よ》る。初め懿文太子の弟、太祖の第四の子棣《てい》、燕王に封ず、素《も》と異心を蓄《たくは》ふ。太祖崩じ太孫位に即くに及びて、朝廷の近臣斉泰《せいたい》・黄子澄《こうしちょう》等、旧制を更革し諸王を削弱《しょうじゃく》するを以て、よりて斉・黄を誅し国難を靖《しづ》むるを以て号とし、北平に反し、兵を引きて南下す。諸路の官軍相踵《あひつ》いで敗績し、燕の兵遂《つひ》に江を渡りて京城に逼《せま》る。孝孺乃ち『絶命の詞』を作り、みづから必死を分《ぶん》とす。諸臣、帝に出幸を勧む。孝孺、堅く守り誓つて社稷《しゃしょく》に死せんと請ふ。燕の兵進みて金川《きんせん》門に駐《とど》まるに及びて、谷王橞《こくおうけい》・李景隆等、門を開きて迎へ降る。棣遂に城に入る。帝乃ち火を縦《はな》ちて宮を焚《や》き、服を変じて遁《のが》れ去る。京師、帝崩ずと伝言す。時に建文四年なり。棣遂に自立して位に即く。建文帝の太子奎を廃して庶人とし、これを中都に幽す。棣の初めて発するや、姚広孝《ようこうこう》嘱《しょく》していはく、「南に方孝孺といふものあり、素《も》と学行あり、武成の日《ひ》必ず降附せじ。請ふこれを殺すことなかれ。これを殺さば、則ち天下の学を好む種子絶えん」と。棣これを首肯《しゅこう》す。ここに至りて孝孺、賊兵の為めに執《とら》へられて以て献ず。棣、召し用ひんと欲す。屈するを肯《がへん》ぜず。一日遣諭《けんゆ》再三、つひに従はず。既にして即位の詔を頒《わか》たんと議するに会ひ、棣、左右に問ふ、「誰か代り草すべきものぞ」と。皆、孝孺を挙ぐ。乃ち命じて獄より出だす。孝孺、斬衰《ざんさい》して見る。悲慟《ひどう》して止まず。声、殿陛に徹《てつ》す。棣、榻《とう》を降り慰諭していはく、「先生、労苦することなかれ。吾れ周公の成王を輔《たす》くるに法《のっと》らんと欲するのみ」と。孝孺いはく、「既に周公、成王を輔くと称す。いま成王いづくに在る」と。棣いはく、「渠《か》れみづから焚死《ふんし》す」と。孝孺いはく、「成王即ち存せずんば、なんぞ成王の子を立てざる」と。棣いはく、「国、長君に頼《よ》る」と。孝孺いはく、「なんぞ成王の弟を立てざる」と。棣いはく、「此れ朕《ちん》が家事、先生なんぞみづから苦しめる」と。又授くるに紙筆を以てしていはく、「天下に詔する、先生草するにあらざれば不可なり。我が為めに詔命を作れ」と。孝孺、数字を大書し、筆を地に擲《なげう》ち、また大哭し、かつ罵しりかつ哭していはく、「死なば則ち死なんのみ。詔、草すべからず」と。棣大いに怒り、大声して謂ひていはく、「汝いづくんぞ能く遽《には》かに死なん。朕まさに汝が十族を滅ぼすべし」と。復た獄に繋《つな》ぎて以て俟《ま》たしめ、乃ちその宗支を拠《きょ》して尽《ことごと》くこれを抄没《しょうぼつ》す。宗族坐死するもの八百四十七人。その先人の墓を焚夷《ふんい》す。人を抄提するごとに、輒《すなは》ち孝孺に示す。孝孺執《しつ》して従はず。乃ち母族・妻族に及ぶ。九族既に戮《りく》す。亦た皆従はず。乃ち朋友・門生に及ぶ。亦た皆坐誅す。然る後、孝孺を聚宝門の外に磔《はりつけ》にし、刀を以てその口の両旁を抉《さ》きて耳に至る。これを刑すること凡そ七日。罵声《ばせい》絶えず、死に至りて乃ち已《や》む。年四十六。凡そ九族、外親の外親、数《かず》を尽《つく》して抄提調衛す。外親、抄提より後に死するもの復た数百人。初め詔して孝孺が妻鄭氏を収む。諸子と皆先づ自経し死す。二女未だ笄《けい》せず。逮《たい》せられて淮《わい》を過ぐ。相与に橋水に投じて死す。孝友は孝孺の季弟《きてい》なり。親属皆戮に就くに及びて、孝孺これを目し、覚えず涙下る。孝友乃ち一絶を口吟す。「阿兄《あけい》何ぞ必ず涙潸潸《さんさん》たる。義を取り仁を成す此の間にあり。華表《かひよう》柱頭千載の後。旅魂旧に依《よ》りて家山に到らん」と。士論これを壮とし、以て孝孺の弟に愧ぢずとすといふ。

〔訳文〕

方孝孺の伝の前半。孝孺の伝は張芹『備遺録』や鄭暁『吾学編』の遜国臣記、李卓吾『続蔵書』のうちにあり、また陳建『皇明通紀』洪武年間の記事のうちにもその事実が散見しており、殊に『遜志斎集』に所載している『外紀』には、孝孺に関係ある諸家の詩文が多く収められている。絅斎は『方正学先生年譜』（『遜志斎集』所収）を柱としながらそれを右の諸記述に合わせて比較検討し、さらに枝葉を棄てて根幹のみを存し、本書の文としている。

方孝孺、字《あざな》は希直、また希古、洪武十五年（一三八二）、学士呉沈の推薦によって徴召されて都（南京）に至った。太祖は孝孺の挙動の端整なるを見て喜び、太子の標《ひょう》に、「これは威儀正しい人物である。さればこの者の才能を十分に成熟させた上にて、汝を輔けさせるのがよい」といい、勅諭によって郷里に還らせた。孝孺は帰ると、世間に出ることなく家にあって著述に専念し、それによって一生を終えんとするもののようであったが、その後暫くして洪武二十五年、また徴命があり、至ると漢中府の学校の教授に任ぜられた。ついで洪武三十一年閏五月、太祖崩じ、太子標、即ち懿《い》文《ぶん》帝が先に亡くなっていたため、その子允《いん》炆《ぶん》が位に即き、建文と改元すると、孝孺を召して翰林博士とし、ついで侍講に陞《のぼ》せ、さらに直文淵閣に任じた。これは一に太祖の先の命に従ってのことであった。

孝孺は徳義ある人物との人望が日頃より隆《たか》く、建文帝が厚く礼をもって遇せられたのみでなく、当時全朝廷の重臣、彼を頼りとしたことであった。これよりさき、懿文太子の弟、即ち太祖の第四子なる棣《てい》は燕王に封ぜられていたが、日頃より天下を簒奪せんとする野心を抱いており、太祖崩じ太孫允《いん》炆《ぶん》が即位するや、帝側近の斉泰・黄子澄等が太祖の定めた制法を改めて大国を領している諸王の権勢を削弱せんと計ったことを好機とし、この二人を誅殺して国難を鎮靖するという口実によって北平に叛旗を翻し、兵を率いて南下を始めた。しかるに各方面の官軍、次々に打ち破られ、燕の兵、ついに江を渡って都に迫った。孝孺はここに於いて『絶命の詞』を作って必死の覚悟を定め、帝に一旦都落ちせられるようにと勧める諸臣のうちにあって、ひとり御命のあらん限り都城に留まり、宗廟社稷を守って死にたまえと請うた。しかるに燕の兵が都城の北西の門なる金川門に進駐するに及んで、その門の守備に当たっていた谷王橞や李景隆等が門を開いて敵を引き入れ、棣ついに都に入った。帝はここに於いて火を放って宮城を焚き、服を変えて脱出する。都にては、帝は宮中にて焼死したといい伝えた。時に建文四年六月のことであった。棣はついに自立して位に即く、即ち成祖文皇帝是である。棣は建文帝の太子奎《けい》を廃して庶人の身分に落とし、中都に幽閉した。

棣が謀叛を起こした時、その謀主姚《よう》広孝、即ち僧道衍、棣にいい含めていう、「南に方孝孺というものがおります。もとより学問あり篤行の人物、勝利になりましても絶対に降参いたさぬと存じます。しかし何卒《なにとぞ》これを殺したまうな。これを殺すならば、今後、学問をしようとするものはなくなってしまいましょう」。棣これを承諾したことであった。

さて棣の都を陥して帝位を奪うに及び、孝孺は賊兵に捕らえられて連れて来られた。棣、召して孝孺を用いようとするが、孝孺は降参を承知しない。そこである日、使者を遣わしていく度も説得したがついに従わない。やがて棣即位の詔を天下に頒《わか》つことについての議が開かれるや、棣、その近臣に「この度の詔の草稿は誰に書かせたがよかろうぞ」と問いたるに、等しく孝孺の名を挙げた。ここに於いて棣は命じて孝孺を獄から出させる。孝孺は喪服を着て棣に会い、建文帝の崩御を悲しみて慟哭して止めず。その声は殿中に響き渡った。棣、それを見て坐より降り、慰めていう、「先生よ、そのように心を苦しめられるな。わたしは異心あるものではなく、ただ周公旦が周の成王を輔けられたのを手本にせんとするのみである」。孝孺いう、「周公が成王を輔けたことを手本にするといわれる以上は、成王がおられるはず。その成王はいまどこにおられますか」。棣いう、「彼はみずから焚死してしまった」。孝孺いう、「成王がおられませぬならば、成王の御子を立てらるべきでありましょう」。棣いう、「それはもっともの道理であるが、国家の政を司るは幼少のものでは心許《こころもと》ない。年長者でなければ頼りにならぬ」。孝孺いう、「それならば成王の弟君を立てらるべきでありましょう」。棣いう、「いやこれは我が家《や》の内部の問題であって、先生のような表向きの人物が心配されることではない」。ここに於いて孝孺に紙筆を授け、「天下にわたしの即位を知らせる詔は、先生に草案していただくのでなければまずい。わたしのために詔命を書いてくれ」。孝孺それに対し、数文字を大書し、筆を地面に擲ち、また大声で泣き、罵り泣きながらいう、「殺さば殺せ、詔を書くことはならぬ」。ここに於いて棣大いに怒り、大声でいう、「貴様をそんなに簡単には死なせはせぬ。貴様の十族を滅ぼしてやる」。そこでまた孝孺を獄に入れて処刑を待たせ、孝孺の一族を次第に立てて次々に捕らえ来り、かくして宗族の連坐して殺されるもの八百四十七人に及んだ。かつ両親の墓までも打ちくだき焼き払った。棣は、人々を捕らえて来るごとにそれを孝孺に示したが、孝孺はわが守るところを固《かた》く執って従わぬ。ここに於いて方氏一族のみならず、母の一族、妻の一族まで捕らえ来り、ついに九族すべてを殺したが、びくともせぬ。そこで朋友門人まで捕らえて殺し尽くし、その上にて孝孺を聚宝門の外に於いて磔刑《たくけい》にし、刀をもってその口の両側を切りさいて耳まで切りひろげ、かくして七日間切りさいなんだが、孝孺、その間、棣を罵る声をやめず、息絶えるに及んでようやく已んだ、時に四十六歳であった。このようにして九族より外親、またその外親の外親に至るまで、少しでも縁のあるものは残らず捕らえ、取り調べの上、国境の守備にやられ、なお外親にして捕らえられて殺されたものも、さらに数百人に及んだ。

事の初め、最も身近なものということにて、詔して孝孺の妻鄭氏を捕らえさせたが、鄭氏は捕らえられぬ先に子供達と首をくくって死んだので、ただ、まだ十五歳に至らぬ二人の娘のみ捕らえられたが、送られて淮水《わい》を過ぎるとき、ともに橋より身を投げて死んだ。

方孝友は孝孺の末弟である。親族ことごとく刑戮《けいりく》された際、孝孺これを眼にして思わず涙を流したのを見て、絶句一首を賦して兄を励ました。

「兄上よ、なんでハラハラと涙を流す必要がありましょうぞ。古人が義を取るといい、仁を成すといわれましたのは、只今《ただいま》の場のことに外なりませぬ。わたくしども残らず異地で成《せい》敗《ばい》せられても、死後の魂は、相連れだって故郷の墓所へ帰ることでありましょう。されば少しも哀しまれるに及びませぬ」

これは当時、士人の間に、さすが孝孺の弟たるに恥じぬ壮絶のことであるといって、褒め讃えたことであった。

〔語釈〕
○洪武中云云　『皇明通紀』洪武二十五年（一三九二）の条に「洪武壬戌（十五年）学士呉沈の薦を以て詔徴せられて京に至る。上、人をしてこれを覘《うかが》はしめ、その挙動の端整なるを見、皇太子に謂ひていはく」云云とある。端整は威儀の正しく整っていること。地方から初めて上京したものと思われぬ教養と礼儀のすぐれている態度に感嘆したのである。○これ荘士なり云云　荘士は意気さかんなる人物の意に用いる壮士と異なり、荘敬の人物の意。その才を老しての一言に、辛苦を経て世慣れた太祖の眼から見て、孝孺の学問が学問としては深いが、未だ世務を担うまでに熟していないことを感取したことが知られる。同時に太祖は孝孺が国家を担う柱石として真に成長することを望んだのである。○漢中府の教授とす　『皇明通紀』洪武二十五年の条に「方孝孺を以て漢中教授とす。……上、まさに賞罰を重んず。その志の教化に存するを以て、左右に謂ひていはく、今、孝孺を用ふるの時にあらず、と。乃ち漢中府教授に除し、詔して水陸、舟車を給して任に赴くを許す」とある。ここにも太祖の孝孺に対する深い期待が見られる。漢中府は、湖北省北部・陝西省南部・四川省北部にわたる地域にして南鄭がその治所。府学は京師に置かれた国司監に対し、地方の府に置かれた学校。漢中府の府学は『大明一統志』によれば、府治の西南にあって元代に建てられた（巻三十四・漢中府）という。○**一時重きに倚る**　一時は当時の意、重きに倚るは絅斎の訓であるが、ここは倚重と熟語にし、頼りとし重んじた意と見るべきであろう。○**棣、燕王に封ず**　明の太祖朱元璋は、宗族の諸王を主として黄河流域から長城にかけての地方に封じ、帝室の藩屏《はんぺい》とするとともに蒙古方面に備えしめた。すなわち秦に樉、晋に棡、燕に棣、蜀に椿、漢に楧、衛に植、寧に権、岷に楩、谷に橞等、合わせて二十四王であって、その多くは太祖の子である。しかしその封地には王府を設けて朝廷直属の官を置き、土地人民を王に私有せしめぬ方針を取ったが、燕王棣・晋王棡のごとき辺境の諸王に対しては特別に護衛の兵を多くした。そしてこれが後の不幸を招く原因となった。なお燕王の名を絅斎は樣としているが、棣が正しいので訂した。○**斉泰・黄子澄**　明初の封建の問題については、当初よりその勢力の強大となるを憂えるの意見があったが、洪武二十六年、皇太孫（即ち後の建文帝）、諸王に不法の行為の多きを憂えてこれを伴読修撰黄子澄に語ったことよりその削弱の策が起こり、兵部侍郎斉泰もこれに同じ、皇太孫即位するや、帝は黄を太常卿に斉を兵部尚書に任じて国政に参ぜしめ、その具体化に着手した。しかしこれを速やかにしては燕王の叛乱を招く恐れがあるので、他の諸王より削弱を進めたが、棣はやがて自分の身にも及ぶを察し、隠然兵を錬り武器を作って挙兵の機をうかがうに至った。○**北平に反し**　北平はいまの北京、燕王の王府のある地。その挙兵は建文元年（一三九九）七月であった。○**諸路の官軍云云**　戦いの経過は『皇明通紀』に詳しい。○**棣遂に城に入る**　時に建文四年六月であった。○**帝乃ち火を縦ちて云云**　建文帝は脱出後僧となって諸方を流浪し、後、都に来り奏聞して禁中に入ったというが、その真偽は明らかにしがたい。幸田露伴の『運命』はこの建文帝の後半生を主題にしている。○**中都**　いまの安徽省鳳陽県、太祖がこの地に生長したので、洪武三年、建てて中都とし、ついで金陵（南京）に遷都してからはここに留守司を置いた。なお『明史』列伝第六恵帝諸子の項によれば、燕の兵が都に入った時、皇太子文奎《けい》七歳、その終うるところを知らず、少子文圭二歳、成祖これを中都の広安宮に幽して建庶人と号したが、英宗復辟するに及び、罪なくして久しく繋がれているを憐れみ、遂に太后に請うて内臣牛玉に命じてこれを出さしめ、鳳陽に居《お》き婚娶出入を自由ならしめたが、時に五十七歳、いくばくもなく卒したとある。また『皇明通紀』天順七年の条にも、建文君の次子建庶人を出して鳳陽に居らしめたが、二歳にして入禁、ここに至って年五十六、出でて牛馬を見てこれを知らなかったとある。棣の無道、ここにも明らかである。**○姚広孝**　姑蘇の人、出家して僧となり道衍という、洪武十五年、太祖詔して高僧を選び、諸王に侍せしむるや、道衍は燕府に往きて慶寿禅寺に住持し、燕王に近づいて暗にその将来、帝たることを予言した。爾来、棣に親信せられてその謀主となる。後、還俗して姚広孝といった。**○武成の日**　敵を破って武功が成就した時の意。『書経』に武成篇があり、周の武王、殷《いん》の紂《ちゅう》を伐ち亡ぼしたことを述べている。それより出た語。**○斬衰**《ざんさい》　最も重い喪の時に着る喪服、裳を布を断ったままで縫っていないことからいう。衰は縗の意、喪服の一種にて、長さ六寸、幅四寸の麻布を胸の前に着けるもの。孝孺は建文帝が焚死したと聞き、その喪に服したのである。**○搨**《とう》　腰かけ、また牀。**○十族**　縁のあるもののことごとくの意。九族の外に門人を加えての謂いであろう。九族とは上は高祖より下は玄孫に至るまで九代の縁者の意であるとも、外祖父・外祖母・従母子・妻の父・妻の母・姑の子・姉妹の子・女《むすめ》の子・己の同族の総称とも、父族四・母族三・妻族二を合わせた称ともいわれている。**○宗支を拠す**　宗は本家筋、支は枝にてそれより分かれた一門の人々。拠はそれをよりどころとしての意にて、それからそれへ、その縁をたどって先々のものを捕らえてゆくこと。**○抄没**　もと法律用語にて、財産を官に没収すること。『明律』に「人口財産を抄没す」とある。ここでは、ひとりひとり抜き出して捕らえることをいう。後出の抄提は、ひとりひとり捕らえて来るごとに孝孺に提示したことをいう。**○聚宝門**　南京城の西門。人の多く集まるところ、また刑場であったのであろう。**○調衛**　調は遷、即ち流謫すること。衛は死一等を免じて国境防衛の卒として流すこと。**○笄**《けい》　こうがい。女子は十五歳を成年として髪に笄をさしたことにより、十五歳に至らぬことを未だ笄せずといった。**○逮**《たい》　もと及ぶの意。罪がおよぶの意から罪人を捕らえるをいう。**○義を取り仁を成す**　義を取るは『孟子』告子篇、仁を成すは『論語』衛霊公篇に見える語。詳しくは本書二一一頁参看。**○華表**　墓所の前に立てる表柱。わが国の神社の鳥居のこととするのは誤り。華表柱頭云云は、遼東の人丁令威《ていれいい》、道教を霊虚山に学び、後、鶴に化して遼に帰り、城門の華表に止まったところ、少年が弓で射ようとしたので、空に翔び上がり「鳥あり鳥あり丁令威。家を去りて千年今始めて帰る」と歌った（『捜神後記』巻上）という話に本づいたもの。孝孺兄弟の故郷は寧海（浙江省黄巌県の西）であり、南京で殺されるので「旅魂旧に依りて家山に到らん」といった。

孝孺幼にして聡穎《そうえい》絶倫、双眸炯炯《そうぼうけいけい》として電の如し。六歳、母を喪《うしな》ひ、哀慕成人の如し。甫《はじ》めて髫齓《ちょうしん》、日に書を読むこと積寸、一目十行倶《とも》に下り、文を為《つく》る雄邁醇深《じゅんしん》、郷人呼びて小韓子《かんし》とす。十五六の時、父に侍して宦遊《かんゆう》し、斉《せい》・魯《ろ》の墟を歴《へ》、周公・孔子の廟宅を覧《み》、陋巷《ろうこう》・舞雩《ぶう》のある所を問ひ、慨然として学を愿《ねが》ふの志あり。是れより精思力践して已まず。弱冠、大史宋濂《そうれん》に従ひて遊ぶ。時に濂が門下一時の名流老輩、皆敢へて及ばずと譲る。孝孺顧《かへ》反つて文芸を悦ばず、恒《つね》に正道を明《あか》し異端を闢《ひら》くを以て己れが任とす。凡そ理学淵源の統、人物絶続の紀、盛衰幾微《きび》の載、名物度数の変、これを言ひて一糸に析《わか》ち大通に会帰し論著《ろんちょ》に見《あらは》さざることなく、進脩の功、日に異なることありて月に同じからず。嘗《かつ》て病ひに臥して糧を絶つも、亦たこれに処《しょ》して泰然たり。和粋貞諒《ていりょう》、親に事《つか》へて孝、師友に処して恩義を篤《あつ》くす。父嘗て誣《し》ひられて謫戍《たくじゅ》す。上疏し、身を以て代らんと乞ふ。漢中に教授たるに及びて、日に諸生名士と聖学を講習し道義を切磨す。その言にいはく、「聖人を学ぶものは、須《すべか》らく先づ『孟子』を識るべし。『孟子』を学ぶものは、須らく先づ浩然の気を識るべし」と。又みづからその斎を名づけて遜志《そんし》という。蜀の献王その賢を聞き、しば〳〵これを延き、処《お》くに賓師を以てす。道、その師の墓を経、よりて荊榛《けいしん》に走りて往き祭り、かつその孤遺を卹《めぐ》みて備《つぶ》さに至る。蜀王を見るごとに、必ず道徳を陳説す。王喜ぶこと甚だし。号をその読書の室に賜ひ正学といふ。学者称して正学先生となす。王又嘗て教《きょう》を賜ひていはく、「闔門《こうもん》忠義、百世の光華たり」と。孝孺謝していふ、「ただまさに己れに克《か》ち行ひを慎み、ます〳〵夙心《しゅくしん》を励《はげ》まし、国を体し君に忠し、学ぶ所に負かざるべし」と。孝孺已に死す。平生著述する所、僅かに存するものありて当時禁あり。又五十年、郷の儒紳始めて蒐輯《しゅうしゅう》して帙《ちつ》を成し、梓《し》に鋟《きざ》みて以て伝ふ。その尤も心を用ひし所のものは、嘗て謂ふ、「道の事に於ける、在らざることなし」と。列して『二十八箴《しん》』とす。又『雑誡《ざっかい》』三十八章を作りて以てみづから警《いまし》む。謂ふ、「民を化するは、必ず家を正すより始まる」と。『宗儀』九篇を作る。謂ふ、「先王の治、徳化を先にして政刑を後にす」と。『深慮論』十首を作る。簒臣・賊后・夷狄は天下を一にすと雖ども正統とすべからざるを以て、『釈統』三篇を作る。その他、往復尚論、半柬《はんかん》片辞の余と雖ども、亦た未だ嘗て綱彝《こうい》経綸《けいりん》の務《つと》め、廉恥節操の守りに惓惓《けんけん》たらずんばあらざるなり。四方の夷裔《いえい》、一字を得て金璧《きんぺき》より宝とするに至るといふ。顧璘《こりん》いはく、「孝孺王佐の才を以て、服を易《か》へ列に就かば、宜《よろ》しく卿相の位を致すべし。その謀猷《ぼうゆう》を究《きは》めば、顧《おも》ふに豈《あに》唐の王・魏なるものと等しからん。此れをこれ顧みず、悲楚《ひそ》抗激、身を磔《はりつけ》にし族を沈むるに至りて、気、少しも回《かへ》らず。ああ、忠なるかな」。

〔訳文〕

方孝孺の伝の後半、その人物についての記述である。典拠は前半の文と等しいが、殊に「附録」「外紀」所収の『方先生小伝』『正学先生事状』『成都府正学先生祠堂碑』よりの補入が目につく。なお原文「及教授漢中日与諸生名士講習聖学切磨道義」十九字の典拠は未だ見出だし得ない。

孝孺は生まれつき常人と異なるものがあり、幼い時からして聡明類なく、双の眸《ひとみ》は炯々《けいけい》と光を帯びて電《いなずま》のごとくであった。六歳の時に母を亡《うしな》ったが、その哀慕のさま、大人《おとな》のごとくであった。やがて七、八歳になるや、毎日読書すること厚さ寸を越え、一目に十行ずつを読み下した。また文章にすぐれ、その風、雄邁にして純粋、思想深く、郷人はこれを見て「小韓子」韓退之のようだといった。十五、六歳の時、父の転勤に従って各地をめぐり、古の斉・魯の墟《あと》を経ては周公旦や孔子の廟や宅趾を見、あるいは顔淵が住んでいたという陋巷や曾点が遊んだという舞雩《ぶう》の地をたずね、深く古人を慕うの感慨を抱いて学問を求めようとする志を起こし、これより学の講究実践怠ることがなかった。二十一歳、大史宋濂に入門、宋濂は当時天下の学者・文章家として仰がれていたので、さすがに勝《す》ぐれた門人が多かったが、彼等はとても及ばぬと孝孺を立てた。しかるに孝孺は、文芸を末のこととして悦ばぬようになり、正道を明らかにし異端邪説を退けることをもって自己の責務として引き受け、理学継承の次第、人物絶続の経緯、歴史興亡の幾微、名物度数の変遷の究明につとめて、その細微に至るまで極めるとともに、その理の根本を把握し、これを著述として書き記した。かくして学問人物、前進して已むことがなかったのである。しかしこのように学問に専念したためその生活は貧しく、かつて病に臥して食物がなくなるということがあったが、そのうちにあって泰然動ずることがなかった。

孝孺の人物は和粋貞諒、穏和純粋に義理正しく誠実であったので、おのずから親につかえては孝、師友に対しては恩義に篤く、されば父がかつて無実の罪によって流されたことがあるが、その時には上疏して身代わりに自分が参りたいと乞い、漢中府の学校に教授することとなると、毎日その地の学生・名士と聖学の旨を明らかにし道義を切磨しあった。そしてそのことについての彼の説に、「聖人を学ばんとするものは先ず『孟子』を明らかにせねばならぬ。『孟子』を学ぶものは先ずそのうちの浩然の気を養うことを明らかにせねばならぬ」ということばがある。また彼は、みずからその書斎に名づけて「遜志」といった。

蜀の献王は孝孺の賢徳あることを聞き及び、しばしば招待して彼を賓師として遇した。即ち家臣とせず客分としてその教えを受けたのである。孝孺が漢中より蜀に赴く際、その途中、旧師宋濂の墓所の辺りを通ったので、雑木雑草の茂ったなかをかき分けて墓参し、かつ師の孤児に対して世話することも、残るところがなかった。さて孝孺は献王に招かれるたびに先王の仁義道徳の説を進講したので、王は極めてこれを喜び、朱子以来の正学という意から孝孺の書斎に「正学」という名を賜ったので、これより学者は彼を正学先生と呼ぶようになった。王はまた御教書を賜って、孝孺のみならずその一家一門の忠義、いまの世のみでなく百世後までも光り輝いて指標となることである、とあった。これに対し孝孺は謝辞を奉り、己の私慾に打ち克ち行いを慎み、ますます宿昔の志を励まし、国家をわが一身に引き受けて御上《おかみ》に忠義を尽《つく》し、平生学び来った道に背かぬ決意であります、と申し上げた。

孝孺が已に殺された後、彼が日頃著した文章は残らず焼き捨てられたが、幸い残ったものがわずかにあった。しかし当時それは世に出すことができなかった。そして五十年を経てその禁制も緩んだので、同郷出身の学者が始めて所々に伝来していたその詩文を集めて一編とし、刊行して世に伝えた。すなわちそれが『遜志斎集』である。同集のうち孝孺が特に心をこめて執筆したもの、その一は、何によらず「事」があればそれに「道」が備わっておらぬことはないとして、その考えを書き陳《つら》ねた『三十八箴』、その二はみずから警《いまし》めた『雑誡』三十八章、その三は、民衆を感化するためには必ずわが家を正すことから始めねばならぬとして筆を執った『宗儀』九篇、その四は、古の聖天子の政治は、道徳による感化を先にして法制刑罰を後にしたとして筆を執った『深慮論』十首、その五は、簒臣・賊后・夷狄は天下を統一したとしても正統の君主とすることはならぬとして筆を執った『釈統』三篇、であり、その外、諸人と書簡を往復して尚論したものの断片であっても、すべてに綱常経綸の責務、廉恥節操の維持について、懇切に述べていないものはなかった。されば本国人はいうに及ばず、四方の夷人に至るまで、その筆に係るものはたとえ一字であっても、何物にも代えがたい宝としたことであったという。

顧璘は次のごとくいっている。孝孺が彼の持つ王者補佐の才能をそのままに棣の朝に仕えたならば、大臣の位を得たであろうし、それのみでなく、その政策を思いのままに実現し得たこと、唐初の名臣王珪や魏徴のごとくであったであろう。しかるに彼はこれを問題とせず、悲嘆し激しく抗議して、そのために身は磔《はりつけ》にせられ一族連坐成敗せられるに至ったが、その気魄少しもたじろぐことがなかった。まことに忠義の人物である。

〔語釈〕

○甫《はじ》めて髫齔《ちょうしん》　甫めては漸く、やっと。髫齔は子供の髫《うない》、即ち垂れがみと、齔、即ち歯の抜けかわる頃の意から、七、八歳頃のこと。○積寸　読んだ書物を積み重ねてその高さが一寸（三センチ）かそれを超えるの意。

○父に侍して宦遊し　原文「侍父宦遊」、絅斎の訓みに従ったが、父の宦遊に侍し、と訓むべきであろう。父、名は克勤、字は去矜、愚庵と号し、その学、朱子の正統を承けた。洪武四年、済寧府（山東省滋陽県の西南）の知となる。当時十五歳であった孝孺は、この時、父の任地に伴われた。克勤は民政に勤め、異政ありといわれたが、しかるに同八年、曹県の知事程貢、かつて不職のために罰を得たことを心に銜《ふく》み克勤を誣告したので下獄し、江浦に謫役せられた。孝孺が身をもって父に代わらんとしたのは、この時のことである。○周公・孔子の廟宅云云　済寧は古の斉・魯に近い。周公は周公旦、その功により魯に封ぜられたのでその廟があった。陋巷は『論語』雍也篇の孔子が顔回を褒めて「一箪《し》の食、一瓢の飲、陋巷にあり」云云といっているより出たもの。舞雩は同書先進篇に曾点の願いとして「沂《き》に浴し舞雩に風し」とあり、顔淵篇にも樊遅《はんち》が孔子に従って舞雩の下に遊んだとあるより出たもの。孔子やその一門にゆかりのある地をたずねたのである。○学を愿ふ　愿は願いに通ずる。○弱冠　男子の二十歳をいう。弱は年少、冠は加冠・冠礼。成年式を挙げたばかりの意。○文芸を悦ばず〔強斎講義〕宋濂ハ明ノ太祖ノ天下ヲ取ラレテ始メテ招カレタ儒者、カタノ如クノ俗学デ、明朝ノ文徳ノ弱イト云フハ、宋濂ガ様ナ俗儒ガ用ヒラレテ俗学ノ風ガヒゞイタカラゾ。文章ナドモ明朝様トテ殊ノ外ハデナ文章ゾ。コノ様ナ初メテ学者ヲ招クハ大事ノモノデ、大賢ガ用ヒラルレバ風俗美シウ、別シテ聖学ガ明ヒテクルニ、アタラゴトゾ。○理学淵源の統云云　理学は道学に同じ、理を究明するよりいう。要するに朱子学に代表される宋学。淵源の統は、その道学が誰より出で誰に受け継がれたかという問題をいう。人物絶続の紀は、学問の授受がどのようにして絶え、どのようにして続いたかの問題をいう、盛衰幾微の載は、天下がどのようにして栄え、どのようにして衰えたかのかすかな兆《きざ》し、載はこと、問題の意。名物度数の変は、官位制度とか礼式に必要な衣服器具等の変遷。一糸は微細の末のことまでの意、大通は全体の要《かなめ》になる根本の問題。論著に見《あらわ》すの具体例は後に示されている。○進脩の功　道徳に進み学業を脩めた実績。『易経』文言伝の九十三に「君子は徳に進み業を脩む」とある。○父嘗て誣ひられて　既に記す。○遜志　傅説《ふえつ》が殷の武丁、即ち高宗の命を受けて諭《さと》したことばのうちに「これ学は志を遜し、務めて時に敏なれば、その修ること乃ち来る」とある（『書経』説命篇）。志を遜すは、志を抑えて高ぶらぬことをいう。○蜀の献王　名は椿、太祖の第十一子。洪武十一年、蜀王に封ぜられ、二十三年、成都に赴任した。性孝友慈祥、学を好み、蜀に至るや孝孺を聘してその教えを受けた。○道、その師の墓を経　師、即ち宋濂は太祖に信任せられて翰林学士承旨・知制誥に至ったが、洪武十三年、孫の慎が丞相胡惟庸《こいよう》の謀叛に組したということで刑せられたるに坐し、彼も死罪に処せられるはずであったが一等を減ぜられ、家属ことごとく茂州（四川省茂県）に徙《うつ》されることとなり、濂はその途中、夔《き》州にて疾を得て卒し、同地に葬られた。○必ず道徳を陳説す〔墨山講義〕コノ時分、世間一統ノ学問ハスベテハデナ詩賦文章ノコトデアルナカニモ、孝孺ハ先王仁義道徳ノ説ノミヲ陳べ説カレタ。○教　親王・諸侯等より出された文章をいう。わが国にても親王・将軍よりの文章を御教書《みぎょうしょ》といった。○儒紳　官位ある歴々の儒者。儒紳始めて蒐輯して帙を成すとは、孝孺が殺された建文四年（一四〇二）より約六十年後なる天順癸未（同七年、一四六三）、趙洪が詩文三百余首を得て蜀中に上梓したことをいう。いわゆる『遜志斎集』蜀本というが是である。○二十八箴　孝孺が二十八箴を撰したことは他に見えず独り鄭暁『文学博士方先生伝』（『吾学編』）。後に「外紀」に収むにいうのみ。二十八の数は二十八宿に擬したものであろう。現行『遜志斎集』各本の巻一に「箴」を収めているが二十八箴と題するものなし。或いは『幼儀雑箴』二十首、『四憂箴』（修徳・講学・徙義・改過）、『箴四首』（口・身・食・寝）を合わせていえるかとも考えられるが、箴はこの外に『学箴』九首・克畏箴・励志箴等あれば、右と断ずることもむつかしい。暫く疑いを存しておく。○**『雑誡』三十八章**　『遜志斎集』巻一所収。○**『宗儀』九篇**　『遜志斎集』巻一所収。尊祖・重譜・睦族・広睦・奉終・務学・謹行・修徳・体仁の九編より成っている。○**『深慮論』十首**　『遜志斎集』巻二所収。○**『釈統』三篇**　『遜志斎集』巻二所収。『釈統』上中下三篇の外に『後正統論』一篇がある。○**尚論**　古にさかのぼって論ずること。○**綱彝経綸の務め**　（墨山講義）綱彝ハ三綱五常ト云フコト。経綸ハ近ク『中庸』ニ出テヲル文字デ、ダダイハ織物ノ糸ヲサメルカラ初マツタ文字。夫レデ二字ナガラ糸篇ニ書イテアル。夫レカラシテ人倫ノ道ヲ正シテ天下国家ヲ治メル処ノ大法ヲ経綸之務ト云フ。○**金璧**《きんぺき》　金で製した璧《へき》。璧は玉を薄いドーナツ形に磨き、肉の幅を孔《あな》の直径の倍にしたもの。古代の宝器。○**顧璘いはく云云**　正徳庚辰（十五年、一五二〇）台州の守であった顧璘が、前の刊本を删定《さんてい》して文二十二巻・詩二巻とし郡斎に刊したいわゆる郡本に加えた跋である、『重刻遜志斎集の後に書す』のほぼ全文。原文は末に「正徳庚辰仲冬朔守台後学姑蘇顧璘識」とある。○**悲楚**　楚も、いたむ、悲しむの意。建文帝の崩を悲しむをいう。

天、乱離を降し、孰《たれ》かその由《よし》を知らん。姦臣計を得、国を謀り猶《はかりごと》を用ふ。忠臣憤《いきどほり》を発し、血涙こも〴〵流る。死を以て君に殉《したが》ふ、そも〳〵又何をか求めん。ああ哀しいかな、庶《こひねが》はくは、我れを尤《とが》めざらん。

〔訳文〕

右が方孝孺『絶命の辞』である。『備遺録』『吾学編』『続蔵書』の伝、および『年譜』に収めているが、『遜志斎集』には不収録。

このたびの大乱は天が降されたこと、とても人間わざではないが、どうしてこのような禍を下されたのやら、誰もその理由を知るものはない。奸邪なる燕王のごとき人物が志を得て国家の政治を計るようになり、そのような時節故、忠臣は、憤りを発して泣き、血と涙とこもごも流れることである。いまとなってしまっては、死してわが君のお供をするのみ、この外には何の求めるものがあろう。まことに哀しむべきことである。しかしこういうことであるから、不忠不義にて君に背いたという尤《とが》めは、受けぬことであろう。

〔語釈〕

○乱離　離は憂うるの意。二字にて、みだれうれうる。〔強斎講義〕永楽帝ノ謀叛ノコト。○庶はくは云云　庶は「こいねがう」の意の時と「〜にちかし」の意の時とがある。ここは後者。文天祥『衣帯中の賛』の「庶《こひ》幾《ねが》はくは愧づることなからん（愧づることなきに庶《ちか》幾し）」も同じ。

〔補説〕

右に続いては、棣簒奪に際し、道を守り難に殉じた兵部尚書鉄鉉《てつけん》以下の人物を列挙し、幷せて棣に迎附して節を失った高位者についての概要を記し、もって後段、朱子学の「三不幸」を説く用意としているが、ここでは燕に抗して死した顔伯瑋《がんはくい》（真卿の後裔）父子の事蹟のみを左に掲げておく。

沛《はい》の知県顔伯瑋、唐の魯《ろ》公《こう》の後なり。兵起り、郡県皆帰附す。伯瑋ひとり死を以てみづから誓ふ。燕の兵、沛を攻む。援兵つひに至らず。伯瑋支ふることあたはざるを度《はか》り、その子有為をして還らしめていはく、「汝帰りて大人《たいじん》に白《まう》せ。子の職、尽すことあたはず」と。詩を察院の壁に題す。夜、燕の兵、東門に入る。伯瑋、冠帯して堂に升《のぼ》り、南拝慟哭していはく、「臣能《よ》く国に報ゆることなし」と。みづから経《くび》れ死す。有為去るに忍びず。復た還りて父の屍《しかばね》を見、遂に自刎《じふん》して以て従ふ。

〔訳文〕沛《はい》の知県顔伯瑋《がんはくい》は唐の魯公、即ち顔真卿の子孫である。棣が兵を挙げると、郡県みな棣に降服したが、そのうちにあってひとり伯瑋は死すとも降らずと決意した。しかるうち、燕の兵、沛に来攻したが、援兵は結局到着せず、ここに於いて伯瑋は沛を支え切れぬと判断し、子の有為に故都に還るを命じていうよう、「お事《こと》は帰って父上に申し上げてくれ。子たるもの仕事は十分に孝養を尽くすことであるが、いま国のために討死する故、その任を全うすることができませぬ、と」と。かくして詩を察院の壁に書き残し、夜、燕の兵が東門に入るや、礼服を着けて堂にのぼり、遥か南、都のかたを拝し、慟哭して「臣は無能にして国恩に報ずることができませぬ」といい、みずから頸をしめて死んだ。有為も父のもとを去るに忍びず、また引き還して来て父の屍を見、みずから頸をはねて父の後を追った。

〔語釈〕

○有為をして還らしめ　顔伯瑋、名は瓌、江西廬陵の人。故に廬陵に帰ることを命じたのである。○察院　詳しくは都察院。『皇明通紀』には「御史行台」とある。目附の勤める役所、即ち伯瑋の任所。○有為去るに忍びず〔秦山講義〕親ノ遺言ヲ以テ古郷ヘカヘル筈ノコトゾ。ケレドモ親ノ死ナル、事ガ見ヘテヲツタニヨツテ、帰ルコトモナラズ立戻リ、死ナネバナラヌ場ゾ。此方ガ生残ツテ後ニ父ノ仇ヲ報ユルホドノ力ラガアルカ、或ヒハ何ゾ国家ノ大事ニアヅカルホドノ事ヲ承ケテヲツタナラバ死ナヌガヨカロウガ、左様ナコトモナケレバ死ナネバナラヌ。楠正行ノ事体トハ違フ。正行ノハ何デ有ラフト父ノ遺言ガ生キ残ツテ君ノ為ニ讐ヲ亡ボセト云フ遺言ゾ。コレナレバ叶ハヌ迄モ其通リヲヤツテ見ネバナラヌ。

余、嘗て論ず。朱子、聖学を明らかにし綱常を植《た》て、天下後世の尊信表章する所となる。もとより一日にあらずして、その間、大不幸なるもの三あり。宋の理宗なり。元の許衡なり。明の文皇なり。何ぞや。朱子大中至正の学、百世聖人を俟《ま》ちて惑はず、いよ〳〵久しくいよ〳〵信あるもの、もとより自然の理、必到の勢ひ、此の輩なしと雖ども、なんぞその発顕流達せざるを憂へんや。まさにまさに気数人事の変に関《あづ》かり、数千万世、沈淪蔽塞《へいそく》せしむとも、然れども吾が聖賢相伝ふる綱常名教の学なるもの、豈《あに》此れ等の賊逆臭穢《しゅうわい》の徒、虚美相誑《あひあざ》むき、同悪相掩《あひおほ》ひ、鼓唱引重するによりて而《しか》る後に行はるるを得べきことあらんや。吾れ朱子天にあるの霊、その憤罵排斥して容《い》れざるを知るや必せり。武王・周公、殷《いん》に克《か》ち、礼を制し政を立て、沢、生民に浹《とほ》り、威四海に加はり、世祚《せいそ》の永き八百余年、盛なりと謂ふべし。誓誥《せいこう》の策、風雅の典、富めりと謂ふべし。而してつひに天下万世、凜然として名分大義の厳、得て犯すべからず、慚徳《ざんとく》口実の責め、得て辞すべからざるを知りて、天壌処を易《か》へ人類断滅に至らざらしむるものは、則ち特に西山餓死の両匹夫にあるのみ。故に予《よ》、三不幸に於いて已に朱子の為めに歎じて、ここに於いて又これが為めに賀するものあり、何ぞや。理宗が時に当りてや幸ひに李燔《りはん》がごときあり、許衡が時に当りてや幸ひに劉因がごときあり、文皇が時に当りてや幸ひに方孝孺がごときあり、皆、豪傑の才、醇正《じゅんせい》の学を以て篤く朱子を信じ、確《かた》く綱常を守り、寧《むし》ろ世を避け義に就きて以ておの〳〵その志を遂《と》ぐ。西山の餓死と幷《あは》せて五匹夫。今に到りて風采義気、烈烈として秋霜夏日の如く、昭掲常に新たなり。それ然る後、聖賢綱常の学、実に頼《よ》ることありとして、而して朱子天にあるの霊、ここに於いて亦た慰《い》する所あらんかな。

〔訳文〕

わたくしは次のように論じたことがある。およそ朱子の学勲をいえば、孟子以来その伝が絶えていた孔子の教えの根本を明らかにし、三綱五常、即ち道義を打ち立てて、真の学問はかくあるべきものだというを知らしめたことにある。されば天下後世の人々に貴ばれ表されたのは当然のことで、それは一時のことでなく、長く今日に及んでいるのであるが、その間にさまざまの時変も生じ、それに伴って朱子学にとっての大不幸が三たびあった。すなわち、宋の理宗、元の許衡、明の文皇（棣、即ち成祖永楽帝）の現れたこと是である。それは何故であるか。そもそも朱子の大中至正の学問は、百代の後に聖人が出たとしても疑惑の生ずるものでなく、久しくなれば久しくなるほど人々から信ぜられるようになること、当然の道理であって、この三人のごとき輩が出て顕彰に努力しなかったとしても、おのずから顕われ広まったはずのものであり、たとえ天地の運命、人事の変化のために朱子の学問が長く沈んでいたとしても、朱子によって樹立されたかの聖賢相受け来った道義の学が、彼等のごとき汚らわしき輩の己の悪逆を掩う口実として利用され持ち上げられ、そのお蔭によって行われるということは決してないことである。彼等の態度に対し、朱子在天の霊が断じて容《ゆる》すものでないことを、わたくしは確信している。

歴史を顧みるに武王・周公が殷を打ち滅ぼし、礼を定め政法を立て、万民に恩恵を施し、天下から畏敬せられて、その王朝八百余年も続いたということは、まことに盛大であったといってよく、『書経』や『詩経』に残されている当時の記述は、その内容、まことに豊かであるといってよい。しかも結局、このような見事さをもってしても、武王・周公の行いは、殷に対する叛逆に外ならない。すなわち永遠に名分大義の厳しき、これを犯すことがならず、民を救う口実に用いたという責め、これより遁《のが》れることができず、天地も処を易《か》えず、人類も断滅するに至らざるを得たのは、実に伯夷・叔斉の兄弟、二人を諫め、容れられずして西山に餓死したことによるのである。

わたくしはさきに、朱子のために三不幸を嘆息したが、思いかえせばこれはそのまま朱子のために賀すべきことといわねばならない。何故ならば、理宗の時に於いては幸いに李燔のごとき人物があり、許衡の時に於いては幸いに劉因のごとき人物があり、文皇の時に於いては幸いに方孝孺のごとき人物があったからである。彼等はいずれも、豪傑の能力があり、醇正の学問をしており、そして朱子を篤信し道義を確守し、世を避けて名利に就かず、あるいは義に就いて生命を棄て、それぞれの平生の覚悟を遂げた人物であって、されば伯夷・叔斉と合わせ、歴史を照らす五匹夫といわねばならぬ。この五人、今日に至るまで、その風采義気、烈しきこと秋の霜、夏の陽のごとくであって、その万世に高く輝いていること、常に新たである。まことにこの三人があることによって、聖賢の道義の学問も依拠を持ち、朱子在天の霊をも安んずるところがあるであろう。

〔語釈〕

○余　絅斎自身をいう。○理宗・許衡・文皇　理宗は皇太子竑を殺して帝位を奪ったもの。許衡は夷狄の元朝に仕えたもの、詳しくは劉因の巻参看。文皇は即ち永楽帝、建文帝を倒して天下を奪ったもの。しかもそのような大逆者によって朱子学が顕彰されたことは、朱子にとって不幸であったというのが絅斎の主張。○気数人事の変　気数はめぐりあわせ、時勢。〔秦山講義〕人物ニ宜シフナイ者ガ出来テ聖賢ノ学ヲ信仰セヌヤウニナル変ゾ。タトヘ天地ノ気数デ秦ノ始皇ガヤウナ者ガ出テ、朱子ノ書ヲ焼捨テタト云テモ。○虚美相誑むき、同

悪相掩ひ　虚美とは見た目には美しいがその実がないこと。身に実がないのに互いに飾りあい、悪事をしながら互いに隠しあう。○鼓唱引重　ともどもにはやし立て重んじあう。○武王・周公云云　武王は周を建国した英主、周公は名は旦、武王の弟にして建国の功労者。○誓誥の策、風雅の典　誓誥は『書経』の泰誓・牧誓のごとく何誓と名づけた篇と、大誥・康誥のごとく何誥と名づけた篇。風雅は『詩経』の各国の歌謡を集めている国風と宮廷の奏歌を集めている大雅・小雅の諸篇。策は書策、典は籍、いずれも書物をいう。○慚徳口実　慚徳は殷の湯王が夏の桀《けつ》王を追放してみずから心に慚《は》じるといったこと。口実は、自分が主人を放った行為を後世口実にすることを憂うるといったということ。『書経』仲虺之《ちゅうきし》誥《こう》篇にある「成湯、桀を南巣に放ち、これ徳に慙づるあり。いはく、予、来世、われを以て口実となさんことを恐る」より出た語。○李燔・劉因・方孝孺　李燔は理宗の徴を、劉因は元の徴を辞した人物。方孝孺は永楽帝の命をこばみ、一族八百人とともに殺された。絅斎は、朱子の門流にこの三人があったことを、朱子のために喜ぶのである。○実に頼《よ》ることありとして　口先だけで道義を説くは、いかにその言立派であっても何の役にも立たぬ、三人の実践によって道義がそのよるところを得たの意。

孝孺又、朱子の手帖に題していはく。君子の小人と、勝負を一時に較《くら》ぶれば、則ち彼れ常に盛んにして、此れ常に衰ふ。是非を百世に観れば、則ち俄頃《がけい》に盛んなるもの、以て無窮の悪を蓋《おほ》ふに足らず、一身に屈するもの、未だ嘗て天下に光顕せずんばあらず。蓋《けだ》し時《とき》、事《こと》と錯迕《さくご》す。聖賢と雖ども、能《よ》くその躬を達することなし。その勢ひ易《かは》りて理存し、人亡びて謗《そし》り息《や》むに及びて、狐狸狗鼠《くそ》の輩、臭腐澌尽《しじん》して遺《のこ》ることなくして、論議の公、つひに衆庶の口を掩ふことあたはず。徽国文公朱子と西山蔡先生との小人に屈するの事のごとき、見るべし。文公・西山相与《あひとも》に講説するものは孔孟周程の正道にして、胡紘・沈《しん》継祖が輩の力を極めて詆誣《ていふ》し、甚だしきものは、これを死地に寘《お》かんと欲す。西山営道の竄、公も亦た偽学《ぎがく》の目《もく》を受け、官を奪はれ秩を褫《うば》はれて、従遊の士を逐屏《ちくへい》す。小人よりこれを観れば、意を曲げ義に悖《もと》り、媚を権姦に取りて、以為《おも》へらく、朱・蔡、まさに身を終へ名倶《とも》に滅びんとす、と。それたれか二百年の後、摧抑困悴《さいよくこんすい》するもの、皎乎《かうこ》として白日の天に当るがごとくにして、鄙陋邪嵬《じゃかい》の流の擠排汙衊《せいはいおべつ》を以て事とするもの、人のこれを視る、猶ほ不潔の物を観《み》るがごとく、目憎《にく》みて気奪はれ、既死《きし》するの遺魄を戮して以て仁賢の憤りを快《こころよ》くせんことを欲せざることなきを知らんや。ああ、亦た千古の鑒《かん》とすべし。西山の竄、慶元二年丙辰にあり、文公の此の書、誰に遺《おく》るかを知らずして、惓惓として郡守に告げて稍ゝ《やや》西山の拘執を寛《ゆる》べんと欲す。師友の義、尚ほ以て薄夫を敦《あつ》くして末俗を励《はげ》ますべし。ただに字画の伝ふべきのみにあらざるなり。後の観るもの、其れ尚ほ感悟する所ありて、以て君子の帰たらんかな。

〔訳文〕　右、『遜志斎集』巻十八所収、「朱子の手帖に題す」と題する文の全文。孝孺の題した朱子の手帖（手簡）が誰に送られたものであるかは不明であるが、この文の内容から見て、慶元二年（一一九六、朱子六十七歳）十二月、高弟蔡元定が、朱子の事に坐して、むしろ朱子の身代わりとして道州（湖南省の僻地）に流謫《るたく》せられた時、その地の郡守にその取り扱いを寛大にしてほしいと請うたものであったと思われる。朱子は、その権貴を恐れぬ時局批判と天子自身の修養を熱望する奏言が、時の権勢の中心であった韓侂冑《かんたくちゅう》の怒りを買い、偽学の印を押されて退けられ、その門下への指導さえも抑えられるに至った。蔡元定が流謫せられたのは、その時であったのである。〔強斎講義〕前ニモ云フ様ニ方正学ノ文章ハ形ノ如ク名文デ、学術トイヘバ能ク朱子ヲ学ンダ人。サウ云フコトハコノ文章デ見ヘテ居ルゾ。サテコレガ遺言ノ終リデ、幸ニ孝孺ノ朱子ノ手帖ニ題セラレタ辞ガ有ツタニヨッテ、ソレデ篇ヲ終ヘラレタゾ。……万世朱子ヲ学ブ者ノ則トシ戒トスベキハ方孝孺ユヘ、コノ辞ニ終ラレタ。遺言ノ終篇ニ幸ニコノ辞ノ有ツタヲ大キナ先生ノ御喜悦デ、コノ様ナ書ヲ終ルハ始終ノ旨ガ大切ナニ、ケ様ナ結構ナ詞ガ有ツテ、方孝孺ノ平生朱子ヲ学バレタ処ガカウジヤト云フ旨ガ、コノ辞デ著シフミヘル。朱子ヲ学ブハコノヤフニ学ブモノジヤト云フ旨デ、始末ノ親切ナコトゾ。

孝孺はまた、朱子の手帖の後に書きつけて次のようにいっている。君子と小人と、その勝負をその当時に於いて比較してみるならば、君子は義理のままに身を屈することなく、小人はいろいろの手だてを運《めぐ》らして計るので、彼常に盛んであり、こちらの勢いは常に衰えているように見える。しかしながら、いずれが正か邪かというを歴史の上に於いて観察するならば、しばしの間に盛んであった勢いは、永久の悪を掩いかくすことができず、逆にその身に於いては小人に抑えられて伸びるを得なかったもの、即ち君子の道理が、やがては天下に顕われるものである。思うに時勢とその人の事体との間にくいちがいが生ずるので、聖賢たりとも自己の志の通りに事を進めることができないのである。しかしその時勢に変化が起こって道理のみ後に残り、当時の人々死に絶えて彼等の誇りの声も止むようになると、小人どももすべて消え去り、公平の評価を唱えることを抑えることができなくなってくる。このことは、朱子とその門人蔡西山が、当時小人に屈せしめられたことを見れば、明らかである。

朱子と西山とが、ともに研究したものは、孔孟周程と継承されて来た正道である。しかも胡紘・沈継祖の輩は韓侂冑《たくちゅう》に媚《こ》びて極力これを詆《そし》り、死地に陥れようとまでしたことであった。かくして西山は営道に謫せられ、朱子もまた偽学という名のもとに官を奪われ禄をはがれ、従学の門人を逐われたのである。この事体を小人の目から見るならば、本心を曲げ道理に反し、権官にへつらって、その結果、これで朱も蔡も、一生、身も名も二度と世に出ることはあるまい、と思ったことであったろう。されば二百年の後、抑えられ苦しんでいた人物が空の太陽の光のごとく世を照らし、反対に鄙陋邪妄、正義の人々を陥れることをもって我が事としていた輩に対しては、人々の目、あたかも不潔の物を見るがごとくこれを厭い、その死んでいる魂にまで刑を加えて不幸であった仁賢の憤りを霽《は》らさんとするに至ろうとは、当時、予想し得たことであろうか。このことまさに千古の手本とすべきである。

西山が謫せられたのは、慶元二年丙辰のことであった。朱子のこの書簡は、誰に送ったものであるかわからないが、懇切に郡守に告げて少しでも西山の拘執を寛容にしてほしいと願っている。この師友の態度、いまに薄夫を敦《あつ》くし末俗を励ますものがある。さればこの手帖を大切にするのは、書として見事で後の世に伝うべきものだというのみに止まるものでない。後世のこれを見るものは、朱子の態度に感動して悟るところがあり、君子はかくあらねばならぬと思うことであろう。

〔語釈〕

○その勢ひ易《かは》りて理存し　時勢に変化が起こり、いままで掩われていた道理が現れる。いかなる時勢下であっても道理は変わることも滅びることもないので存といった。○狐狸狗鼠の輩云云　狐《きつね》や狸《たぬき》や狗《いぬ》や鼠《ねずみ》のごとき小人どもが、くさって消えてしまい、そこで消えることなき道理が現れて来る。澌尽は氷のとけること、転じて物の尽きることをいう。○衆庶の口を掩ふことあたはず　その時になると、大勢の人々が讃えるのを抑えることはできない。○徽国文公朱子　朱子は初め理宗の宝慶三年（一二二七）に信国公を追封せられたが、紹定三年（一二三〇）、徽国公に改められた。また文は諡《おくりな》、嘉定元年（一二〇八）に詔賜せられた。○西山蔡先生　蔡元定、字《あざな》は季通。かつて西山の絶頂に登り饑えを忍んで書を読む、よって西山先生と呼ばれた。朱子の名を聞き、往きて師事するも、朱子はその学に驚いて友として遇した。偽学の禁起こり、慶元二年（一一九六）十二月、道州流謫に処せられ、翌三年、朱子に訣《わか》れ、春陵《しょうりょう》（湖北省棗陽《そうよう》県）に至り、四年、同地に歿した。○胡紘・沈継祖　いずれも韓侂冑《たくちゅう》の意に媚びて朱子を弾劾したもの。○営道　湖南省道県、唐代の営州、後に道州と改められたので営道といった。○まさに身を終へ名倶に滅びんとす　原文「且将二終レ身名倶滅一矣」と訓んでいる。但し、且は将と同じく「まさに〜す」と訓む字であり、終身名倶滅は「つひに身名ともに滅ぶ」であろう。よって訓みを「まさに終《つひ》に身名倶に滅びんとす」と改めたい。なお今田買剣『靖献遺言摘註』には、晋の謝玄の戴逵《たいき》のための上疏に「宜《よろ》しくその身名をして並び存せしむべし」とあるを引いている。○邪嵬　嵬は狂妄の意。○惓惓　懇《ねんご》ろのさま。○師友の義　師として友人としての情誼に厚い態度。○薄夫を敦くして『孟子』の語。薄情な男も親切になって。○君子の帰たらんかな　〔絅斎講説〕君子之帰、君子ノナリニヲオチツク。方孝孺ノ文ハキワメテヨシ。コレハ別シテヨイ。明朝ノ文章ハ解大紳（解縉）ヤ宋景濂ヤ劉基ナドガ唱へ出ス。多ク浮美ナルガ、孝孺ノハ丈夫デ義理尤モヨシ。

又窃《ひそ》かに謂《おも》へらく。方孝孺、平日朱子を学びて、此の文称する所、尤も以てその式《しき》する所、養ふ所の素《そ》を見るに足る。ここを以て躬《み》親《みづか》ら大節に臨み大難を蒙るに方《あた》りてや、奮前壁立、磊磊《らいらい》落落として以てその命を致す。それ豈《あに》一時感慨矯激《きょうげき》の士の能《よ》く及ぶ所ならんや。その已に死するに及びてや、族党門類、株逮剗尽《しゅたいさんじん》、天下敢へてその姓名を称するなくして、防禁まさに酷《はなは》だしく、遺文手書、焚燬《ふんき》散脱、湮晦《いんかい》埋没、まさに朽骨に随ひて倶に亡びんとす。数十年の後、勢ひ易《かは》り理存するに及びて、而《しか》る後、偉辞微言、醇行精忠、家ごとに伝へ戸《こ》ごとに誦し、震蕩磅礴《しんとうほうはく》、いよ〳〵久しくしていよいよ熾《さか》んなり。此れその始終の履歴、およそ是の文に道《い》へる所、一もその言を讐《むく》ひざるなくして、その是非の百世に定まるもの、又皆符節を合するが如し。それも亦た言ふ所を食《は》まず学ぶ所に負《そむ》かざる真丈夫《じょうふ》と謂ふべきかな。そも〳〵士の身を処し志を行ふ、なんぞ異日の顕晦《けんかい》を較《くら》ぶべけん。たゞ是非の正、論議の公、天理人心の同じく然りとする所のものは、乃ち天壌と得て泯滅すべからずして、その大端根本、取舎得失の機、皆己れにありて外に待つことなし。則ち孝孺の言を誦するもの、いはゆる君子の帰たるものに於いて、亦た感悟する所ありて以てみづから警《いまし》むるを庶幾《しょき》せざるべけんや。よりて此れを以て編を終ふ。

〔訳文〕

孝孺の、朱子の手帖に題するの文を『靖献遺言』の末に収めた理由を説いている。

又わたくし個人の意見であるが、次のように考えている。方孝孺は平生朱子を学んだものであり、右の文にいうところによって、彼が特に、平素、朱子を手本とし、それより何を取って我が身を養っていたかを見ることができる。かくのごとき土台があったからこそ、自身、君国の大事、一身の大難に遭いながら、奮然として進み毅然として動揺せず、泰然として死ぬことができたことであって、これは一時の感慨によって奮いたった人物では、到底及び得ることでない。しかも彼が殺された後、一族一門は次々に捕らえられ、ことごとく斬殺され、天下中が連坐することを恐れて誰一人彼の名を口にするものもなく、禁圧殊に甚だしくしてその遺文も手書も、焼き棄てられ、散り散りになり、まさに彼の屍とともに朽ち果てようとしていたことであった。しかるに数十年経ち、時勢変化して道理が明らかになってくると、孝孺のことばも孝孺の行いも、それらのありとあらゆるものが探し出されて広く伝えられるようになり、大きく世を動かすに至り、それは年を経るにつれていよいよ盛んになったことであった。そしてこのようになった経緯が、まさに右の文にいうところと、少しも違っていないのであって、是非の評価が百代を待って定まるというものは、まことにその通りであった。されば孝孺こそ、言うところに違うことなく、学ぶところに負《そむ》くことない真の男児ということができる。

そもそも士たるもの、我が志のままに行動する時、それが後日、人に知られるか知られないかを考えるべきではない。しかしながら、万人の承認する是非の正、論議の公は天地とともに存して亡ぼすことができぬものであるから、必ず後世、正しく評価されることとなる。しかもその何をすべきかという根本の把握とその取捨は、自分自身で決すべきことであって、他人に求むべきものではない。されば方孝孺の右の文を読むものは、文中の例の「君子の帰たり」という一言に於いて、感動して道の何たるかを悟り、以て自身の警めとすることを願うべきである。よって右の文をもって、『靖献遺言』を結ぶこととする。

〔語釈〕

○窃かに謂《おも》へらく　謙遜の表現。わたくし個人としての考えであるが。○その式する所、養ふ所の素　素は下地、土台。平素、朱子の何を手本とし、何を取ってわが魂を鍛えていたかという問題。○奮前壁立、磊磊落落　奮前は奮い立って先へと進むこと。壁立は絶壁がそびえているように守りの堅固なこと。磊々落々は胸量広く細事に拘泥しないこと。○一時感慨矯激の士　一時はにわかにの意。感慨は気が盛り上がってやらねばと勇むこと。矯激は無理に気張って見せること。○株逮剗尽　株逮は次から次へと縁をたどって捕らえること、一説に株は誅に通じ、罪が余人に及ぶこと。剗尽は草を刈《か》り尽くす意から、ことごとく斬り尽くすをいう。○偉辞微言、醇行精忠　偉辞微言は道理にすぐれたことばと道理を深く内に蔵したことば。醇行精忠は純粋の行為と利己心なき忠節。○震蕩磅礴　蕩は盪に通ず。世を揺り動かし宇宙に満ちあふれる。孝孺の言行が人々に大きな感動を引き起こしたことをいう。○此れその始終の履歴　以上述べたことが、孝孺の問題の今日に至るまでの経過である。○一もその言を讐《むく》ひざるなし　かねていうところと一つも相違しているものはない。『詩経』大雅・抑篇に「言《こと》として讐《むく》ひざるはなし」とあり、朱子の註に「讐は答。天下の理、言ありて讐《こた》へざるはなし」とある。なお絅斎は「言を讐ゆ」と訓んでいるが、「言に讐ゆ（または讐《こた》ふ）」と訓む方がわかり易い。○言ふ所を食《は》まず　いったことに違わぬ。『書経』湯誓篇に「爾《なんぢ》信ぜざるなかれ、朕《われ》は食言せず」、『左伝』哀公二十五年に「是れ食言多し」とある。○身を処し志を行ふ　自己の一身を処理し、志すところを実行するの意。自分の存念一ぱいを行ってみようと思うならば。○皆己れにあり云云　何を根本とするか、何を取り何を捨てるかを決定するは、すべて自己の意志による。人頼みにする筋ではない。

解　説

一　本書編成の真意

『靖献遺言』が、士たるものの大事大節に際しいかに処すべきかの道を平生に於いて講究するための資として著されたものであることは、本書の跋文に明記されているところ、そしてこのことは、絅斎自講の本書『講義』の発端に於いて、一層明白にせられている。

士人の大事大節というは、上下・内外の問題を最も重大とする。上下とは君臣の問題であり、内外とは自国と外国との間の問題である。屈原が繾《けん》綣《けん》惻《そく》怛《だつ》の念に堪えず、ついに汨《べき》羅《ら》に身を投じたのも、諸葛亮が五丈原に無限の思いを遺してその生涯を終えたのも、顔真卿が君命なれば避くるところなしとして死地と知りながら李希烈の陣に使したのも、すべて君臣の道に従ったものであり、その義、後人をして奮起せしめざれば已まぬものであるが、但し、絅斎はここに於いてその人にとりては至情純忠の誠を致したものであっても、それが主とすべからざるものへの忠誠のため、逆賊一連の人となる悲劇が存することも指摘する。すなわち絅斎が諸葛亮の巻を講じて展開している「三国正統弁」はそのために説かれたものであって、

「何ホド衰ヘタリトイヘドモ、其ノ天子ノ子孫ツヾク間ハ正統トス」

というをその弁の眼目とし、

「周ノ世八百年トイヘドモ、天下ヲシナラシテ其命ヲ用フルハ纔《わづか》ニ四五代マデゾ。其後ハ諸侯皆我レモチニナリテ周ノ君ハ纔ノ身体《(代か)》ニテ、ヤウ〳〵文王・武王ノ宗廟ヲ守リ得テ居ラル、マデナレドモ、天下ノ系図ヲツルハ、八百年過ギテ秦ヨリ周ノ国ヲ取潰シテ根モ葉モナキヤウニシテ代々ノ重宝ノ鼎ヲ秦へ移シトリタル時ニナリツメテ、ソコデ周ノ天下ハ亡ビタルトハ呼ブゾ。其レヨリ秦ノ始皇ニ至ルマデ百年前後ハ誰ヲ天下ノ主ト定ムベキヤウナシ。其レ故、此時ヲ無統ノ世ト云フ。『史記』等ニハ戦国ノ末トモ六国トモ呼ンデアルガ此時ノ事也。

ソレヨリ始皇天下ヲカタメタレバ、又秦ノ天下ト呼レ之。ソレヨリ三代ツヾキテ秦亡ビ漢ノ高祖天下ヲ合セ、此レヨリ漢ノ天下トナル。若シ此時一人ニテモ秦ノ子孫始皇ガ跡ヲフマヘ、一城ニテモ持ツテヲレバ、何程漢ガ強クテモ、秦ノ天下ノ正統ハ未ダ亡ビヌゾ。スデニ高祖天下ヲ幷セテ二百年、王莽位ヲヌスムコト十八年ニシテ又漢ノ子孫光武起リテ天下ヲ取リカヘス。是ヲ後漢トス。相ツヾクコト百八十年、献帝ノ世ニ至リテ天下大ニ乱レ、四海分裂シ、各天下ヲ奪ハントスルモノ幾人モ起ツテ相戦フ。……漢ノ景帝ノ子孫ニ劉備ト云フアリ、自ラ漢ノ子孫ナルヲ以テ、此度漢ノ天下ヲ人ニ奪ハレナガラ、子孫タル者大義ヲ立テズシテ朽チ果ツベキヤウナシト思ヒ立ツテ、ソレヨリ軍ヲ起シ、……曹操死シ丕位ヲ奪ヒテ献帝ヲ弑セシカバ、是ヨリ天下ノ正統絶エヌレバ、則チ劉備ハ自ラ漢ノ手スヂナレバ、我自ラ正統ヲ任ゼネバ不ルレ叶ハ場ニ成リテ、遂ニ天子ノ

位ニ即イテ、ヤハリ献帝ノ引キ次ギヲ承ケテ践《ふ》マヘタル合点ニテ漢ノ号ヲ立テテ名乗ラレタゾ」云云

とその意味を説いている。すなわち蜀漢・魏・呉の三国の鼎立に際し、曹氏・孫氏に対して忠節を尽くした臣は少なくないが、正統ならざるの君主に対しての忠は真忠でないとして、ここに諸葛亮の大忠大節を高く評価するのである。

しかし右は漢土の史実に対する評価である。我等は日本人として正統の問題をいかに考えるべきであるか。これ若林強斎が諸葛亮講義の始めに於いて、

「楠正成モ宮方ヲ輔ケラレタ。ソコデ忠義トイフモノ。其ノ時分、相模入道ヤ高氏ガ為ニ見事ナ忠死シタ者モアル、ソレモ忠ハ忠ナレドモ、ダタイ天子へ対シ敵ジヤニ依ツテ、賊デナイトイフコトハナラヌ。……是カラミレバ、『太平記』ノ時分、吉野ノ南帝ヲ正統ト知ルベシ。何程南朝ガ衰微シタト云テモ、ツヾクダケハ正統ゾ」

と説き、谷秦山が同じくその巻の始めに於いて、

「義仲ヤ相模入道ナドニ仕ヘテ忠ヲツクスモ忠義ハ忠義ナレドモ、謀叛人ゾ。去ニヨツテ出処ト云フコトガ大切ナコトゾ。何程忠義ガ正フテモ、出処ガワルケレバナンノ役ニ立タヌ」

と語っている所以である。

正統の論は、以上のごとく時を同じくして複数の国、もしくは政権が並立した際に於いて重要なる問題であるが、それのみでなく、全国を支配する政権に対しても重大な問題となるものであって、劉因が元に仕えることを肯んじなかったことも、異族による支配を漢

民族に生まれたものとして認める能わざりしためであり、本巻の主題の方孝孺が、一族八百余人を殺されても、なお燕王棣《てい》を天子とせざりしも、簒奪者はその事情のいかんにかかわらず正統と認めなかったためであった。ここに於いて正統論は中国論をそのうちに包含し、さらに同一王朝内にあっても、簒立者は天子と認めずとするの論となるのである。絅斎が本巻の講義に於いて、あらためて「正統論」を取り上げ、

「正統ノ義、簒臣・賊后・夷狄、是ヲ正統トスベカラザルコト、方正学一代ノ名論ゾ。サテ正学ノニ言ヒ足ラヌ処ガアル。是ナレバ此ノ三ツノ外ハ天下ヲマルメテ穏カニ治メサヘスレバ正統トスル合点ゾ。漢・唐・宋ノ類、是也。是等トテモ根ヲ推セバ大義ミナ欠ケテヲルゾ……正学ノミナラズ朱子以後ニ紛々トシテ正統ノ論ガアル。皆自然ノナリヲ不レ知シテ吾ガ見立テニテ正統ニスルノセヌノトテ吟味スルホドニ、皆ソデナイコトゾ」

と語っている所以はここにある。正統の意義、以上のごとくであるから、秦山が本巻の講義に於いて、

「此ノ方孝孺ヲ『遺言』ノ終ニ載セラレタト云フモ、只時代デカフワケタモノデハナイ。此人ハ君ノ為ニ八百何人ト云フ一族ヲ殺シ、我身モ礫ニカ、ツテ少シモ動ゼヌ大節義ノ人ゾ。是モ世間ナミ〳〵ノ料簡ニハ、アマリキビシイ仕方ジヤト云フ。コ、ニ少シデモ了簡ガツクト、モフ忠義ニナマリガ付イテクル。ソノ為ニ此人デ『遺言』ヲ終ラレタ」

と説いているのは、一死もって正統を守らんとする絅斎の意を極めて深く洞察したものということができる。

二　正統―宋儒の論―

さてこの場を借りて、「正統」という語の由来とその解釈の変遷について考えておくことにしたい。

この語は、管見の範囲にては先秦の諸書のうちには見出だし得ず、けだし班固の『典引』（『文選』六臣注巻四十八所収）に見られるものをもって初出とすべきであろう。然らば班固は正統の語をどのような意に用いているかを考えねばならないが、これを知るために先《ま》ず『典引』とはどのような内容のものかを知っておかねばならない。李周翰は『文選』のこの題名の下に註して、

「典は尭典なり。漢は尭の後なり。故に班生、まさに尭の事を引きて以て漢の徳を述べんとし、是《ここ》に命じて典引といふ」

といっているが、右にて明らかなるごとく、これは当時尭帝の子孫と称せられていた劉氏が、漢を建て、周の後を継いで天子となったことを讃えたものであって、その理論として用いられているは五行思想である。すなわち歴代王朝に五行を配当する法は漢代にいく種かあったが、班固はいわゆる五行相生（木火土金水の順をいう）の順によって理を推し、天地開闢《かいびやく》以来、伏羲―炎帝―神農―黄帝―金天―顓頊《せんぎよく》―帝嚳《こく》―尭―舜―湯―武と王朝が交代したとし、さらに火徳の尭の子孫であるから同じく火徳なる劉氏が、木徳の周の後を受けることは当然であるとし、「当天の正統にあたり、克譲の帰運を受け、炎上の烈精をた

くはへ」云云というのである。これによって観るならば、ここにいう正統が、「天の意にかなつた王朝たるべき正しい系統」の意であること明らかである。

次に取り上ぐべきは『漢書』郊祀志下の、

「宣帝位に即くは、武帝の正統に由りて興る。故に立つこと三年、武帝廟を尊びて世宗とす」

と、『後漢書』崔瑗伝の、

「遂に正統を廃黜《はいちゅつ》して疏孼《そげつ》を扶立せしむ」

である。元平二年（前七四）昭帝崩じて嗣なく、その後を昌邑王賀が継いだが極めて暴逆であったので廃せられ、当時民間にいた武帝の曾孫詢が立った。即ち宣帝である。武帝の正統によりて興るとは右の事実をいったものである。また正統を廃黜して云云とは、後漢の安帝が太子を廃し北郷侯を嗣としようとした時、崔瑗が長史陳禅にいったことばの一節である。すなわちこの両語に用いられている正統は、一つの王朝内に於ける正当の継承資格、乃至継承者の意に外ならない。

以上で知られるように、正統という語は、初めより、正当の王朝の意に用いられてもおれば、一つの王朝内に於ける正当の継承者の意にも用いられていて、その意味するところ決して一ではなかったのである。なおこの語は、この後の諸書にも散見するが、次にこの語が極めて重要な意義を有するものとなる北宋の正統論について見よう。

「正統の論は欧陽子に起る」とは蘇軾の『正統論』のうちの言であるが、まことにこの論を史学上の重要な課題として大きく取り上げたのは欧陽脩であった。彼の意見はその『正統論』に纏められているので、以下この文によってその論を見ることとする。

欧陽脩はその序論のうちに於いて、先ず先学の「五代」と「梁」との扱い方が史学上より見て頗《すこぶ》る妥当を欠いていることを述べる。すなわちこの問題こそ彼が正統論を立てねばならなかった理由である。しかし彼がこれをいかに解決したかは後に廻し、その正統に対する意見を同論によって見ることとする。彼は「正統」の内容を先ず次のように規定している。

「正統は、王者の民を一にし天下に臨む所以なり」

すなわち欧陽脩によれば、正統とは天下を統一して天子となることなのである。故にまたこの一字一字を次のごとく説く。

「正とは、天下の正しからざるを正す所以なり。統とは、天下の一ならざるを合す所以なり。不正と不一とに由りて、然る後に正統の論作《おこ》る」

彼は正統をかく規定したが故に「或ひは至公を以てし、或ひは大義を以てし、皆天下の正を得て天下を一に合せ」た夏・殷・周の三代は別として、後世道義混乱し、「その正に居りて天下を一に合すことあたはざるものあり、天下を一に合せてその正に居るを得ざるものあり」に至って、正統の論が興ったと考える。こうして彼は自国の歴史をふりかえって、これを正統という基準の上から、

(一)天下の正に居り、天下を一つに合わせた、真の正統——尭・舜・夏・商・周・秦・漢・唐

(二)始めはその正を得ていないが、ついに天下を一にして天下の君となったので、これ

を正統といって可なるもの――晋・隋

(三)天下大いに乱れてその上に君なく、僭窃並び興って正統属《つ》くことなき時に当たり、奮然として起ち、威沢皆生民に被り、号令皆当世に加わり、幸いにして大を以て小を幷せ、強を以て弱を兼ねてついに天下を合わせたという、正統とするに問題はあるが、その迹を考え義を較べて、正統を予《あた》えることも奪うこともできぬもの―東晋・後魏

(四)終始その正を得ず、また天下を一に合すこともできなかったので、正統ということができぬもの――魏・五代

と四種に分け、さらに以上を総括して、

「然らば則ち不幸にしてその時に丁《あた》ることあれば、則ち正統は時ありて絶ゆ。故に正統の序は、上は尭・舜より夏・商・周・秦・漢を歴《へ》て絶え、晋これを得てまた絶え、隋・唐これを得てまた絶ゆ。尭・舜より以来、三たび絶えて復た続く。ただ絶ゆることあり而して続くことありて、然る後に是非公に予奪当りて、正統明らかなり」

と述べている。正統を、正は天下の正しからざるを正す所以、統は天下の一ならざるを合わす所以と規定する以上、正統に絶あり続ありとせねばならぬのは当然である。しかるに世の論者は、

「凡そ正統の論をなすもの、皆、相承けて絶えざることを欲し、その断えて属《つ》かざるに至らば、則ちみだりに仮人を以てこれを続く」

すなわち継続なきところに強いて継続を求めるから、「ここを以てその論曲りて通ぜざ

るなり」、道理なき附会の説を立てて、ここに甲論乙駁、いずれかを以て正統として前後を結びつけることとなるのである。されば欧陽脩によれば、形式的に正統の名によって歴史に一貫を求めようとするは無意味であり、事実を事実として直視すべきであるということとなる。そして彼はかくのごとき見地から、始めに取り上げた梁の問題をふりかえり、梁の勢力の及んだ範囲にあってはそれが正しく君であったということを認めて、ありのままに記述すればよいとする。

欧陽脩『正統論』の論旨は以上の通りであるが、これによって明らかになるは、彼のいう正統が、祖孫授受の上からの時間的正統（縦のつながり）を問題とするものでなく、天下を統一するという空間的正統（横のひろさ）を問題とするものであったということである。これは頗る注意すべきであって、彼のこの論が現れるや、過去のいろいろの内容を持っていた正統という語の用法が、ここに統一され、その後の正統を説くもの、多少の出入はありながらも、結局その出発点をここに置かざるを得なくなった。さきに見た「正統の論は欧陽子に起る」とは、この意味からすれば至言といわねばならない。

次に挙ぐべきは蘇軾の正統論である。彼も『正統論』を撰しているが、これは師欧陽脩の説を駁した章望之の『明統論』に対し、さらにこれを駁して師説を弁護したものであり、その大体は欧陽説に出ずるものであるが、その間におのずから彼独自の見解も存する。すなわち欧陽脩が正統の名を重んじ、建国の動機に於いて正しくして天下を統一したのでなければ、これを許さんとしなかったのに対し、蘇軾は極めて軽く見て、これを君主の外形的名称に過ぎぬとしている。蘇軾によれば君主には名と実とが存しており、されば天下を統一したものに対しては、その君の賢不肖・徳不徳、建国の動機のいかん等は問わずしてよく、すべて正統の名を与えよというのである。

蘇軾は以上のごとき論の上に立って、さらに次のようにいう。尭・舜・三代のごとく、君たるの実も名も兼ね備わっているものは問題ないが、魏・晋のごときは天下を統一したからとて、正統の名をもって呼ばれても別段重みを加えるわけでもなく、また文王のごときは、天下を得ていないので正統をもって呼ぶことはできぬが、それによって別段軽くなるわけでもない。名は軽く実は重い。このことを明らかにするならば、天下争わず、実に趨《はし》るようになる、と。かくして彼は天下を統一し得たものならば簒奪者に至るまでこれを正統と呼んで、それを次のように分かつのである。

(一)尭・舜。徳を以てする。
(二)三代。徳と力を以てする。
(三)漢・唐。功を以てする。
(四)秦・隋・後唐・漢・周。力を以てする。
(五)晋・梁。弑を以てする。

しかしながら、以上のごとくであるならば正統の正は単なる添え字に過ぎず、ここに道義の加わる余地なきもののように思われるが、しかもなお彼が正統の論を立てんとするは、天下を統一した以上、これに正統の名を与えるのでなければ、乱臣賊子相つぎ、天下の紛争止むことなきに至ろうとするからであって、この論は畢竟、簒臣の出現を防がんとするためのもの、されば正統そのものの説明とはなっておらぬといってよい。

次は司馬光である。その正統論は、彼の編『資治通鑑《しじつがん》』の巻六十九・魏紀・文帝黄初二年の論賛のうちに見える。この文、先ず正統論が起こった理由とその変遷とを歴史的に考察叙述し、その結論として、天下分峙鼎立の時——三国・南北朝・五代のごとき——に於いて、その一国を取り上げて正統とし、他を僭偽とするごときことは論をなさぬものであるから、自分はただ事実をありのままに述べ、観るものの戒めとしようとするものであると自己の歴史記述の態度を明らかにし、兼ねて正閏《せいじゅん》の論の成立せぬことを断言している。

「ここを以て正閏の論、古へより今に及ぶまで、未だ能《よ》くその義に通じ、確然として人をして移奪すべからざらしむるものあらざるなり。臣のいま述ぶるところは、たゞ国家の興衰を叙し、生民の休戚を著はし、観るものをしてみづからその善悪得失を択び、以て勧戒たらしめんと欲するのみ。『春秋』の褒貶《ほうへん》の法を立て、乱世を撥《をさ》めてこれを正に反すがごときにあらざるなり。正閏の際は敢へて知るところにあらず、たゞその功業の実に拠りてこれを言ふのみ」

然らば司馬光が三国に於いて、魏の年号によって天下の記事を統一しているのは何故であるか。彼はみずからこれに答えて、

「然れども、天下離析の際、歳時月日、以て事の先後を識《しる》すことなかるべからず」とし、史書というからには、この事実とこの事実との、どちらが前、どちらが後かを明らかにせねばならぬので、ここに於いて便宜、

……漢—魏—晋—宋—斉—梁—陳—隋—唐—後梁—後唐—後晋—後漢—後周

を歴史の縦糸とし、その年号を用いてそれぞれの事実の位置づけをしたのであって、「此

れを尊びて彼れを卑しみ、正閏の弁あるにあら」ざるものであるといっている。

しかしながら彼が、魏を縦の系列に入れたことは、北方の出である宋の建国を是認するために、南北対立の際に当たっては北方の王朝をとかく正統としようとした宋初の空気の影響があることも見逃しがたいが、しかし彼自身としては飽くまでこの空気を否定しようとして右の論を立てているのであって、されば南宋の朱子が、

「温公（即ち司馬光）魏を謂ひて正統となす。三国の時に当らしめば、便《すなわ》ち去つて魏に任ぜん」（『朱子語類』巻一百三十四）

といえるがごときは、酷評に過ぐというべきであろう。

かくして司馬光は正閏の論をなすことを否定しているものの、畢竟王朝を単位として正統を考えており、かつその統治の広狭をもって立論の基準としているのであるから、その説は結局、欧・蘇のそれと同じ基盤の上に立っているものというべく、そしてこの点に於いては、後に現れる朱子・鄭所南・方孝孺等の正統論といえどもこの範疇より出るものでなかったのである。ただ朱子が、一旦正統の王朝が成立したならば、後世その勢いが衰え、統治の範囲が縮小してもその滅亡に至るまでは正統の君とすべきであるといい、前漢・後漢・蜀漢を通じて一の漢とし、『通鑑綱目』に於いて三国に入るも蜀漢の滅亡に至るまでは魏・呉を認めていないこと、鄭所南がその著『鉄函心史』の「古今正統大論」に、夷狄および簒逆は、たとい中国を統一してもこれを正統と認めることを得ずとしていることは、注目すべく、そして、元という最初の異民族による漢土全土の支配という経験を嘗《な》めて、方孝孺の正統論は、朱・鄭の論を一段と深刻にし統合したものということがで

きる。そして以上を通観して、宋以後の正統論が、常に空間的かつ王朝単位のものとして展開されて来たものであることを、明らかにすることができた。

三　『仏祖統紀』に見える正統

以上、宋代儒者の間に論ぜられた正統論について見たのであるが、同じ宋になっても、仏者に於ける正統論は、これと頗る性格を異にするものがあった。その代表として、宋末の天台僧志磐《しはん》の著『仏祖統紀』の正統論を見よう。同書は著者が、自宗の立場よりする釈迦より法智（四明知礼）に至るまでの一仏二十九祖、祖々授受せられて来た法統を紀伝体にて記したものであるが、注意すべきはその授受の間におのずから嫡統と庶統との存することを厳別していることである。けだし宋代天台宗宗門上の重大なる問題であった山家・山外の論争、即ち四明知礼と、悟恩・源清・智円一派および仁岳との間に烈しく闘われた天台教義に関する論争は、天台の正統いずれに帰するかを疑わしむるに至った。ここに於いて知礼派に属する著者が、わが流れこそ釈迦如来以来、祖々授受され来った正統であることを明らかにしようとし著したものが本書であり、そのことは同書の自序に詳述されている。すなわち志磐は、仏祖伝授の迹の記述がなければ後世何も伝わらなくなることを恐れ、ここに昔の良渚の『正統』、鏡庵の『宗源』等の著に本づき、これを删補《さんぽ》して本書を著し、もって宗門の歴史を明らかにしたことであって、殊に紀伝体を用いたのは、嫡統と庶統とを厳別しようとしたからに外ならない、と、その文にいっている。

良渚の『正統』といい鏡庵の『宗源』といい、宗門の授受の正統の迹を記したものであること明らかであるが、またここに正統の語が書名になっていることに注意せねばならない。そして志磐の用いている正統の語の意味を見得るものとして、次に同書のうちよりその数条を抄出しておこう。

「上は釈迦示生の日に稽《かんが》へ、下は法知息化の年に距《いた》るまで一仏二十九祖、周の昭王の二十六年甲寅に起り、皇宋の仁宗天聖六年戊辰に至るまで、合せて二千二年、通じて本紀となし、以て正統を繫ぐこと、世の帝王の宝位を正して大業を伝ふるが如し」（「通例」釈本紀）

「諸祖の授受を考へ、奕世の稟承を叙す。千古を観んと欲すれば、必ず今日を審らかにす。北斉よりして下、法智に至るまで、正統の来るあることを述ぶるを明らかにするが為めに、歴代伝教表を作り」云云（「通例」釈表）

「法を弘め道を伝ふること、何の世かこれ無からん。衆体を備へて集めて大成し、異端を闢きて正統を隆《さか》んにするものは、たゞ法智一師のみ」（巻八）

正統の二字を『仏祖統紀』より求めるならば、もとよりさらに多くの条を見出だし得るが、志磐が用いている同語の意義を知るには、以上の数例にて十分であろう。すなわち志磐は、正統の語を仏祖授受の正しき法統の意に用いているのであって、さらにこれを、

「仏祖とは何ぞ。教主に本づきて諸祖を繫げるなり。統紀とは何ぞ。仏祖伝授の事を通理するなり」（「通例」釈題義）

「ここを以て祖々相伝して持して断えざるなり」（巻五）

「仏は正法を以て大加葉に伝ふ。かくの如く展転して、乃ち我れに至る。我れいま汝に伝ふ。宜《よろ》しくまさに流布すべし」（巻五）

等の語と合わせ見るならば、著者が進んでこの正統の継承が実に「弘法伝道」の辛苦によって守られて来たこと、そしてまたかくして守られて来た正統を、正しき姿にて後世に伝えねばならぬとしていることが察せられる。すなわち宋儒が正統の語を空間を基準として用いているのに対し、『仏祖統紀』に於いては時間的継続の問題としてこれを用いているのである。

しかるに、吾人が『仏祖統紀』にもっとも不可解とするところがある。それは同書全五十五巻、そのうち十五巻をとって法運通塞志としていることでも知られるように、正宗授受の辛苦についての記述は全篇に満ちているが、全巻そのどこを見ても、国家の急を救わんとする語の見当たらぬことである。同書の自序には、

「皇宋咸淳五年歳在己巳八月上日、四明福泉沙門志磐寓東湖月波山謹序」

という年次・署名があり、跋は咸淳辛未、即ち七年（一二七一）に草せられているから、この書の成立は咸淳年間にあるといえよう。かつ天台宗の本拠たる四明や天台山は、南宋の都臨安に極めて近かったはずである。

考えてみるがよい、咸淳といえば、蒙古が国号を元と改めたのはその七年であり、元兵湖北の襄陽を陥れたのはその九年、宋の国運いよいよ急を告げたので天下に勤王の詔を出したのはその十年であり、文天祥が泣いてその詔に奮起したのは翌徳祐元年であって、その四年後には、宋最後の天子であった帝昺《へい》、陸秀夫に負われて厓山の海に投じ、ここに宋

朝は全く滅亡するのである。すなわち自序に見える年次咸淳五年は宋滅亡の十年前、跋の年次七年はその八年前である。然らば『仏祖統紀』は国運最も艱難を極めた秋《とき》に成立したものといわねばならない。されば都に近き四明の地にあって、一群の高僧、それを外所に、宗門の法統の是非に専心していたのである。ここに於いて問題とせねばならぬものは、志磐が正統継承され来ったとする正法の内容が何であったかということになる。すなわちその自序に述べているところを見ると、

「天地の才に参じ、万物の化を司り、同功にして異位なるものは、それたゞ人道か。故に有生より以来、蚩々《しし》たる群氓、必ず大人を立ててこれが君牧とす。ここを以て四輪は四洲を統べ、粟散は異域を占め、而して南洲震旦は実に東方君子の国となり、伏羲皇と称して始めて八卦を画し、降りて三代に及べば、文物大いに明らかなり。吾が世尊天竺に出興するにおよび、まさに化をこの方に施さんとし、乃ち先づ三聖を遣はして世の良導とし、礼楽を以て前駆とし、真道を以て後啓とす。機成り時至り、大法行ふべし。ここに於いて法皇、夢感の祥あり、摩騰、東来の運に応ず」云云

といっており、これによって志磐の意識、本末を全く転倒して、漢民族の誇りたるべき先王の道も礼楽も、一切がこれ印度の教えを布かんための方便としか考えておらぬことを知るのである。正宗として彼等が守り来ったのは印度の道、そしてこれを保護するものであるならば、いずれの国、いかなる民族をも問うところでない。ここに於いて国家の休戚、民族の存亡のごときは、志磐の眼中に存しなかったこと明らかになる。

四　絅斎の正統論

以上、同じ宋代に用いられた「正統」という語の意味でありながら、欧陽脩以下の儒者に用いられたところと、志磐という仏者によって用いられたところとは、極めて異なるものがあるを見た。然らばわが国に於いては、この語をどのように考えて来たのであろうか。これについて先ず想起せられるは、北畠親房《ちかふさ》の『神皇正統記』である。その書名に既にこの二字が用いられているのみでなく、繙けば正統の語、到るところに用いられており、そしてそのうちにあって、

「智者大師六代の正統道邃和尚に」云云

「然れば真言の宗には正統也と云ふべきにや」

というは、ともに仏教に於ける祖々授受の正統の意であって、志磐の用いていると全く同義である。そもそも『神皇正統記』に見える印度および仏教の記事に『仏祖統紀』の影響があるとは山田孝雄《よしお》氏が指摘されているところであり（『神皇正統記述義』）、親房が賊軍攻囲のうちにあって『正統記』の筆を進めた時、座右の参考書として有したわずかの書物のうちに『仏祖統紀』があったことは、平田俊春氏が明らかにしているところであるが（「神皇正統記の研究」、同氏著『吉野時代の研究』所収）、何より親房みずから『正統記』に

「悉《ことごと》く一宗の論疏を写し国に帰れることも」云云（嵯峨天皇）

の下に自註して、

「釈志磐が『仏祖統紀』にのせたり」

といっているので、『統紀』が『正統記』の執筆に当たって参考とされていること、疑いを入れる余地はない。

しかるに、恐らく親房は『統紀』よりして「正統」の語の有する意義の重要さを知ったと考えられるものの、

「神皇の正統記とや名け《なづ》侍るべき」（天神六代）

「皇統一種正しくましますこと」（彦火瓊々杵尊）

「冷泉《れいぜい》は兄にて御末も正統とこそ申すべかりしに」（後一条天皇）

「法皇国の本主にて正統の位を伝へまします」（後鳥羽院）

「天日嗣は御譲に任せ、正統に帰らせ給ふに取りて用意在るべき事の侍る也」（後嵯峨院）

「関東の輩も亀山の正流を受け給へる事は知り侍りしかども」（伏見院）

「今こそ此天皇うたがひなき継体の正統にさだまらせ給ひぬれ」（後醍醐天皇）

「神皇正統の横しまなるまじき理」（同）

になると、単に皇室が天照大神の正しい血筋をひかれているというのみでなく、天祖一貫の血統のうちにもおのずから嫡庶の別があり、この両者を厳然と弁じたることによって、その一貫の生命が最も純粋のものとして継承されて来たという意を有しているものであることが知られ、然らば親房は、国を超え民族を越えて説かれている正宗のごときは、一個の観念に過ぎぬものとしていること疑いなく、すなわち親房の正統は志磐のそれと異なる

のみでなく、『漢書』『後漢書』に於けるこの語の用法を超えるものということができる。従って親房は、「正統」の二字を『仏祖統紀』より借りて来たが、その語にこめた意は、わが国の事実そのものであったのである。

親房のこの「正統」にこめた事実に深く沈潜し、それによって学問の力を得たのが晩年の山崎闇斎であり、そのことは『風水草』『風葉集』編纂の態度に、極めて明らかに示されている。一面において師闇斎のこの正統の把握を継承しながら、さらに朱子・方孝孺と継承された正統論を受け、この両者を統合するところに成っているものが、さきに見た絅斎の正統論である。それは一見、朱子・方孝孺の説によって展開せられているごとくでありながら、その目標とするところ、わが国の国脈の維持であり、民族としての独立の自覚であったことによって明らかであろう。そして『靖献遺言』編述の根本の目標もまた、ここにあったのである。

五　遜志斎集

絅斎が『靖献遺言』編纂に着手したのは貞享元年（清の康熙二十三年、一六八四）であり、その成立上梓されたのは同四年のことであったから、乾隆四年（わが元文四年、一七三九）に成った『明史』はもとより、その土台となった雍正元年（享保八年、一七二三）表上の王鴻緒撰『明史稿』さえも成立しておらず、いうならばそれは『明史』編纂の業が漸く緒に就いたばかりの頃であった。

従って当時もっぱら明の通史として読まれていたものは、明の陳建撰、卜大有補の正続『皇明通紀』であり、そのことは『惺窩先生文集』巻十二に収めている惺窩の意安（吉田意庵、角倉了以《すみのくらりようい》の弟、医師）あて書簡に、

「『明通紀』全部十七冊還納す」云云

と見えることによっても察せられるが、その弟子林羅山に至ると、慶長九年（二十二歳）に概見したという書の目録のうちにも本書の名が記されていれば、寛永元年（四十二歳）には『通鑑前編』『綱鑑』とともに本書をも周覧していることが、その『年譜』によって知られる。しかしこの師弟が、同書によって何を知り何を感じたかについては、何も言及した文字を残していないので、これを知ることができない。

『皇明通紀』を読み、これを抄録し、それによって立言した学者は、やはり山崎闇斎を嚆矢としなければならない。すなわちその『文会筆録』二十に、薛瑄・丘濬に関する記事を本書より抄出し、鄭暁の『吾学編』より抄出した二人の記事と並録してその人物学問を考える資としているが、さらに注意すべきは方孝孺について、

「明の太宗の建文帝を弑するの事、『皇明通紀』にこれを載す。実直の筆なり。『吾学編』甚だ詳かなり」

とあることである。闇斎は方孝孺に関する記事を、同じく『皇朝通紀』と『吾学編』とにより調べていることが知られ、右の条に続けて

「『蔡虚斎集』三、天台の謝祭酒先生に上《たてまつ》る書にいはく。……已に『赤城論諫録』を得てこれを読み、又『遜志斎集』および『赤城詩集』を得てこれを読む。三集は皆、執事

の訂定表章するところ、関渉するところ近時の人の刊行するところの泛々《はんぱん》たるものと迥《はる》かに類せず、執事の養ふところ、ここに於いてます〳〵昭然として弁ずべし。……三集の中、遜志の一編は、則ち天地の正気沈鬱すること百年にしてほとんど泯滅するもの、一旦遂にその全を得て以て当世に顕行す。執事と黄亜卿公および前の学論趙先生との功、大なり。ああ遜志が如きは、けだし千載の一人なり。天地幸ひにこの人を生じて、乃ちつひにこれを祐けてこの人をしてつひに人世の用をなすことを得しむ。天地果して知るありや。痛言ここに及び、人をして直ちに天地を追憾するの心あらしむ。これをいかんぞや。この人をして当日、尽《ことごと》くその志を行ふことを得しめば、愚以為《おも》へらく、伊・周の天に格《いた》るの業、宜しく亦た遠からざるべし。しかもつひにこれに止まる。これを何と謂はんや」云云

および、

「遜志斎臨死の事、『方氏年譜』に詳らかなり」

を録していることは、一層彼の孝孺への関心の深さを示している。

しかしながら右は、方孝孺の壮絶な最期に対する闇斎の感動を示しているものであって、彼の孝孺の学問に対する注目は、これより早き明暦二年その三十九歳の時に著した『感興詩考註』に、孝孺の『読朱子感興詩』（『遜志斎集』巻四所収）の一文を冠していることによってうかがわれ、同じ類は『文会筆録』十六の、

「方正学『洞規賛』、辞最も好し。薛敬軒、此の規を以て学者を開示す。周孟中・賀欽も亦た此れを以て学者を教ふ。然れども周・賀は、なんぞ方・薛の見るところの処に及ば

にも見出だされる。

ん」

右に見るごとく、闇斎は初め、孝孺の、朱子の『感興詩』や『白鹿洞書院掲示』についての卓絶した識見に注目し、やがてその壮烈な最期を知るにおよんで、その事実の詳細を、『皇明通紀』を初めとする種々の書によって調べるに至ったのであろう。すなわち『文会筆録』の記述は抄録の断片に過ぎないが、方孝孺の面目を初めてわが国の学界に紹介したものといってよい。さればこの闇斎に従学した絅斎が『靖献遺言』を編するに当たり、方孝孺のために一巻を設けていることは、師の心を忠実に継承し発揮したものであった。

絅斎は方孝孺の巻に於いて、

「按ずるに建文の臣、孝孺の外に節に死するもの数十人、詳かに『備遺録』『皇明通紀』等の書に具す。いま悉くは録せず、特にその著しきものを附して、以て一時の忠義の盛なるを見《あらは》すといふ」

とか、夾註に於いてであるが、

「張芹が『備遺録』にいはく」

「鄭暁が『吾学編』にいふ」

「姚履旋が『遜志斎集』に外紀に『忠節録』を引きていはく」

「孝孺の友人林右、『遜志斎集』に序していはく」

「李卓吾が『蔵書』に『瑣綴録』を引きていふ」

のごとく、その条の依拠とした原書名を記しているが、このことは、従前の各巻、「司馬光いはく」「朱子いはく」「張栻いはく」のごとく人名のみを記してほとんど書名を記していない通例と頗る異なるものであって、それは、劉因まではなお検討を必要とするも一応基準としてよい正史があり、また資料としては簡単に過ぎるところがあるが、朱子およびその門流の眼を通して精選せられ厳密の評価を下されている『通鑑綱目』『続通鑑綱目』もあって、これを依拠として筆を進めることができたのに対し、方孝孺に於いては、さきに記したごとく『明史』は成っておらず、『続通鑑綱目』も元末をもって終わっており、ためにみずから諸書を比較し記述を検討して筆を進めねばならなかったためであろう。しかもその最も基準とすべき『遜志斎集』をもってすらも、「孝孺殉節の後、文禁甚だ厳なり。その門人王稌その遺稿を蔵し、宣徳の後、始めて稍〻伝播す。故にその中、闕文脱簡頗る多し。原本は凡そ三十巻、拾遺十巻、乃ち黄孔昭・謝鐸の編するところ。此の本は併せて二十四巻となす。則ち正徳中、顧璘《こりん》台州に守たりし時に重刊せしところなり」（『四庫全書総目提要』巻一百七十・遜志斎集二十四巻）といい、「是の集を載攷《さいこう》するは天順癸未に肇《はじ》まる。先生畢命《ひつみょう》の時を距つること已に六十寒暑を閲し、学諭臨海の趙洪始めて散落の詩文三百余首を得て蜀中に梓するを蜀本とす、趙みづから序あり、又二十年なる成化庚子、太平の謝文粛公鐸・黄巌の黄文毅公孔昭、偏《あま》ねく四方より輯《あつ》めて文千二百首を得、釐《をさ》めて三十巻、又拾遺十巻とし、寧海の令郭紳、邑に梓するを邑本とす、黄・謝二公、皆序あり。又四十年なる正徳庚辰、吾が郡の顧尚書璘、台の守たりしとき、その文を刪定して二十二巻、詩二巻とし、郡斎に重梓す、是れを郡本とす、顧の自序あり。嘉靖辛酉、兵道南昌の唐尭臣・提学范惟一・郡守王可大、復た前の刻本に拠り、参酌考訂して手民に付す、范惟一序・徐階序あり、范・王も亦た皆呉人なり。万暦壬子、中丞嘉善の丁賓・鴻臚帰安の銭士完・諭徳余姚の孫如游、復た江南に梓す、是れを江南本とす、孫如游序あり。崇禎辛巳、盱《く》眙《い》の張紹謙、寧海に令たり。又篆刻を加へ、かつこれに益すに年譜を以てす、倪文正・劉念台・陳臥子三先生の序あり。けだしここに至るまでに、已に六たび版を易ふ」云云（盛朝彦『方正学先生遜志斎集校勘記の後に書す』）というのであるから、その集に諸本があり、しかもその間に出入異同があって、取捨に苦しんだことが察せられ、そのいうところの「今、『遜志斎集』トテ二十巻ホドアリテ唐本ニテワタル。イロ〳〵アルガ、口ニ年譜ノノセテアルガヨイ」（絅斎『講説』）は、まことにその検討取捨の苦心の余に発せられた言であったのである（『年譜』は崇禎刊本に初めて収む）。

かくして絅斎は、『遜志斎』の討検を経とし、『皇明通紀』以下の諸書に見える事実を取捨して、もって本「方孝孺」の巻を成したことであった。

本巻に於いてさらに注目しておかねばならぬことは、方孝孺殉難に関連して朱子学の三不幸と三幸とを叙し、宋の理宗、元の許衡、明の文皇（永楽帝）の所為をもって朱子在天の霊、憤罵排斥して容れざるや必せりとし、李燔・劉因・方孝孺をもって綱常を確守し、その志を遂げたもの、伯夷・叔斉と并せて五匹夫とすべく、その風采義気、烈々として秋霜夏日のごとく、聖賢綱常の学、実に頼ることありとす、と説いていることであるが、その詳細は本文のとおりである。

『靖献遺言』の後に書す

古今忠臣義士、素定の規、臨絶の音、衰頽危乱の時に見《あらは》れて、青史遺編の中に表するもの、昭昭たり。捧誦してこれを覆玩するごとに、その精確惻怛《そくだつ》の心、光明俊偉の気、人をして当時に際《まじ》はり、その風采に接《つ》ぐが如くにして、感慨歎息、歆慕《きんぼ》奮竦《ふんしょう》、みづから已むあたはざるものあらしむ。それも亦た尚《たっと》ぶべきかな。間〻《まま》窃《ひそ》かにその特に著《いちぢる》しきものを纂《あつ》めて八篇を得、謹みて謄録《とうろく》すること右の如し。かつその事蹟の大略を稽《かんが》へ、これを本題の下に紀《しる》し、その声辞に発するのおの〳〵然る所以《ゆゑん》のものをして、以て并せ考ふることあらしむ。その他、一時同体の士、よりて附見すべきものと、先正の格論、綱常の要に関《あづか》ることあると、以てかの生を媮《ぬす》み義を忘れ非を飾り售《う》るを求めて、以て天下後世を欺かんと欲するものに及ぶに至りて、又率《おほむ》ね類推究覈《きゅうかく》して以て巻後に属することを得。ああ、箕子《きし》已に往けり。而してそのみづから靖《やす》んじみづから先王に献ずる所以のもの、万古一心、彼此《ひし》間《へだて》なきこと、かくの如し。然らば則ち後の遺言を読むもの、その心を験《ため》す所以、亦た豈《あに》遠く求めんや。浅見安正敬書

〔訳文〕

右『靖献遺言』の跋文。本書編纂の目的、および「靖献」と名づけた理由を述ぶ。〔強斎

講義〕コノ様ナ書ニハ、総体ガ跋ニ書イタガヨイト合点スベシ。

古今の忠臣義士の平生に於いて心のうちに確立しているところの規範、死に臨んでいい置いた遺言、いずれも君国の大変の際にあらわれて、史伝のうちに明らかに記されているのである。わたくしはそれを拝読しさらにくり返して考えるたびに、その純粋にして確乎、しかも已むに已まれぬ深き思いに満ちた心、一点の曇りも蔭《かげ》もなく、鉄壁を破らんばかりの傑出した気象に触れ、まさしくわが身も当時にあってその人々の風采に接した思いを生じ、感激敬慕奮起、已めんとして已むるあたわざるを覚えるのである。まことに尊いことといわねばならない。

わたくしは、ひまひまにそのような忠臣義士の遺言を求め、中でもその著しきものを編纂して、屈平以下方孝孺に至る八篇を得たので、これを謹んで浄書すること右の通りである。かつ、その人の事蹟の大略を考えてこれをその題名の下に記し、遺言が発せられねばならなかった理由を併せ考えさせることとし、さらに附載して参看するに足る当時の同体の人物の言行、先正の確論にして道義の根本に関係あるもの、加えていのちを惜しんで道義を忘れ、己の非を飾り名を売るを計り、それによって天下後世を欺かんとしたものどもに至るまでを取り上げてこれを類推選考し、それを各巻の後に収録しておいた。

まことに箕子《きし》逝きて久しくなるが、その、みずから靖《やす》じみずから先王に献じた精神は、万古を貫いて彼此一体、後世の忠臣義士の精神とへだてなきこと、本書に見て来た通りである。されば後世のこの書を読む人々よ、自己の心の何たるかを知らんとするならば、これを遠くに求めることを必要とせぬ。わがうちなるこの靖献の一念、これこそわが心の本体に外ならぬのである。浅見安正、敬《つつ》しみて記す。

〔語釈〕

○素定の規　規はぶんまわし、コンパス、転じて法度、規範。〔強斎講義〕生死ノ場ニ臨ンデ忠義ガアラハル、デハナイ。平生大根ガ立ツテイテ素定之規ガ堅リテヲル故、平生ナリニ変ナ場デモ、ソレナリニ変ゼズアラハル、ゾ。○衰頽危乱の時に見《あらは》れて〔秦山講義〕忠臣ノ身ヲ義理ノ通リニ処シ得ラル、ト云フハ、皆時ノ衰ヘタ乱世デナケレバ、カツキリト見ヘヌ。衰頽危乱ハ乱世ノ事ゾ。○青史　書物。汗青に同じ、二三八頁参看。○精確惻怛《そくだつ》　精は雑《まじ》りのないこと、確は固く守って動揺のないこと。惻怛はいたましくてたまらぬこと。○その風采に接《つ》ぐ　古の忠臣義士のすぐれた姿にあう思いがする。接を「つぐ」と訓むは、墨山の講義に「接グ」とあるによる。○歆慕奮竦《きんぼふんしょう》　歆慕は心が動いてしたう。歆は動くこと。奮竦は気がふるい立ってわが身がそびえるようになること。○尚《たつと》ぶ　尊ぶ。○その事蹟の大略を稽《かんが》へ〔墨山講義〕本伝ニアルヤフニコト〳〵ク精シフハ載セラレヌデ、其ノ人々ノ事ガラノ大略ノ処ヲ考ヘテ。○然る所以のもの〔墨山講義〕屈原ノ『懐沙賦』ナレバ屈原ドフ云フ子細アツテコノ『懐沙』ハ作ラレタゾ、孔明『出師』ハ何事デ認《したた》メラレタゾト云フコトガ、前書キヲ読ムトコト〳〵クシレルデ、ソコガ所以然ト云フモノ。○一時同体の士〔墨山講義〕タトヘバ顔真卿ナレバ、顔真卿トヲモニ立テテヲイテ、ソノアトニ許遠・張巡ナドノコトガアガツテアル。アレハミナ一時同体之士ト云フモノ。○先正の格論　格論は至極の、正しく動かすことのできぬ論。〔墨山講義〕先正ノ正ハ前賢タチノコトデハアレドモ、イツデモ格段重イ衆ニツカフ文字。モト『書経』ノ中ニ伊尹《いいん》ノコトニ云ツテアル文字（説命《えつめい》篇に「昔、先正保衡」とある。保衡は伊尹をいう）、重イ大賢タチノ至極ノ議論ノ三綱五常ノ道ノ要領ニアヅカルヤウナ詞ガアレバ、夫レモ亦ノセ。同体ノ士ヲノセルハ行事ノ方ガヲモ、先正ノ格論ハ言語ノ方ガヲモニアゲタモノ。○類推究覈《きゅうかく》　類推は同類のものを集めてその類似しているところから解決の道を引き出すこと。究覈は紛れのないようにきびしく吟味しつめること。○箕子《きし》　微子・比干《ひかん》と合わせて殷の三仁といわれる。紂《ちゅう》王の無道を諌めて容れられず、去って朝鮮に入り、朝鮮を建国したと伝える。○みづから靖《やす》んじみづから先王に献ず『書経』微子篇に見える、箕子が微子にいったことば。人々おのおのみずから安んじて己れの志す道を進み、それぞれその身命を捧げて先王に報いるべきである。先王とは、王室代々の君の意。〔秦山講義〕箕子ハ千歳以前ニ死ナレタガ、箕子ノ自靖自献于先王ト云ハレタ詞ハ万古忠臣ノ心デ、忠義ヲ尽シテ死ヌルト云フニカウ云フヨリ外ノ云ヒヤウハナイ。箕子ガ紂王ノ悪逆ガ盛ニナッテ、ミス〳〵周ノ天下ニナル事ガ見ヘテヲツタニヨッテ、三人ノ衆ガ寄合ツテ相談セラレタレバ、此方ノ身ハ先達テ御先祖代々ノ天子ヘ差上ゲテヲイタ、我身デナイカラハ死ヌルヨリ外ハナイト云ハレタ。此詞ハ、『書経』箕子《(マヽ)》ノ篇ニ載ツテ、ドコヘ持ツテマイツテモ、忠臣ノ心ハ皆是ゾ。日本ノ楠ガ此二字ノ旨ハ知ライデモ、アノ道ニ処シテ行ハレタナリハ、此二字ニヒシト合フ。○然らば則ち云云〔強斎講義〕靖ンジ献ズルノ心ガ見タクバ、遠ク求メンヤ。人々忠義ノ心ノナイ者ハナイ。皆其心ヲ得テヲルカラハ、昔語リノ様ニ孔明ガカフデ文山ガカフデト云フハ、其心ガナイト云フモノ。其心ノナイハ人デナイ。其衆ノ心ヲ験ス所ノ者ハ我ニ在ツテ、疵ノ付カヌヤフニ平生養ヒ、我ガ心ニ恥シフナイヤフニ、イカ様ナ変ナ場デモ、イカ様ナ難儀ノ場デモ、其ノ心ナリニ立切ツテユケバ、万古一心、古今無間ノ心ヲ得タト云フモノ。スレバ豈遠求也耶トナリ。キワメテ親切ナコトナリ。耶ハ歎ジテヲイテ云フ辞ゾ。箕子ノ自靖自献ト云ハレタ旨ヲ、コノ八人ノ衆ノ其旨ニソムカヌ衆デ説カレテ、誰デモ忠義ノ心ノナイ者ハナイホドニ、コノナリニ平生カラ養ツテユケトアル旨デ、御奉公ノ為ニコノ書ヲ集メタトアル。先生ノ意、学者ノ身ニ親切ナコト、熟読体察スベシ。

浅見絅斎小伝

近藤啓吾

一

京都鳥辺山墓地に存する浅見絅斎《けいさい》墓表の碑陰によれば、絅斎は承応元年八月十三日の生まれにして、正徳元年十二月朔日、六十歳をもって歿したという。正徳という年号は必ずしも著名でないが、名高い赤穂義士の打ち入りがあったのが元禄十五年、その元禄が十六年で終わり、その後、宝永が七年続いて正徳と改まるのであるから、その大体が知れよう。西暦でいえば正徳元年は一七一一年に当たる。すなわちおおよそにいって、その生涯は江戸時代前期の後半より中期の初めであったといってよい。

その祖先は近江の琵琶湖東岸の領主京極氏、さらに浅井氏に仕えたが、浅井氏の滅亡後、湖西の高島郡新庄（いま高島市新旭町のうち）に隠棲《いんせい》したと伝え、いまも同地にその子孫が代々住んでいた地が「浅見屋敷」と呼ばれて存している。

その浅見氏に俊盈《しゅんえい》、号道斎という人物があり、京都に出て医を業とし、貞享三年十月二十二日に歿した。すなわち絅斎の父である。

道斎は五人の男子があり、長男道哲、医を業として京に歿した。次男が絅斎、そしてその下の弟三人のうちの吉兵衛は京に於いて米商を営み、一人は早世、一人は出でて他家を継いだという。

道斎は恐らく浅見家復興の夢を托したのであろう、その子を費用を惜しむことなく当時の名ある人にまみえしめたという。絅斎が若き日、あるいは名刹に住持をたずねてはその教えを請い、あるいは軍学に思いを潜め、あるいは医術を学び、あるいは伊藤仁斎に儒学を問うているのは、そのためであったと思われる。仁斎は山崎闇斎と並び、当時京を代表する学者であったが、仁斎の、人間をそのままに肯定し、自由を主張する学風は、絅斎の求める師というものの姿とは遠く離れていたものであったと見え、やがてそのもとを去って、また訪うことがなかった。

その絅斎をして、生涯を決定させたものは山崎闇斎をたずね、そのきびしく自己を鍛えんとする厳格な学問に接したことであって、それは延宝四、五年、即ち二十五、六歳のことであったと考えられる。但し、二十五、六歳といえば少しく晩学の感があるが、その時、儒学は一通り以上の知識を得ていたのである。

闇斎が絅斎に授けたものは神道と儒学との二つであったが、絅斎が専ら修めたものは儒学であった。これは闇斎が絅斎の人物学問を見て、先ず儒学に徹せしめ、その上で神道にも心を向けさせようとしたためとも思われるが、同時に絅斎の若き知識欲が、儒学殊《こと》に朱子学の持つ厳格にして整然たる論理体系に引きつけられたためでもあったろう。すなわち当時の絅斎から見れば、不可知の世界を持つ、神道の非論理性は、学問の対象とは考え得なかったのであろう。しかしながら絅斎が神道を否定するものでなかったことは、門人若林強斎が師のことを「経学に精を出され候故、余力なく、其の伝をも得られず候と相見え候。平生聊《いささ》かも神道を破せらるゝ様なことは無レ之候」（『雑話筆記』）と語っている通りであった。

二

闇斎に入門して絅斎の学問はめざましく進歩した。闇斎は延宝五年十二月、『張書抄略』を完成しているが、その浄書を絅斎がしていることもそれを証する一であろう（「書山崎先生真蹟後」）。絅斎の詩文を集めた『浅見先生文集』には、闇斎への入門以前である延宝三年、その二十四歳までに作った詩四十五首が収められているのに、その後の約十年ほどの作品がなく、貞享元年、三十三歳以後の作品がまた収められている。このことは、闇斎に入門して師の学問に対する感動から、もっぱら経学に尽力し、一時作詩の興味を失ってしまったことを示すものではなかろうか。これも当時の絅斎を知る証の一である。

しかしながら、絅斎が神道を否定せぬものの、力を儒学のみにもっぱらにしたことは、闇斎との間に意思の疏通を欠くこととなり、結局、師弟の間に疎遠を生ずる。そしてこれは『易経』文言伝に見える「敬以て内を直くし、義以て外を方にす」の解釈をめぐり、遂に取りかえしのつかぬ不幸を生ずることとなる。すなわち闇斎は『近思録』の講義の際、この語に言及して、「敬以て内を直くす」とは『大学』の八条目の修身以下のこと（修身・誠意・正心・格物・致知）であり、「義以て外を方にす」とは八条目の斉家以上のこと（斉家・治表したのである。

国・平天下）であると説いたが、この解釈は、従来先学の説いたところと著しく異なっていたので、門下のうちにこれは朱子の正説でないと反対するものが現れ、絅斎もそれに賛意を表したのである。

朱子の説とは、内を心とし外を行いとして、敬虔の態度を守ってわが心を直くし、道義によってわが行いを規制するというものである。確かにこの語を、文言伝の語として考える限りに於いては、門下の反対することに一理なしとしないであろう。しかし闇斎がそれを棄てて独自の説を唱えるに至ったのは、確乎たる信念があった故であって、それは遠くわが国の成立に思いを馳せ、深くその跡に沈潜したために外ならなかったのである。江戸の学者伴部《ともべ》安崇《やすたか》は『敬義内外考』を著して闇斎の説のよって来るところを考え、それは「実に神道磤馭盧島《おのころ》の妙旨に契《かな》」ったもので、神道に対する研鑽から生じたのであるといっているのは、それを最もよく理解したものということができる。まことに闇斎晩年の思想は、わが国の古典に沈潜することによって知った、歴史に具現されている国家建設の偉業と、それを継承し発展させて来た父祖の努力に対する大きな感動の上に立つものであって、敬義内外に関する説も、その感動のなかから生まれて来た。しかし、儒学、ことに朱子の学問をもって絶対至上のものと信じ、その究明のみに専念していた当時の絅斎には、師のこのような態度は納得できるものでなく、そのために飽くまで反対して已まず、ついに不興を蒙るをも意とせず、やがて師が病床の人となるも見舞うことすらしなかったのである。そして絅斎のこの一点こそ、門人強斎が、「これは絅斎の門人たるもの、血の涙を流して歎くはずのこと」（当舎修斎筆記『雑記』）と、深く道義の上より遺憾としたことであり、絅斎自身に於いても、後には深くこれを悔いて、香をたいて師の霊に謝したことであった。

三

しかしこのように絅斎をして過去の自己を深く懺悔するに至らしめるには、そのための大きな理由がなければならぬ。しからば何がその理由であるか。けだしそれは『靖献遺言』編纂の事実であった。絅斎は同書の編纂という実践を通じ、いまさらの如く師闇斎の学問の偉大さを知り、その精神に驚き、始めてその継承発揮をもってみずからの責務とするに至るのである。

「『遺言』成就四年かかりたぞ。なかなか今の精力にてはならぬぞ」（『常話劄記』）とは、絅斎後年の述懐であるが、まことに『靖献遺言』は絅斎の主著というにふさわしい大著である。

いうまでもなく本書は、楚の屈平、漢の諸葛亮、晋の陶潜、唐の顔真卿、宋の文天祥および謝枋得、処士劉因、明の方孝孺の八人を取り上げて、それらの人々の国家・民族の大事に際し、道義に拠《よ》って屈することなく、永く後世の人々を奮起させている忠烈のことばを高く掲げ、これを中心として、それぞれの人物の言行や参考とすべき事実を集めたものである。しかしこの八人を選択した上に師闇斎の影響が強く表れていることは、闇斎の読書劄記《さつき》『文会筆録』のうちに、諸葛亮・文天祥・方孝孺に関する記述がしばしば見えていることや、絅斎にかつて学び、さらに闇斎晩年の教えを受けた土佐の谷秦山《じんざん》に、本書とは全く別に、しかもほぼ同内容同趣旨の『炳丹録《へいたん》』という書物を作る計画があったことによっても察せられよう。『炳丹録』は、『靖献遺言』を見てその編纂を中止したため、その序文しか伝わっていないが、『靖献遺言』『炳丹録』ともに闇斎晩年の意志を具現しようとしたものであった。されればみずからこのことについて、

「(闇斎先生は)学問は名分がたたねば君臣の大義を失ふとの玉ふぞ。此の意を世人に知らせんと思ふて、をれが『靖献遺言』の書をあらはし出したぞ。この書をよくみよ。聖人の大道、嘉右衛門殿(闇斎)の心、この書にあり」(『浅見先生学談』)

といっているのである。

『靖献遺言』の編纂が、闇斎の学問を継いで成されたのであることは、以上で明らかとなった。しからば本書の眼目は何であるか。絅斎は本書完成の翌年なる元禄元年十月より翌二年閏正月にかけて、みずから本書中の重要なる問題を取り上げて詳細に講義し、その筆記は『靖献遺言講義』と題して伝えられているが、その講義のうちで最も意を注いでいるのは「正統」と「中国」との問題であり、それによっておのずから本書編纂の眼目が何であるかを察せしめる。

そもそも正統論は、漢土に於いて、三国時代の蜀漢・魏・呉三国のうち、いずれを正統と認めるかということに端を発している。正統が明らかになりて始めて道義もその基盤を有することとなり、天下もその秩序の根源が成るのであり、正統が亡べば歴史は一貫を失い、国家もその生命が断たれてしまう。されば一旦革命が行われた国に於いては、最早純粋の意味に於ける正統は存在せず、わずかに天下を長く統御したという事実に対し、正統の名を許す

こととなる。しかもこのような第二義的価値に過ぎぬ正統であっても、それに対して謀叛を企てるものがあれば、それを賊とする。正統とはかくも重大な問題である。そして正統がこのように重大であるから、これを継承するものは、その護持のために全責任を負わねばならない。そして継承者にこの自覚があって、始めて秩序はその根源を有し、歴史はその一貫を保つことができる。以上のような立場に立って、絅斎は、後漢最後の天子であった献帝が、帝位を魏の曹丕《そうひ》に譲ったことを非なりとし、

「それ天下は漢の天下、高祖以来相伝の重器、後世子孫の敢へてみづから専らにするところにあらざるなり。故に献帝たるものは、もし兵尽き力竭《つ》き、宗廟社稷《しゃしょく》守ることを得べからざれば、則ち自殺して可なり、戦死して可なり。これ亡国の君の、正統を守りて先帝に報ずる所以《ゆえん》の不易の常体なり。然らずして軽《かるが》るしく祖宗の天下を以て人に与ふれば、則ち敵国・賊徒を論ずることなく、親戚・族類と雖ども、皆みづから祖宗に背《そむ》けるのみ。国家を亡ぼすの罪、豈逃《のが》るることを得んや。ここを以て献帝と雖ども、天下を以て人に与ふれば、則ち均しくこれを名づけて賊といふのみ」（『靖献遺言講義』三国正統弁）

と説いているのである。そして絅斎は正統の純正を、ひとりわが国の歴史に於いてのみ、発見したのである。

「況んや吾が国は、天地開けて以来、正統続き、万世君臣の大綱変ぜざること、是れ三綱の大なるものにして、他国の及ばざるところにあらずや」（同・処士劉因）

しかしながら、その国に純正の正統が存すると存しないとに関係なく、いずれの国にもその国独自の歴史があり国体があるのであるから、「正統」とともに、自国と他国との区別が

重大となって来る。ここに「中国」の論が生ずる。「中国」とは、自己が自己の属する国家に対する称であって、これは自己が自国の歴史のうちに生きていることの自覚を示す語に外ならない。決してある国のみを指す固有名詞ではないのである。ここには自国と他国との強弱大小貧富等の比較は存しない。ただ自己の属する国が独立独歩しているという誇りのみがある。絅斎はこのことを次のように講じている。

「中国・夷狄《いてき》といふことあるにつき、唐《から》の書に日本をも夷狄といひ置くを見て、とぼけた学者が、あら口惜しや恥づかしや、我れは夷狄に生まれたげなとて我れと作り病ひをして嘆くが、さても浅間敷《あさましき》見識ぞ。我が生れた国ほど大事の中国がどこにあらふぞ。国は小さくと何が違《たが》はうと、同じ日月を唐人の指図を受けもせずに戴いている国に、唐人が夷狄と書いておいたほどにとて、最早はげぬやうに覚えてゐるのは、人に唾《つば》をかけられて得拭《えぬぐ》はずに泣いてゐると同じことぞ。それでも聖人も夷狄というたものといはふけれども、それは唐の聖人からはさふいふ筈ぞ。日本の聖人は又、此方《こちら》を中国にしてあちを夷狄といふ筈ぞ。それではすれあふがといへば、それが義理といふものぞ。大義を知らぬものは、そこで迷ふ」（同）

ここに、唐の書に日本を夷狄といい置くを見て、あら口惜しや恥ずかしや、われは夷狄に生まれたげなと作り病したという学者が誰を指すものであるかはわからぬが、近世教学の祖と称せられている藤原惺窩《せいか》が、「常に中華の風を慕ひ、その文物を見んと欲し」ていたとは、門人林羅山が記しているところであり、その羅山も「中華に降生して有徳有才の人と講習討論せざるは遺憾なり」といったとは、その子読耕斎が記しているところであって、当時の学者、おおむね皆このような考えであったのである。絅斎の右の論は、そのような風潮のうちにあって立てられたものであったことを、よく考えねばならない。

以上にて、『靖献遺言』の眼目とするところが明らかとなった。そして本書は、その眼目を把握した上に立って、毎日の自己の精神を古人義烈の足跡に照らして鍛錬するためのものであった。巻一・屈平の巻に収められている朱子の語、

「平居暇日、琢磨《たくま》淬厲《さいれい》する、緩急の際、尚ほ退縮に免かれず。況んや游談聚議、習ひて軟熟をなす、卒然警ある、何を以てその節に仗《よ》り義に死することを得んや。大抵《たいてい》義理を顧みず、たゞ利害を計較するのみ。みな奴婢《どひ》の態、殊《たへ》て鄙厭《ひえん》すべし」

は、最も端的にそれを示すものである。

四

絅斎の『靖献遺言』編纂の上にて注意しておかねばならぬことは、絅斎が史実の考証はいうまでもなく、本文の文字の決定に於いても、細心にして厳密なる態度を持していることである。例えば屈平の巻に見える上官大夫と用事者靳尚《きんしょう》との関係である。絅斎は、上官大夫と靳尚とを別人として扱っているが、これは思うに『史記』の屈原列伝の記述を忠実に承けたものであって、従来は劉向・王逸・朱子等の記述、この点に於いて頗る明確を欠いていたものである。また諸葛亮の巻に収めている「出師表《すいしのひょう》」の本文の決定といい、陶潜の巻の「伯夷頌」の底本の選択といい、絅斎は極めて自主的な態度にて先学の研究を批判取捨しており、

朱子の説に対しても決して盲従していない。但し、当時舶来した資料がその正しい結論を出すために十分でなかったり、使用した書物に誤りがあったりしたために、判断に時に誤りがなかったとはしないが、それでも為し得る限りの努力をして、博捜精査、誤りなきを常に期している。例えば顔真卿の巻に於いて、その生歿を推定して一年を誤っているが、これは資料の不足から来た已むを得ぬ誤りであり、しかもみずからその結論に至った理由を明記していることは、極めて誠実の態度である。劉因の巻に収めている「孝子田君の墓表」に於いて、同原文中に惻然伏代とあるは、その拠った原本が明《みん》刊脩徳堂本『元文類』であったため、その誤りを踏襲したものであり、しかもその伏字の下にみずから恐欲字と註記していることは、元槧《げんざん》の同書が正しく惻然欲代に作っていることに照らして、その読書力がいかに深く鋭いものであったかを知ることができる。

絅斎はこのようにして『靖献遺言』の編纂に苦辛することにより、いつしか、かつて奉じて唯一絶対の学問であるとしていた朱子の説をさえも乗り越えるに至ったのである。そしてこれは、絅斎が師闇斎の学問の継承をもって責務とする自覚を確立したということに外ならなかった。すなわち碩学朱子をもってしても、その研究になお不十分のところがあるを知った時、絅斎は始めて師闇斎晩年の学問に近づくことができた。「何ぞ大切な吟味になると、始終山崎先生のことを引いていはれた」といい、「自分が学問といへば、嘉右衛門殿の落穂をひらう」のみであると述懐したというは、門人強斎の語るところであるが、いまや旧き自己を克服した彼の眼に映じた闇斎の姿は、感歎と感動を発する外なきものであったのである。

五

『靖献遺言』に関連して附記しておきたきは『忠孝類説』の編纂である。同書は、松田左馬助、唐の李璀《りさい》、石堂右馬頭、漢の王陵、同じく趙苞、蜀漢の徐庶、毛受《めんじゅ》兄弟、源義朝の九人の八例を取り挙げて、君親の間の板ばさみ、即ち忠孝両立しがたき窮地に陥った時、臣子たるものはいかに処すべきものであるかの道を講究したものである。本書には序跋がないのでその成立を明らかにする手がかりがないが、『靖献遺言講義』のうちに挙げている絅斎の義朝・李璀・松田左馬助等に対する論と、本書に於けるこれらの人物に対する評とが趣旨全く等しいことから見て、両書は前後して成ったものと考えられる。本書に注意すべきところは、絅斎が古人に論評を下すに当たって、ある人にはその行為志節の観るべきものあるがために、敢えて責備の厳を極めており、ある人にはその行動の背景となっている諸事情を深察してその心事に同情していることである。すなわち絅斎は道義の上からは厳しく批判すべきを批判しながら、しかもいたずらに観念論をもって責めるのでなく、常に極めて具体的にして親切な態度を持している。されば本書は、小冊であるが、絅斎の学問の本質を知る上に極めて重要な著書である。

元禄四年（四十歳）六月、『拘幽操附録』を著した。本書は初めに程子・張載・朱子の、君臣の間の道義を説いた語を挙げ、次に泰伯・文王・伯夷叔斉を主題とした欧陽脩・蘇軾・游酢・朱子・蔡沈《さいちょう》・熊禾《ゆうか》等の宋儒や、薛瑄《せっせん》・唐順之等の明儒の語を収めて、これによって、師闇斎が表章刊行した『拘幽操』の精神を明らかにしようとしたものであって、その跋には「平常に於いて大義の何たるかを講究し、大節に臨んでは、自己の立場を択ぶのに惑うことなからしめよう」とするものであるとある。『靖献遺言』の結論を示したものというべきであろう。なお絅斎には『拘幽操』の講義の筆記も伝えられており、これまた絅斎に止まらず、闇斎師弟、およびその門流が、何を学問の目標とし、その態度いかなるものであったかを知る上に貴重である。

『拘幽操附録』と同年に著したものに『喪祭小記』がある。本書は、『通祭小記』と『喪葬小記』とを合わせたものであって、喪祭という重要な礼について、これを日本人としていかに行うべきかを、図を示しつつ詳細かつ具体的に説いたものである。絅斎は本書の依拠を朱子の『家礼』に求めたが、これを形に於いて倣《なら》わずに理に於いて採り、わが国の歴史風俗に適するものに改編しようとしている。すなわち『靖献遺言』によって得た内外の念が、この書の根源をなしていることは、疑うことができない。

絅斎は以上の外に、『伊川先生四《し》箴《しん》附考』『論語筆記』（以上元禄四年）、『氏族弁証』（同五年）、『六経編考』（同六年）、『批大学弁断』（同八年）、『大《だ》戴《たい》礼《らい》記《き》』（同五年）、『朱子家礼』（同十年）の点刊を行っており、これらの諸書はいずれも長く門流に指標となったものであるが、なかでも広く後学に学恩を与えているものは『朱子文集』の点刊である。本書が刊行されたのは正徳元年のことであるが、その底本の選択と校定の精確に於いて、絅斎の学者としての卓越した識見が示されている。

絅斎は『靖献遺言』の完成を出発点として、これより数ヵ年、編纂、著述、点刊を重ね、その努力は驚歎に堪えぬものがあった。思うにこれは『靖献遺言』の完成によってその学識確立し、自信鞏固《きょうこ》となった余勢を駆って、猛然と学者としての仕事に邁進したものであろう。しかるに元禄十年、その四十六歳の時に校刊した『朱子家礼』を最後に、その後はほとんど新しい書物の刊行を見なくなるのである。これは思うに、この頃より門人の入門者漸く多くなり、もっぱらその教導に力を注がねばならなくなったためであろう。そしてそのことは、元禄十年春、山本良貴・岩崎修敬が上京入門、同年十月にはさらに良貴の弟信義（復斎）が入門、十二年には江戸の多田亀運が、十三年には秋田の中山専庵が来学しており、若林強斎も十四、十五年の頃入門している等、優秀の門人がこの頃より続々と入門していることによって明らかである。絅斎の塾はいわゆる「錦陌《きんはく》講堂」であり、それは錦小路にあったところから名づけられた。大丸百貨店の北側に当たる地に、「浅見綱《（マヽ）》斎邸址」（大正五年五月、京都市教育会）と刻した石標が立っている。絅斎の教導は一面厳格を極めており、強斎はそれを、

「親が病気で京都に住めぬ事体であったので、三井寺《みいでら》の別所の小関というところにある微妙《みみょう》寺という寺を借りて住んでおり、極めて苦しい境遇であったが、そのようなうちにあって、隔日に京に通学した。朝の講義に遅れぬようにしなければならぬので、大津は未明に出たことであった。夏などは、途中で着ていた衣服のままでは講義の席に出られぬので、道中は衣服と袴とを刀の先にくくりつけ、かついで襦袢《じゅばん》一枚になって通ったが、先生が留守で困ったこともある。帰ると親の看病をし、それからまた京に出かける。こうして苦学している私であるのに、先生は少しは思いやりがあるかと思うと、この私をつかまえて諸

方へ手紙を書かせたり、使いをいいつけられる。いやとはいわれず、これは私でなければ駄目なのかと思うことばかりであった。しかしここでくじけると役に立たぬところであったが、そこを屈せず、雨でも晴れでもひるむことなく、通いとおしたことで、その間には煩ったこともあるが、それでも怠らず、同門の玄悦などに、もし大津街道に行き倒れのものがあったら、それは必ず自分だと、たわぶれたことである」(『雑話筆記』)

と回想している。

しかし絅斎の態度は、厳に過ぎるのみでなく、師弟の間におのずから一脈の暖気の通ずるものがあったことも、強斎の次の回想によく現れている。

「屋根が漏《も》るので、先生は私を相手にして屋根にのぼられるが、大男でよく肥えておられるので、踏まれるところがぬける、あるいは講座のねだが落ちると、先生の木槌《きやり》で、私がいつも相手になって持ち上げたことであった。それほど清貧であったが、先生には、それなりに安んじて、ついに富貴利達を求められる心がなく、世に手出しをされるということは、全くなかった。ある時、やっこ茶屋の近くに、『どうはれ』という餅を売っていたので、それを先生にみやげとして差し上げると、日頃大食で餅好きであったので、それをフサフサと喰いながら、そちもこの餅を買う余裕があるなら、まだよいわと笑われたことであった」(同)

絅斎のこの門下に対する厳しさと温かさの両面は、そのまま門下に伝えられ、長くその学流を貫く特色となったのである。

六

錦陌講堂に絅斎の教えを受けた人物、若林強斎、山本兄弟を始めとして、北は秋田・越後より、南は筑後・土佐と全国にわたり、極めて多く、その人々によってその門下に伝えられ、その門下よりまたその門下に伝えられ、それはあたかも大木の幹から大枝が出、大枝より中枝が出、中枝よりさらに小枝が網の目となって出ているのに似ており、このようにしてその学問は、明治維新を導く大きな力となる。しかも絅斎を仰ぐ後の人々が、最もその力を与えられたものは『靖献遺言』に外ならなかった。吉田松陰が野山の獄のうちにあって本書を熟読していることは、その獄中の読書控『野山獄読書記』によって知られるが、さらに橋本景岳は、その外出に際して常に本書を懐中にしていたということにて、謝枋得「雪中松柏」云云の詩を揮毫した一幅が現存しており、梅田雲浜は『靖献遺言』で固めた男と評せられている。幕末の名藩主松平春嶽にも「読二靖献遺言一有レ作」と題する七言律詩があることから見て、春嶽が本書を読んで精神を鍛えていたこと、疑うことができない。然らば本書は、著されて百数十年の後に、多くの俊傑の魂に大きな感銘を与え、奮起せしめたのである。これらの先人のうちから、ここに雲浜と有馬新七の二人を取り挙げて、本書がいかにその力を養うものとなっていたかを考えておきたい。

　強斎が困苦のうちにあって勉学屈しなかったことは既に記した。正徳元年、絅斎が歿するや、人々の期待はおのずから強斎の身に集まり、師の後継者として立つことを勧められ、強斎も皇居の前、堺町通りに塾舎を再興する。一旦離散した絅斎の門下は、あらためて強斎の教えを受くべくそのもとに集まった。その人々のうちに広木文蔵があり近藤玄悦があった。秋田の梅津大蔵は、絅斎に従学すべく遥々《はるばる》上京したが已に絅斎は歿していたので、一旦、復斎に就き、あらためて強斎に入門した。このようにして絅斎の学問は強斎によって正しく継承せられる。その強斎が、その書斎に名づけたのは「望楠軒」、楠木正成を慕い、臣子たるものの目標、この人の外になしというところより名づけられたものである。それより望楠軒は、有志の学徒講学の道場となるが、強斎の歿後それを継いだるが高弟にして女婿であった小野鶴山、鶴山が若狭侯酒井氏に聘せられると西依成斎その後を承け、成斎の後は墨山・孝鐸とその子孫がこれを守って来たが、文政十年孝鐸歿するや、その子孝博が年少であったため、選ばれてその講主となったのが雲浜であった。

雲浜の師は山口菅山である。これよりさき小野鶴山は儒官として酒井氏に仕えたが、男子なきために同門であった山口春水の第六子風簷《ふうえん》にその女《むすめ》を嫁がしめて業を伝え、風簷の子が即ち菅山であるから、雲浜は強斎―鶴山―風簷―菅山と、望楠軒正統の学を受けたものであった。しかるに嘉永六年六月、米使ペリー浦賀に来航、ついで露使プチャーチン長崎に来航し、国内騒然となるや、雲浜はここに於いて筆を抛って国事に起ち、江戸に水戸に福井にと文字通り東奔西走するのであるが、この間、夫人信子、よく留守の家を守った。しかるに安政元年九月、プチャーチンが突如大坂湾に侵入したので、雲浜は彼を慕う有志の人々とこれが撃攘に起つのであるが、夫人は既に過労のために倒れて牀中《しょうちゅう》にあった。次の絶唱は、その時の心中を吐露したものであって、志士の悲懐を詠じてまことに千古の名作といわねばならぬ。

　妻は病牀に臥し児は飢に叫ぶ
　身を挺して直ちに戎夷に当らんと欲す
　今朝　死別と生別と
　ただ皇天后土の知るあるのみ

　雲浜の志は「功名を以て人を品するものは俗情なり。学者はまさに忠義を論ずべきのみ」（「三宅高幸に贈る」）、「事成らずして倒るるも、その志は長く世に伝はり、勤王の魁《さきがけ》と相成り候へば、又是れ男子の大幸ならずや」（鵜飼吉右衛門あて書簡）によってうかがわれ、実に身をもって天下の道義の先駆たらんと期したものであった。雲浜はそのため水戸藩に注目し、その奮起を期待して、いわゆる勅《ちよく》諚《じよう》降下のために奔走したのであるが、その実現を見ながら井伊大老の弾圧にあって敗れ、その身も囚えられ、安政六年九月十四日、小笠原藩邸に於いて、お預けのままついに病死した。享年四十五歳。

　有馬新七は、文政八年十一月四日、薩摩国伊集院《いじゆういん》に生まれた。少年時代、既に絅斎の学問の影響を受けて『靖献遺言』を愛読し、楠公の忠誠を慕ったが、さらに十九歳にて江戸に遊学、山口菅山の門に入り、絅斎・強斎以来の学問を直接に受けることとなった。されば雲浜は同窓の先輩であり、後にはともに国事を謀るに至った。

「梅田子は忠義の士にて、殊に粟田宮様（青蓮院宮朝彦親王）へ随従奉り、種々朝廷の御為めに心力を尽くされし人なり。此の書、かく忠義の士の手跡なるを以て、予ふかく此れを愛す。予も亦た往年梅田子とは知己にて候処、彼は安政戊午の冬に捕はれに就き、遂に獄中に死なれ候。予は今にかくて存命、此の度は必ず主意を果さむとおもひ込み候故、ほゞ梅田子が事をも書き置き残し置き候。後年に至り候ても粗末に致されまじく候」とは、新七が文久二年二月、義挙のために上京せんとするに当たり、雲浜の手跡の後に書して長子幹太郎に残したものである。新七は、井伊の暴政を覆し、皇威を明らかならしめんとして、越前・水戸・長州・土佐等の諸藩の有志と相議し、謀るところがあったが、また井伊の圧迫によって齟齬《そご》し、已むなく機の至るを待つこととした。

しかるに万延元年三月、井伊大老が水戸の有志によって斃《たお》され、ついで薩藩内の情勢も変わり、文久二年、藩主後見島津久光は多数の兵を率いて上京、公武の間に周旋することとなったので、新七も久光に従って上京、同四月十日、大坂着、二十三日、かねての計画の通り、諸藩の有志と討幕の義挙を決行すべく伏見の寺田屋に会議したが、久光よりその周旋が失敗することを恐れてさし向けられた鎮撫使と闘い、三十八歳を一期として惜しき生命を終えた。世には幕末の薩藩を代表する人物として西郷隆盛・大久保利通を推すが、その先輩として人物卓越・学問純正、同藩勤王の淵源をなしたるは、有馬新七であった。

七

絅斎が正徳元年十二月朔日、六十歳をもって長逝したことは、初めに記した。その鳥辺山墓地に存する墓石は、表に、

浅見絅斎先生之墓

裏に、

承応元年壬辰八月十三日生

正徳元年辛卯十二月朔日終

享年六十歳

と刻まれている。

なお、浅見家墓地にはこの絅斎の墓表の外に、その妻「井口氏桂室」、兄「道哲」（妻佐川氏正室を祔す）、弟「常宅」、常宅の妻「吉田氏良室」、道哲の長子「持斎」、道哲の長女「秋庭」、次女「操室」、計八基の墓表が並んでいる。

父道斎も、絅斎が手向けた、

父におくれなきがらを東の山におさめてよめる

あふぎこし枕の風をそのままに、まがきの露を払ふ扇か

という歌が存していることから見て、鳥辺山に葬られたものと思うが、いまその墓地に墓石は見当たらない。

絅斎の母は道斎の先妻であって延宝三年十一月二十六日に卒した。絅斎は、

某の年の春、母の墓に詣で

立ちそはんそのはわき木も今はなくて、緑の苔の春をとふなり

と詠じている。やはりその墓石は存しない。

道斎の継室は、名を喜佐といい、松栄、一に松寿と号し、宝永二年八月十一日に卒した。

絅斎がこの継母に仕えてよく孝を尽くし、人々みな感服したということが、強斎の『雑話筆

記』に見えている。松栄の墓石も浅見家墓地になく、いまは存せぬものと考えていたところ、昭和四十五年十一月二十一日、絅斎の墓に詣でた際、図らずも同家墓地の後に並んでいる無縁墓碑群の中にそれを発見し、いまは同家墓地内に安置してある。実はその前々年の七月、鳥辺山の北側の崖が宅地造成工事の不手際から五十メートルに亘って崩れ、その際、下に落ちた無縁の墓石を、その後、復旧に当たって引き上げて一ヵ所に集めておいたが、松栄の墓石はそのうちにあったのである。

絅斎には子女がなかったので、その歿後、家は絶えた。養子しなかったのは、その学問上の信念に従ったものである。

しかし子女がなかった絅斎は、道哲の子女をわが子のごとく愛した。その長子勝太郎は絅斎に期待されたが、惜しくも正徳二年、二十歳にて夭折した。持斎がその号である。長女秋庭、次女操室、いずれも若くして逝《ゆ》いた。絅斎は元禄十四年、十七歳にて逝いた秋庭を悼んで、

姪にてありける女の、久しくいたはりてありしが、八月十四の夜、終《つひ》になくなり侍り、折しも雨ふりければ、かなしくて

あすの夜の影をもまたで消えぬれば、身にしる雨を何いとふべき

待宵も身をしる雨にかきくれて、とふべき月の影だにもなし

と詠じたが、宝永元年八月十八日、妹操室が十七歳で逝いた時には、その悲しみさらに堪えがたいものがあった。

第二の姪女、春夏のころより又いたはりやみ侍りぬれば、いとうちおどろき、さま

ざまと養生に心を尽しつつ、もし情をなぐさめやるかたもあれかしと、識る人のもとより琴かりよせて弾かせなどし侍り、かくて病のよし重きことにて、程なう空しくなりぬれば、悲しきながら、琴、主の方へ返しつかはすとて

玉の緒をむすびもあへぬ老の身は、そのことはりに音をのみぞなく

この若くして逝いた姉妹の墓石は、まだ嫁せずに逝いた人にふさわしくいかにも小さく、兄持斎のそれに並んで、墓地の中ほどに立っている。

八

最後に絅斎の史料にして、容易に見ることができるものを挙げておく。

第一に挙げねばならぬものは、本文にもしばしば引用した高弟強斎の話を門人山口春水が録した『雑話筆記』である。強斎のことばを通して、絅斎の人物学問が活き活きと伝えられている。

『闇斎先生と日本精神』、平泉澄博士編。昭和七年、闇斎の二百五十年祭の記念として刊行されたもの。博士の「闇斎先生と日本精神」、内田遠湖翁の「崎門尊王論の発達」「崎門学者と南朝正統論」、山本信哉博士の「垂加神道の源流と其の教義」の四論文を収めており、絅斎の崎門に於ける位置が明らかにされている。

『浅見絅斎先生と其の主張』、佐藤豊吉氏著。広く諸書を捜求して得た新しい発見によって、絅斎の伝記の上に実証的な面を開いたもの。四六判、百十頁の小冊に過ぎないが、私が

この書より得たところ、少なくなかった。

『靖献遺言講義』、沼田雪窓編。秋田の儒者中山菁莪《せいが》の『靖献遺言』書き入れ本に、その門人落合東堤《とうてい》が増補した書物を本にし校訂整理したもの。既刊の『靖献遺言』の講義として最もすぐれているのみでなく、巻末に附載されている『浅見絅斎先生事歴』は、もと明治四十三年十二月一日、東京飯田橋の國學院大學講堂にて絅斎の二百年祭が催された際、その記念に著されたもので、内田翁の筆に係り、初めて絅斎門下の伝える資料により、絅斎の人物学問を述べたものとして劃期的な論著である。

なお『靖献遺言』の成立および門下の講義の概要については、拙著『浅見絅斎の研究』『若林強斎の研究』のうちにそれぞれ関係論文を収めていることを附言しておく。

学術文庫版刊行にあたって

松本　丘

浅見絅斎の『靖献遺言』は、本書に既に述べられている通り、江戸時代、特に幕末維新期はもとより、その後も戦前・戦中にかけて広く読まれ、多くの関係書も出版されていた。しかし、戦後は一転して顧みられることがほとんどなくなり、現在ではその書名を知る人もそれほど多くはなかろう。

そうした時代の風潮に流されることなく、この『靖献遺言』研究に一貫して取り組まれたのが、本書の訳注者・近藤啓吾《こんどうけいご》先生であった。先生は、大正十年十二月二十八日、静岡県に生まれ、昭和十七年、大東文化学院高等科に入学、やがて崎門《きもん》（山崎闇斎学派）朱子学の研究学問に志し、漢学者内田遠湖《うちだえんこ》翁に入門した。

遠湖翁は、名を周平といい、遠州浜松の人、帝国大学卒業後、熊本五高教授となり、学を肥前針尾島《はりおじま》の楠本碩水《くすもとせきすい》に受け、のち國學院大學や大東文化学院等でも教鞭を執り、当時に闇斎の学問を伝えていた。この崎門の学統を継がんとすることが、先生のその後の生涯を決定したのであった。

同十九年、近藤先生は応召して北海道、次いで樺太に出征するが、戦地で常に携えていたのは一部の『靖献遺言』であったという。翌年、ソ聯軍の侵攻によって、一時は自決も覚悟したという混乱の中、辛うじて復員した先生は、大東文化学院に復学・卒業後、麻布高校の教諭となった。

その間、先生は、浅見絅斎全集の編集に志し、その作業に没頭する。これは既に易簀《えきさく》していた内田翁の遺命でもあった。昭和三十一年には文集の完成を見たが、「その仕事は歳を取ってからでもできる。まずは浅見絅斎の学問思想の根本を明らかにすべきである」と、作業の中止を勧めたのは、東京帝国大学元教授の平泉《ひらいずみ》澄《きよし》博士であった。これに促された先生は、戦後も精読していた『靖献遺言』を中心とする絅斎の研究に取り組むこととなった。特に力を用いたのは、『靖献遺言』本文の依拠探求であったが、その出典がほとんど明記されていないため、その作業は困難を極め、二十数年の日月を要して、ほぼ全ての典拠を明らかにしたのであった。これによって絅斎が『靖献遺言』の執筆にどれほどの苦心をしたのかを痛感した先生は、絅斎関連の論文を次々に発表され、それは『浅見絅斎の研究』（神道史学会）として結実する。

さらに、門弟の金本正孝《かねもとまさたか》氏の勧めにより、これまでの『靖献遺言』に関する研究成果、書き入れや劄記《さつき》をまとめたのが、本書の原版『靖献遺言講義』であり、先生長年の苦辛がこの一冊に凝縮されたものとなった。

さて、昭和四十九年、近藤先生は金沢工業大学教授に任ぜられ、のちには同大学の明倫館教授も務めた。その後、國學院大學にも出講して神道学を講じた。この間、絅斎の門人である若林強斎の研究を進め、『若林強斎の研究』（神道史学会）としてまとめた後、いよいよ学祖たる山崎闇斎の研究を本格的に開始し、『山崎闇斎の研究』正・続・続々の三篇（いずれも神道史学会）を次々と刊行する。闇斎の儒学はもとより、彼の唱えた垂加神道に及ぶその精密な考察は、闇斎研究の金字塔として聳え立っている。

その他、先生には葬祭を始めとする和漢の儀礼研究書として、『儒葬と神葬』（国書刊行会）、『四禮の研究―冠婚葬祭儀礼の沿革と意義―』（臨川書店）の著があり、『紹宇存稿―垂加者の思ひ―』（国書刊行会）等の崎門学関係、新稿・旧稿を数次に亘ってまとめた『紹宇文稿』正篇から四続までの五篇（私家版）等、九十歳を超えるまで著作を続け、編著書の総数は合計三十冊以上に及んでいる。

右のような近藤先生の多くの研究成果が、資料の博捜と、厳密な考証によるものであったのはいうまでもないが、「私にとつて古人は私の生き方の目標であり手本であり、みづからを反省する鑑である」（『続々山崎闇斎の研究』緒説）と、述懐している通り、そこには常に先学への景仰の姿勢が貫かれていた。

そして、原版（増補版）の巻末に附されている「靖献遺言講義に題す」にも、

本書の講義を草するに当り、私意私見を以てすることを避け、つとめて谷秦山・若林強斎・西依成斎等、絅斎門流の先学の講義に本づいて、本書の意を闡明《せんめい》することに努力した。乃ち私も、本講義を読まれる諸兄とともに、つつしんで本書の教へを受けんとするものである。

とあるが、この『靖献遺言』によって琢磨されてきた崎門学の精髄に、先生みずからも参ぜんとしたのであった。そうした先生の学問に対する厳しい態度に接する者はみな、「万世の為に太平を開かん」として門人に教授したという浅見絅斎の風姿髣髴たるの感を覚えたのも宜なることといわねばならない。

平成二十九年十二月二十五日、数え九十七歳を以て、先生は長き学究の生涯を終えられた。

○

近藤先生は、既に吉田松陰『講孟劄記 全訳註』上・下を学術文庫にて刊行しており、また、徳富蘇峰《とくとみそほう》の『近世日本国民史』が学術文庫へ収載されるに際しても、平泉澄博士の監修の下、各巻の校訂作業に従事してもいる。この縁深い学術文庫の一冊として、『靖献遺言講義』を刊行することは、先生長年の希望であったが、この度それを実現することができた。ただし、原版が八百頁近くの大冊であり、そのまま本文庫版に収めることは叶わなかった。ご生前に刊行できなかったことと併せ、近藤先生には深くお詫び申し上げねばならない。しかしながら、文庫版として広く『靖献遺言』が読まれる環境が整ったことには御満足されることと思う。

また、原版・本文庫版ともに、『靖献遺言』の原文は収録していないので、先生と金本正孝氏の共編に係る『浅見絅斎集』(国書刊行会)に掲げられているものを参照されたい。これは、先生が常に座右に置かれていた沼田宇源太氏編『靖献遺言講義』(昭文堂・明治四十四年)を影印したものである。

○

本書に登場する忠臣義士の、壮烈あり、憂憤あり、自若あり、さまざまなかたちで道義を貫いた姿、それとは逆に暴戻あり、追従あり、保身あり、後世に汚名を残した奸邪の人々の態度、現在の我々にとつても、そこから学び取ることは少なくない。最後に、前掲した「靖献遺言講義に題す」に記された近藤先生の語を掲げて拙文を終えることとする。

我等が本書からいかなる教へを得るかは、我等みづからの志のいかんによつて定まることで、漠然と本書に対しても本書は何も語らぬであらう。されば本書より教へを得るためには、我等みづからが今日何をなすべきかといふ目標を持たねばならぬ。その目標を持つて本書を繙く時、本書は我等に重大なる道を指示せられるのである。

（まつもと・たかし／皇學館大学教授）

本書は、一九八七年九月、国書刊行会より刊行された
『靖献遺言講義』を再編集、文庫化したものです。

浅見絅斎（あさみ　けいさい）

1652～1712。江戸時代の儒学者。名は安生，通称は重次郎。近江の人。山崎闇斎に師事し，生涯仕えず，京都にて講学に努めた。

近藤啓吾（こんどう　けいご）

1921年生，静岡県出身。大東文化学院高等科卒業。金沢工業大学教授等を歴任。編著書に『講孟劄記』『浅見絅斎の研究』『儒葬と神葬』『山崎闇斎の研究』『浅見絅斎集』など。2017年没。

講談社学術文庫

定価はカバーに表示してあります。

靖献《せいけん》遺言《いげん》

浅見絅斎《あさみけいさい》／近藤啓吾《こんどうけいご》訳注

2018年12月10日　第1刷発行

発行者　渡瀬昌彦

発行所　株式会社講談社

東京都文京区音羽 2-12-21 〒112-8001

電話　編集（03）5395-3512

販売（03）5395-4415

業務（03）5395-3615

装　幀　蟹江征治

印　刷　豊国印刷株式会社

製　本　株式会社若林製本工場

本文データ制作　講談社デジタル製作

ISBN978-4-06-514027-7

「講談社学術文庫」の刊行に当たって

これは、学術をポケットに入れることをモットーとして生まれた文庫である。学術は少年の心を養い、成年の心を満たす。その学術がポケットにはいる形で、万人のものになることは、生涯教育をうたう現代の理想である。

こうした考え方は、学術を巨大な城のように見る世間の常識に反するかもしれない。また、一部の人たちからは、学術の権威をおとすものと非難されるかもしれない。しかし、それはいずれも学術の新しい在り方を解しないものといわざるをえない。

学術は、まず魔術への挑戦から始まった。やがて、いわゆる常識をつぎつぎに改めていった。学術の権威は、幾百年、幾千年にわたる、苦しい戦いの成果である。こうしてきずきあげられた城が、一見して近づきがたいものにうつるのは、そのためである。しかし、学術の権威を、その形の上だけで判断してはならない。その生成のあとをかえりみれば、その根は常に人々の生活の中にあった。学術が大きな力たりうるのはそのためであって、生活をはなれた学術は、どこにもない。

開かれた社会といわれる現代にとって、これはまったく自明である。生活と学術との間に、もし距離があるとすれば、何をおいてもこれを埋めねばならない。もしこの距離が形の上の迷信からきているとすれば、その迷信をうち破らねばならぬ。

学術文庫は、内外の迷信を打破し、学術のために新しい天地をひらく意図をもって生まれた。文庫という小さい形と、学術という壮大な城とが、完全に両立するためには、なおいくらかの時を必要とするであろう。しかし、学術をポケットにした社会が、人間の生活にとってより豊かな社会であることは、たしかである。そうした社会の実現のために、文庫の世界に新しいジャンルを加えることができれば幸いである。

一九七六年六月　　野間省一